财政部规划教材
全国财政职业教育教学指导委员会推荐教材
全国高职高专院校财经类教材

商业银行业务管理

高建侠　主　编
赵素春　副主编

经济科学出版社

图书在版编目（CIP）数据

商业银行业务管理／高建侠主编．—北京：经济科学出版社，2014.3

财政部规划教材．全国财政职业教育教学指导委员会推荐教材．全国高职高专院校财经类教材

ISBN 978-7-5141-4329-4

Ⅰ．①商… Ⅱ．①高… Ⅲ．①商业银行-银行业务-业务管理-高等职业教育-教材 Ⅳ．①F830.33

中国版本图书馆 CIP 数据核字（2014）第 031112 号

责任编辑：侯晓霞 张 力
责任校对：刘欣欣
版式设计：齐 杰
责任印制：李 鹏

商业银行业务管理
高建侠 主 编
赵素春 副主编
经济科学出版社出版、发行 新华书店经销
社址：北京市海淀区阜成路甲 28 号 邮编：100142
教材分社电话：010-88191309 发行部电话：010-88191522
网址：www.esp.com.cn
电子邮件：esp@esp.com.cn
天猫网店：经济科学出版社旗舰店
网址：http://jjkxcbs.tmall.com
北京密兴印刷有限公司印装
787×1092 16 开 17.5 印张 420000 字
2014 年 4 月第 1 版 2014 年 4 月第 1 次印刷
ISBN 978-7-5141-4329-4 定价：39.00 元
（图书出现印装问题，本社负责调换。电话：010-88191502）
（版权所有 翻印必究）

编写说明

本书是财政部规划教材、全国财政职业教育教学指导委员会推荐教材,由财政部教材编审委员会组织编写并审定,作为全国高职高专院校财经类教材使用。

随着中国经济体制、教育体制改革的不断深化,高等职业学校财经类专业教学方式的改革已成为教育教学改革的重要课题,基于这一认识,本书在广泛进行社会调研、充分征询行业专家和高职学校教学一线老师建议的基础上,按照高等职业教育财经类的教学计划和教学规律的要求,为满足应用型金融技能人才的培养目标,由财政部干部教育中心和经济科学出版社策划而编写的。

本书对涉及商业银行业务的知识内容,根据高职学生的认知特点和商业银行实际业务程序进行了筛选和排序,除介绍商业银行资本业务管理、负债业务管理、资产业务管理、中间业务管理、表外业务管理、国际业务管理、新兴业务管理外,还介绍了业务开展中涉及的资产负债管理、风险管理、市场营销管理等。

本书以章作为结构,除正文外,每章开始设置了"教学目标与学习任务"、"案例导入"栏目,旨在学生明确所要掌握的知识与技能,对内容有一个初步认识,中间插入"相关链接"、"拓展阅读"、"温馨提示"、"想一想"等栏目,每章结尾设计了"知识要点"、"问题讨论"、"推荐阅读"、"思考与练习",体现了"教、学、做、思"的统一。

本书由高建侠任主编,负责编写提纲的拟定和书稿的统稿,全书共分十一章,第一章、第二章、第三章、第九章由陕西财经职业技术学院高建侠编写,第四章、第五章、第八章由山西财政税务专科学校赵素春编写,第七章由内蒙古财经学院职业学院王永成编写,第十章、第十一章由陕西财经职业技术学院陈冬编写,第六章由长安大学王思佳编写。

本书在编写过程中,广州番禺职业技术学院杨则文老师、邓华丽老师,泉州经贸职业技术学院杜朝运教授、四川财经职业学院钟用老师提出了许多宝贵建议,在此致以真诚的感谢!

本书在编写过程中,广泛参阅了有关专家学者的文献资料以及大量的网络资源,由于篇幅所限,没有一一列举。作者在这里一并表示衷心的谢意。

虽然我们尽了最大的努力来编写这本教材，由于水平所限，书中错误在所难免，敬请读者批评指正，以便在教学中修改完善。

编者

2013 年 10 月

目录

第一章 认知商业银行 1
第一节 商业银行的产生和发展 1
第二节 商业银行的性质与职能 6
第三节 商业银行制度 8
第四节 商业银行的经营原则 12

第二章 商业银行资本业务管理 17
第一节 商业银行资本的性质与作用 17
第二节 商业银行资本充足性的测定 22
第三节 商业银行资本的筹集与管理 36

第三章 商业银行负债业务管理 44
第一节 商业银行负债业务概述 44
第二节 商业银行存款负债及管理 47
第三节 商业银行借入负债及管理 56
第四节 商业银行负债成本管理 60

第四章 商业银行资产业务管理 66
第一节 商业银行现金资产业务及管理 66
第二节 商业银行贷款业务及管理 78
第三节 商业银行证券投资业务及管理 94

第五章 商业银行资产负债管理 108
第一节 资产管理 109
第二节 负债管理 112
第三节 资产负债综合管理 115

第六章 商业银行中间业务管理 127
第一节 中间业务概述 127
第二节 租赁业务 132

1

第三节　信托业务 ·· 135
   第四节　结算业务 ·· 143
   第五节　代理与咨询业务 ·· 147
   第六节　银行卡业务 ·· 150

第七章　商业银行表外业务管理 ·· 156
   第一节　商业银行表外业务概述 ·· 156
   第二节　担保与承诺业务 ·· 163
   第三节　票据发行便利业务 ··· 169
   第四节　金融衍生业务 ··· 172

第八章　商业银行国际业务管理 ·· 179
   第一节　贸易融资和国际贷款业务 ··· 180
   第二节　外汇买卖业务 ··· 185
   第三节　国际结算业务 ··· 194
   第四节　离岸金融业务 ··· 198

第九章　商业银行新兴业务管理 ·· 206
   第一节　电话银行业务 ··· 206
   第二节　手机银行业务 ··· 211
   第三节　网上银行业务 ··· 215

第十章　商业银行的风险管理 ·· 223
   第一节　商业银行风险概述 ··· 223
   第二节　商业银行风险管理策略 ·· 228
   第三节　商业银行风险的管理与防范 ·· 232

第十一章　商业银行市场营销管理 ··· 248
   第一节　市场营销的基本原理 ··· 249
   第二节　商业银行的市场细分及定位 ·· 254
   第三节　商业银行的营销组合策略 ··· 258

课后题答案 ·· 268
参考文献 ··· 271

第一章
认知商业银行

教学目标与学习任务

教学目标：了解商业银行的起源和发展；熟知商业银行的含义；理解商业银行的性质与职能；了解商业银行的组织形式；理解并掌握商业银行的经营原则。

学习任务：熟知商业银行的产生过程，深刻理解商业银行的含义，能深刻理解商业银行的性质，能在商业银行日常业务活动中将其职能发挥出来，能分析各国商业银行的制度类型，能将商业银行的经营原则运用在商业银行管理中。

案例导入

工行建行中行市值全球银行排行前三 交行第十

据德国《法兰克福汇报》报道，金融危机严重打乱了世界大银行的市值排名，花旗银行、美国银行和瑞士银行等从前占据主导地位的银行排名纷纷下滑，而中国银行业的领头羊则进一步提升了它们的榜上位置。

在全球银行市值排行榜上，前10名银行依次是：中国工商银行、中国建设银行、中国银行、英国汇丰银行、美国摩根大通银行、美国富国银行、西班牙国际银行、日本三菱UFJ银行、美国高盛公司、中国交通银行。

报道说，尽管从危机爆发开始，所有大银行的市值都下降了，但最大限度地脱离了投资银行业务，而储蓄和信贷业务又有所扩大的银行则取得了最好的成绩。这类银行主要包括英国的汇丰银行、西班牙的国际银行和对外银行以及意大利的联合圣保罗银行。

在美国各大银行中，摩根大通银行显然未受收购贝尔斯登公司的影响，它和富国银行的位次保持得最好。相反，过去领先的花旗银行和美国银行则远远落后。花旗银行受到了金融危机的严重冲击，以至于集团的拆分行动目前已被提上日程。美国银行曾凭借储蓄业务而被视为美国最稳定的大银行，但收购美林公司却让该行遭受重创。在传统投资银行中，只有沃伦·巴菲特注资的高盛公司保持了良好状态。

第一节 商业银行的产生和发展

银行的产生和发展，是与商品经济的发展紧密相连的。银行信用制度是在货币经营业的基础上产生，在与高利贷资本的斗争中发展起来的，并随着商品经济的发展不断完善。

一、商业银行的含义

"商业银行"是英文 Commercial Bank 的意译。最初使用"商业银行"这个概念，是因为这类银行在发展初期，只承做"商业"短期放贷业务。放款期限一般不超过一年，放款对象一般为商人和进出口贸易商。人们将这种主要吸收短期存款，发放短期商业贷款为基本业务的银行，称为"商业银行"。我国的商业银行是指依照《中华人民共和国商业银行法》和《中华人民共和国公司法》设立的吸收公众存款，发放贷款，办理结算等业务的企业法人。

综合来说，"商业银行"这一概念可理解为：商业银行是以经营工商业存、放款为主要业务，并以获取利润为目的的货币经营企业。

二、商业银行的产生

（一）早期银行的产生

在货币产生以后，随着商品交换的发展，出现了从事货币兑换、保管和汇兑业务的货币经营业，这就是银行的前身。在前资本主义时期，各个国家甚至一国之内的不同地区，铸币的材料、重量、成色均不统一，这为贸易活动带来极大不便，铸币兑换已成为客观的必要。因而，逐渐从商人中分离出来一种专门从事铸币兑换业务的货币兑换商，这就是最早的货币经营业。

铸币兑换商起初只办理兑换铸币的技术性业务，并且收取一定的手续费。随着商品经济的进一步发展，兑换商不仅从事铸币兑换，而且为商人保管暂时不用的货币资产，进而接受他们的委托办理货币收付、汇兑和转账业务，这些都是由货币各种职能引起的技术性的业务。由于货币经营业务的扩展，货币兑换商手中经常聚集有大量的货币，他们利用这些货币资财进行放款业务。这样，货币经营业就发展成为既办理兑换，又经营存款、放款、汇兑等业务的银行业。

关于银行的起源，学者们有不同的意见。如果就货币兑换及实物借贷业务来说，公元前2000年左右，巴比伦已有这些经营业活动的记载。在古希腊和古罗马时代，也有以收受存款，办理汇兑，兑换货币及放款为业的类似银行的组织。中世纪时期，城市手工业不断发展，商业日渐兴盛，欧洲的国际贸易以意大利为中心，当时的威尼斯和热那亚曾经是沟通欧亚贸易的枢纽，货币经营业较为发达，1157年成立了威尼斯银行。以后，国际贸易中心由意大利移至荷兰及北欧，为了适应贸易的需要，1609年荷兰成立阿姆斯特丹银行，1619年成立汉堡银行，1621年成立纽伦堡银行。这些银行起初只经营货币兑换、接受存款、转账结算等业务。后来也经营放款业务。但是，那时这些银行的放款业务仍带有高利贷性质，借款人主要是政府，领主以及一些小商品生产者，大多数工商业资本家难以得到信用的支持。

在英国，早期银行则是由金匠业发展而来的。17世纪中叶，伦敦有不少金匠，他们从事金银首饰的制作。随着商业的迅速发展，大量金银流入英国，为了安全起见，人们经常将金银铸币送金匠铺代为保管。当时金匠替人们鉴定金银货币，接受委托代为保管，并签发保管收据，收取保管费。随着英国资本主义经济发展的需要，金匠业也发生了重大的变化。

1. 保管收据演变为支付工具，即银行券的前身

金匠铺签发给顾客的原只作为保管物品的凭证的保管凭条，到期可据以提现。后来，由于交易频繁，提现支付的金额和次数的大量增加，为方便支付，节约费用，人们就直接用保管收据——金匠券直接支付。金匠券便逐渐演变为银行券。可见，保管收据是银行券的原始形式。

2. 保管业务的划款凭证演变为银行的支票

金匠在经营保管业务中，可以遵照顾客的书面指示，将其保管的金银货币移交给第三者。这种书面指令便是银行支票的前身。随着保管业务发展为存款业务，这种划款凭证便演变为银行支票。

3. 十足准备金转变为部分准备金，保管业务发展为存款业务

起初，金匠对收存的金银货币所开出的保管收据保持100%的现金准备。后来发现，并不需要经常保持十足的现金准备，可将其中一部用于放款，赚取利息。而且金匠签发的存款收据最终比原来存入金银货币大数倍之多，于是十足的保证准备制度变为部分准备制度。为了争取更多顾客，扩大放款的资金来源，他们不仅不收取保管费，反而付给交存金银货币的人一定的报酬，这就是利息，这就使原先的保管货币业务转变为吸收存款。

金匠业发生的上述一系列变化，直至具有创造作用，增减货币量的功能，使它逐渐发展为从事货币信用业务的银行业。

【拓展阅读】

最早的存款机构：寺院

中国最早的储蓄机构不是银行，而是寺院。寺院数目多，分散广，很有资财，又是佛住的地方，人们不敢偷寺院的东西，所以，存款在寺院，既稳妥又方便。早在魏晋南北朝时期，寺院就兼营存放款业务。

唐代出现了专门代为保管个人金钱财物的柜坊、寄附铺。人们可以直接把金银粟帛钱币寄存，也可以租用柜子来存放，柜坊又叫僦柜，"僦"即"租赁"之意。柜坊、寄附铺资金雄厚，有钱人多愿意把钱寄在那里。唐宪宗元和年间（公元806～820年），各地方镇寄存在京师店家的钱财，少的也不下50万贯。及至明清以后，专门或兼营公私存款的机构越来越多，如寄存钱财的寄铺，兼营存款业务的钱庄、票号、炉房、当铺。

（二）现代银行的产生

现代银行作为经营货币信用业务的资本主义企业，是随着资本主义生产方式的产生和发展而建立起来的。现代资本主义银行基本上是经过两个途径发展起来的：一是由早期的高利贷性质的银行演变；二是根据资本主义经济的要求以股份制形式组织的商业银行。

早期银行和金匠业发放贷款利息很高，具有高利贷的性质，几乎吞没了资本家的全部利润，因而不能满足资本主义发展对信用的需要。17～18世纪，新兴的资产阶级进行了反高利贷的斗争，要求以法律形式限制放款的利息水平。但当信用业被高利贷者垄断时，任何降低利率的法令都不会产生实际效果，于是，他们根据资本主义经济的要求，以股份制形式建立起新的资本主义银行。这种股份银行资本雄厚，规模大，利率低，逐渐发展成为资本主义银行的主要形式。1692～1694年，英王威廉三世采纳苏格兰人皮特逊关于援助商人自行组织银行的计划，于1694年由组织银行者借给政府120万英镑，政府特许他们组织一间银行，并且特准发行120万英镑银行券，这就是世界上第一家股份银行——著名的伦敦英格兰银行。它的贴现率一开始就规定为 4.5%～6%，远远低于早期银行业的贷款利率。英格兰银行的建立，意味着适应资本主义生产方式的信用制度的确立，同时，标志着高利贷在信用领域里的垄断地位已被动摇。

新兴资产阶级反对高利贷斗争的焦点是降低利息率，而现代资本主义银行制度取得胜利的关键是打破高利贷资本对贵金属和金属货币的垄断，其方法有两个：一是通过存款把社会闲置的货币资本集中起来，再投放到货币市场上去；二是用信用货币代替金银货币的流通。马克思在分析英格兰银行时指出："现代银行制度，一方面把一些闲置的货币准备金集中起来，并把它投入货币市场，从而剥夺了高利贷资本的垄断；另一方面又建立信用货币，从而限制了贵金属本身的垄断。"① 股份银行逐步取代原来旧式个别资本经营的银行，推动了资本主义经济的发展。

现代资本主义银行产生的另一途径，是原来的旧式高利贷性质的银行适应新条件要求，进行必要的改组，使之成为适合资本主义发展需要的银行，这个转变过程是相当缓慢的。如在英国，先是从金匠业中独立出来一些私人银行，专门为工商资本家充当信用中介，这个过程从 17 世纪开始到 18 世纪末才告完成。而且利率仍然很高，年息在 20%～30%，很难满足资本主义发展的要求。

现代银行与早期银行比较，具有三个主要特点：一是利息水平低。现代银行利息率通常低于平均利息率，突出其支持资本主义经济发展的性质。二是信用功能扩大。早期银行只是简单的信用中介，现代银行除了接受存款、发放贷款外，还发行银行券，代客办理信托、汇兑、信用证、购销有价证券等业务。三是具备信用创造功能。现代银行是信用媒介机构和信用创造机构的统一，其中"信用媒介"是早期银行已具备的功能，而"信用创造"则是现代银行具有的本质特征。所谓"信用创造"功能是指现代银行所具有的创造存款货币，并用于扩大放款和投资的能力。通过这一切能直接影响社会货币的供应量，影响货币和投资的规模，从而影响币值的稳定。

三、现代商业银行的发展趋势

20 世纪以来，世界经济已经开始进入以知识经济与网络经济为双重特征的新时代，随着生产和市场的社会化和国际化程度的提高，作为经济架构中最活跃的要素，商业银行的业务和体制也发生了深刻而巨大的变革。现代商业银行呈现出金融体制自由化、金融服务网络化、金融服务人性化、银行机构集中化、银行业务全能化、金融竞争多元化的发展趋势。

（一）金融体制自由化

金融监管当局采取一系列较为宽松的法律和政策措施，促进金融市场、商业银行业务经营、机构设置的自由化，提高监督管理的灵活性。其中以西方国家的金融自由化最为显著。商业银行体制自由化作为一种发展趋势，主要包括两个方面的内容：一是金融市场自由化。主要是放宽有关税收限制或取消外汇管制，允许资金在国内及在各国间自由流动。二是商业银行业务经营自由化。主要体现为商业银行业务的多样化和一系列金融新业务的产生，出现

---

① 《马克思恩格斯全集》第 25 卷，第 682 页。

了许多新的金融资产形式、新的金融市场和新的支付转账媒介。

（二）金融服务网络化

金融服务网络化的内涵有二：一是金融服务日益利用网络进行；二是银行客户网络化。科技手段的发展及在银行的应用，使商业银行的交易系统、清算系统、服务网络日新月异，银行经营的商品——货币由现金转向电子货币，传统的银行服务产品——存款、贷款和结算的内涵和外延都有了惊人的发展和革命；随着电子化手段的发展，电子商务发展迅速，电子商务作为 20 世纪的新兴事物，在 21 世纪将产生革命性的变化。与网络繁荣相适应并支撑网络繁荣的，是金融电子化及网络银行的快速发展，21 世纪，网络银行将以其拥有的广泛信息资源、独特运作方式，为金融业带来革命性变革，网上购物、网上交易、网上支付、网上消费、网上理财、网上储蓄、网上信贷、网上结算、网上保险等将成为未来银行市场竞争的热点。在国内，从 1999 年开始，中国银行、建设银行、招商银行相继推出网上银行业务，网上银行迫使银行业经营理念、经营方式、经营战略、经营手段发生革命性变革。

金融服务网络化的另一重要方面是银行客户的网络化，这一变革对银行业务及发展具有革命性：一是银行的客户——企业规模将不断扩张，且更注重于与 1~2 家银行作为自己的长期合作伙伴，从而使银行客户具有网络化倾向。二是规模较大的企业或企业集团对银行服务的资金规模、服务品种要求较高，要求银行所有分支机构作为整个网络为其提供全面服务，从而使银行对客户的服务网络化。三是银行发展过程中将逐渐形成行业性和区域性关系客户，客户群逐渐网络化。四是银行产品营销的网络化将银行的客户群网络化。21 世纪，银行业务扩张能力将取决于客户网络的发展能力。

（三）金融服务人性化

随着金融电子化和网络银行的发展，银行业务摆脱了客户与柜台人员面对面的业务办理方式，而代之以电子屏幕和银行产品营销网络。有人据此认为金融服务将越来越趋向于非人性化。实际上，金融服务将更加人性化：一是对客户的人性化服务。客户将不再面对银行营业机构的员工整体，而是直接面对一个人，这个人可能是银行的客户经理，一人进厂，全面服务；也可能是银行为企业提供的财务顾问，为企业提供全面的投资、理财顾问服务；也可能是职业投资经理，为企业提供投资代理、委托服务。这是因为，市场的规模化和专业化使一般企业和投资者专业知识、投资规模、时间和精力不足，网络银行与人性化服务并不排斥，相反在技术上可以相互促进，使其与客户的沟通效率和速度大大提高。通过人性化服务，促进与客户的相互了解，建立长期合作关系，并使这些客户与银行形成长期依赖。目前商业银行的客户经理、项目经理将是未来银行服务人性化的雏形。二是金融产品的人性化。随着社会资金、资源由国家、政府、企业向个人主体转移，金融产品将更多向个人倾斜，个人金融产品将异军突起，针对个人投资者的特色产品将大量涌现，金融产品个性化、多元化、居民化将成为未来社会的竞争焦点。

（四）银行机构集中化

银行的规模化经营以及科技手段的运用导致的经营管理手段的加强，21 世纪的银行业将发生银行机构集中化的革命：一是银行机构日益大型化。在未来的金融市场竞争中，随着竞争的加剧，各银行为增强竞争实力，提高抗风险能力，降低经营成本，必然向大型化、规模化扩展，以满足客户对金融产品和服务提出的新的需求，提高技术创新和使用新技术的能力，为股东带来更丰厚的利润，银行机构将日益通过兼并、重组、扩张等实现规模化和集中化。二是银行机构向国际化集中。随着经济国际化、全球化的深入，银行业务的国际化和全球化将为银行的发展带来革命性的变革，银行服务将向全功能转化，以国际大银行为中心的兼并、重组将使银行机构向国际化集中。银行机构规模化、集中化的途径有三：一是通过兼并、重组的方式。20世纪以来，银行业兼并、重组的步伐加快，对全球银行业的规模格局、竞争格局、发展格局产生巨大影响。二是通过不同国家、不同类型的商业银行的业务合作来实现，实现优势互补，规模发展。三是通过不同类型的金融机构的业务合作与兼容，实现市场的共同开发。

（五）银行业务全能化

20世纪80年代以来，随着各国金融监管当局对银行业限制的逐步取消，商业银行业务的全能化得到较大的发展。特别是1999年美国《金融服务现代化法案》出台，取消了银行、证券、保险业之间的限制，允许金融机构同时经营银行、证券、保险等多种业务，形成"金融百货公司"或"金融超级市场"，金融业由"分业经营、分业管理"的专业化模式向"综合经营、综合管理"的全能化模式发展。

（六）金融竞争多元化

现代商业银行的竞争，除了传统的银行同业竞争、国内竞争、服务质量和价格竞争以外，还面临全球范围内日趋激烈的银行业与非银行业、国内金融与国外金融、网上金融与一般金融等的多元化竞争，银行活动跨越了国界、行业，日益多元化。其面临的金融风险也不仅是信用风险，还扩大到利率风险、通货膨胀风险、通货紧缩风险、汇率风险、金融衍生工具风险、政治风险等，经营管理风险日益扩大。

【想一想】现代商业银行的发展趋势对我国商业银行有什么启示？

第二节　商业银行的性质与职能

商业银行是经营货币的特殊的金融企业，但与一般企业比较有着自己特殊的性质和职能。

一、商业银行的性质

（一）商业银行是企业，具有企业的一般特征

商业银行作为企业，必须具备业务经营所需的自有资本，并达到管理部门所规定的最低资本要求；必须照章纳税；实行自主经营、自担风险、自负盈亏、自我约束；以获取利润为经营目的和发展动力。

（二）商业银行是特殊的企业——金融企业

商业银行的经营对象不是普通商品，而是货币、资金；商业银行业务活动的范围不是生产流通领域；而是货币信用领域；商业银行不是直接从事商品生产和流通的企业，而是为从事商品生产和流通的企业提供金融服务的企业。

（三）商业银行是特殊的银行

商业银行作为特殊银行，首先，在经营性质和经营目标上，商业银行与中央银行和政策性金融机构不同。商业银行以营利为目的，在经营过程中讲安全性、流动性和盈利性原则，不受政府行政干预。其次，商业银行与各类专业银行和非银行金融机构也不同。商业银行的业务范围广泛、功能齐全、综合性强，尤其是商业银行能够经营活期存款业务，它可以借助于支票及转账结算制度创造存款货币，使其具有信用创造的功能。

二、商业银行的职能

（一）信用中介

信用中介是商业银行最基本、最能反映其经营活动特征的职能。银行通过其负债业务，可动员和集中社会上的各种闲置资金，再通过资产业务把资金投放到国民经济的各个部门，即在借贷之间充当中间人的角色。银行经营利润的形成，即来自吸收资金所花费的成本与发放贷款所获得的利息收入、投资净收益及其他手续费支出和收入之间的差额。

具体而言，商业银行的信用中介职能反映在以下三个方面：①变小额资本为大额资本；②变闲置资本为职能资本；③变短期资金为长期资金。商业银行将各种闲置资金投放到生产流通部门，成为生产流通部门的货币资本，扩大了社会资本的规模，促进了生产和流通的发展，实现了社会资本内涵的扩大与效率的提高。

（二）支付中介

支付中介职能是指商业银行在活期存款账户的基础上，为客户办理货币结算、货币收付、货币兑换和存款转移等业务活动。支付中介是商业银行的传统功能。从历史上看，货币支付和货币汇兑以货币的兑换收付、货币的保管为前提，而存贷款业务是上述业务的延伸与发展，因而，商业银行支付中介功能的产生要早于信用中介功能。但是，信用中介功能形成后，货币支付和货币汇兑要通过活期存款账户进行，因此，信用中介功能反而成为支付中介功能的前提与基础了。借助支付中介功能，商业银行成了工商企业、政府、家庭和个人的货币保管人、出纳人和支付代理人，商业银行因此成为社会经济活动的出纳中心和支付中心。由于商业银行所提供的转账结算、支付汇兑等服务主要是面向其存、贷款业务的扩大，从而促进银行信用中介功能的更好发挥。

（三）信用创造

商业银行的信用创造职能，是在支付中介和信用中介功能的基础上产生的，是指商业银行通过吸收活期存款、发放贷款以及从事投资业务衍生出更多存款货币，从而扩大社会货币供给量。信用创造是商业银行的特殊功能，是在信用中介功能得以发挥的基础上派生出来的，商业银行以外的金融机构不具有这一功能。由于商业银行发挥信用创造功能会对整个社会的信贷规模及货币供给产生直接影响，因而商业银行成为货币管理当局监管的重点，商业银行的业务活动受到货币当局的极大关注。商业银行发挥信用创造功能的作用主要有：①通过创造存款货币等流通工具和支付手段，既可以节约现金使用，减少社会流通费用，又能满足社会经济发展对流通手段和支付手段的需要；②通过增加或减少存款货币等流通工具和支付手段的供应，可以调节社会货币流通规模，进而影响与调节国民经济活动。

但是，商业银行不可能无限制地进行信用创造，更不能凭空进行信用创造，它会受以下三个因素的制约：①商业银行的信用创造，要以存款为基础；②商业银行的信用创造，要受中央银行存款准备金率、自身现金准备率及贷款付现率的制约，并与上述比率成反比；③商业银行的信用创造，要以有贷款需求为前提。

（四）金融服务

金融服务是指商业银行利用其在充当信用中介和支付中介过程中所获得的大量信息，借助电子计算机等先进手段和工具，为客户提供其他金融服务，这些服务主要有现金管理、财务咨询、代理融通、信托、租赁、计算机服务等。商业银行作为支付中介和信用中介，同国民经济的各个部门、各个单位以及个人发生多方面的联系，它同时接受宏观调控和市场调节，掌握了大量的宏观信息和市场信息，成为国家经济和金融的信息中心，能够为社会的各个方面提供各种金融服务。随着经济生活的日益现代化，银行服务已深入到百姓家庭的各个方面，如代理支付水电费、电话费、转账结算、为企业代发工资等，给商业银行提供了广大的服务空间。在日益激烈的竞争压力下，各商业银行也在不断地开拓服务领域，推出新的服务项目，提高服务质量，促使商业银行向更高层次发展。

商业银行通过提供这些服务既提高了信息与信息技术的利用价值，加强了银行与社会的联系，同时也为银行增加了很多业务收入，提高了银行的盈利水平。而且，随着信息技术日新月异的发展，商业银行金融服务功能将发挥越来越大的作用，并对社会经济生活产生更加广泛而深远的影响。

在商业银行的上述四项职能中，最能表征商业银行特点的是其中介职能，即信用中介职能和支付中介职能。

【想一想】商业银行是政企职能合一的机构吗？

第三节 商业银行制度

商业银行制度是指一个国家以法律形式确定的体现商业银行外部机构的设置、地理分布的商业银行体系和结构的总称。

一、商业银行的类型

(一) 单一银行制

单一银行制是指银行业务完全由一个银行机构（总行）经营，不设立任何分支机构的制度。目前仅美国银行采用这一体制，各州银行法禁止或限制银行开设分支行。主要原因是美国各个州独立性很强，各州政府要保护其各自的利益。但是，随着经济的发展，地区经济联系的加强，以及金融竞争的加剧，美国金融业已一再冲破单一银行制的限制。因此，美国的单一银行制已开始发生变化。许多州对银行开设分支机构的限制已有所放宽。根据各州不同的法律规定，有的州并不限制银行设立分支机构，有的州限定商业银行的分支只能在某一特定区域开设，有的州则完全禁止。

单一银行制在一定程度上限制了银行兼并和垄断，缓和了银行间的竞争和集中，有利于协调地方政府和银行的关系，在业务上具有较大的灵活性和独立性。但它在限制竞争的同时，也限制了自身的业务创新和规模的扩大。

(二) 分支行制

分支行制是指银行机构除总行外，还在其他地区设立分支机构，主要代表者为英国。英国只有10家商业银行，其中规模最大的只有4家，既巴克莱银行、米特兰银行、劳合银行、国民西敏士银行，共有分支机构10 000余家，总存款额占银行体系的70%。分支行制的优点在于银行规模较大，分工较细，专业化水平高；分支行遍布各地，容易吸收存款；便于分支行之间的资金调度，减少现金准备；由于放款额分散于各分支行，可以分担风险。目前多数国家均采用这种制度。但分支行制会使银行业过分集中，不利于自由竞争。我国的商业银行业主要采取这种组织形式。

(三) 银行控股公司制

银行控股公司制也称集团银行制，即由某一集团成立股权公司，再由该公司控制或收购两家以上银行的股票。大银行通过持股公司把许多小银行置于自己的控制之下。这一制度在美国最为流行。第二次世界大战后，美国商业银行为了冲破各种对设立分支行的种种限制，为了实行银行业务多样化，银行控股公司迅速大量发展起来。银行控股公司有两种形式：一种是单一银行控股公司。这种公司控制一家商业银行的股权，便于设立各种附属机构，开展多种非银行的金融业务，它多以大银行为主。另一种是多家银行控股公司。这种公司控制两家以上商业银行的股权，便于银行扩展和进行隐蔽的合并，它多以中小银行为主。花旗银行是典型的集团制银行。

【温馨提示】银行控股公司制有利于扩大资本总量，增强银行的实力，弥补了单一制的不足。但这种制度容易形成银行业的集中和垄断，不利于银行之间开展竞争。

(四) 连锁银行制

连锁银行制是指由个人或集团控制两家以上商业银行的制度。它可以通过股票所有权、共同董事或法律所允许的其他方式实现。连锁制的成员银行都保持其独立性，连锁银行是在禁止实行分支行制银行和多家控股公司的美国各州发展起来的，经营活动大多在较小地区，其成员多是小银行。它们一般环绕在一家主要银行的周围。其中的主要银行确立银行业务模式，并以它为中心，形成集团内部的各种联合。

【想一想】某商业银行第四届董事会战略发展委员会第一次会议审议研究了激励政策：建立董事会奖励基金；建立融资和投资并购工作奖励制度；对第三届经营班子实施5 000万元一次性奖励；对股权分置改革领导小组和相关人员实施2 000万元一次性奖励。

该委员会有没有这些权力？该商业银行的组织机构存在什么问题？

二、商业银行的内部组织结构

（一）决策系统

商业银行的决策系统主要由股东大会和董事会组成。股东大会是股份制商业银行的最高权力机构。股本招募中，购买银行发行的优先股票的投资者成为银行的优先股东，购买银行发行的普通股票的投资者成为银行的普通股东。股东大会的主要内容和权限包括：选举和更换董事、监事并决定有关的报酬事项；审议批准银行各项经营管理方针和对各种重大议案进行表决；修改公司章程等。董事会是由股东大会选举产生的决策机构。

董事会代表股东大会执行股东大会的决议，对股东大会负责。商业银行董事会主要具有以下一些重要权力：确定银行的经营决策，董事会一般不直接参与银行的日常工作，但银行经营的重大问题要与董事商议，由董事会作出决策；董事会有权任免银行管理人员，选择熟悉银行业务的高级管理人员来具体管理银行；设立各种委员会或附属机构，如执行委员会、贷款委员会、考评委员会等，通过其对银行的经营管理活动进行组织、指挥和监督。

（二）执行系统

商业银行的执行系统由总经理（行长）和副总经理（副行长）及其领导的各业务部门组成。总经理（行长）是商业银行的最高行政负责人。总经理（行长）的主要职权是执行董事会的决议，组织领导银行的业务经营活动。在总经理（行长）的领导下，商业银行还要设置若干个业务、职能部门及部门经理。

（三）监督系统

商业银行的监督系统由监事会和稽核部门组成。监事会由股东大会选举产生，代表股东大会对商业银行的业务经营和内部管理进行监督。商业银行的稽核部门是董事会或管理层领导下的一个部门，其职责是维护银行资产的完整和资金的有效营运，对银行的管理与经营服务质量进行独立的评估。

商业银行典型的内部组织结构见图1-1。

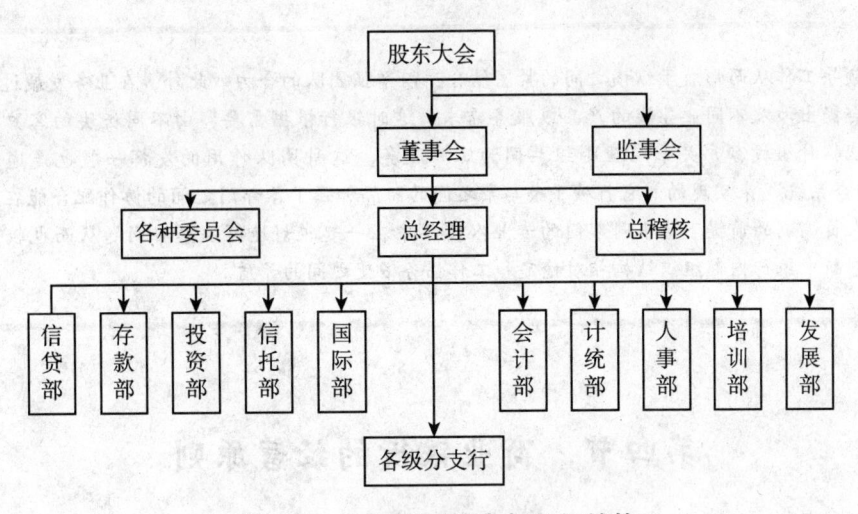

```
                        ┌──────────┐
                        │  股东大会 │
                        └────┬─────┘
                ┌────────────┴────────────┐
            ┌───┴────┐              ┌─────┴────┐
            │ 董事会 │              │  监事会  │
            └───┬────┘              └──────────┘
    ┌───────────┼───────────┐
┌───┴────┐  ┌───┴────┐  ┌───┴────┐
│各种委员会│  │ 总经理 │  │ 总稽核 │
└────────┘  └───┬────┘  └────────┘
```

图 1-1　商业银行的内部组织结构

下属部门：信贷部、存款部、投资部、信托部、国际部、会计部、计统部、人事部、培训部、发展部、各级分支行

【拓展阅读】

花旗银行的组织结构

花旗银行的前身是纽约城市银行（City Bank of New York），成立于1812年。

历经两个世纪的潜心开拓后，花旗银行与旅行者集团在1998年合并组成了新公司成为"花旗集团"。目前，花旗集团已经成为全球最大的金融服务机构，为100多个国家约2亿元消费者、企业、政府及机构提供品种繁多的金融产品及服务，包括消费者银行和信贷、企业和投资银行、保险、证券经纪及资产管理服务。

（1）以客户为中心，采取纵横交叉的矩阵式组织结构

2002年6月，花旗集团开始采用新的矩阵式结构进行重组，重组的中心内容是细分市场，进一步围绕客户寻求产品、地域之间的平衡；目标是向客户提供具有花旗特质的金融品牌，如具有全球影响力的"花旗银行"，确保在各区域市场上能够占据领先位置。花旗集团所有业务被进一步划分到全球几大区域：北美、亚太、拉美、中东、欧洲和非洲。

（2）二维双重报告关系制

地区分行的业务部门分管和职能部门分管必须同时向横向划分的集团区域国际主管和纵向划分的集团相应部门主管或业务线主管报告并负责，即将同一层面的专业化板块（各职能部门）和上下垂直型领导关系（总分行）紧密结合，实行双重命令链，使员工同时接受双重领导，摒弃两者中任何一方可能存在的不足。

总行的业务部门在产品上拥有更多的话语权，区域主管则更多的是协调好产品进入该市场后的政策法规及文化差异等问题以保证产品能很好地融入市场。

在以客户为中心的经营理念指导下花旗银行既强调垂直领导关系又十分重视横向的支持、协调、辅助和监督。一般而言，总行内部每一业务层面的负责人在重要业务或管理问题上须与首席执行官（CEO）直接沟通，及时汇报、听取指示；而后者也给予前者必要的支持和协助，有时甚至直接参与市场营销和公关协调各方面的关系。即使在分支机构，其主要负责人通常亦兼任主要业务

> 板块的领导工作从而形成了纵横之间的紧密结合，以增强团队的合力。此外，在业务发展过程中有时客户会提出涉及不同业务线的产品或服务需求，这时银行根据需要，由不同板块的客户经理和产品经理临时组成客户关系经理小组共同为客户服务。这种团队作用的发挥一般也是通过纵横"双道命令系统"来实现的。它打破了条与条之间的阻隔加强了各部门之间的协作配合能在不增加机构和人员编制的前提下将不同部门的专业人员集中在一起较好地解决急难问题从而也较好地解决业务创新中银行内部组织结构相对稳定和工作任务多变之间的矛盾。

第四节 商业银行的经营原则

根据商业银行长期经营管理的经验总结，世界上大多数国家的银行家普遍认为，商业银行的经营管理必须遵循安全性、流动性、盈利性三原则。

一、安全性原则

安全性是指商业银行应努力避免各种不确定因素对它的影响，保证商业银行的稳健经营和发展。商业银行之所以必须坚持安全性原则，是因为商业银行经营的特殊性。

（一）商业银行自有资本较少，经受不起较大的损失

商业银行是以货币为经营对象的信用中介机构，不直接从事物质产品和劳务的生产流通活动，不可能直接获得产业利润。银行的贷款和投资所取得的利息收入只是产业利润的一部分，如果商业银行不利用较多的负债来支持其资金运用，银行的资金利润率就会大大低于工商企业利润率。同时，作为一个专门从事信用活动的中介机构，商业银行比一般企业更容易取得社会信用，接受更多的负债。因此，在商业银行的经营中就有可能保持比一般企业更高的资本杠杆率，由此使商业银行承受风险的能力要比一般企业小得多。可见，为了保证银行的正常经营，对资金业务的安全性给予充分的关注是极其必要的。

（二）商业银行经营条件的特殊性，尤其需要强调它的安全性

一方面，商业银行以货币为经营对象，它们以负债的形式把居民手中的剩余货币集中起来，再分散投放出去，从中赚取利润。对于商业银行来说，对居民的负债是有硬性约束的，既有利息支出方面的约束，也有到期还本的约束。如果商业银行不能保证安全性经营，到期按时收回本息的可靠性非常低，则商业银行对居民负债的按期清偿也就没有了保证，这会大大损害商业银行的对外信誉，接受更多负债的可能性将失去；更有甚者，若居民大量挤提存款，可能导致商业银行倒闭。另一方面，在现代信用经济条件下，商业银行是参与货币创造过程的一个非常重要的媒介部门，如果由于商业银行失去安全性而导致整个银行体系混乱，则会损伤整个宏观经济的正常运转。

（三）商业银行在经营过程中会面临各种风险，因此，要保证商业银行的安全性经营就必须控制风险

1. 国家风险

这是指由于债务国政治动乱或经济衰退而导致债务人无法清偿债务，使债权人蒙受损失的可能性。

2. 信用风险

这是指借贷双方产生借贷行为后，借款方不能按时归还贷款方本息而使贷款方遭受损失的可能性。信用风险的存在非常广泛，商业银行的所有业务都有可能面临信用风险，其中以信贷业务的信用风险最大。近年来世界性的银行呆账、坏账问题就反映出信用风险对商业银行影响的严重性。

3. 利率风险

金融市场上利率的变动使经济主体在筹集或运用资金时可能遭受到的损失就是利率风险。利率风险主要表现为经济主体在筹集或运用资金时选择的时机或方式不当，从而不得不付出比一般水平更高的利息或收到比一般水平更低的收益。

4. 汇率风险

由于汇率的变动而使经济主体所持有的资产和负债的实际价值发生变动可能带来的损失就是汇率风险。对于既有本币资产又有外币资产的商业银行来说，汇率风险是无处不在的。

5. 流动性风险

流动性风险是传统商业银行的主要风险之一，是指商业银行能够掌握的可用于即时支付的流动性资产不足以满足支付需要，从而使其丧失清偿能力的可能性。虽然流动性风险是商业银行破产倒闭的直接原因，但实际情况往往是由于其他种类风险长期隐藏、积累，最后以流动性风险的形式爆发出来，因此流动性风险的防范必须与其他风险的控制结合起来。

6. 经营风险

经营风险是指商业银行在日常经营中由各种自然灾害、意外事故等引起的风险。

7. 竞争风险

竞争风险是金融业激烈的同业竞争造成商业银行客户流失、资产质量下降、银行利差缩小，从而增大银行经营的总风险。

【做一做】

商业银行风险分析

随着国际游资在我国金融市场投资（投机）活动的增加，也会给我国商业银行带来更多的风险。一方面，游资的投机性以及现实中投机者难以掌握足够的信息使投资者更易受心理因素影响，从而具有明显的"羊群效应"（bandwagonefect）。随着金融一体化进程的加快，一国发生金融危机，投资者预期相似国家的经济也会出现类似问题，就可能迅速抽回资金，从而加剧金融恐慌的蔓延。例如，墨西哥金融危机爆发后，拉美国家及其他新兴市场立刻受到国际游资逃离的冲击，严重危及该地区的经济安全。同时，国际投机资本在发动货币攻击时，也常常故意利用这种心理，借以制造恐慌气氛。一旦成功，则极易导致大量资本外逃而使银行出现"挤兑"现象，使商业银行的流动性风险迅速增加。如1998年8月，国际投机资本对香港金融市场的冲击中，有人就曾利用香港自由的新闻制度，大肆宣传人民币将贬值10%，借以形成市场恐慌心理，便于发动攻击。另外，国际游资所推动的衍生金融产品正日益发展。国际货币基金组织（IMF）发布的《全球金融稳定性报告》首次将新兴市场的金融衍生品交易置于全球视角下进行分析，认为金融衍生品提供了规避外汇、利率、市场和违约风险的功能，使资本流动、资产组合的选择余地更为宽广。同时指出金融衍生品的杠杆性对个体交易者而言有较大风险，金融衍生市场对于金融危机有一定的放大作用。

结合资料分析金融国际化我国商业银行面临哪些风险？如何规避所面临的风险？

二、流动性原则

流动性是指商业银行随时应付客户提存与满足必要的贷款支付的能力。包括资产的流动性与负债的流动性两层含义。资产的流动性是指银行的资产在不发生价值损失条件下迅速变现的能力。衡量银行资产流动性的标准有两个：①资产变现的成本，某项资产变现的成本越低，则该项资产的流动性就越强；②资产变现的速度，某项资产变现的速度越快，则该项资产的流动性就越强。负债的流动性是指银行以适当的价格取得可用资金的能力。衡量银行负债流动性的标准也有两个：获得可用资金的价格，取得的可用资金价格越低，则该项负债的流动性越强；获得可用资金的时效，取得可用资金越及时，则该项负债的流动性就越强。

商业银行是典型的负债经营，资金来源的主体部分是客户的存款和借入款。存款是以能够按时提取和随时对客户开出支票为前提的，借入款是要按期归还或随时兑付的。资金来源流动性这一属性，决定了资金运用方面即资产必须保持相应的流动性。

资金运用的不确定性也需要资产保持流动性。商业银行所发生的贷款和投资，会形成一定的占用余额，这个余额在不同的时点上是不同的。一方面，贷款逐步收回，投资到期收回；另一方面，在不同的时点上又会产生各种各样的贷款需求和投资需求，也就是说，商业银行又要有一定的资金来源应付贷款发放和必要的投资。贷款和投资所形成的资金的收和付，在数量上不一定相等，时间上也不一定对应，即带有某种不确定性，这就决定了商业银行资产也应具有一定程度的流动性，以应付商业银行业务经营的需要。

商业银行资产的流动性各不相同，因而必须分层次搭配资产，形成多层次的流动性储备，以满足资产流动性的需求。流动资产是商业银行资产中最具有流动性的，它包括现金资产、存放中央银行的准备金存款和存放同业的款项，一般称为第一准备；在短期内可以变现的国家债券，其流动性较好，一般称为第二准备；长期贷款、不动产抵押贷款和长期债券需要较长时间收回资金，流动性最差。如何合理分配商业银行的资产结构，保持流动性、安全性和收益率的和谐统一，是现代银行理论的重要内容之一。

三、盈利性原则

银行的经营动机是为了获取利润。利润体现了商业银行的经营管理水平。商业银行在竞争中必须不断改善经营管理，采取各种措施以获取更多的利润。这些措施主要是：合理调度头寸，把银行的现金准备压缩到最低限度；大量吸收存款，开辟资金来源，把这些资金用于能够获取较多的贷款和证券投资上，并尽可能避免呆账的损失；加强经济核算，采用先进技术设备，提高劳动效率，降低费用开支，不断增加业务效益。

《中华人民共和国商业银行法》规定:"商业银行以效益性、安全性、流动性为经营原则,实行自主经营、自担风险、自负盈亏、自我约束。"

【做一做】

假如你是 A 商业银行的经理,为满足流动性需要,设计一下 1~7 项资产的选择顺序;如果你的目标是提高你的经营业绩,你又如何选择这些资产形式呢?说明一下理由:(1)库存现金;(2)国债;(3)国库券;(4)央行短期票据;(5)央行长期票据;(6)5 年到期的贷款;(7)1 年到期的贷款。

四、"三性"原则之间的辩证关系

银行业务经营的三项原则既有联系又有矛盾。它们联系密切,其中安全性是前提,只有保证了资金安全无损,业务才能正常运转;流动性是条件,只有保证了资金的正常流动,才能确立信用中介的地位,银行各项业务活动才能顺利进行;盈利性是目的,银行经营强调安全性和流动性,其目的就是获取利润。三者的矛盾表现为:盈利性和安全性成反方向变化,盈利水平高的资产,风险大、安全性低;而较安全的资产,盈利水平较低。盈利性与流动性也呈反方向变化,盈利性高的资产流动性差,而流动性强的资产盈利水平则较低。安全性与流动性之间呈同方向变化,流动性强的资产安全性高,而流动性差的资产安全性也较低。因此,银行要满足盈利性、安全性、流动性三方面的要求,就要在经营管理中统筹兼顾,协调安排,实现三者之间的最佳组合。

【想一想】如果一位行长自豪地说,在其长达 10 年的任期中从未发生过一笔贷款损失。你会怎么样评价他?为什么?对三性原则如何协调?

知识要点

商业银行是以经营工商业存、放款为主要业务,并以获取利润为目的的货币经营企业。

银行是从货币兑换业发展到货币经营业基础上产生的。现代资本主义银行基本上是经过两个途径发展起来的,一是由早期的高利贷性质的银行演变;二是根据资本主义经济的要求以股份制形式组织的商业银行。

现代商业银行呈现出金融体制自由化、金融服务网络化、金融服务人性化、银行机构集中化、银行业务全能化、金融竞争多元化的发展趋势。

商业银行是企业,具有企业的一般特征;商业银行是特殊的企业——金融企业;商业银行是特殊的银行。

商业银行具有信用中介、支付中介、信用创造、金融服务的职能。

商业银行的制度类型有单一银行制、分支行制、控股公司制、连锁银行制。

商业银行的内部组织结构包括决策系统、执行系统、监督系统。

商业银行的经营管理必须遵循安全性、流动性、盈利性三原则。

问题讨论

1. 活动安排

利用网络和图书馆,查阅有关商业银行资料;组织学生进行市场调查;组织学生参观商业银行。

2. 要求

讨论商业银行产生和发展对经济和人们生活产生的影响。

3. 场景

多媒体教室；学校图书馆；商业银行；购物商店。

推荐阅读

1. 高建侠：《金融基础》，第五章，中国人民大学出版社2012年版。
2. 王红梅、吴军梅：《商业银行业务与经营》，第一章，中国金融出版社2007年版。
3. 鲍静海、尹成远：《商业银行业务经营与管理》，第一章，人民邮电出版社2003年版。
4. http://www.baidu.com.

本章自测

一、单项选择题

1. 美国的商业银行制度是典型的（　　）。
   A. 单一银行制　　　B. 分支行制　　　C. 集团银行制　　　D. 连锁银行制
2. 我国的商业银行主要采取（　　）组织形式。
   A. 单一银行制　　　B. 分支行制　　　C. 银行控股公司制　　　D. 连锁银行制
3. （　　）是商业银行最基本、最能反映其经营活动特征的职能。
   A. 信用中介　　　B. 支付中介　　　C. 信用创造　　　D. 金融服务

二、多项选择题

1. 商业银行的组织形式有（　　）。
   A. 单一银行制　　　B. 分支行制　　　C. 集团银行制　　　D. 连锁银行制
2. 商业银行的职能有（　　）。
   A. 信用中介　　　B. 支付中介　　　C. 信用创造　　　D. 金融服务
3. 商业银行的经营管理必须遵循（　　）三原则。
   A. 安全性　　　B. 流动性　　　C. 盈利性　　　D. 以上都是
4. 商业银行的内部组织结构主要有（　　）组成。
   A. 决策系统　　　B. 执行系统　　　C. 监督系统　　　D. 以上都不是

三、判断题

1. 单一银行制是指银行业务完全由一个银行机构（总行）经营，不设立任何分支机构的制度。
2. 分支行制会使银行业过分集中，不利于自由竞争。
3. 我国的商业银行业主要采取集团银行制组织形式。
4. 在商业银行的职能中，最能表现商业银行特点的是其中介职能，即信用中介职能和支付中介职能。
5. 银行是从货币兑换业发展到货币经营业基础上产生的。

四、名词解释

商业银行流动性　　安全性　　盈利性

五、回答问题

1. 如何理解商业银行的性质和职能？
2. 商业银行的业务经营应遵循哪些原则，各原则之间存在什么关系？
3. 论述现代商业银行的发展趋势？

第二章
商业银行资本业务管理

教学目标与学习任务

教学目标：了解掌握商业银行资本的概念、构成及充足性要求；并深刻理解资本在商业银行管理中的作用；重点掌握《巴塞尔协议》关于银行资本构成的规定，资本充足率的计算以及新资本协议的主要内容；掌握商业银行资本的筹集与管理。

学习任务：熟知商业银行资本的构成和资本充足率的要求，能对商业银行资本充足率进行计算和分析，能对商业银行资本进行筹集和管理。

案例导入

日本幸福银行破产案

日本金融再生委员会1999年5月23日正式宣布，总部设立在大阪的地方银行——幸福银行破产，由政府接管。这是自日本金融破产法案生效以来第二家宣告破产倒闭并由金融再生委员会委任破产管理人的地方银行。金融当局说，在稽核幸福银行的账户后发现，截至1998年9月，该银行资本亏损达到569亿日元，包括所持的证券的亏损；到1999年3月底，自有资金率只有0.5%。幸福银行有50年的历史，在日本国内有110家分支机构，2 000多名员工。过去3年一直亏损，日本金融监管部门曾要求该银行立即增加资本，该银行总裁江川笃明也提出动用私人财产挽救银行，但该银行终究还是逃脱不了倒闭的厄运。

第一节 商业银行资本的性质与作用

在市场经济社会中，任何一个自主经营、自负盈亏的经济实体，都必须拥有一定资本，银行当然也不例外。在银行的各项资金来源中，资本具有铺底的性质，是银行可独立运用的最可靠最稳定的资金来源，所以它是银行经营的基础。

一、商业银行资本

商业银行和其他企业一样，申请开立的首要条件是必须筹足一定数量的资本，但是银行资本不同于一般企业的资本，就一般公司企业而言，资本是指所有权与经营权都属于自己的资金，既指拥有的产权，且其资本通常要占其资产总额的50%以上，资本是工商企业维持生产经营的主要物质力量和支撑力量；而商业银行的资本金，除了产权资本以外，还拥有一定比例的非产权资本，即债务资本。国际上通常将银行资本定义为：银行股东为赚取利润而投入银行的货币和保留在银行中的收益。从所有权看由两部分构成：一部分是股东投资办银行的自有资本；另一部分是吸收存款的借入资本。借入资本是银行资本的主要部分。从经营借贷资本并以自身资本用作借贷资本看，银行资本属于借贷资本的范围；从经营一种企业并获得平均利润来看，银行资本又具有职能资本的特点。

【想一想】商业银行资本和工商企业资本有什么区别？

二、商业银行资本的功能

（一）满足银行营业功能

商业银行与一般企业一样，银行从事经营活动也必须具备一定的前提。首先，银行开业必须拥有一定的资本，满足各国法律规定的最低注册资本金的要求；其次，银行必须拥有营业所需的固定资产，这些固定资产只能用资本金购买。

从银行资产来看，银行与其往来客户大都有大量的支付活动和贷款支付活动，如果在某一时期资金的需求量十分大，银行将出现资金短缺，影响其支付能力。在银行资金发生短缺时，一般通过负债或出售资产来增加其流动性。但是由于此时市场资金供求普遍紧张，市场利率可能会上涨，银行出售金融资产会发生较大损失，筹资成本也会增大，这样会加重银行的经营负债，因此，银行通过资本的运用，不仅可以满足客户提存和借款的需要，而且可以避免经营成本的扩大，保证银行的正常经营活动。

（二）保护存款人利益功能

商业银行大部分的经营资金来自存款，可以说银行使用别人的钱去赚钱的，如果银行的资产遭受了损失，资金收不回来，存款人的利益必然会受到影响。资本是保护存款人利益、承担银行经营风险的保障。充足的银行资本金有助于树立公众对银行的信心，使存款人对存入银行的款项有安全感，使借款人在经济不景气时也有能被满足贷款需求的保障感。

（三）满足银行管理功能

商业银行作为企业，其经营的最终目标就是实现利益最大化。众所周知，收益和风险是成正比的，在追求利益的过程中，商业银行难免会通过加大经营风险的途径来加大自己的营业利润，如果银行的这种经营模式不加以限制，势必给银行业的稳定埋下隐患。一旦极个别银行因为经营不善发生破产，这种破坏力将是巨大的，它势必给整个金融体系和国民经济带来恶劣的影响。因此，各国金融监管当局以一系列资本指标为切入点，加强对商业银行的监督管理。资本的管理功能缘于监管部门的管制目的，并服务于管理当局的需要。

【拓展阅读】

资本金高低不同，风险各异

某国某两家银行，分别是高资本金银行和低资本金银行。2006年它们的资产负债表如表1、表2所示：

表1　　　　　　　　　高资本金银行资产负债（一）　　　　　　单位：万美元

资　产		负　债	
准备金	1 000	存款	9 000
贷款	9 000	资本金	1 000

表2　　　　　　　　　低资本金银行资产负债（一）　　　　　　单位：万美元

资　产		负　债	
准备金	1 000	存款	9 000
贷款	9 000	资本金	1 000

这两家银行均卷入了不动产市场的热潮中，2012年它们发现：自己的500万美元的不动产贷款已经一文不值。当这些坏账从账上划掉时，资产总值减少了500万美元。从而，作为资产总值与负债总值之差的资本金也减少500万美元。2012年，两家银行的资产负债表如表3、表4所示：

表3　　　　　　　　　高资本金银行资产负债（二）　　　　　　单位：万美元

资　产		负　债	
准备金	1 000	存款	9 000
贷款	8 500	资本金	500

表4　　　　　　　　　低资本金银行资产负债（二）　　　　　　单位：万美元

资　产		负　债	
准备金	1 000	存款	9 600
贷款	8 500	资本金	-100

高资本金银行可以应付这500万美元的资本金损失，因为它最初拥有的1 000万美元的资本金对这500万美元的损失产生了缓冲作用，使它仍然有500万美元的净值。然而，低资本银行却陷入了困境，其资产的价值降到其负债以下，净值为负100万美元，已经资不抵债，也就是说，银行面临倒闭。

三、商业银行资本的构成

商业银行的资本按照不同的分类标准,可以分为不同的类别,如按照巴塞尔委员会制定的《巴塞尔协议》可将银行资本分为核心资本和附属资本;按照资本对商业银行经营管理的不同影响可分为普通资本、优先资本、其他资本。本节主要阐述银行资本的构成:股本、盈余、债务资本、其他来源。

(一)股本

股本有普通股与优先股。

1. 普通股

银行普通股是一种股权证书,是银行核心资本的组成部分,代表持有者对银行具有永久性的所有权。所有权的体现:分配和处置银行税后收益的权利;制定修改银行章程;任免银行董事会成员;决定银行经营大政方针等。普通股是银行资本中最基本、最稳定的部分。

2. 优先股

优先股指在收益和剩余财产的分配上优先于普通股的股票,是银行股东持有的股权证书,和普通股一样构成银行的核心资本。其特点是持股人的股息收益是事先固定的,持股人不拥有对银行的表决权。

优先股有固定股息率优先股、可调整股息率优先股、可转换优先股。固定股息率优先股,其股息率是固定的,具有不可改变性。可调整股息率优先股,其股息率随预先固定的市场利率的变化而浮动,股息率的变动一般参照其他投资产品的收益率变化而确定。可转换优先股,可以在其持有人的选择下,根据预先固定的价格转换为普通股票,此类股票的股息低于不可转换优先股票的 10% ~ 20%,其转换价格则高于普通股票市价的 15% ~ 25%。

(二)盈余

盈余包括资本盈余与留存盈余。

1. 资本盈余

资本盈余是商业银行在发行股票时,发行价格超过面值的部分,即发行溢价收入。主要由股票发行溢价、资本增值部分、接受捐赠所增加的资本组成。资本盈余是权益资本,由外源资本渠道形成。

资本盈余的作用:调节银行资本金,制定股息政策的重要依据;当银行决定增加注册资本时,可将资本盈余划转股本实现或部分实现;在银行不盈利或少盈利时,可动用资本盈余发放股息。

2. 留存盈余

留存盈余是尚未动用的银行累计税后利润,它是银行的权益资本,属于内源资本,包括以前年度累计留存、本年度留存。一般受银行的盈利能力、股息政策、税率等因素影响。

留存盈余对于增加资本金的意义:只需将税后利润转入未分配利润账上,即可使资本量增加;由于不发行股票,银行节省了发行股票的中间费用,实际上增加了银行的收益;对普通股东有利：一是将未分配利润保留在银行，其权益仍属于普通股股东；二是由于普通股股东的权益与其所持有的普通股份成正比，将税后利润转化为资本，不会改变普通股股东的股权结构，有利于稳定商业银行的经营管理。

美国对于留存盈余作了相关规定：一是国民银行在开业之前，必须拥有至少等于股本金总额20%的缴入盈余，即超面值缴入资本；二是在营业过程中，每年的留成盈余比为净收益的10%；三是该盈余逐年累积，直到累积盈余总额等于股本金总额

（三）债务资本

债务资本也称为后期偿付债券。就其来源而言，债务资本属于外源资本；就其性质而言，债务资本属于附属资本或二级资本。

债务资本的特点是：所有者的索偿权排在各类银行存款所有者之后，并且其原始加权平均到期期限较长。

债务资本主要包括资本票据和债券。

资本票据是一种以固定利率计息的小面额后期偿付债券，期限为7~15年不等。债券包括可转换后期偿付债券、浮动利率后期偿付债券、选择性利率后期偿付债券等。

（四）其他来源

其他来源主要是储备金。它是为了防止意外损失而从收益中提留的资金，包括资本准备金、贷款与证券损失准备金。

制约储备金规模的因素：银行收益规模；股息政策；金融管理部门的管制约束等。

【温馨提示】储备金对银行的必要性：（1）在应付优先股折回等造成的股权减少或因贷款坏账损失等资产损失方面起到重要的作用；（2）其逐年累计提留的做法不会对当年的分红产生巨大的影响，补偿使用时，可使银行避免因资产损失而对当年收益造成的冲击；（3）因税前列支，使银行享有税收优惠。

【拓展阅读】

我国商业银行资本的构成

一、核心资本

实收资本：投资者按照章程或合同、协议的约定，实际投入商业银行的资本。

资本公积：包括资本溢价、接受的非现金资产捐赠准备和现金捐赠、股权投资准备、外币资本折算差额、关联交易差价和其他资本公积。

盈余公积：包括法定盈余公积、任意盈余公积以及法定公益金。

未分配利润：商业银行以前年度实现的未分配利润或未弥补亏损。

少数股权：在合并报表时，包括在核心资本中的非全资子公司中的少数股权，是指子公司净经营成果和净资产中不以任何直接或间接方式归属于母银行的部分。

二、附属资本

重估储备：商业银行经国家有关部门批准，对固定资产进行重估时，固定资产公允价值与账面价值之间的正差额为重估储备。若银监会认为，重估作价是审慎的，这类重估储备可以列入附属资本，但计入附属资本的部分不超过重估储备的70%。

> 一般准备：一般准备是根据全部贷款余额一定比例计提的，用于弥补尚未识别的可能性损失的准备。
>
> 优先股：商业银行发行的、给予投资者在收益分配、剩余资产分配等方面优先权利的股票。
>
> 可转换债券：商业银行依照法定程序发行的、在一定期限内依据约定条件可以转换成商业银行普通股的债券。计入附属资本的可转换债券必须符合以下条件：
>
> 1. 债券持有人对银行的索偿权位于存款人及其他普通债权人之后，并不以银行的资产为抵押或质押；
>
> 2. 债券不可由持有者主动回售；未经银监会事先同意，发行人不准赎回。
>
> 长期次级债券：是指原始期限最少在5年以上的次级债务。经银监会认可，商业银行发行的普通的、无担保的、不以银行资产为抵押或质押的长期次级债务工具可列入附属资本，在距到期日前最后5年，其可计入附属资本的数量每年累计折扣20%。如一笔10年期的次级债券，第六年计入附属资本的数量为100%，第七年为80%，第八年为60%，第九年为40%，第十年为20%。
>
> 资料来源：《商业银行资本充足率管理办法》中国银行业监督管理委员会令〔2004〕2号。

第二节　商业银行资本充足性的测定

资本充足性反映商业银行在存款人和债权人的资产遭到损失之前，该银行能以自有资本承担损失的程度，是衡量一家商业银行业务经营情况是否稳健的一个重要标志。

一、资本充足性

资本充足性是指银行的资本应保持既能经受坏账损失的风险，又能正常运营，达到盈利的水平。资本充足性包含两方面的含义：

其一，银行资本能够抵御其涉险资产的风险，即当这些涉险资产的风险变为现实时，银行资本足以弥补由此产生的损失。

其二，对于银行资本的要求应当适度，如果过高会影响金融机构的业务开展及其资产的扩张。《巴塞尔协议》规定，银行总的资本比率不得低于8%，附属资本不得超过核心资本，即限制在核心资本的100%以内。

【想一想】保持商业银行资本充足性有什么意义？

二、影响资本需要量的因素

（一）相关的法律制度规定

各国金融监管当局为了加强控制，确保商业银行的稳健经营，一般都以法律的形式对银行资本需要量做出了具体的规定，达不到资本最低限额者，金融部门一般不准予其注册。

（二）经济发展状况

银行资本需要量与一国的经济发展周期有着密切的关系。在经济发展周期的繁荣时期，经济形势良好，市场活跃，银行资金来源充裕，资金周转顺畅，一般不会发生挤兑现象，同时债务人破产可能性小，银行承担风险也较少，使银行持有的资本量相对可以少于其他时期；反之，必须保持有较充足的资本金需要量。

（三）银行的资产负债结构

1. 从负债结构看，不同的负债流动性不同，需要持有的银行资本储备也不同。一般来说，如果银行的负债总量中流动性较强的活期存款占比较大时，银行必须保持较多数量资本；反之，银行资本持有量可相对减少。

2. 资产结构，实际是指银行资产的质量。如果银行资产质量高，资产提供的收益较多，产生亏损可能性小，银行收益足以弥补可能发生的损失，则银行可持有相对较少的资本量；反之，银行的资本需要量就要增大。

（四）银行的信誉

如果银行经营有方、信誉高，则银行资金来源充裕，银行可持有较少量的资本金；反之，银行的资本需要量就要增大。

三、资本充足性的测定方法

（一）单一比例法

单一比例法是以银行资本金与银行资产和负债之间的某个比率来确定银行资本金需要量的一种方法。这是西方国家较早采用的方法。

1. 资本/存款比率

20世纪初，西方银行广泛地将银行资本金与存款总额之间的比率作为确定商业银行资本需要量的尺度，并根据实际经验形成了一种看法，即认为银行资本金至少应等于其存款负债的10%。

商业银行持有资本金主要是为了应付意外事件造成的损失。用资本/存款这个比率是以存款量的多少来考查银行损失可能性大小的。但存款本身在没有被用来发放贷款、进行投资之前风险并不大。因此，以存款量的多少来确定银行资本金需要量是不太科学的。由于这种原因，西方国家在第二次世界大战后逐步放弃这一衡量比率。

2. 资本/资产总额比率

"二战"后最初几年，资本与资产总额的比率被用来作为衡量资本金需要量。这一比率把资本金需要量与银行的全部资产包括现金资产、同业存款、放款、投资资产等相联系。如美国联邦储备系统曾经要求商业银行的资本金应相当于其资产总额的7%，美国联邦存款保险公司则以全国银行资本与资产总额的平均比率作为衡量银行资本需要量的尺度。

由于银行的损失主要来自资产，因此，该比率使银行资本抵御意外损失的能力在一定程度上得到了发挥，并且，由于这一比率计算比较方便，因而直到现在还常常被人们用来作为迅速测试资本需要量的一种方法。但是，资本/资产总额比率和资本/存款比率一样，没有考虑银行资产的结构情况与银行风险的大小存在着十分密切关系。比如，按照这种方法，两家具有同样资产规模的银行，就应持有相同的资本金数量，但是，一家银行的资产主要是现金、同业存款、政府短期债券等，这些资产发生损失的可能性较小；而另一家银行的资产大部分是长期放款、企业债券等，包含有较大的风险。在这种情况下，两家银行持有等量的资本显然难以准确地发挥银行资本金抵御风险损失的功能。

3. 资本/风险资产比率（齿轮比率）

银行的风险资产是指可能发生损失的资产，主要包括放款和投资。其计算方法是用银行的资产总额减去库存现金、同业存款和政府短期证券。资本/风险资产比率是资本/资产总额比率的发展。因为资产中只有贷款和投资才具有较大的信贷风险，需要由银行资本金提供保障，而库存现金、同业存款和政府短期证券则一般没有风险或风险很小，可以不需要或较少需要银行资本作为保障。将银行资本需要量与风险资产联系起来考虑，较好地体现了银行资本抵御资产意外损失的功能，因此具有一定的科学性。其比率通常为15%~20%。

资本/风险资产比率虽然比资本/资产总额比率前进了一步，但仍然存在着缺点，因为这一方法在计算银行应持有的资本量时，将库存现金、同业存款和政府短期证券等所谓无风险资产或风险较低的资产排除在外，但其中有些资产仍会有风险存在，需要有一定量的资本为之作保障；而且这一比率法并没有反映出各种风险资产在风险程度上的差别。实际上，风险资产的风险程度是大不相同的，如银行短期放款的风险很低，而长期放款、企业长期债券的风险就相当高。对这些风险程度不同的资产保持相同的资本储备，既难以发挥资本的作用，又不"经济"。因此，在后来计算银行的风险资产时，一般都把风险程度与现金和政府短期证券大致相同的资产，如政府担保的放款等，从总资产中扣除，再按适当比例求得应保有的资本金数量。

4. 分类比率法

分类比率法又称纽约公式。是纽约联邦储备银行设计的一种资本需要量测定方法。即按照银行资产风险程度不同，将全部资产分成几类，然后确定各类资产应保持的资本比率，最后将各类资产应保持的资本量相加，求得在既定时间内应持有的资本总额。如20世纪50年代初期，美国有关部门将银行的资产按流动性和风险程度分为六组（见表2-1）。

表2-1　　　　　　　　美国商业银行风险资产分类表

类　型	内　容	风险程度及比例
无风险资产	库存现金、同业存款、政府短期证券等	基本无风险，0
最小风险资产	政府中长期证券、信誉较高的商业票据、各种担保放款	有一定风险，5%
普通风险资产	普通有价证券贷款、政府债券以外的五年以上到期的证券投资	这类资产没有可靠的保证，12%
较大风险资产	因债务人财务状况较差、信誉不好、担保不足或质量不佳，不可靠因素较多	遭受损失的可能性较大，20%
有问题资产	已过偿还期限，债务人未履行还款义务	风险很大，50%
亏损与固定资产	呆滞贷款、贬值证券、房屋设备等	100%

（二）综合分析法

单一比率法是从某一个角度对银行资本金需要量提出要求。但一家银行资本需要量受到多种因素的影响，如存款数量、资产数量和结构、银行经营管理水平、经营者能力、资产的流动性等。在其他条件相同的情况下，经营管理水平高、经营能力强的银行只需要较少的资本就能抵御所面临的风险。因此各国开始普遍采用综合分析法来确定商业银行的资本需要量。通过综合分析法，虽然比较容易得出银行资本金需要量的一般水平，但难以计算出较为精确的数值，且计算时也比较烦琐，要与其他方法并用。现在均按照《巴塞尔协议》统一的资本标准。

综合分析法是把银行的全部业务活动作为分析对象，在综合考虑各种影响银行经营管理状况因素的基础上，确定银行应保持的资本量。美国的货币监理官提出以下几点作为确定银行应保持资本需要量的因素：

银行经营管理水平、银行资产的流动性、银行盈利及留存盈余的历史、银行股东的信誉及特点、银行营业费用的数量、银行存款结构的潜在变化、银行经营活动的效率、银行在竞争环境下满足本地区目前和今后金融需求的能力等。

显然，用综合分析法比用单一比率法来衡量银行资本金需要量更加全面、合理、科学。后来在此基础上又演变出在西方国家非常流行的一种评估制度，即骆驼评级制。

骆驼评级制是由美国商业银行创设的一种重要的评价银行经营能力、管理水平的评级制度。因其评估的五个方面内容，资本充足率，Capital；资产质量，Asset；经营水平，Management；收益，Earning；流动性，Liquidity 的英文头一个字母组合恰为英文单词"骆驼"（CAMEL），所以被称为"骆驼评级制"。

四、《巴塞尔协议》与银行资本

（一）1988 年 7 月《巴塞尔协议》的内容及局限性

1.《巴塞尔协议》的内容

《巴塞尔协议》是由"巴塞尔委员会"于 1988 年 7 月在瑞士的巴塞尔通过的"关于统一国际银行的资本计算和资本标准的协议"的简称。该协议第一次建立了一套完整的国际通用的、以加权方式衡量表内与表外风险的资本充足率标准，有效地遏制了与债务危机有关的国际风险。它是国际上第一个有关商业银行资本计算和标准的协议，是国际金融界在资本控制制度上的"神圣公约"，是 20 世纪人们所签订的一系列有关银行业监管协定中对国际银行业发展影响最大的国际性协议之一。

【拓展阅读】

巴塞尔委员会

巴塞尔委员会是 1974 年由十国集团（OECD）中央银行行长倡议建立的，其成员包括十国集团中央银行和银行监管部门的代表。自成立以来，巴塞尔委员会制定了一系列重要的银行监管规定，如 1983 年的银行国外机构的监管原则（又称巴塞尔协定，Basel Concordat）和 1988 年的巴塞

> 尔资本协议（Basel Accord）。这些规定不具法律约束力，但十国集团监管部门一致同意在规定时间内在十国集团实施。经过一段时间的检验，鉴于其合理性、科学性和可操作性，许多非十国集团监管部门也自愿地遵守了巴塞尔协定和资本协议，特别是那些国际金融参与度高的国家。1997年，有效银行监管的核心原则的问世是巴塞尔委员会历史上又一项重大事件。核心原则是由巴塞尔委员会与一些非十国集团国家联合起草，得到世界各国监管机构的普遍赞同，并已构成国际社会普遍认可的银行监管国际标准。至此，虽然巴塞尔委员会不是严格意义上的银行监管国际组织，但事实上已成为银行监管国际标准的制定者。

（1）资本的构成。

银行的资本分为核心资本和附属资本两大类，且附属资本规模不得超过核心资本的100%。

——核心资本。核心资本也叫一级资本，主要由永久性股东产权组成，具体包括股本和公开储备两种。

股本包括普通股和非累积优先股。普通股是银行股金资本的基本形式，它是一种主权。永久性非累积优先股具有债券和普通股的双重性质。一方面，它像债券一样，通常只支付优先股固定股息；另一方面，它像普通股一样，没有固定支付股息和到期偿还本金的义务。公开储备是指通过保留盈余或其他盈余的方式在资产负债表上反映的储备，如股票发行的溢价、未分配利润和公积金等。

——附属资本。附属资本也叫二级资本，是银行的债务资本，具体包括以下五项：

• 未公开储备。未公开储备又叫隐蔽储备。各国标准不同，《巴塞尔协议》中的标准是：在该项目中，只包括虽未公开，但已反映在损益账上并为银行监管机构所接受的储备。

• 重估储备。一些国家按本国的监管和会计条例允许对某些资产进行重估，以便反映它们的市值或使其相对于历史成本更接近其市值。

• 普通准备金。普通准备金是为防备未来可能出现的一切损失而设立的。因为它可被用来弥补未来的不可确定的任何损失，符合资本的基本特征，可被包括在附属资本中。但不包括那些为已确认的损失或为某项资产价值的明显下降而设立的准备金。

• 混合资本工具。混合资本工具是指一些带有一定股本性质又有一定债务性质的资本工具。混合型资本应符合下列要求：它们是无担保的、从属的和交足金额的；它们不可由持有者主动赎回，未经监管当局事先同意，也不准赎回；除非银行被迫停止交易，否则它们要用于分担损失（这不同于常规的次级债务）；虽然资本工具会带来支付利息的责任，而且还不能消减或延期，但是当银行的盈利不敷支付时，应允许推迟支付这些利息（类似于累积优先股）。如英国的永久性债务工具、美国的强制性可转换债务工具、法国的经常变动的参与证券和从属证券。

• 长期附属债务。长期附属债务是资本债券与信用债券的合称。包括普通的、无担保的、初次所定期限最少五年以上的次级债务资本工具和不许赎回的优先股。其特点，一是次级，即债务清偿时不能享有优先清偿权；二是长期，即有严格的期限规定。这类工具作为资本存在一定缺陷，故其数量只能达到核心资本的50%。

《巴塞尔协议》还认为，为了计算以风险加权的资本比率，应从银行资本中扣除：商誉和不合并列账的银行与财务附属公司的投资和在其他银行或金融机构资本中的投资。

(2) 资产负债表内资产风险权数的规定。

根据资产信用风险的大小，将资产分为 0、20%、50% 和 100% 四个风险档次。

风险权数为 0 的有：①现金；②以本国货币定值并以此通货对中央政府和中央银行融通资金的债权；③对经济合作与发展组织（OECD）国家的中央政府和中央银行的其他债权；④用现金或用 OECD 国家中央政府债券作担保，或用 OECD 国家中央政府提供的担保的债权。

风险权数为 20% 的有：①对多边发展银行（国际复兴开发银行、泛美开发银行、亚洲开发银行、非洲开发银行和欧洲投资银行）的债权以及由这类银行提供担保或以这类银行发行的债券作抵押品的债权；②对 OECD 国家内的注册银行的债权以及由 OECD 国家内注册银行提供担保的贷款；③对 OECD 组织内外国公共部门实体的贷款；④对 OECD 以外国家注册的银行余期在一年期内的债权和由 OECD 以外国家的法人银行提供担保的所余期限在一年之内的贷款；⑤对非本国的 OECD 国家的公共部门机构（不包括中央政府）的债权以及由这些机构提供担保的贷款；⑥托收中的现金款项。

风险权数为 50% 的有：完全以居民用途的房产作抵押的贷款，这些房产为借款人所占有使用或由他们出租。

风险权数为 100% 的有：①对私人机构的债权；②对 OECD 以外的国家法人银行余期在一年以上的债权；③对 OECD 以外的国家的中央政府的债权（以本国货币定值并以此通货融通的除外）；④对公共部门所属的商业公司的债权；⑤行址、厂房、设备和其他固定资产；⑥不动产和其他投资（包括那些没有综合到资产负债表内的、对其他公司的投资）；⑦对其他银行发行的资本工具（从资本中扣除的除外）；⑧其他所有的资产。

非固定权重的资产：

- 对国内政府公共部门（不包括中央政府）的债权和由这样的机构提供担保的贷款：0、10%、20%、50%。
- 对国内政府的债权：0 或其他。
- 所有证券或即将到期的一年以下的证券：10%。
- 一年以上的证券：20%。
- 十国集团拥有股东权益的多边发展银行的债权：20% 或其他。

由于表外业务的发展，各国金融管理当局对商业银行经营表外业务，也要求配置一定比例的资本金。例如备用信用证的风险权数被定为 0.5，也就是说，如果商业银行的每笔 100 美元的备用信用证业务，要有 2 美元的核心资本和 2 美元的附属资本相配合。

(3) 资产负债表外项目的风险权数的规定。

通过设定一些转换系数，将表外授信业务也纳入资本监管。

信用转换系数为 100% 的有：①直接信贷的工具。如一般负债保证（包括为贷款和证券提供财务保证的备用信用证）和承兑（包括具有承兑性质的背书）；②销售和回购协议以及有追索权的资产销售；③远期资产购买、超远期存款和部分缴付款项的股票和代表一定损失的证券。

信用转换系数为 50% 的有：①某些与交易相关的或有项目（如履约担保书、投标保证书、认股权证和为某些特别交易而开除的备用信用证）；②票据发行融通和循环包销便利；

③其他初始期限为1年以上的承诺（如正式的备用便利和信用额度）。

信用转换系数为20%的有：短期的有自行清偿能力的、与贸易相关的或有项目（如有优先索偿权的、以装运货物作抵押的跟单信用证）。

信用转换系数为0的有：类似初始期限为1年以内的或者是可以在任何时候无条件取消的承诺。

（4）标准化比率。

规定银行的资本与风险加权总资产之比不得低于8%，其中核心资本与风险加权总资产之比不得低于4%。

全部资本充足率＝资本总额/风险资产总额×100%

核心资本充足率＝核心资本/风险资产总额×100%

其中：资本总额＝核心资本＋附属资本

风险资产总额＝表内风险资产总额＋表外风险资产总额＝∑表内资产×风险权重＋∑表外项目×信用转换系数×相应表内资产的风险权重

依据上面的计算指标，《巴塞尔协议》规定商业银行的全部资本充足率不得低于8%，核心资本充足率不得低于4%。

【做一做】

商业银行资本充足率分析

假定某商业银行表内资产按照《巴塞尔协议》规定的资产风险权重的标准，可将其分为5类，见下表。

风险资产数量（万元）	风险权重（%）	风险资产数量（万元）	风险权重（%）
450	0	1 500	50
800	10	1 800	100
1 000	20		

该银行的表外业务中，备用信用证业务为2 000万元，余期为3年的贷款承诺为2 500万元，商业信用证为1 200万元，这里假定表外对应的表内性质业务的风险属于最高一级，权重100%。该银行核心资本400万元，附属资本为350万元。

计算该商业银行的资本充足率和核心资本充足率？该银行是否达到《巴塞尔协议》关于资本比率的要求？（提示：第一步，将表外资产业务量转换为表内资产业务量。备用信用证转换系数100%，余期为3年的贷款承诺为50%，商业信用证20%；第二步，根据风险权数调整总资产；第三步，计算资本充足率。）

（5）过渡期及时间安排。

为了达到所规定的资本充足率的要求，协议同时规定了一个实现目标要求的时间表，并规定具体的实施安排（见表2－2）。

表 2-2　　　　　　　　　　　　　　过渡期安排表

	最初阶段	1990 年年底	1992 年年底
1. 最低标准	在 1987 年的水平	7.25%	8.0%
2. 衡量公式	核心成分 + 100%	核心成分 + 100%（3.625 + 3.625）	核心成分 + 100%（4% + 4%）
3. 包括在核心成分之内的附属部分	最多不超过核心成分的 25%	最多不超过核心成分的 10%（即 0.36%）	无
4. 附属成分中普通准备金之限制	没有限制	定 1.5 个百分点到 2.5 个百分点	1.25~2.0 个百分点
5. 附属成分内次级初期债务的限制	没有限制	没有限制	不超过一级资本的 50%
6. 商誉的减除	从第一级资本中减除	从第一级资本中减除	从第一级资本中减除

2.《巴塞尔协议》的局限性

《巴塞尔协议》促进了国际银行业对银行风险管理重要性的认识，为国际银行业实施风险管理提供了相应的统一标准，改变了商业银行经营管理的观念与方式方法，拓宽了商业银行风险管理的范围。同时不可否认的是：无论从理论上还是从实践上都存在一定的缺陷。

首先，忽视了市场风险。《巴塞尔协议》的重点是商业银行的信用风险以及信用风险的更深层次——国家转移风险及其防范对策。而对商业银行的其他风险尤其是市场风险几乎没有考虑。

其次，对银行资产风险的判定有欠妥之处。《巴塞尔协议》在确定银行风险权数时的一个重要依据是：是否为 OECD 的正式成员国或者是否已与国际货币基金达成特别放款安排的国家，也即以此来确定一国银行资产的国家转移风险的级别，如此人为造成了一种不公平的事实。只要是 OECD 成员国的商业银行，不论其经营状况如何，都可以享受较低的风险权数；反之，只要不是 OECD 成员国中的商业银行，不论其经营状况如何，都必须给予较高的风险权数。再如对银行资产风险权数的具体确定方法有待于进一步细化。

最后，《巴塞尔协议》规定的资本充足率不是防范风险的唯一方法和尺度。即有了适量的资本金，并不能保证商业银行绝对不会遭受重大损失甚至破产倒闭。例如，1993 年巴林银行的资本充足率远远超过 8%，1995 年 1 月还被监管部门认为是安全的金融机构，但到了 1995 年 2 月，巴林银行就倒闭了。

1995 年 12 月 15 日，十国集团签署了《〈巴塞尔协议〉的补充协议》。该协议于 1996 年 1 月公布，1997 年年底生效。其核心内容是：在原资本充足率测定的基础上，新增了对银行市场风险的测定因素，要求商业银行必须要有适当的资本金来支持其承担市场风险。

3.《巴塞尔协议》对世界银行业的影响

（1）《巴塞尔协议》对世界各国商业银行的影响。

一系列有关商业银行资本金的《巴塞尔协议》的出台，对世界各国商业银行具有多方面的深远影响：

第一，削弱了各国在金融管理方面的差异，有助于各国商业银行在平等的基础上的竞争和促进银行业效益的提高；

第二，有助于商业银行的风险管理。随着《巴塞尔协议》的实施，商业银行的资本充足率得到了加强，银行的风险资产有了比较坚实的资本支持。商业银行表外业务的扩张受到约束，其风险可以被控制在一定的范围内。另外，国际间的银行监管趋向协调一致，有利于堵塞金融监管方面的漏洞。如海外分支机构、跨国银行的发展，就可以利用各国监管的不一致，来逃避有关法律监管的约束。

第三，有助于银行业的国际化发展。资本充足性统一比率的制定以及管理标准的趋向统一，使得各国金融监管当局的合作与交流大大加强，国际银行业务的进行更加规范，这无疑会大大推动银行业的国际化发展。

（2）《巴塞尔协议》对商业银行具体的经营管理的影响。

第一，《巴塞尔协议》的签订与实施，使商业银行在资产负债管理方面加大了风险资产的管理内容。纵观商业银行资产负债管理的发展历程，我们不难发现，商业银行无论是在资产管理阶段、负债管理阶段、资产负债综合管理阶段都是围绕着银行的流动性与盈利性进行有关管理工作的，所运用的管理方法多是以流动性为操作基础，以盈利性为出发点和归宿的。这些管理方法实行的前提是假定商业银行的放款与投资的本金没有风险。而《巴塞尔协议》设计了以资本充足性管理为核心的风险资产管理模型，要求商业银行要保持适度的资本金，自觉地调整银行资产组合中风险资产所占的比重，以加强对风险资产的管理。

第二，《巴塞尔协议》第一次将商业银行管理的对象从资产负债表内拓展到资产负债表外。表内业务如果资产规模扩充过快，你的资本充足率就会下降，甚至会低于最低要求，就会受到监管当局的提示。商业银行的表外业务作为银行应付金融市场激烈竞争、规避金融监管的产物，在最近的几十年中发展迅速。表外业务的发展，在有利于商业银行提高竞争能力与效率的同时。由于透明度较差、不易控制等因素，给银行带来了较大的经营风险，并使得金融监管机构的监管工作难度加大。另外，表外业务缺乏相应的资本金控制，出现了无限制的膨胀趋势。因此，《巴塞尔协议》对银行表外业务的有关风险权数的规定，遏制了表外业务的无限膨胀，并将表外业务的管理纳入到商业银行风险管理的整体之中。

第三，《巴塞尔协议》使商业银行的信用膨胀与资本的财务杠杆作用受到约束。《巴塞尔协议》建立了银行资本金与银行风险资产，包括表外业务风险资产的各项比例关系，规定了银行附属资本占银行全部资本的比例，从而可以有效地控制了银行的信用膨胀，并使银行资本的财务杠杆作用受到实际的约束，有利于银行的健康、稳定的发展。

第四，《巴塞尔协议》在商业银行经营管理的诸多具体方面，如资本的有关项目与比例，银行的内部管理制度、信息披露制度等方面，给予了具体的指导要求，有利于银行建立健全的经营管理。

【做一做】

某商业银行风险资产计算表　　　　　　　　　　　单位：亿元

项　目	权重	2012年	风险资产	2013年	风险资产
资产总额		148.8	83.33	170.5	65.69
现金	0	0.7	0	0.6	0
存放中央银行	0	10.8	0	19.5	0
存放同业	0.1	7.9	0.79	9.6	0.96
拆放同业	0.1	2.5	0.25	3.1	0.31
购买国债	0	26.4	0	48.8	0
中央银行债券	0	6	0	12.9	0
固定资产	1	4	4	4.5	4.5
贷款		90.5	74.79	71.5	55.42
其中：国家项目贷款	0.1	3.9	0.39	4.9	0.49
企业贷款		77.6	69.9	59.3	51.28
一般担保贷款	1	65.8	65.8	47.1	47.1
贴现	0.1	4.5	0.45	4.8	0.48
抵押贷款	0.5	7.3	3.65	7.4	3.7
个人住宅按揭贷款	0.5	9	4.5	7.3	3.65
表外业务		5	3.5	6	4.5
其中：开出银行承兑	1	2	2	3	3
开出跟单信用证	0.5	1	0.5	1	0.5
一年以上授信额度	0.5	2	1	2	1
总资本		6.2		11.95	
其中：实收资本		3.5		10.25	
盈余公积		1.1		1.5	
未分配利润		1.3			
贷款呆账准备		0.3		0.2	

　　分别计算2012年和2013年的资本充足率，该银行的资本充足率是否达到《巴塞尔协议》的规定，如果没达到怎么做？（假定表外对应的表内性质业务的风险属于最高一级，权重为100%）

（二）《新巴塞尔协议》的基本内容及特点

　　银行业是一个高风险的行业。20世纪80年代，由于债务危机的影响，信用风险给国际银行业带来了相当大的损失，银行普遍开始注重对信用风险的防范管理。巴塞尔委员会建立了一套国际通用的以加权方式衡量表内与表外风险的资本充足率标准，极大地影响了国际银行监管与风险管理工作的进程。在近十几年中，随着巴塞尔委员会根据形势变化推出相关标准，资本与风险紧密联系的原则已成为具有广泛影响力的国际监管原则之一。正是在这一原则指导下，巴塞尔委员会建立了更加具有风险敏感性的新资本协议。新协议将风险扩大到信用风险、市场风险、操作风险和利率风险，并提出"三个支柱"（最低资本规定、监管当局的监督检查和市场纪律），要求资本监管更为准确地反映银行经营的风险状况，进一步提高金融体系的安全性和稳健性。

1. 第一支柱——最低资本规定

新协议在第一支柱中考虑了信用风险、市场风险和操作风险，并为计量风险提供了几种备选方案。关于信用风险的计量，新协议提出了两种基本方法。第一种是标准法，第二种是内部评级法。内部评级法又分为初级法和高级法。对于风险管理水平较低一些的银行，新协议建议其采用标准法来计量风险，计算银行资本充足率。根据标准法的要求，银行将采用外部信用评级机构的评级结果来确定各项资产的信用风险权利。当银行的内部风险管理系统和信息披露达到一系列严格的标准后，银行可采用内部评级法。内部评级法允许银行使用自己测算的风险要素计算法定资本要求。其中，初级法仅允许银行测算与每个借款人相关的违约概率，其他数值由监管部门提供，高级法则允许银行测算其他必需的数值。类似的，在计量市场风险和操作风险方面，委员会也提供了不同层次的方案以备选择。

资本充足率的计算公式如下：

$$银行资本充足率 = 总资本要求 / 总风险加权资产 \geq 8\%$$

其中：

$$总风险加权资产 = 信用风险加权资产 + 市场风险资本要求 \times 12.5 + 操作风险资本要求 \times 12.5$$

2. 第二支柱——监管当局的监督检查

委员会认为，监管当局的监督检查是最低资本规定和市场纪律的重要补充。具体包括：①监管当局监督检查的四大原则。原则一：银行应具备与其风险状况相适应的评估总量资本的一整套程序，以及维持资本水平的战略。原则二：监管当局应检查和评价银行内部资本充足率的评估情况及其战略，以及银行监测和确保满足监管资本比率的能力。若对最终结果不满足，监管当局应采取适当的监管措施。原则三：监管当局应希望银行的资本高于最低监管资本比率，并应有能力要求银行持有高于最低标准的资本。原则四：监管当局应争取及早预从而避免银行的资本低于抵御风险所需的最低水平，如果资本得不到保护或恢复，则需迅速采取补救措施。②监管当局检查各项最低标准的遵守情况。银行要披露计算信用及操作风险最低资本的内部方法的特点。作为监管当局检查内容之一，监管当局必须确保上述条件自始至终得以满足。委员会认为，对最低标准和资格条件的检查是第二支柱下监管检查的有机组成部分。③监管当局监督检查的其他内容包括监督检查的透明度以及对换银行账簿利率风险的处理。

3. 第三支柱——市场纪律

委员会强调，市场纪律具有强化资本监管，帮助监管当局提高金融体系安全、稳健的潜在作用。新协议在适用范围、资本构成、风险暴露的评估和管理程序以及资本充足率四个领域制定了更为具体的定量及定性的信息披露内容。监管当局应评价银行的披露体系并采取适当的措施。新协议还将披露划分为核心披露与补充披露。委员会建议，复杂的国际活跃银行要全面公开披露核心及补充信息。关于披露频率，委员会认为最好每半年一次，对于过时即失去意义的披露信息，如风险暴露，最好每季度一次。不经常披露信息的银行要公开解释其政策。委员会鼓励利用电子等手段提供的机会，多渠道的披露信息。

新协议将对国际银行监管和许多银行的经营方式产生极为重要的影响。首先要指出，以三大要素（资本充足率、监管部门监督检查和市场纪律）为主要特点的新协议代表了资本监管的发展趋势和方向。实践证明，单靠资本充足率无法保证单个银行乃至整个银行体系的稳定性。自1988年资本协议问世以来，一些国家的监管部门就已在不同程度上，同时使用这三项手段强化资本监管，以实现银行稳健经营的目标。然而，将三大要素有机结合在一起，并以监管规定的形式固定下来，要求监管部门认真实施，这无疑是对成功监管经验的肯定，也是资本监管领域的一项重大突破。

与1988年资本协议所不同的是，从一开始巴塞尔委员会希望新协议的适用范围不仅局限于十国集团国家，尽管其侧重面仍是国家的"国际活跃银行"（internationally active banks）。巴塞尔委员会提出，新资本协议的各项基本原则普遍适用于全世界的所有银行，并预计非十集团国家的许多银行都将使用标准法计算最低资本要求。此外，巴塞尔委员会还希望，经过一段时间，全世界所有的大银行都能遵守新协议。客观上看，新协议一旦问世，国际金融市场的参与者很可能会采用新协议来分析各国银行的资本状况，而有关国际组织也会把新协议视为新的银行监管的国际标准，协助巴塞尔委员会在全球范围内推广新协议，并检查其实施情况。因此，发展中国家需要认真研究新协议的影响。

与1988年资本协议相比，新资本协议的内容更广、更复杂。这是因为新协议力求把资本充足率与银行面临的主要风险紧密地结合在一起，力求反映银行风险管理、监管实践的最新变化，并为尽量为发展水平不同的银行业和银行监管体系提供多项选择办法。应该说，银行监管制度的复杂程度，完全是由银行体系本身的复杂程度所决定的。十国集团国家的银行将在规定时间内实施新协议。为确保其在国际竞争中的地位，非十国集团国家也会力争在规定时间内全面实施新协议。同发达国家相比，发展中国家的市场发育程度和监管水平存在较大的差距，实施新协议的难度不可低估。还必须提出，就目前的方案来说，新协议首先是十国集团国家之间的协议，还没有充足考虑发展中国家的国情。

新资本协议提出了两种处理信用风险办法：标准法和内部评级法。标准法以1988年资本协议为基础，采用外部评级机构确定风险权重，使用对象是复杂程度不高的银行。采用外部评级机构，应该说比原来以经合组织国家为界限的分类办法更客观、更能反映实际风险水平。但对包括中国在内广大发展中国家来说，在相当大的程度上，使用该法的客观条件并不存在。发展中国家国内的评级公司数量很少，也难以达到国际认可的标准；已获得评级的银行和企业数量有限；评级的成本较高，评出的结果也不一定客观可靠。若硬套标准法的规定，绝大多数企业的评级将低于BBB，风险权重为100%，甚至是150%（BB-以下的企业）。企业不会有参加评级的积极性，因为未评级企业的风险权重也不过是100%。此外，由于风险权重的提高和引入了操作风险的资本要求，采用这种方法自然会普遍提高银行的资本水平。

将内部评级法用于资本监管是新资本协议的核心内容。该方法继承了1996年市场风险补充协议的创新之处，允许使用自己内部的计量数据确定资本要求。内部评级法有两种形式，初级法和高级法。初级法仅要求银行计算出借款人的违约概率，其他风险要素值由监管部门确定。高级法则允许银行使用多项自己计算的风险要素值。为推广使用内部评级法，巴塞尔委员会为采用该法的银行从2004年起安排了3年的过渡期。

【拓展阅读】

新资本协议挑战中国金融业

以新的资本协议框架为参照，我国的银行风险监管将面临一系列新的挑战。

第一，大型银行的资本不足的问题将更为突出，迫切需要在提高资产质量的同时，拓展资本补充渠道。根据新资本协议框架进行测算，可以大致看出，全球银行业在新的监管框架下，所需的资本金总体水平不会出现太大的变化，但是，对于个别银行来说，因为资产质量等的差异，所需的资本金水平会有明显的差异。一般而言，同一家银行根据较为高级的内部评级法测算的风险资产规模，要较之原来减少2%～3%；对于一些经营状况良好的大银行，风险资产规模的下降会更为明显。一方面，经营效益良好的银行可以用这一部分资本金支持更大规模的风险资产，或者将其返回给原来的股东。另一方面，资产质量较差的银行以及OECD国家的资产评级较低的银行将被迫提高风险权重，从而要求配备更高水平的资本。对于普遍面临资本金补充渠道欠缺的中国银行业来说，新资本协议提出了补充资本金的更高要求。

第二，银行内部风险评级体系有待完善。有关国际组织将新的资本协议框架的核心之一归结为内部风险评级体系，从风险管理的实际操作来看，这一界定是合理的。从发达国家国际性大银行的经验来看，内部评级对于信用风险管理的重要作用主要表现在以下几个方面：为金融工具价格的决定提供重要依据；作为提取坏账准备金及经济资本的分配的基础；为客户综合授信提供依据；为管理者风险决策提供参考。根据巴塞尔委员会的要求，一个有效的内部评级系统主要包括评级对象的确定、信用级别及评级符号、评级方法、评级考虑的因素、实际违约率和损失程度的统计分析、跟踪复评和对专业评级机构评级结果的利用等等。与发达的国际性银行相比，我国大多数商业银行内部评级不论是在评级方法、评级结果的检验，还是在评级工作的组织等方面，都存在着相当的差距，从而极大地限制了内部评级在揭示和控制信用风险方面的作用。

第三，从信用风险管理转向逐步实施全面风险管理。当前，我国对于银行风险资产以及资本充足的监管，主要是考虑信用风险，基本上没有考虑利率风险和操作风险等。随着中国利率市场化的推进，利率波动更为频繁；银行业务操作的环节不断增多，对于电脑等的依赖加大，同时也相应增大了操作风险。因此，要真实反应银行的风险状况，就必须考虑利率风险和操作风险。

第四，提高监管机关的监管能力，明确监管的重点。新的资本协议框架在给予各国监管当局更大的决策自主权时，也对各国监管当局的监管能力提出了更高的要求。对于中国的监管当局来说，如何及时开辟银行的资本金补充渠道、如何合理确定适应中国国情的不低于8%水平的最低资本充足要求、如何评估和衡量商业银行内部风险评估体系的状况、如何运用新的资本协议框架监管外资银行等，都是新的挑战。

第五，强化信息披露。由于会计信息不完备、真实性有待提高等因素，中国的银行业在信息披露的质量和数量方面，都远远不能适应市场的要求，市场也缺乏足够的动力和资料深入分析银行的风险状况。因此，在强化信息披露方面，既要确定银行业需要定期及时披露的资料，也要引导市场强化对于银行信息的分析，逐步提高市场约束的力量。

资料来源：http://resource.sne.snnu.edu.cn/ansbbs1/displaytell.asp?boardid=948&rootid=96753&id=96753。

（三）《巴塞尔协议Ⅲ》

《巴塞尔协议Ⅲ》规定，全球各商业银行为应对潜在亏损划拨的资本总额仍将至少占风险加权资产的8%；不过，各银行应增设"资本防护缓冲资金"，总额不得低于银行风险资产的2.5%，因此原比例将被从8%提升至10.5%。

在各类资产中，一级资本充足率下限将从现行的4%上调至6%，由普通股构成的核心一级资本占银行风险资产的下限将从现行的2%提高至4.5%，加上2.5%具同等质量的资本防护缓冲资金，银行所持有的普通股比例将至少达7%。

为减轻资本新规对全球各银行和金融市场所造成的压力,《巴塞尔协议Ⅲ》规定,新规将在 2016 年 1 月至 2019 年 1 月间分阶段执行。其中,各银行须在 2013 年 1 月至 2015 年 1 月期间执行新的一级资本规定;而资本防护缓冲资金规定则须在 2016 年 1 月至 2019 年 1 月间执行。

根据协议要求,商业银行必须上调资本金比率,以加强抵御金融风险的能力。

《巴塞尔协议Ⅲ》规定,截至 2015 年 1 月,全球各商业银行的一级资本充足率下限将从现行的 4% 上调至 6%,由普通股构成的"核心"一级资本占银行风险资产的下限将从现行的 2% 提高至 4.5%。另外,各家银行应设立"资本防护缓冲资金",总额不得低于银行风险资产的 2.5%,该规定将在 2016 年 1 月至 2019 年 1 月之间分阶段执行。

【温馨提示】《巴塞尔协议Ⅲ》影响最大的地方在于大幅度提高了对银行一级资本充足率的要求。为了满足新的资本要求,未来几年全球银行将面临巨大的融资压力,据测算,融资规模可能会超过千亿美元。

【拓展阅读】

中国版《巴塞尔协议Ⅲ》

主要涉及资本要求、杠杆率、拨备率和流动性要求四大方面。

2011 年 2 月 23 日,中国银监会上报的包括资本充足率、拨备率、杠杆率、流动性在内的四大监管新工具,已经获得国务院层面的批复,中国版《巴塞尔协议Ⅲ》平稳着陆。

资本充足率方面,最新批复的方案对核心一级资本、一级资本和总资本的最低要求分别调整为 5%、6% 和 8%,较原方案拟订的 6%、8% 和 10% 下调了 1~2 个百分点,不过核心一级资本充足率仍比 4.5%《巴塞尔协议Ⅲ》严格。

此外,原方案规定超额资本要求为 0~4%(必要时 0~5%),获批方案最终借鉴《巴塞尔协议Ⅲ》,将其调整为留存超额资本 2.5%,反周期超额资本 0~2.5%。

对于反周期超额资本(Counter-cyclical buffer),银监会表示,该项指标,仅在信贷超常增长,可能导致系统性风险时适用;新规执行后,正常条件下,系统重要性银行最低总资本充足率要求为 11.5%,非系统重要性银行为 10.5%。

[注:反周期超额资本要求,即应监管当局的要求,银行在信贷高速扩张时期(经济上行期)应计提的超额资本,在经济下行期用于吸收损失,以维护整个经济周期内的信贷供给稳定。]

拨备率方面,对银行业利润影响颇大的拨备/贷款一值由原方案的 2.5% 调整为"原则上不低于 2.5%"。并明确对非系统重要银行作差异化安排。这意味着中小银行在贷款结构合理、不良偏离度低、风险控制体系优异等指标获得认同的情况下可以按照低于 2.5% 的标准执行拨贷比要求。

杠杆率,银监会最终仍维持 4% 的杠杆率要求,但是执行时间由 2011 年推迟至 2012 年年初,达标时间系统重要银行由 2012 年推迟至 2013 年年底,非重要银行仍为 2016 年。

流动性指标方面,原方案要求各银行在 2011 年年底达到新引入的流动性覆盖率(LCR)和净稳定资金比例(NSFR)流动性指标,新方案对上述两个指标设置 2 年观察期,将于 2012 年年初开始执行,并于 2013 年年底达标。

流动性覆盖率(LCR,Liquidity Covered Ratio)= 优质流动性资产储备/未来 30 日的资金净流出量。流动性覆盖率的标准是不低于 100%。

这个公式的意义:确保单个银行在监管当局设定的流动性严重压力情景下,能够将变现无障碍且优质的资产保持在一个合理的水平,这些资产可以通过变现来满足其 30 天期限的流动性需求。

第三节　商业银行资本的筹集与管理

商业银行资本筹集与管理已成为现代银行业强化管理的核心内容。

一、资本的筹集

（一）资本的内部筹集

1. 内部筹集的方法

（1）增加各种准备金。

由于各国金融监管当局对商业银行准备金的提取往往有上限的规定，有的国家还规定准备金仅能打折后计入资本总额，同时提取过多的准备金会影响商业银行的利润总额，因而获取留存盈余是商业银行的内部筹集资本的主要手段。

（2）收益留存。

商业银行的税后利润在支付优先股股息后，便在留存盈余和普通股之间进行分配。这样留存盈余与股东股息就有一种相互制约、相互影响的关系。在税后利润一定的情况下，保留多少的盈余实际上是商业银行分红政策的选择问题。

2. 优点

（1）商业银行只需将银行的税后净利转入留存盈余账户即可增加银行资本金，从而节省了商业银行为筹措资本所需花费的费用，简单易行，因此被认为是商业银行增加资本金的最廉价的方法。

（2）银行留存盈余作为未分配利润保存在银行，其权益仍为普通股股东。也就是说，其可以被看作是银行股东在收到股息以后又将其投入银行，并且股东不必为这部分收入缴纳个人所得税。同时，由于不对外发行普通股票，普通股股东不会因此而遭受控制权的损失。因而这种筹集资本金的方式在很多情况下对普通股股东特别有利。

但是，银行留存盈余的权益人是普通股股东。因而这种募集资本金的方式牵扯到银行所有者的利益，是一个比较复杂、敏感的问题。另外通过留存盈余方式增加银行资本金不会使普通股股东遭受控制权的损失，但是，过多的留存盈余可能会带来银行普通股股价的下跌，致使投资者对投资于银行的市场价值产生怀疑，从而构成对银行未来发展的不利的影响。因此，商业银行需要根据具体情况来确定留存盈余的比例大小以及通过留存盈余获得银行资本金的合理数量。

（二）资本的外部筹集

商业银行资本的外部筹集可采用发行普通股、发行优先股、发行资本票据和债券以及股票与债券互换的办法。

1. 发行普通股——商业银行资本的基本形式

（1）商业银行以普通股筹集资本的优点。

- 没有固定的股息负担，银行具有主动权和较大的灵活性。

- 没有固定的偿还期。与其他资金来源相比，普通股提供的资金通常归商业银行永久使用，无须向股东偿还本金，其稳定性较强。
- 一家银行的普通股数量越多，债权人的保障程度就越高，银行的信誉也就越好，有利于银行筹资。
- 对股东来讲，拥有普通股既可以控制银行，又可参与分红，而且在通货膨胀期间投资不易贬值，这对投资者会产生较大吸引力，从而也有于银行筹集资本。

（2）商业银行通过发行普通股筹资的缺点。

- 影响原有股东对银行的控制权与获得的收益率。因为通过普通股筹资，将增加银行普通股股东的数量，稀释了原有股东所拥有的控制权和收益率。从而使原有股东特别是原有大股东对银行的控制权减弱。并且由于新增资本并不会立即带来银行盈利增加，就使得每股所分得的股息减少，因而银行通过普通股筹资时，可能会遭到原有银行股东的反对。
- 普通股的发行成本与资金成本比较高，会给银行带来一定的经营管理上的压力。一般地说，由于普通股的影响较大，各个国家的有关管理当局对普通股票的发行限制较为严格，需要满足各种有关条件，这就导致银行的资本发行成本较大。另外，由于普通股的风险较大，在正常经营状况下，银行对普通股股东支付的股利，通常要高于对债券和优先股收益的支付。

2. 发行优先股

（1）商业银行以优先股形式筹集资本的优点：不削弱普通股股东的控制权；由于只按固定的比率向优先股支付股息，商业银行不必向其支付红利，优先股的融资成本是事先确定的；普通股股东可获得杠杆作用效益。

（2）商业银行以优先股形式筹集资本的缺点：较一般负债成本较高，优先股股息一般比债券利息高，因而增加资本成本；没有税收的优惠。和利息支付不同，优先股股息在计算公司所得税时不能扣除，是在税后支付股息；优先股过多会降低银行信誉。优先股不是主权资本而有借入资本性质，因此对债权人保障程度不高。一家银行优先股比例过高，其信誉会被削弱。

3. 发行资本票据和债券

（1）发行资本票据和债券筹资的优点：由于债务的利息可以从银行税前收益中支出，而不必缴纳所得税，因此，尽管长期债务的利息看上去比发行股票的成本高，但考虑税收因素后，长期债务反而更便宜；在通过投资银行发行股票或债券时，通常发行股票的成本要比发行债券的成本高一些；可用资金多、筹资成本低。一般而言，附属债务不缴纳存款准备金、不参加存款保险，且其支出的利息，银行可在税前作费用处理，从而使银行的资金成本相对降低；发行资本票据和债券可以强化财务杠杆效应。由于债务利息固定，债权人一般不能随银行利润增加而增加利息收入，因此可使银行获得财务杠杆效应。

（2）通过发行资本票据和债券筹集资本的缺点：债务资本不是永久性资本，它有一定的期限，到期必须支付。如果到期时银行不能支付本金和利息必然会影响银行的商业形象，甚至可能导致银行破产；债务资本不同于股东权益，它对增强公众信心的能力不如权益资本，抵御风险的能力自然也不如权益资本。通过发行债务筹集的资金不能用于弥补亏损，因此在银行资本的计量中，核心资本自然不包括资本票据和债券。

（三）商业银行资本筹集方式的选择

面对众多的资本筹集方式，银行在抉择时主要必须兼顾两方面的要求：一是满足监管要求；二是符合股东利益。为此，避开监管要求，从银行股东利益出发，资本的筹集应考虑以下因素。

1. 所有权控制

新增资本是否稀释了原有股东对银行的控制权。

2. 红利政策

新增资本对银行的股利分发将产生何种影响，股东是否愿意接受这种影响。

3. 交易成本

考虑增资所需交易成本占新增资本的比例是否合算。

4. 市场状况

要审时度势，根据市场状况采取相应的筹资方式。

5. 财务风险

新增资本后对银行财务杠杆率的影响，是提高还是降低了银行的财务风险水平。

【做一做】

选择何种方式筹措外部资本

假定某银行需要筹措 2 000 万美元的外部资本。该银行目前已经发行的普通股为 800 万股，总资产将近 10 亿美元，权益资本 6 000 万美元。如果该银行能够产生 1 亿美元的总收入，而经营费用比超过 8 000 万美元。现在该银行可以通过三种方式来筹措所需要的资本：

第一种，以每股本 10 美元的价格发行 200 万股新股；

第二种，以 8% 的股息率和每股 20 美元的价格发行优先股；

第三种，以票面利率为 10% 来出售 2 000 万美元的次级债务资本票据。

表 2-3　　　　　某商业银行资本筹集方式比较表　　　　　单位：万元

项　目	出售普通股	出售优先股	出售资本票据
估计收入	10 000	10 000	10 000
估计经营费用	8 000	8 000	8 000
净收入	2 000	2 000	2 000
资本票据的利息支出	—	—	200
税前净利润	2 000	2 000	1 800
所得税（35%）	700	700	630
税后净收益	1 300	1 300	1 170
优先股股息	—	160	—
普通股股东净收益	1 300	1 140	1 170
普通股每股收益	$ 1.3	$ 1.43	$ 1.46

如果银行的目标是使每股收益最大化，那么应选择何种方式来筹措所需的资本？为什么？

二、资本的管理

资本管理并不是简单地管理某一项资本，而是包含了银行监管资本的充足性、风险管理、财务管理等诸多方面。

（一）银行监管的角度

在资本管理方面，银行监管的任务是：制定计算资本充足程度的标准方法，根据银行经营中的风险状况判断银行的资本充足性，采取相应的监管措施使银行持有充足的资本，保护存款人利益以及银行系统的稳定。

至于资本充足率的要求，1988年的《巴塞尔协议》规定了8%的资本充足率，其中核心资本充足率不得低于4%，但这是最低资本要求，出于审慎监管的原则，银行监管者应根据不同银行的风险程度，为其规定不低于最低标准的资本充足率。

如果银行不能达到监管当局设定的资本充足率的目标，监管当局就应对其采取一系列措施，包括接管管理层、强迫出售、停止部分或全部业务、安排清算等。当然，监管措施的选择是依这家银行的实际经营情况而定的。通常，监管当局不会一发现银行的资本不够充足就采取上述措施，而是首先对银行的管理层施加压力，如通过会谈敦促管理层制定出一定时间内矫正这种情况的计划。如果银行能够给出充分的理由，并且正在采取积极的行动调整资本，那么监管当局就可以不采取进一步的行动，否则，就应密切关注这家银行，在适当的时候采取更严厉的监管措施。

（二）风险管理的角度

风险管理者关心的是：银行头寸的风险组合表明了什么样的潜在损失，需要多少资本来吸收风险，据此配置资本金。

首先，选择适当的风险模型评估风险。目前比较成熟的用于资本配置的模型有两类。一是资产波动法的模型，指在一定置信度水平下，确定一定期间内资产和其他风险头寸价值的潜在损失（或负债的增值）的方法。二是收入波动法的模型，是通过观察收入在一段时间内的波动来估计各类业务的风险。两类模型各有优劣，收入波动法容易执行和交流，但只在集中化程度高（如涵盖所有业务）的时候能很好地运作；而资产波动法在单个交易时也能很好运作，不过执行成本高，并且很难在不同种类的业务间进行整合。两种方法结合使用可以趋利避害。

其次，建立模型并用模型结果支持决策。用由底至顶的资产波动法针对不同的风险类别（市场风险、信用风险、操作风险等）建立模型，分别计算出所有的风险头寸潜在的损失量，然后考虑各种不同风险类别间的相关关系，把损失量相加成总的风险资本数额，再用从顶至底的收入波动法建模对以上结果进行校准，使收入的不稳定性包括在银行的总风险中。因为模型的建立基于很多假设的前提，并以历史数据为基础，且不能反映经营环境或者银行战略的变化，所以模型得出的结果只是决策的依据而不是决策本身。

最后，将资本配置与业绩挂钩。资本配置模型的多样性决定了业绩衡量法也有多种选择，比如单期资本回报率模型、多期奖金一起算的单期资本回报率模型、封顶的多期奖金一起算的单期资本回报率模型、多期资本回报率模型以及经济利润和自由现金流模型等等。这些模型的重点是通过将奖金与资本回报率挂钩,鼓励各级管理者使回报最大化,并且不使用任何不能创造要求回报的多余资本。

(三) 财务管理的角度

财务管理的任务,一是确保可用资本总量与银行当前和计划的活动水平以及希望的资本充足率相匹配;二是选择适当的资本工具组合,筹集资本并管理余额;三是确保筹到的资金以合适的方式投资。

通过评估当前以及预期的风险水平及由此产生的资本要求、目前的可用资本、已知或预期的资本变化(到期日、可能的回赎日等)、利润与股利的预期水平等,订立筹集追加资本或者赎回多余资本的计划。在确定可接受的资本充足率时,最好是确定一个范围,而不是一个单一的数值,以便管理层有一定的活动空间。不仅有挑选特定的工具的灵活性,而且有决定发行的时间的灵活性。

银行常常会按照监管当局的指引把资本分为核心资本和附属资本两部分。通常,银行可以使用的资本工具有以下三类:一是股东资金,包括普通股、优先股和可转换优先股,这类资本工具吸收风险的能力最强,但是价格昂贵(股东要求的回报高),而且在需求发生变化时难以筹集或返还;二是债务类工具,相对容易筹集或返还,但其吸收风险的能力最弱,常用的有次级债券、混合型债券和可转债,这类工具必须满足一定条件才可计入附属资本;三是混合型权益工具,结合了股票和债券的某些特征,既比普通股易于筹集,又比债券吸收风险的能力强,但其永久性不及普通股,银行监管当局通常只允许核心资本的一个固定比例由这种工具构成。由此看来,银行管理层需要选择适当的资本工具,以达到股东回报最大化、经营的灵活性和债权人的资金安全三者之间的综合平衡。

筹集来的资本要进行投资,将通过各种资本工具筹集到的资金进行合理运用,以增加收益。这时,资本是作为风险的吸收器。在投资资本时,应考虑资本的机会成本,而不应仅仅将其作为免费的资金来源。

知识要点

国际上通常将银行资本定义为:银行股东为赚取利润而投入银行的货币和保留在银行中的收益。

商业银行资本的功能:满足银行营业;保护存款人利益;满足银行管理功能。

我国商业银行资本的构成:核心资本和附属资本构成。核心资本由实收资本、资本公积、未分配利润、少数股权组成。附属资本由重估储备、一般准备、优先股、可转换债券、长期次级债务组成。

资本充足性是指银行的资本应保持既能经受坏账损失的风险,又能正常运营,达到盈利的水平。

影响资本需要量的因素:相关的法律制度规定;经济发展状况;银行的资产负债结构;银行的信誉。

资本充足需要量的测定方法有单一比例法和综合分析法。

《巴塞尔协议》是国际上第一个有关商业银行资本计算和标准的协议,是国际金融界在资本控制制度上的"神圣公约"。

商业银行资本筹集方式有内部和外部筹集方式。面对众多的资本筹集方式，银行在抉择时主要必须兼顾两方面的要求：一是满足监管要求；二是符合股东利益。

资本管理并不是简单地管理某一项资本，而是包含了银行监管资本的充足性、风险管理、财务管理等诸多方面。

问题讨论

1. 资料

1999年2月1日，在全球位居第31的法国兴业银行与位居第38的巴黎巴银行宣布合并成为兴巴集团。巴黎巴银行以投资银行业务和实业参股在法国银行业著称；而法国兴业银行因网点遍布国内甚至整个欧洲大城市，零售业务是该行的强项，在传统业务上均数世界一流的国际银行。两行合并后优势互补，拥有资本金210亿欧元，资产总额6 790亿欧元，员工78 000人，成为法国第一、欧洲第二、世界第四大银行。

同年3月10日，巴黎国民银行突然提出合并计划，以兴业银行股票溢价14%，巴黎巴银行股票溢价24%的价格在市场上强行收购，以求达到持有两行股票50.01%的多数权而完成合并，合并后资产总额达到8 500亿欧元，资本市值达到510亿欧元，员工13.5万人，成为世界上最大的银行，这一计划得到了法国银行监管当局的支持。

2. 活动安排

将学生分为若干大组进行讨论，最后各组选出代表上台发言。

3. 要求

分析商业银行兼并重组的时代背景及兼并后有什么意义（重点在资本方面说明）。

4. 场景

教室。

推荐阅读

1. 韩宗英：《商业银行经营管理》，第二章，清华大学出版社2010年版。
2. 王红梅、吴军梅：《商业银行业务与经营》，第二章，中国金融出版社2007年版。
3. 张丽华：《商业银行经营管理》，第三章，经济科学出版社2002年版。
4. 1988年《巴塞尔协议》：http：//baike.baidu.com/view/131677.htm。
5. 《新巴塞尔协议》：http：//baike.baidu.com/view/131677.htm。
6. 《巴塞尔协议Ⅲ》：http：//baike.baidu.com/view/131677.htm。

本章自测

一、单项选择题

1. "新的资本充足比率框架"的三大支柱是：最低资本标准、监管部门的检查和（　　）。

  A. 促进平等竞争　　　　　　　　B. 促进金融体系安全与稳定
  C. 防范金融风险　　　　　　　　D. 有效的市场约束

2. 按照《巴塞尔协议》规定，商业银行的核心资本充足比率应该不低于（　　）。
   A. 8%　　　　　　B. 6%　　　　　　C. 4%　　　　　　D. 5%
3. 下列哪项不是决定商业银行资本需要量的客观因素（　　）。
   A. 经济运行的状况　　　　　　　　B. 银行业务规模和发展速度
   C. 银行负债结构与资产质量　　　　D. 中央银行的货币政策
4. 下列哪项不属于商业银行的附属资本（　　）。
   A. 资产重估储备　　B. 长期附属债券　　C. 混合资本工具　　D. 公积金
5. 商业银行的下列哪项资产的风险最大（　　）。
   A. 现金
   B. 对私人机构的债权
   C. 以本国货币定值并以此通货对中央政府和中央银行融通资金的债权
   D. 土地房屋产权证抵押贷款
6. 风险权重为50%的银行资产有（　　）。
   A. 存放同业款项　　B. 固定资产　　C. 抵押贷款　　D. 个人住房按揭贷款
7. 风险权重为100%的银行资产有（　　）。
   A. 固定资产　　B. 一般担保贷款　　C. 抵押贷款　　D. 存放同业款项
8. 商业银行资本金与一般企业资本金的最主要的区别是（　　）。
   A. 所包含的内容不同　　　　　　　　B. 在全部资产中的比重不同
   C. 固定资产的形成与其的关联程度不同　D. 其作用不同
9. "新的资本充足比率框架"中"有效市场约束"的实质是（　　）。
   A. 促进平等竞争　　　　　　　　B. 充分的信息披露
   C. 最低资本标准　　　　　　　　D. 保障金融体系安全

二、多项选择题

1. 商业银行的资本包括（　　）。
   A. 实收资本　　B. 核心资本　　C. 资本公积　　D. 附属资本
2. 下列哪项不属于商业银行的核心资本（　　）。
   A. 普通股　　B. 非公开储备　　C. 未分配利润　　D. 长期附属债券
3. 我国商业银行核心资本的内容包括（　　）。
   A. 实收资本　　B. 盈余公积　　C. 未分配利润　　D. 资本公积
4. 风险权重为0的银行资产有（　　）。
   A. 现金资产　　　　　　　　B. 存放中央银行款项
   C. 存放同业款项　　　　　　D. 固定资产
5. 商业银行通过普通股筹资的缺陷是（　　）。
   A. 发行成本比较高　　　　　B. 会影响原有股东对银行的控制权
   C. 发行比较容易　　　　　　D. 会降低银行的经营信誉
6. 银行资本扩张能力的大小主要取决于（　　）。
   A. 银行的经营水平　　　　　B. 银行所在地区的地位
   C. 监管当局的控制　　　　　D. 普通股股东的意愿

三、判断题

1. 商业银行资本充足率要求达到8%。
2. 商业银行资本和其他企业的资本一样。
3. 银行股东为赚取利润而投入银行的货币和保留在银行中的收益就是商业银行的资本。
4. 充足的银行资本金有助于树立公众对银行的信心，使存款人对存入银行的款项有安全感。

5. 盈余公积属于商业银行的核心资本。
6. 可转换债券属于商业银行的附属资本。
7. 单一比例法是以银行资本金与银行资产和负债之间的某个比率来确定银行资本金需要量的一种方法。

四、名词解释
资本充足性　核心资本　巴塞尔协议

五、回答问题
1. 《巴塞尔协议》规定的资本金的构成是怎样的？
2. "新的资本充足比率框架"的三大基本要素有哪些？
3. 简述商业银行资本的功能。
4. 资本的外部筹集方法有哪几种？
5. 决定商业银行资本需要量的客观因素有哪些？

第三章
商业银行负债业务管理

教学目标与学习任务

教学目标： 掌握商业银行负债业务的含义及其结构；了解负债业务经营管理的重要意义；掌握存款负债的经营管理，包括存款业务的种类和特点、存款的成本构成、定价方法、营销管理；掌握短期借款和长期借款等借入负债的经营管理。

学习任务： 熟知商业银行负债业务的种类，能对商业银行负债业务进行管理。

案例导入

在调整负债结构上做效益文章

工行某分行坚持以效益为中心，以调整负债结构为突破口，努力降低负债成本，全面提高经营效益，收到了较好的成效。截至 2013 年 5 月底，该行各项存款余额达 69 402 万元，在全部存款中活期占 42.16%（含对公存款）。2000 年该行实现利息及手续费收入 5 716 万元，完成利润 2 449 万元，走在全行前列。该行在调整负债结构，降低筹资成本上所进行的有益探索，具有很强的借鉴意义。探索之一：大力发展代理业务，培植新的效益增长点。探索之二：建立健全激励机制，有效调动员工吸收低成本存款的积极性。探索之三：适应客户需求，不断提高服务水平。

第一节 商业银行负债业务概述

商业银行作为信用中介，自身资本是远远不能满足其经营管理需要的，资金的缺口要靠银行的负债业务来弥补。商业银行的资金 90% 是由负债提供的，负债业务是商业银行最重要和最基础的业务之一。

一、负债业务的含义

从债权、债务关系的角度，负债业务指商业银行以债务人身份筹措资金、形成资金来源的各项业务。

从市场营销的角度，指银行通过发行或销售、提供金融产品和服务来取得资金的各项业务。如发行销售存单、存折、支票、金融债券、贷款出售、资产证券化等。强调银行为社会公众提供全面优质的产品与服务，强调银行是卖者、生产者。

从广义负债的角度，商业银行的负债主要包括各项存款、向中央银行借款、同业存放与同业拆入、发行债券以及结算中形成的各种负债。

从狭义负债的角度，负债指商业银行存款、借款等一切非资本性的债务。

总之，商业银行的负债业务是指形成商业银行资金来源的业务，是商业银行资产业务的前提和条件。商业银行的负债业务主要包括资本金、存款负债和其他负债三部分。

商业银行的负债的基本特点是：①它必须是现实的、优先存在的经济义务，过去发生的、已经了结的经济义务，或将来可能发生的经济义务都不包括在内；②它的数量是必须能够用货币来确定的，一切不能用货币计量的经济义务都不能称为银行负债；③负债只能偿付以后才能消失，以债抵债只是原有负债的延期，不能构成新的负债。

二、负债业务的意义

（一）负债业务是商业银行经营的先决条件

商业银行作为信用中介，首先表现为"借者的集中"，即通过负债业务广泛地筹集资金，然后才可能成为"贷者的集中"，通过资产业务有效地将资金运用出去，因此负债业务是商业银行开展资产业务的基础和前提。根据《巴塞尔协议》中规定的国际标准，银行负债提供了银行92%的资金来源，银行负债的规模大小制约着资产规模的大小；银行负债的结构包括期限结构、利率结构、币种结构等，决定着资产的运动方向和结构的特征。同时负债业务也是银行开展中间业务的基础，因为信用中介把借者和贷者有机地联系在一起，进而为银行开拓和发展中间业务创造了有利的条件。

（二）负债业务是商业银行资产业务的基础

负债业务的规模和结构制约商业银行资产业务的规模和结构，负债业务是商业银行经营实力大小的标志，特别是在当前资金供求紧张，金融竞争日趋激烈的情况下，商业银行要实现资金供求平衡，就必须积极组织负债。只有负债的数量不断增加，才能不断扩大资金的数量，增加盈利才有可能。

负债规模的大小决定资产规模的大小，商业银行利用负债进行信用创造，向客户提供贷款。同时，负债业务也是银行开展中间业务的基础。

（三）负债业务是商业银行与社会联系的桥梁

商业银行通过负债业务一方面把社会暂时闲置的货币资金和居民待用货币集聚起来，为社会各界提供了金融投资的场所，这不仅增强了货币资金的安全性，而且增强了投资的增值性；另一方面为社会各经济单位提供了服务，如办理存款转账结算、资金划拨，既可以加速资金周转，又节省了现金的使用，降低了货币流通的费用。社会所有经济单位的闲置资金和货币收支，都离不开银行的负债业务。市场的资金流向，企业的经营活动，机关事业单位、社会团体和居民的货币收支，每时每刻都反映在银行的账面上，因此，负债又是银行进行金融服务和监督的主要渠道。

（四）负债业务是维护商业银行资产流动性的手段，是银行盈利的关键

资产流动性强弱是衡量商业银行经营状况好坏的重要标志。商业银行遇到流动性不强的压力时，既可以通过资产结构重组来满足流动性需求，也可以通过主动性负债来满足流动性

需求，如向中央银行再贷款、同业拆借、证券回购等方式来实现。

只有通过负债业务才能为银行聚集大量的可用资金，满足合理的贷款、提现、支付的需要。

负债水平决定银行的盈利水平，在资产价格水平一定的情况下，负债成本的高低决定银行盈利水平的高低，由于银行利息收入只是工商业利润分割，银行要获取平均利润必须尽量扩大负债规模，使资产总额几倍于自有资本。

（五）负债业务是各家商业银行竞争的焦点，是商业银行实力的体现

在金本位制度下，人们将货币存入银行，是为了储藏和支付的需要；在现代信用货币制度下，随着现金流通量的逐渐减少，存款日益成为货币存在的主要形式。这时的存款不仅仅是便利储存和货币支付的需要，而且是货币存在的要求，即整个社会已经形成了对商业银行存款的全面依赖。但是，社会对银行存款的全面依赖并不意味着每一家商业银行随时可以得到足够的存款资金：一方面，社会上闲置的资金和待用的货币总是有限的，此增彼减是必然的；另一方面，存款需求具有不同的层次和内容，各家银行在规模、信誉、服务质量、利率以及开办的业务种类上的差距形成了对这些存款的不同吸引力，从而造成了存款在不同商业银行之间的分配。

三、负债业务经营管理的目标

银行负债管理的基本目标是在一定的风险水平下，以尽可能低的成本获取所需的资金。商业银行负债经营管理目标是银行经营的流动性、安全性和盈利性目标在负债业务领域中的反映，它是指导银行负债业务的经营方向和指南。具体目标包括确立合理的负债结构、提高存款负债的稳定性、调节负债资金的运用、降低负债成本和维持银行负债的增长等。

（一）确立合理的负债结构，提高存款稳定性

所谓合理的负债结构，就是要着眼于银行资产业务的资金需求，根据不同存款负债和借入负债的难易程度以及成本高低和期限长短进行选择组合，使银行的负债结构不但能与资产的需要相匹配，而且能保持银行负债的流动性，且有利于盈利性目标的实现。提高存款负债的稳定性，也就是要提高一定时期内存款的平均最低余额占存款平均余额的比率。银行存款负债经营的主要目标之一，就是要合理配置存款结构，在不增加成本或少增加成本的前提下，弱化存款的流动性需求，为银行经营提供较充足的可用头寸。

（二）调节负债资金运用

负债资金的运用效率如何，将影响银行盈利性、流动性目标的实现。商业银行负债经营的目标之一就是必须建立起完备的头寸调控的融通机制，根据经济发展对银行资金的实际需求和国家相关的宏观金融政策，有效地控制银行的负债规模，调节银行负债的运用率，掌握对资金运行调控的最佳时点和数量，充分利用货币资金的时间差、地点差。

（三）降低负债成本

银行的负债成本主要由利息支出和各项相关的费用支出所组成。各种不同的负债，其利

息支出和费用支出也各不相同。如活期存款的利息支出较低，但费用支出却相对较高；定期存款、金融债券的利息支出较高，而其费用支出相对较低。随着负债规模的控制，有些费用支出及固定成本有逐渐下降的特性。因此，银行通过扩大负债规模、调整负债结构、减少负债费用支出等措施，能有效降低负债的成本率。降低融资成本可以在合理利差的幅度内不断提高银行的盈利水平，更好地为银行的生存和发展创造条件。

（四）维持银行负债的增长

商业银行是依靠负债经营的现代经营企业，负债规模的大小是其经营实力的基本标志，具体反映了一家银行经营实力的增长情况及其业务开拓和发展的实际能力。在过去高度集中统一的经济体制下，我国的银行除必须完成计划指令外，并不十分重视存款的增长。自实行"实贷实存"的现代资金管理体制以来，存款负债的增减变化逐渐成为各家银行共同关注的焦点。

第二节 商业银行存款负债及管理

存款是商业银行最重要的资金来源，也是开展贷款业务和其他业务的基础，在整个商业银行负债业务中所占比重最大。基于近年来存款负债创新业务的迅猛发展，可以将商业银行的存款业务划分为传统类存款业务和创新类存款业务。

一、传统的存款业务

（一）活期存款

活期存款是商业银行的传统存款业务，不规定存取期限，存户可随时提取，银行有义务随时兑付的存款。存入这种存款主要是用于交易和支付用途的款项，目的是通过银行进行各种支付结算。由于活期存款可用支票随时提存，存取数量大，流通速度快，商业银行对活期存款一般不支付利息或者支付很低的利息。有的国家的银行法有明文规定禁止对活期存款支付利息。由于存户可随时开出支票对第三者进行支付而不用事先通知银行，故活期存款是商业银行资金来源中最具有波动性和最不可预测的部分。

虽然活期存款的经营成本较高，相对于其他存款而言，银行需要提供较多的服务，但各国商业银行仍然十分重视这项业务，并千方百计地扩大活期存款。这是因为活期存款是商业银行重要的资金来源。通过吸收活期存款，银行不仅可以取得短期资金，用于短期贷款和投资，而且在此存彼取的过程中，会形成一个比较稳定的余额，用于中长期的贷款和投资。此外，经营活期存款还有利于密切银行与客户之间的关系，从而可以扩大其他业务。同时，活期存款具有很强的派生能力，商业银行通过自身的资产业务就可以创造资金来源。

（二）定期存款

定期存款是相对于活期存款而言的，客户与银行事先约定期限，到期才能支付。定期存款期限较长，到期前一般不能提取，具有稳定性，均给予较高的利息。期限通常为3个月、6个月和1年不等，也有1年以上，3年、5年甚至更长的，利率也随着期限的长短而高低不等，但总是高于活期存款的利率。定期存款是货币所有者获取利息收入的重要金融资产，也是商业银行获取资金的重要渠道。

【想一想】活期存款和定期存款各有什么特征？

（三）储蓄存款

储蓄存款主要是针对居民个人积蓄货币和取得利息的需要所开办的存款业务。可分为活期和定期两种。商业银行对其支付利息。活期储蓄存款虽然可以随时支取，但取款凭证——存折不能流通转让，也不能透支。传统的定期储蓄存款的对象一般仅限于个人和非营利性组织。且若要提取，必须提前通知银行，同时存折不能流通和贴现。目前，美国也允许营利公司开立储蓄存款账户，但存款金额不得超过15万美元。

【想一想】"银行的存款越多实力越强，所以银行的首要任务是吸收存款。"你同意这种观点吗？请说出你的理由。

二、存款工具创新

（一）新型活期存款

1. NOW 账户和超级 NOW 账户

NOW 账户是 Negotiable Order of Withdrawal Account 的简称，中文译作"可转让支付命令账户"，是一种计息的新型支票账户（活期存款账户）。NOW 账户由美国马萨诸塞州的互助储蓄银行于1972年首创，经国会允许后，迅即波及马萨诸塞州和新罕布什尔州的所有互助储蓄银行和商业银行。1980年，《放宽对存款机构管理和货币管理法》颁布后，全美的商业银行均可设立 NOW 账户。NOW 账户只对居民和非营利机构开放，在该账户下，存户转账或支付不使用支票而代之以支付命令书。该支付命令书与支票在实质上无异，能用来直接取现或对第三者支付，经过背书后还可转让。银行对 NOW 账户按其平均余额支付利息，普通 NOW 账户只能得到5.25%或5%这一较低的利率。但这种较低的利率支付，也表明美国的商业银行已巧妙地逃避了1933年银行法"Q字条例"对活期存款禁止支付利息的规定。

NOW 账户的开立为存户带来了极大的便利。在此之前，存户为既获利又获流动性，不得不分开储蓄账户和活期的支票账户。NOW 账户的开放产生了兼具储蓄存款和活期存款优点的新式存款工具，在客户中颇具吸引力。由于 NOW 账户有储蓄存款性质，美国金融当局近似于按储蓄存款来管理这种账户。在商业银行的争取下，1983年年初，美国当局又批准商业银行开办另一种新型账户——超级 NOW 账户。超级 NOW 账户是 NOW 账户的延伸，其较 NOW 账户的先进之处在于它不存在利率上限，银行根据货币市场利率变动每周调整超级 NOW 账户上存款的利率。

但是超级 NOW 账户对存款最低额有所限制，规定开户的最低存款金额必须达2 500美元，而且账户的日常平均余额不得低于存数，否则按类似普通 NOW 账户的利率水平计息。银行为招徕客户开立超级 NOW 账户，多向存户提供一些补贴或者奖励，故超级 NOW 账户的成本高于 NOW 账户和货币市场存款账户，因而银行向超级 NOW 账户支付的利率稍低于货币市场存款账户。但由于存款金额较大，超级 NOW 账户的利率还是高于

NOW 账户。

2. 货币市场存款账户

货币市场存款账户也起源于美国，由于银行活期存款不付利息，在利率上限规定的"Q字条例"尚未取消的情况下，商业银行存款的吸引力受到考验。美国货币市场基金会于20世纪70年代末开办了货币市场存款这种新型的活期存款。货币市场存款账户（MMDA）其性质介于储蓄存款和活期存款之间，主要特点是：要有2 500美元的最低限额；没有利率上限，其存款利息是以公布的每日利率为基础随时计算的；10万美元的存款额可得到联邦存款保险公司的保险；存款者每月可办理6次自动转账或电话转账，其中3次以下可使用支票，但个人取款不受限制；对存款不规定最低期限，但银行有要求客户提款时应提前7天通知的权利。货币市场存款账户不仅对居民和非营利机构开放，而且也对营利机构开放，企业获准进入极大地拓展了该账户的存户基础。

存款余额不足2 500美元的货币市场存款账户则适用NOW账户的利率上限。银行在利率支付上，还可选择统一利率或分级利率。在统一利率下，银行对账户支付的利率不以存款账户金额大小而变动；在分级利率下，利率随存款账户金额大小而变动。绝大多数商业银行采用统一利率制度。货币市场存款账户由于能有条件地使用支票，且银行向其提供的利率能迅速反映利率变动并否决利率上限，故颇具竞争力，帮助商业银行夺回了被货币市场基金所掠走的存款。

3. 协定账户

协定账户是一种按一定规定可在活期存款账户、NOW账户和货币市场存款账户三者之间自动转账的账户。银行为存户开立上述三种账户，对前两种通常规定最低余额。存户的存款若超过最低余额，银行将超出部分自动转存货币市场存款账户，使存户获取货币市场存款账户下的较高存款利息。若存户在前两种账户上的余额低于最低余额，银行亦有权将货币市场存款账户上的部分存款转入前两类账户，以满足银行的最低余额要求。

（二）新型定期存款

主要的新型定期存款品种有可转让大额定期存单、货币市场存单、小储蓄者存单和定活两便存款账户等。各类新型定期存款的发展使定期存款占商业银行资金来源的比重有所提高。

1. 可转让大额定期存单

可转让大额定期存单，英文名称为Negotiable Certificates of Deposits，简称CDs，是一种流通性较高且具借款色彩的新型定期存款形式。可转让大额定期存单是商业银行逃避最高利率管制（"Q字条例"）和存款准备金规定（"D字条例"）的手段，亦是银行对相对市场份额下降所做出的竞争性反应。

可转让大额定期存单由美国花旗银行于1961年首创，随着这种存单二级市场的开辟和发展，存单本身也迅速扩张。1961年全美商业银行通过这类存单所吸收的存款尚不足30亿美元，到1983年已高达1 350亿美元。可转让大额定期存单与传统的定期存款相比，有几个鲜明的特点：

首先，前者具有较好的流通性。由于可以自由转让流通，存在较活跃的二级市场支持，可转让大额定期存单的流通性仅逊于国库券，一些美国大商业银行发行的这类存单流通性几乎可与国库券媲美。

其次，由于目标客户是大公司、养老基金会和政府，这类存单面额通常较大，最高可至1 000万美元，以10万~100万美元面额居多。

再次，这类存单的存款期限不如传统定期存款，通常定在3个月、6个月、9个月和1年这四个期限，以使存单具有较高的流通性。

最后，这类存单都不记名，转让流通方便。可转让大额定期存单的平均收益高于相同期限的国库券，在高利率时期，两者的收益差距还会扩大，这主要是投资者购买可转让大额定期存单承担了发行银行的信用风险所致。由于银行之间也存在信用风险差别，不同层次银行发行的同类存单的利率亦有差异。

可转让大额定期存单推出后，经历了多次创新，其中卓著的创新有两次：一是1975年发售浮动利率定期存单。这种产品每隔1~6个月调整一次利率，采用息票到期转期的方式。银行以该存单筹资，可以调整利率期限结构，并从中得到好处，降低筹资成本；而投资者持有这类存单，可以享受利率趋升的利益。目前，这类存单已占了可转让大额定期存单市场的主导地位。二是摩根保证信托公司于1977年首创的固定利率到期可转让大额定期存单，又称滚动存单（"卷布丁"）。

存户购买此种存单先要确定到期日，到期日多为2~5年。这种存单由一组半年定期存单组成。例如存户与银行订立5年存单协议，协议开始后，存户就必须按商定利率连续10次对半年存期的可转让大额定期存单到期日办理转期手续。存户若急需现金，可出售该组中的子存单，但在到期日前必须再存入等额资金。滚动存单结合了可转让大额定期存单的高收益性与高流动性，令存户一举两得。但是存户目前还不能在二级市场上出售这种存单的全套子存单，而且由于发行银行承担了存户可能不履行展期半年期的子存单协议所引致的信用风险，滚动存单的业务费用高于传统存单。滚动存单的利率稍高于同类国库券的利率，但低于2~5年传统定期存单的利率。

2. 货币市场存单

货币市场存单英文简称为MMCD，由美国储蓄机构于1987年首创。其时，市场利率呈现上升态势，为避免银行等存款机构因存款资金锐减陷于危机，美国金融当局允许发行这种存单。货币市场存单期限为半年，最低面额为1万美元，是一种不可转让定期存单。银行可向这种存单支付相当于半年期国库券平均贴现率水平的最高利率，但不得比"Q字条例"规定的银行利率上限高出0.25%。存单若不转为其他种类的储蓄存款，只按单利计算。货币市场存单的目标存户为家庭和小型企业，它的出现为家庭和小型企业获取较高的利息收益打开了方便之门。

3. 小储蓄者存单

小储蓄者存单也能使存户获取较高的利息收入，不过它的存期较货币市场存单长，为1.5~2.5年，按美国财政部中期债券的利率付息。

4. 定活两便存款账户

定活两便存款账户是一种预先规定基本期限但又含有活期存款某些性质的定期存款账户。定活两便体现在该存单可在定期存款和活期存款之间自由转换，存户没有义务按期提款，但在基本期限之前提取的依活期存款计息，超过基本期限提款的则按基本存款和定期存款利率计息。定活两便存款账户不能完全代替活期支票账户，因为它只可作提款凭证，而不像支票那样具有转账和流通功能。

（三）新型储蓄存款

新型储蓄存款的主要品种有电话转账服务和自动转账服务账户、股金汇票账户以及个人退休金账户等。

1. 电话转账服务和自动转账服务账户

电话转账服务和自动转账服务是把活期存款与储蓄组合成一体的新型储蓄账户，它为希望得到存款利息但必要时又可使用支票转账结算的存户创造了便利。电话转账服务由美国联储体系成员银行于1975年首创。银行给存户同时建立付息的储蓄账户和不付息的活期存款账户，并按存户电话指示将存户存款在两账户间划拨。在该制度下，存户平时将资金置于储蓄账户生息，当需要支票付款时，以电话指示银行将相应金额转拨至活期存款账户。1978年发展出的自动转账服务省去了电话指示这道程序，提高了效率。存户在银行照样开两个户头，但活期存款账户余额恒为1美元，储蓄账户余额则随时可变。存户事先授权银行，在银行收到存户支票时，可立即从储蓄账户上按支票所载金额转至活期存款账户以兑付支票。

2. 股金汇票账户

股金汇票账户是一种支付利息的支票账户，由美国信贷协会于1974年首创，该种储蓄账户兼具支票账户功能，允许存户像签发支票那样开出汇票取现或转账。在取现和转账实现前，存户资金可取得相当于储蓄存款的利息收入。

3. 个人退休金账户

个人退休金账户由美国商业银行于1974年首创，它为未参加"职工退休计划"的工薪层提供了便利。工薪层只需每年存入2 000美元，其存款利率可免受"Q字条例"利率上限的限制，且能暂免税收，至存户退休后取款支用时再按支取额计算所得税。由于存户退休后收入锐减，故支款时能按较低税率纳税。该种账户的存款因为存期长，其利率略高于一般的储蓄存款。

【拓展阅读】

中国的存款分类

(1) 按存款资金性质及计息范围划分：财政性存款和一般性存款。

(2) 按存款期限长短划分：活期存款和定期存款。

(3) 按存款对象不同划分：单位存款和个人存款。

(4) 按信用性质划分：原始存款和派生存款。

通知存款是在存款时不约定存期，与银行约定存款支取时提前通知期限的一种存款品种。其利率高于活期存款，本金一次存入，多存不限，可一次或多次支取。目前人民币通知存款有1天通知存款和7天通知存款两种，最低起存金额为人民币50万元，最低支取金额各行不同。

协定存款是指客户通过与银行签订《协定存款合同》，约定期限、商定结算账户需要保留的基本存款额度，由银行对基本存款额度内的存款按结息日或支取日活期存款利率计息，超过基本存款额度的部分按结息日或支取日中国人民银行公布的高于活期存款利率、低于6个月定期存款利率的协定存款利率给付利息的一种存款。

三、存款业务管理

（一）影响商业银行存款的因素

商业银行要开拓其存款市场，首先需要了解影响银行存款水平的各个因素，然后针对那些可控因素作相应的提高和改善。影响存款水平的因素有两大类，即宏观因素和微观因素。

1. 影响存款的宏观因素

宏观因素主要包括宏观经济发展水平、金融当局的货币政策及其目标、金融法制法规的建设与健全以及存款利率的管制等。

宏观经济发展水平对银行存款的影响呈正相关的关系。经济越发达，货币信用关系也就越成熟，全社会的资金就越充裕，此时，存款水平也跟着趋升。

金融当局推行紧缩性的货币政策，如通过提高法定准备金率、提高再贴现率来减少货币供应量时，银行存款水平自然回落；反之，扩张性的货币政策则能够提高存款水平。

金融法制法规建设对存款的影响主要体现在银行监管方面。监管越严，银行存款水平越难提高；反之，监管松弛，银行存款水平较容易提高，因为此时，银行开发新的存款产品、灵活调整利率等受到金融当局的约束较少。

各国金融管理当局对商业银行的存款利率一般都实行管理制度。对存款利率实行管制，通常是基于以下理由：过多的利息支付会加大商业银行的经营成本，银行的利率过高，可能会引起资金的不合理流动。

总的来说，宏观因素基本上属于不可控因素，单个银行一般不具备影响宏观因素的能力。宏观因素对银行同业水平的影响大致相同，故不会改变银行同业竞争存款的均衡和存款市场份额在各银行间的分配。但是，宏观因素，特别是金融法规，可能会改变商业银行与其他存款机构、非银行金融机构间的竞争格局，导致商业银行系统内存款的外流。

2. 影响存款的微观因素

影响存款水平的微观因素主要是银行内部因素，如存款利率（即存款价格）、金融服务的项目和质量、服务收费、银行网点设置和营业设施、银行资信、银行形象和雇佣形象等。这些微观因素基本上属于可控因素或带可控性质的因素，如银行资信属于此类。

- 存款利率。存款利率直接影响存款数量。银行存款利率变化的规律说明，适当水平的存款利率是推动银行存款业务经营发展的重要手段。注意，这里指的利率变动是在利率管制之内允许商业银行自行调整的区域，因而它属于微观因素。

- 金融服务项目和质量。存款是银行的被动型业务，但是，银行并不只是被动地接受存款，而是可以主动地"创造"存款。提高存款服务质量，加强存款监督管理，就会吸引更多的客户，吸收更多的存款。同时，增减金融产品品种，可以给予客户更多的选择，更能满足客户对存款的安全性、流动性及盈利性的要求，因此能更多地吸引客户，增加存款。

- 贷款是否便利。能否取得贷款，是大多数客户选择银行的标准。而在银行取得贷款，首先必须交存一定的存款。西方商业银行的贷款要求是：客户的活期存款余额，不得少于其要求贷款的10%~15%。因此，如果贷款便利，则会相应的增加银行存款。

- 银行的资产规模及信誉。银行的资产规模越大，信誉越高，越能吸引客户。客户选择银行的首要标准是看其信誉如何，尤其是持有资金数额较大的客户，更注重银行的资产规模及偿还债务的能力。

- 银行网点设置和营业设施。便利的网点和良好的设施也是影响存款水平的一个重要因素。

（二）商业银行存款经营策略

微观因素能够改变银行同业竞争格局和存款市场份额的分配情况，也能在一定程度上改变银行与其他金融机构的竞争格局，吸引资金流入银行系统。

1. 存款利率和服务收费策略

在市场经济中，单个银行和整个银行系统的存款水平是其利率的函数。存款利率越高，居民、企业和其他社会公众的闲置资金就会从其他投资工具流向银行存款；同时，某个银行的存款利率越高，就越能提高这个银行在存款市场中的份额。但是，商业银行通常不主动采用利率战这一形式来争夺存款。这是因为：利率战直接提高银行负债的成本，增加银行利息支出的负担；为维持银行同业关系和银行业与经济的稳定，银行很少采取直接利率战的形式，而且金融当局也不会容忍直接利率战产生的各种不利影响。

鉴于存款水平是利率的函数而直接利率又有多种不利，西方商业银行多采用第三种隐蔽的方式来间接地利用利率因素。

一是服务收费上做文章。在 NOW 账户合法化前，银行对活期存款账户收取少量手续费或免收手续费，这笔收费并不能抵补银行办理这种账户的全部费用，两者之间的差额构成了活期存款账户存户的暗收益，这种暗收益相当于银行向存户支付的利息。服务费越少或免收，暗收益越高。银行为争取存款，常对余额较多的账户免收或象征性地收取微量手续费。NOW 账户出来后，许多银行又采取以直接收费代替存款最低限额或以最低限额代替直接收费这一市场开发策略来争取存款。

二是调整存款结构。鉴于法律禁止对活期存款付息，美国的商业银行为多吸收存款，就通过账户创新、发明新的存款工具来减少活期存款比重，同时增加付息的定期存款和储蓄存款比重。

三是推出高息存款工具。这类存款的收益高于国库券的收益，同时又有较好的流动性，故能吸引外国资金进入商业银行存款池。这类存款的代表是大额可转让定期存单。

2. 金融服务项目的增加和质量的提高

配套服务的健全和多样化能大大提高银行的存款竞争力，特别是活期支票存款的竞争力。一些商业银行为争夺存款，已经提出和实践了"全面服务"这一概念。银行提供高质量的全面服务对在几家银行和存款机构间循环选择的客户尤具吸引力，是银行一个非常有分量的砝码。全面服务包括向存户提供代收代付、自动转账、投资咨询、代理、信托、外汇交易、档案保管、个人财务计划项目的规划设计、旅行支票、工资发放、机票代购、方便的保险箱、夜间寄存箱、银行邮寄业务等诸多的服务项目。

3. 合理设置银行网点和改善营业设施

无论是企业存户还是居民存户，总是就近选择银行作为他们的开户银行。这就要求银行广设营业网点，特别是在人口密集的地区、交通中心、郊区的居民小区设置分支机构。为了方便存户，银行还应在市区建立起自动柜员机网络。存取的便利能有效地建立存户的忠诚感和吸引老存户周围的企业和居民加入,从而提高银行的存款水平。

营业设施主要是银行营业大楼的外观和宽敞的停车场。一座能产生舒适、高效、愉悦气氛的银行大楼能有效地吸引企业等有大量存款平均余额的存户的加入,这是银行提高存款水平的关键。

4. 提高银行资信水平和贷款便利

银行的资产规模和信誉评级是测度银行实力的两个可信度最高的指标。在利率和其他条件相同或差别不大的情况下,存户总愿意选择大银行。在美国,联邦存款保险制度只对10万美元以下的存款提供充足保险,而对10万美元以上的存款账户和大额可转让存单不能提供充足的保险。为了确保存款的安全,存款账户平均余额较大的企业存户特别偏好于选择资信颇佳的大银行作为开户行或购买持有由他们发行的大额存单,因为这些大银行破产倒闭的风险较小。

银行欲提高其存款水平,在短时期内迅速提高资信是不可能的,但在较长的时间里,银行可以战略性地改变银行财务状况,并通过良好的经营使其股价维持稳固攀升的势头,从而获得较佳的资信评级。

银行也可通过给企业存户提供贷款便利来吸引存款。这可以将赋予客户的信贷额度同他的支票账户金额联系起来。有些银行建立"贷款要求线",规定客户的活期存款账户平均余额必须维持在客户信贷额度的10%或15%以上。

5. 树立良好的银行形象和雇员形象

处于某个社区的银行若要在社区中扩展它的存款业务,首先要在社区中建立良好的银行形象。良好的银行形象的关键是使银行与社区融为一体。为此,银行要体现出社区精神,如使贷款政策适应当地的需要,在银行董事会中安插社区中具有很大影响力的人物等。在社区中建立良好的形象可以形成银行与其他竞争银行的差别,有助于银行开拓存款资源,增强负债潜力。

银行提高存款计划的规划中不能忽略雇员形象。高效、礼貌、热忱的雇员体现着银行良好的管理素质和经营素质。

市场营销方面的支持对存款市场的开拓也是必不可少的。市场营销要求银行在开拓市场时应用差异化战略,通过广告宣传等促销途径展开存款销售活动。

【拓展阅读】

美国银行如何向客户披露存款条款

为了帮助在美国提供存款服务的银行更好地贯彻1991年通过的《存款真实法案》,联邦储备委员会为银行提供了一些披露方式的范例,用来告知存款人适用于存款的条款。下面是联储提供给银行的一个适用于存款单的披露形式。

XYZ储蓄银行的1年期存款单披露方式样本。

您账户的适用利率为5.2%,年收益率为5.34%。存款到期之日我们将据此支付利息。您的存单将于1996年9月30日到期,年收益率是按到期日利息计算的,提前支取会降低收益。

我们将为您的账户每日计息,并且每月末贷记您的账户。在您存入任何非现金项目(如支票)的那个工作日将开始计息。

四、存款负债的定价

存款负债的定价是指银行在吸收存款时，确定市场应支付的市场价格。在市场经济条件下，产品定价是业务竞争中最重要的营销策略之一，负债定价也是如此。银行支付比市场价格低的价格，就会失去存款；而支付比市场价格高的价格，即提高利息成本增强市场竞争力，又会降低银行使用存款的预期收益。显然，存款负债定价是影响银行利润和销量目标的主要因素。

（一）影响商业银行存款负债定价的因素

商业银行在对其新出售的金融产品进行定价时，需要考虑的因素主要是利率和汇率，此外还有手续费、佣金及各国法律、法规的限制等因素。

1. 利率

商业银行的负债成本主要是利息成本，利息成本的高低对银行利润水平的高低起着举足轻重的作用。因此，利率因素对银行存款负债定价起着决定性影响，是金融产品价格内容之一。利率的种类很多，有长期利率和短期利率、固定利率和浮动利率、实际利率和名义利率之分。直接影响负债定价的利率有：第一，法定利率。这是指中央银行确定的利率水平，主要包括再贴现率和对商业银行再贷款的利率。该利率反映了中央银行的货币政策，因而被认为是一国的基准利率，成为商业银行负债定价的基础。第二，银行同业拆借利率。这是指在进行同业拆借活动时，根据市场上货币资金供需状况而形成的一种市场利率。伦敦银行同业拆借利率已成为国际间及国际长期资金市场上资金借贷的一种基准利率。第三，银行对客户的利率。这是指商业银行对普通客户所使用的利率，具体分为存款利率和贷款利率两种。这种利率是商业银行进行产品定价时最直接参考的一种利率指标。

2. 汇率

汇率是指两种货币的比率或比价，即用一国货币表示另一国货币的价格。汇率成为银行进行负债定价时必须考虑的因素之一。汇率作为货币的对外价值，依据不同标准，可分为两类：一类是按对外汇管理的方式不同可分为官方汇率和市场汇率；另一类是按银行买卖外汇的角度区分，有买入汇率、卖出汇率和现钞汇率三种。

3. 其他因素

其他因素主要包括以下几种：第一，有关法律、法规的约束。所以，全面了解和把握有关法律，在合法的范围内灵活的调整有关产品价格，增强市场竞争力，是商业银行进行负债定价时必须遵循的一个原则。第二，服务成本或手续费。职工工资、办公费及固定资产折旧等费用支出必须合理分摊到各个不同的金融产品价格中去，以使其收入能与成本相抵。因此，这部分费用的高低也将影响着负债定价。第三，风险程度。商业银行防范风险措施的支出是要纳入成本的。风险越大，防范措施支出和弥补风险损失支出会越大，定价就会越高。此外，金融产品的生命周期、相关产品价格等因素，对存款负债的定价也有着不同的影响和作用。

（二）存款负债定价的方法

商业银行对存款负债进行定价时，不仅要充分考虑上面所述的各种因素，而且要认真研究定价策略和方法。定价策略和方法的选择不同，会制定出相差甚远的不同价格。而且不同的定价策略和方法将会对市场产生不同的影响，给银行带来不同的收益。

1. 成本定价法

成本定价法是指以商业银行各项费用成本之和作为定价的基础来进行定价的方法。成本定价体系既不考虑竞争形势，也不考虑在不同细分市场客户愿意接受的收益水平，其最大的优点是可以做到既不损害某些细分市场，也不会给某些细分市场以补贴。

2. 脱脂定价法

脱脂定价法是指新产品推出的初期，趁竞争者还未作出反应，利用较高的价格尽可能多地获取更多的资金来源的定价方法。它之所以采用较高价格，就是因为新产品进入市场阶段，首要的是能让客户尽快了解和认可新产品，利率不是关键因素，而服务质量显得尤为重要。

3. 渗透定价法

渗透定价法是指一种致力于扩大市场份额的定价方法。使用此方法，在短期内银行并不追求以利润弥补成本，而是支付给客户高于市场水平的利率，或向客户收取远低于市场标准的费用，以此来吸引客户。

4. 随行就市法

随行就市法是指银行跟随市场竞争者的定价，较少考虑本银行成本和收入目标，以达到保护现存市场份额的目标。这种方法的优点是实际操作比较容易，所确定出来的价格具有反应公平报酬和不扰乱行业秩序协调性的长处。

第三节　商业银行借入负债及管理

一般来说，按照期限长短，商业银行的借入负债分为短期借款负债和长期借款负债。

一、短期借款负债

（一）短期借款的含义

短期借款是指期限在一年以内的各种银行借款，主要用来保持正常的资金周转、满足资金流动性的需要。短期借入款是商业银行一种持久的增加资金来源的一种手段。

商业银行的短期借款主要有以下特征：一是对时间和金额上的流动性需要十分明确。短期借款在时间和金额上都有明确的契约规定，借款的偿还期约定明确，商业银行对于短期借款的流动性需要在时间和金额上即可事先精确掌握，又可计划地加以控制，为负债管理提供了方便。二是对流动性的需要相对集中。短期借款不像存款对象那样分散，无论是在时间上还是在金额上都比存款相对集中。三是存在较高的利率风险。在正常情况下，短期借款的利率一般要高于同期存款，尤其是短期借款的利率与市场的资金供求状况密切相关，导致短期借款的利率变化因素很多，因而风险较高。四是短期借款主要用于短期头寸不足的需要。

（二）短期借款的主要渠道

当银行吸收的存款无法满足贷款和投资增长需要时，银行便会寻求存款以外的其他资金来源。

1. 同业拆借

同业拆借是指金融机构之间发生的短期或临时性的借贷活动。在这种拆借业务中，银行借入资金主要是为了解决临时性资金周转的需要。同业拆借一般都是隔夜拆借，一般无须抵押品，全凭银行的信誉。

同业拆借作为临时调剂性借贷行为，具有如下特点：期限短，同业拆借的交易期限较短，属临时性的资金融通，我国目前同业拆借期限最长不超过4个月；利率相对较低，由于拆借双方都是商业银行或其他金融机构，其信誉比一般工商企业要高，拆借风险较小，加之拆借期限较短，因而利率水平较低；同业拆借的参与者是金融机构。

2. 向中央银行借款

商业银行在资金不足时，还可以向中央银行借款。中央银行向商业银行融通资金主要有两个途径：再贴现和再贷款。再贴现是商业银行把自己已经贴现但尚未到期的商业票据向中央银行再一次贴现。即商业银行把商业票据交给中央银行，从中央银行那里贴息取得现款，票据债权相应由商业银行转给中央银行，中央银行到期收取票据所载款项。当然，中央银行并不是对所有票据都予以贴现，而是要审查票据的合格性，包括期限、种类和质量等，并根据宏观货币政策要求适当予以控制，不断调整再贴现率。中央银行给商业银行的贷款就是再贷款。再贷款可以是信用贷款也可以是抵押贷款。信用贷款是仅靠商业银行的信用，无须特定的担保品作抵押。抵押贷款是商业银行将其持有的各种证券和票据作抵押，或者将企业交的贷款抵押品再抵押给中央银行而取得的贷款。一般说来，中央银行对再贷款的控制比再贴现更严，条件更复杂。

3. 回购协议

回购协议是商业银行进行短期融资的一种方式，其含义是指商业银行在出售证券等金融资产时签订协议，约定在一定的期限后按原定价格或约定价格购回所卖证券，从而获得即时可用资金。回购协议实质上是一种短期抵押融资方式，那笔被借款方先售出后又购回的金融资产即是融资抵押品或担保品。回购协议分为债券回购和股票回购两种。两种形式都是融资的手段，而且一贯都被认为是比较安全且回报高而快的方式。

4. 国际货币市场借款

商业银行除在国内货币市场上取得借款外，还常常从国际货币市场上借款来弥补自己资金的不足。国际货币市场上规模最大、影响最广的是欧洲货币市场。欧洲货币市场的定义是经营在货币发行国境外被储蓄和借贷的各种货币的市场。如存在伦敦银行的美国美元，从德国银行贷款美元等。最早的欧洲货币市场出现在20世纪50年代。1957年，因为东西方冷战，苏联政府因为害怕美国冻结其在美国的美元储备而将它们调往欧洲，存入伦敦，由此导致了欧洲美元的产生。从事欧洲货币业务的银行相应地被称为欧洲银行。

（三）短期借款的管理重点

由于短期借款与存款相比具有在时间上和金额上相对比较集中的特点，从而为银行有计划地加以控制提供了方便。而且由于短期借款的期限较短,所以一般只用于调剂头寸,解决银行周转困难和临时性的资金不足,其稳定余额的部分也可以被长期占用。为此,商业银行在确定短期借款的决策时,要把握好以下原则。

1. 确定合适的借款时机

首先,根据银行在某段时间内的短期资金需求量,确定资金借入的数量。如果在某一时期,银行资产的平均期限较短,有相当能力应付流动性风险,且当时市场利率较高,就没有必要利用和扩大短期借款;若情况相反,则必须注重短期借款的运用。其次,根据一定时期金融市场的资金供求状况与利率变动来选择借款时期,即在市场利率较低时适当多借入一些资金;反之,则少借或不借。最后,要充分重视中央银行货币政策的变化,以控制短期借款的程度。如当中央银行采取紧缩的货币政策时,不但再贷款和再贴现的成本会提高,同时其他短期借款的成本也会相应提高,此时需适当控制借款;反之,则可考虑多借入一些款项。

2. 根据成本与风险确定借款的规模

短期借款是商业银行实现流动性、盈利性目标所必需的,然而并非短期借款越多对银行经营就越有利,因为借入资金有时比吸收存款付出的代价更高。如果利用短期借款付出的代价超过因扩大资产规模而获取的利润,则不应继续增加借款规模,而因通过调整资产结构的办法来保持流动性,或者通过进一步挖掘存款潜力的办法扩大资金来源。商业银行在资产负债管理中,必须全面权衡流动性、安全性、盈利性三者间的利害关系,测算出一个适度的短期借款规模。

3. 确定合理的借款结构

商业银行的短期借款渠道很多,安排好各种短期借款在借款总额中的比重,是商业银行重要的组织策略。从资金来源的成本结构看,一般应尽可能地多利用低息借款,少利用高息借款,以降低负债成本;如果资产预期效益较高,又难以争取到低息借款时,则可适当介入高息的资金,但盈利仍应放在第一位;比较国内外借款成本,如果从国际金融市场的借款较国内便宜,可适当增加国际金融市场借款的比例;充分考虑中央银行的货币政策取向,根据央行再贴现率的变动灵活调整借款比例。

根据上述原则,商业银行在短期借款的具体操作上,应注意借款的到期时间和金额的分散化,主动把握借款期限和金额,以减少流动性需要过于集中的压力,并尽量把借款到期时间和金额与存款的增长规律相协调,在存款不能满足资金需求的情况下,才考虑借入资金,把借款控制在自身承受能力允许的范围内,不能超负荷经营;正确统计借款到期的期限和业务额,以便做到事先筹措资金,满足短期借款的流动性需要。

二、长期借款负债

(一) 长期借款的含义

商业银行长期借款业务,主要通过发行金融债券借入资金,既满足商业银行中长期资金需求,又有利于商业银行拓宽负债渠道,促进资金来源的多样化,并有助于商业银行负债的稳定性。商业银行的长期借款一般采用金融债的形式。当今世界的金融债券是20世纪70年代以来西方商业银行业务综合化、多样化发展和金融业务综合化发展的产物,它意味着商业银行负债业务多样化发展已成必然趋势，同时也体现了商业银行资产负债管理的许多新的特点。

（二）金融债券的主要种类

金融债券有资本性金融债券、一般性金融债券和国际金融债券之分。

1. 资本性金融债券

资本性金融债券是为补充银行资本而发行的债券，是介于银行存款负债与股本之间的债务。它对银行收益与资产分配的要求权优于普通股和优先股，仅次于银行存款客户与其他债权人。《巴塞尔协议》将资本性金融债券划分在附属资本中，主要包括资本债券与资本票据。

2. 一般性金融债券

一般性金融债券是银行用于其长期贷款与投资目的而发行的，是银行发行金融债券的主要部分。一般性金融债券可区分为以下几种：

- 按债券是否有担保，可将债券划分为担保债券和信用债券。
- 按利率是否浮动，将金融债券分为固定利率债券与浮动利率债券。

我国商业银行发行的金融债券以固定利率债券为主，今后浮动利率债券的发行将成为趋势。

- 按债券付息方式可分为附息金融债券和一次性还本付息金融债券。

此外，金融债券还包括普通金融债券、累进利率金融债券和贴现金融债券等。

3. 国际金融债券

国际金融债券指在国际金融市场上发行的以外币表示面额的金融债券，主要包括外国金融债券、欧洲金融债券、平行金融债券。

外国金融债券是指债券发行银行通过外国金融市场所在国的银行或金融机构组织发行的以该国货币为面值的金融债券。

欧洲金融债券是指债券发行银行通过外国的其他银行和金融机构，以第三国的货币为面值发行的债券。这种债券发行涉及三个国家，即发行银行属于一个国家，债券在另一个国家的金融市场上发行，而债券面值所使用的货币则属于第三国。欧洲金融债券以美元标价面值的较多。

平行金融债券是指发行银行为筹措一笔资金，在几个国家同时发行的债券，债券分别以各投资国的货币标价，各债券的筹资条件和利息基本相同。应当说，国际性债券发行的要求都非常高，以国家为发行主体的是主要的做法。

（三）发行金融债券的经营管理

商业银行发行金融债券要遵守金融管理当局的管理规定。金融债券的发行机构、发行数量、运用范围都要按照法律的要求来进行。债券在发行前还要有评级机构的信用评估，以评价债券发行人的偿债能力。

要合理计划债券的发行与使用工作，提高资金的使用效率与效益。债券发行数量与项目用款量应基本相等，不能发生闲置的现象；同时要搞好项目的可行性研究，进行收益成本比较，力求使项目收益高于债券成本。

要防范利率风险与汇率风险。如预期利率有上升趋势，应采取固定利率的计息方式；反之，则采取浮动利率计息方式。在利率有下降趋势的情况下，应考虑缩短固定利率债券的偿还年限，或在发行合同中列入提前偿还条款，这样可以较高的利率偿还旧债，以较低的利率发行新债。如果在国际市场上发行债券，原则上采用汇价具有下浮趋势的软货币作为票面货币。但在金融市场上，供求双方对未来市场利率与汇率变化趋势都有各自的预测，债券的发行是否成功，取决于双方力量的对比。汇价趋势看涨的硬货币债券销路比较好，支付的利率也较低；而以软货币计价的债券则销售困难，往往需要支付较高的利率。因此，发行债券的银行必须将利率与汇率因素综合起来考虑。

要找最佳的发行时机。商业银行应选择市场资金供给大于需求、利率较低的时机发行债券。发行国内债券由于利率相对稳定，时机的选择主要取决于资金供给的充裕程度。

要以客户为中心，以市场为导向，不断创新，满足投资者的需求。金融债券作为一种投资工具，能否顺利推销除上述因素外，还取决于投资者的购买心理。因此，商业银行必须研究和了解投资者对购买金融债券的收益性、安全性、流动性和方便性的心理要求，以客户需求为中心，针对这些要求设计和创新债券品种，采取积极的营销措施，使金融债券真正成为银行的筹资工具、客户的投资工具。

【想一想】存款与金融债券的区别？

第四节 商业银行负债成本管理

负债成本对于商业银行来说非常重要，它一方面关系银行的整体盈利；另一方面关系银行在激烈的负债竞争中能否取胜。

一、负债成本的构成

负债成本是商业银行成本的主要部分，是商业银行在组织资金来源过程中所花费的开支。

（一）利息成本

利息成本商业银行以货币的形式直接支付给存款者或债券持有人、信贷中介人的报酬。利息成本的高低依期限的不同而不同。利息成本的计息方式有两种：一是按不变利率计息；二是按可变利率计息。前者是指在负债发生时规定的利率，以后不再调整，利息额按负债余额乘以既定的利率而得。可变利率计息是指负债发生时不规定具体的利率，而是确定一个基点。

（二）营业成本

营业成本也称其他成本或服务成本，指除利息以外的其他所有开支，包括柜台和外勤人员的工资、广告宣传费、折旧摊提费、办公费以及为存户提供其他服务的费用等。营业成本又可进一步划分为变动成本、固定成本和混合成本等。目前，在我国，由于利息成本基本由国家统一规定，营业成本就成为银行成本控制的重点。

这些成本，有的有具体的受益者，如为存款提供的转账结算、代收代付以及利用电子计算机的自动化服务等所需的开支，它实际代表银行为了吸纳存款性负债而支付的除利息之外的报酬。

有的则没有具体的受益者，如广告、宣传费用等。近年来，西方商业银行在巨大的竞争压力下，越来越重视利息之外或非利息报酬形式——服务，因此尽可能地将服务成本和利息成本区分开来，以便更加灵活地开展竞争。

（三）资金成本

资金成本是包括利息在内的花费在吸收负债上的一切开支，即利息成本和营业成本之和，它反映银行为取得负债而付出的代价。用资金成本除以吸收的资金数额，可得资金成本率。资金成本率可以分为某一类负债或资金来源的资金成本和总资金成本两种。

资金成本率是一个重要的成本分析指标，既可以用来比较银行不同年份吸收负债的成本，考察其发展趋势；也可以在银行同业，尤其是规模相同、条件相近的银行之间进行比较，从而明确其在目前竞争中的地位。

$$资金成本率 = (利息成本 + 营业成本) / 吸收的全部存款资金 \times 100\%$$

（四）可用资金成本

可用资金是指银行可以实际用于贷款和投资的资金，它是银行总的资金来源扣除应交存的法定存款准备金和必要的储备金后的余额，即扣除库存现金、在中央银行存款、在联行或往来行的存款及其他现金项目之后的资金。

可用资金成本是指相对于可用资金而言的银行资金成本。

将资金成本与可用资金数额相比可得到可用资金成本率。这个比率既可以用于各种存款之间的对比，分析为得到各种可用资金所要付出的代价，也可在总体上分析银行可用资金成本的历史变化情况及比较本行与其他银行可用资金成本的高低。

$$可用资金比率 = 1 - (持有库存现金等现金资产的比率 + 预计投入房地产等非盈利资产的比率)$$

为保证流动性和安全性的需要，银行不可能将吸收来的所有资金都用于贷款和投资，必须保留一部分现金准备。但这部分现金是银行花了代价才得来的，又不能运用生利，只能靠用于贷款和投资的那部分资金带来的收益作为补偿。换言之，实际用于贷款和投资的那部分资金的成本不仅应包括这部分资金本身的成本，还应包括与之对应的不能用于贷款和投资的那部分资金的成本，因为它们是为了支持可用资金而必须保持的准备金。显然，这一成本概念对于银行选择盈利资产具有十分重要的意义。

（五）相关成本

相关成本是指与增加负债有关而未包括在上述成本之中的成本，主要有两种：一是风险成本，二是连锁反应成本。

风险成本指因负债增加引起银行风险增加而必须付出的代价。如，利率敏感性存款增加会增加利率风险，可变利率存款取决于市场利率变动的风险、保值储蓄贴补率取决于物价指数上涨的风险等；存款总额增长提高了负债与资产的比例，从而使资本风险增加等。

连锁反应成本是指银行应对新增负债而增加的服务和利息的支出，而引起的对银行原有负债所增加的开支。银行为争夺更多存款，往往以增加利息和提供服务的方式来吸引顾客，但在对新存款客户支付更多利息和提供更多服务的同时，会使原有客户产生"攀比"心理，这就会加大银行的成本开支。

二、负债成本的计算方法

（一）历史加权平均成本法

当银行使用加权平均成本法时，其计算公式为：

$$\bar{X} = \frac{\sum Xf}{\sum f}$$

式中，f 为各类存款或资金来源的数量；X 为每种存款的单位成本；$\bar{X}$ 为银行全体资金来源的单位加权平均成本。其中，每种存款的单位成本包括利息成本和其他成本，计算时可将这两种成本加起来再乘以存款数量，也可以分别相乘后加总，即：

$$\bar{X} = \frac{\sum (X_1 + X_2)f}{\sum f} = \frac{\sum (X_1 f + X_2 f)}{\sum f}$$

加权平均法主要用于对不同的银行各种负债成本的对比分析和同一银行历年负债成本的变动分析等。每项资金来源的历史平均成本等于利息费用率与该项来源平均余额的乘积。

历史成本法的主要缺陷是没有考虑到未来利息成本的变动。

一般情况下，银行加权平均成本的变化主要取决于四个因素：负债利息率、其他成本率、负债结构和可用资金比率。负债利息率和其他成本率的上升或下降是引起负债成本上升或下降的因素，可用资金比率的上升或下降是引起可用资金成本下降或上升的因素。但这些因素的变化是否最终影响到负债成本，还要看负债结构的情况，如果负债结构发生变化，问题则比较复杂。

在利息成本或其他成本率普遍上升时，可能因负债结构中利息成本和其他成本较低、负债的比重上升而使银行加权平均成本不变或下降；相反，在利息成本或其他成本率下降时，银行加权平均成本可能会上升。

【做一做】

某银行需筹资 500 万元，包括 200 万元的活期存款，200 万元的定期与储蓄存款，50 万元的货币市场借款和 50 万元的股权资本。活期存款的利息和非利息成本为存款的 8%，储蓄和市场借款总成本为 10%，股权资本筹资成本为 20%。假如储备要求减少，银行可使用资金的数额为活期存款的 15%，储蓄存款的 5%，市场借款的 2%。

该银行的加权平均税前资金成本为多少？

（二）边际成本法

边际成本是指银行增加一个单位的资金所支付的成本。银行在确定资产价格时，只有当新增资产的边际收益大于新增负债的边际成本时，银行才能获得适当的利润。每项负债都有不同的边际成本，其成本随着市场利率、管理费用和该负债用于补充现金资产的比例变化而变化，这些独立的成本加在一起就可以得出新增资金的加权边际成本。

例如，某银行通过7%的存款利率吸引25万元新存款。银行估计，如果提供利率为7.5%，可筹集存款50万元；提供8%的利率可筹集存款75万元；提供8.5%的利率可筹集存款100万元；提供9%的利率可吸收存款125万元。如果银行投资资产的收益率为10%，由于贷款利率不随贷款量的增加而增加，贷款利率就是贷款的边际收益率。

存款为多少时，银行可获得最大的利润呢？这里需要把握两个关键因素：边际成本与边际成本率，后者由流入银行的资金增量的百分比计算。知道了边际成本利率后，就可以计算投资新存款的边际收益。计算公式为：

边际成本（MC）= 总成本的变动
= 新利率 × 以新利率筹集的总资金 − 旧利率 × 以旧利率筹集的总资金

$$边际成本率 = \frac{总成本变动额}{筹集的新增资金额}$$

存款利率	存款（万元）	边际成本	边际成本率%	边际收益%	利润 = TR − TC
7.0	25	1.75	7	10	0.75
7.5	50	2	8	10	1.25
8.0	75	2.25	9	10	1.5
8.5	100	2.5	10	10	1.5
9.0	125	2.75	11	10	1.25

在边际收益大于边际成本时，银行可以不断增加其利润，直到存款利率达到8.5%。

利率8.5%是银行存款利率的最好选择，通过8.5%的存款利率吸收资金，再以10%的贷款利率贷出，银行可得到最大利润。

边际成本方法告诉银行其存款基础应扩大到什么程度，当银行利润开始下降时，银行必须以更低的边际成本筹集资金，或寻找边际利益更大的新的投资。

【做一做】

存款数量、单位存款成本变化对总成本的影响

某商业银行2012年吸收活期储蓄4 200万元，定期储蓄6 600万元，活期储蓄的资金成本2.3%，定期储蓄的资金成本是4.5%。2013年，该银行吸收活期储蓄存款5 600万元，定期储蓄9 000万元，活期储蓄的资金成本是2.5%，定期储蓄的资金成本是5.1%。

试计算分析该银行存款总量变化和资金成本变化对存款总成本的影响。

知识要点

商业银行的资金90%是由负债提供的，负债业务是商业银行最重要和最基础的业务之一。

商业银行业务管理

商业银行的负债业务是指形成商业银行资金来源的业务，是商业银行资产业务的前提和条件。商业银行的负债业务主要包括资本金、存款负债和其他负债三部分。

存款是商业银行最重要的资金来源，也是开展贷款业务和其他业务的基础，在整个商业银行负债业务中所占比重最大。商业银行的存款业务划分为传统类存款业务和创新类存款业务。传统的存款业务有活期存款、定期存款、储蓄存款。创新类存款业务包括新型活期存款、新型定期存款、新型储蓄存款。

存款负债定价是影响银行利润和销量目标的主要因素。商业银行在对其新出售的金融产品进行定价时，需要考虑的因素主要是利率和汇率，此外还有手续费、佣金及各国法律、法规的限制等因素。存款负债定价的方法主要有成本定价法、脱脂定价法、渗透定价法、随行就市法。

一般来说，按照期限长短，商业银行的借入负债分为短期借入负债和长期借入负债。

负债成本是商业银行成本的主要部分，是商业银行在组织资金来源过程中所花费的开支。负债成本的构成有利息成本、营业成本、资金成本、可用资金成本、相关成本。负债成本的计算方法历史加权平均成本法和边际成本法。

问题讨论

1. 要求

调查我国各大商业银行负债业务情况，分析各负债构成比重是否合理，并讨论我国商业银行如何进行存款负债管理。

2. 活动安排

将学生分为若干大组进行讨论，最后各组选出代表上台发言。

3. 场景

商业银行教室

推荐阅读

1. 韩宗英：《商业银行经营管理》，第四章，清华大学出版社2010年版。
2. 王红梅、吴军梅：《商业银行业务与经营》，第三章，中国金融出版社2007年版。
3. 张丽华：《商业银行经营管理》，第三章，经济科学出版社2002年版。
4. http://www.doc88.com/p-147660522463.html.
5. http://www.doc88.com/p-994979522195.html.

本章自测

一、单项选择题

1.（　　）定价法既不考虑竞争形势，也不考虑在不同细分市场客户愿意接受的收益水平。

　　A. 成本定价法　　B. 脱脂定价法　　C. 渗透定价法　　D. 随行就市法

2.（　　）是指银行跟随市场竞争者的定价，较少考虑本银行成本和收入目标，以达到保护现存市场份额的目标。

　　A. 成本定价法　　B. 脱脂定价法　　C. 渗透定价法　　D. 随行就市法

3. （　　）是指金融机构之间发生的短期或临时性的借贷活动。
   A. 向中央银行借款　　B. 同业拆借　　C. 回购协议　　D. 发行金融债券
4. （　　）是商业银行以货币的形式直接支付给存款者或债券持有人、信贷中介人的报酬。
   A. 利息成本　　B. 营业成本　　C. 资金成本　　D. 可用资金
5. （　　）是指商业银行增加一个单位的资金所支付的成本。
   A. 边际成本　　B. 平均成本　　C. 利息成本　　D. 营业成本

二、多项选择题

1. 商业银行传统类存款业务包括（　　）。
   A. 活期存款　　B. 定期存款　　C. 储蓄存款　　D. NOW 账户
2. 下列属于商业银行存款创新工具的有（　　）。
   A. NOW 账户　　B. 货币市场存款账户　　C. 协定账户　　D. 可转让大额定期存单
3. 属于可转让大额定期存单特点的有（　　）。
   A. 较好的流通性　　　　　　　　B. 转让流通方便
   C. 利率高于同期定期存款　　　　D. 存单面额通常较大
4. 影响存款的宏观因素有（　　）。
   A. 宏观经济发展水平　　　　　　B. 金融当局的货币政策及其目标
   C. 金融法制法规的建设与健全　　D. 存款利率的管制
5. 影响存款的微观因素有（　　）。
   A. 存款利率　　　　　　　　　　B. 金融服务的项目和质量
   C. 服务收费　　　　　　　　　　D. 银行资信
6. 影响商业银行存款负债定价的因素（　　）。
   A. 利率　　B. 汇率　　C. 手续费　　D. 法律、法规的限制

三、判断题

1. 存款是商业银行最重要的资金来源，也是开展贷款业务和其他业务的基础，在整个商业银行负债业务中所占比重最大。
2. 活期存款是商业银行创新的存款业务。
3. 储蓄存款主要是针对居民个人积蓄货币和取得利息的需要所开办的活期存款业务。
4. 超级 NOW 账户对存款最低额没有限制。
5. 宏观经济发展水平对银行存款的影响呈负相关的关系。

四、名词解释

商业银行负债　NOW 账户　CD 存单　商业银行存款负债　商业银行借款负债

五、回答问题

1. 简述商业银行负债业务的意义？
2. 简述商业银行负债业务的构成？
3. 简述商业银行有哪些存款创新工具？
4. 影响商业银行存款负债定价的因素有哪些？
5. 试述商业银行负债成本管理的意义？

第四章
商业银行资产业务管理

教学目标与学习任务

教学目标：了解商业银行资产业务的构成及每一类资产在银行经营管理中的地位、意义；了解并掌握商业银行现金资产业务的管理目标和原则、影响库存现金的因素、降低库存现金的措施、有关资金头寸的概念、超额准备金及资金头寸的调度、同业存款需要量的测算；了解并掌握商业银行贷款业务的种类、贷款定价原则、贷款定价方法、贷款管理方法、贷款风险管理；了解并掌握商业银行证券投资的种类、证券投资收益和风险的关系及测算、证券投资策略。重点掌握商业银行流动性管理的意义和方法、贷款风险分类、证券投资策略。

学习任务：能进行资金头寸的调度；能对影响商业银行库存现金的因素进行分析；能熟练计算最适现金需要量和现金调拨临界点；能对贷款按不同标准进行准确分类；能运用各种方法对贷款进行定价；能熟练计算证券投资的收益；能熟练运用各种证券投资策略。

案例导入

老板之死为银行业"马太效应"付出生命代价

2012年年初，鄂尔多斯民间借贷出现危机，多名老板自杀；2011年，温州因资金问题至少有10人自杀，200多人出逃；浙江女首富吴英因涉嫌非法集资被判死刑，后改判死缓……银行业"马太效应"的负面效果显然已经付出了生命代价。

2013年7月19日，中国人民银行公告、经国务院批准，自2013年7月20日起全面放开金融机构贷款利率管制，取消金融机构贷款利率0.7倍的下限，由金融机构根据商业原则自主确定贷款利率水平，业内专家又表示出新的"马太效应"的担忧：在市场贷款资源相对稀缺的情况下，对于一些原本就具有很强议价空间的大企业来讲，未来从银行贷款，利率存在下行的空间，但对一些中小企业而言，贷款利率则有上升的可能。 这样，"强者愈强、弱者愈弱"，即大企业的信贷成本越来越低，反而会推高中小企业的融资成本。 这种担忧并非空穴来风，由于大企业可以拿到低成本资金，有可能重操广泛流行于20世纪80年代中后期和90年代初期"资金倒爷"旧业。 拥有更多资源的商业银行尤其是大银行是否应考虑利用其现有的资源，对其资产进行合理有效的管理而成为"马太效应"的受益者而不是受害者？ 答案是肯定的，商业银行在经营中既要遵循"安全性、流动性原则"，也不能忽视"盈利性原则"，更不能因金融的不恰当运营而给实体经济带来负面效应。

（资料来源：根据 http://www.21cbr.com/home/thread-43037-1-1.html, http://www.ceconline.com/finance/ma/8800067795/01/? cf=hot 改编）

第一节 商业银行现金资产业务及管理

现金资产是商业银行所有资产中最具流动性的资产。商业银行要维持资产的流动性，保持清偿力和获取更有利的投资机会,满足存款的提取及贷款的需求,必须持有一定比例的现金资产。直接满足流动性需求的现金资产管理是商业银行资产管理最基本的组成部分。

一、现金资产的构成

现金资产是银行持有的库存现金以及与现金等同的可随时用于支付的银行资产。商业银行的现金资产一般包括以下几类。

(一) 库存现金

库存现金是指商业银行保存在金库中的现钞和硬币。库存现金的主要作用是银行用来应付客户提取现金和银行本身的日常零星开支。从经营的角度讲,由于库存现金属于银行的非盈利资产,且其保管、安全防卫费用较高,因此库存现金不宜太多。库存现金的经营原则就是保持适度的规模。

(二) 在中央银行存款

在中央银行存款是指商业银行存放在中央银行存款准备金账户的资金,即存款准备金。它由两部分构成:一是法定存款准备金,二是超额存款准备金。

法定存款准备金是按照法定准备率向中央银行缴存的存款准备金。规定缴存存款准备金的最初目的,是为了银行备有足够的资金以应付存款人的提取,避免流动性不足而产生流动性危机,导致银行破产。目前,存款准备金已经演变成为中央银行调节信用的一种政策手段,在正常情况下一般不得动用。缴存法定比率的准备金具有强制性。

超额存款准备金有两种含义。广义的超额存款准备金是指商业银行吸收的存款中扣除法定存款准备金以后的余额,即商业银行可用资金。狭义的超额存款准备金是指在存款准备金账户中,超过了法定存款准备金的那部分存款也称备付金存款,这部分存款犹如工商企业在商业银行的活期存款,是商业银行在中央银行账户上保有的用于日常支付和债权债务清算的资金。通常所说的超额存款准备金是指狭义的含义。超额存款准备金是商业银行的可用资金,也是货币政策的近期中介指标,直接影响社会信息总量。

【想一想】为什么法定存款准备金能成为中央银行调节信用的一种政策手段?法定存款准备金与超额存款准备金在数量上有怎样的关系?

(三) 存放同业存款

存放同业存款是指商业银行存放在代理行和相关银行的存款。在其他银行保持存款的目的,是为了便于银行在同业之间开展代理业务和结算收付。由于存放同业的存款属于活期存款的性质,可以随时支用,因此可以视同银行的现金资产,是银行营运资金的一部分。

(四) 在途资金

在途资金也称托收未达款,是指在本行通过对方银行向外地付款单位或个人收取的票据。在途资金在收妥之前,是一笔占用的资金,又由于通常在途时间较短,收妥后即成为存放同业存款,所以将其视同现金资产。在途资金是银行间票据支付清算过程中自然形成的,它也属于非盈利性资产。

二、现金资产管理的目的和原则

(一)现金资产管理的目的

现金资产是商业银行维持其流动性而必须持有的资产,它是银行信誉的基本保证。从银行安全性角度出发,其流动性满足得越好,安全性就越有保障。如果银行的现金资产不足以应付客户的提现要求,将会加大银行的流动性风险,引发挤兑风险,甚至导致银行破产,进而出现货币供给的收缩效应,削弱商业银行创造存款货币的能力,弱化商业银行社会信用职能,这是商业银行经营过程中要极力避免的情况。同时,现金资产又是一种无利或微利的资产,因持有现金资产而失去的利息收入构成持有现金资产的机会成本。现金资产占全部资产的比重越高,银行的盈利性资产就越少。因此现金资产保留过多,不利于银行盈利水平的提高。尤其是在通货膨胀或利率水平上升的时期,银行保有现金资产的机会成本也会随之上升。银行从盈利性出发,有以最低的额度保有现金资产的内在动机。

现金资产管理的目的就是要在确保银行流动性需要的前提下,尽可能降低现金资产占总资产的比重,使现金资产达到适度的规模。

【想一想】银行的清偿力是指银行清偿债务的能力。银行的债务主要来自存款和借款,银行在清偿债务方面具有支付的硬约束,即不论是存款还是借款,当存款人到银行取款时,当借款到期时,银行必须无条件支付。你认为现金资产在保持银行的清偿力方面有怎样的作用?

(二)现金资产管理的原则

1. 总量适度控制原则

现金资产总量是指商业银行在某一个时点上的量,也称存量,通常在资产负债表上进行反映。银行现金资产总量不能太大也不能太小。总(存)量过大,银行付出的机会成本就会增加,从而影响银行盈利性目标的实现;总(存)量过小,客户的流动性需求得不到满足,则会导致流动性风险增加,直接威胁银行经营的安全。因此,将现金资产控制在适度的规模上是现金资产管理的首要目标。除总量控制外,合理安排现金资产的存量结构也具有非常重要的意义。银行现金资产由库存现金、在中央银行存款、同业存款和托收中的现金组成,这四类资产从功能和作用上看又各有不同的特点,其结构合理有利于总(存)量最优。因此,总(存)量适度控制的同时应注意其结构的合理性。

2. 总量适度控制原则

商业银行的资金始终处于动态过程之中。随着银行各项业务的进行,银行的经营资金不断流进流出,最初的存量适度状态就会被新的不适度状态所替代。银行必须根据业务过程中现金流量变化的情况,适时地调节现金资产流量,以确保现金资产的规模适度。具体来讲,当一定时期内现金资产流入大于流出时,银行的现金资产存量就会上升,此时需及时调整资金头寸,将多余的资金头寸运用出去;当一定时期内现金资产流入小于流出时,银行的现金资产存量就会减少,银行应及时筹措资金补足头寸。因此,适时灵活地调节现金资产流量是银行维持适度现金资产存量的必要保障。

3. 安全保障原则

库存现金是银行现金资产中的重要组成部分，用于银行日常营业支付之用，是现金资产中唯一以现钞形态存在的资产，面临被盗、被抢、清点包装差错及自然灾害的损失风险，因此，对库存现金的管理应强调安全保障原则，严格业务操作规程，确保资金的安全无损。

三、资金头寸的构成与测算

(一) 资金头寸的构成

头寸意即款项，是指在现金资产中可供商业银行直接自主运用的资金。商业银行的头寸根据层次划分有基础头寸、可用头寸和可贷头寸等。

1. 基础头寸

基础头寸是指商业银行的库存现金和在中央银行的超额准备金之和。它是商业银行随时可以动用的资金，是银行一切资金清算的最终支付手段。在基础头寸中，库存现金和超额准备金是可以相互转化的。商业银行从其在中央银行的存款准备金账户中提取现金，就增加库存现金，同时减少超额准备金；相反，商业银行将库存现金存入中央银行准备金账户，就会减少库存现金而增加超额准备金。

2. 可用头寸

可用头寸是指商业银行独立核算行处于某一时期中可以运用的资金，包括基础头寸和银行存放同业的存款。

可用头寸既是一个时点指标，又是一个时期指标。若从某一点来考察，商业银行的可用头寸是由该时点的基础头寸和存放同业存款两部分组成，用公式表示如下：

$$可用头寸 = 基础头寸 + 存放同业款项$$

若从一段时间来考察，则需要考虑各项业务的变化引起可用头寸的变化。可用头寸可以用以下公式来表示如下：

$$可用头寸 = 库存现金 + 在中央银行的备付金存款 \pm 上级行应调入调出资金额 \pm 到期同业往来清入清出资金额 \pm 缴存存款调减额、调增额$$

3. 可贷头寸

可贷头寸是指商业银行可以用来发放贷款和进行新的投资的资金，它是形成商业银行盈利资产的基础。

商业银行的可用头寸中有一部分是用来应付客户提取存款和满足债权债务清偿需要的头寸，这一部分头寸一般称为支付准备金，简称备付金。经验表明，在正常情况下，商业银行的备付金比例相当于商业银行各项存款的 5%～7%。商业银行的可用头寸扣除备付金后，形成可贷头寸。可贷头寸可用公式表示如下：

$$可贷头寸 = 可用头寸 - 备付金限额$$

【想一想】 基础头寸和可用头寸从数量上对比是怎样的关系？可用头寸和可贷头寸从数量上对比又是怎样的关系？

（二）影响资金头寸的因素

1. 影响资金头寸需求的因素

（1）存款提取需求。商业银行必须满足客户随时提取其所存存款的本金和利息，否则可能会引发挤兑，导致商业银行破产倒闭。

（2）贷款需求。贷款是商业银行为客户提供的核心服务之一，是商业银行吸引和留住客户的重要手段。因此，对于客户正常、合理的贷款需求，商业银行必须满足，否则会丧失优质客户，牺牲市场份额。

（3）投资需求。为了利用市场机会，商业银行还必须拥有足够的现金，以投资于各种不同类型的债券。这一方面提高了盈利能力，另一方面补充了商业银行流动性的需要。

（4）还款需求。一家银行在金融市场所发行债券到期时，以及从其他银行、金融机构和中央银行借入的资金到期时，都需要还本付息，形成对流动性强制需求，如不能及时满足，该银行将被逐出市场，严重时甚至会破产。

（5）营业支出需求。商业银行在正常经营过程中，会发生许多支出，如支付利息、手续费、员工工资和奖金、房费和水电费、税收等。

（6）股利支付需求。在健全的股票市场中，股利支付也是强制性的，形成大量的现金需求。如果商业银行不能及时支付股利，其股票价格可能出现下降，严重时可能引发银行信誉危机，并出现灾难性后果。

2. 影响资金头寸供给的因素

（1）资产方。来自资产方的资金头寸是指资产的变现能力，其核心思想是：如果客户需要资金，银行就直接运用手中所持有的现金进行支付；如果手中的现金不够，就将所持有资产在市场上抛售、变现，转换成现金以后，再用于支付。

衡量银行资产变现能力的高低有两个基本标准。一是变现时间，即银行需要花费多长时间才能寻找到购买者来购买其资产，从而将资产转换成现金。二是变现成本，即银行在销售其资产、将其转换成现金时，需要花费多高的成本。银行资产的变现成本包括交易成本和变现损失成本两个方面。前者是谈判、签订合同、进行交割等发生的成本；后者是指实际销售价格低于其公平市场价格的部分。一项资产的变现时间越短、变现成本越低，其变现能力就越高，来自资产方的资金供给就越强。

（2）负债方。来自负债方的资金头寸，是指银行借入资金的能力，其核心思想是：如果客户需求资金，银行在不动用或无法动用手持现金或可变现资产的情况下，通过吸收存款、在公开市场上发行债券或存单，或者在同业市场上拆借，通过"借新债、还旧债"，满足客户对现金的需求。

衡量银行借入资金能力的高低也有两个基本标准。一是借入的时间，即银行需要花费多长时间才能寻找到适当的债权人，并从其手中借入资金。二是借入资金的成本，即银行在借入资金时需要花费的交易成本、需要支付的利息成本。借入资金所需时间越短、利率越高，银行来自负债方的资金供给就越弱。

（三）资金头寸的预测

资金头寸测算是指匡算未来某一时间内的可用头寸数量，并制订头寸调度的计划方案，以维持商业银行的流动性、提高资金的使用效益。资金头寸预测既可以是中长期头寸预测，也可以是短期头寸预测。

1. 中长期头寸预测

这是通过预测一定时期内商业银行存贷款的变动趋势来预测头寸余缺的方法。商业银行的经营是连续不断进行的，在基期存贷款的基础上，由于宏观、微观因素的变化，本行的存贷款会相应发生变化，存款的增加使得本行可用头寸增加，贷款及存款准备金的增加将使本行可用头寸减少，因此，存贷款的变化影响可用头寸的变化。我们可得出以下公式：

$$头寸余缺 = 存款变动额 - 法定准备金 - 贷款变动额$$

具体计算参见表4-1。

表4-1　　　　　　　某商业银行中长期头寸预测表　　　　　单位：万元

月份	存款总额	存款变动量①	法定存款准备金变动额②	贷款总额	贷款变动量③	头寸余缺④=①-②-③
12	27 000			19 100		
1	27 300	300	18	19 280	180	102
2	27 800	500	30	19 240	140	330
3	26 900	-900	-54	20 500	1 080	-1 926
4	26 300	-600	-36	22 300	1 800	-2 364
5	26 200	-100	-6	21 220	-1 080	986
6	26 400	200	12	19 840	-1 380	1 586
7	27 100	700	42	19 120	-720	1 378
8	27 300	200	12	19 980	860	-672
9	27 300	0	0	21 060	1 080	-1 080
10	27 300	0	0	21 420	360	-360
11	27 200	-100	-6	21 060	-360	266
12	27 700	500	30	21 000	-60	530

注：法定准备金率按6%确定。

从表4-1不难看出，该行在预测年度内各月头寸余缺情况是不断变化的。头寸有余的月份出现在1月、2月、5月、6月、7月、11月和12月，其余各月为头寸短缺月，其中4月缺口最大，达2 364万元。针对头寸余缺的变化，商业银行管理者应适时调度头寸。

2. 短期头寸的预测

短期头寸预测是通过直接预测短期内商业银行在中央银行存款增减变化来进行头寸预测的一种方法。在实际工作中，各商业银行可根据各自情况，编制一张短期头寸预测表来进行预测，计算公式如下：

在中央银行存款期末余额 = 在中央银行存款期初余额 + 在中央银行存款本期增加额 − 在中央银行存款本期减少额

当商业银行短期内在中央银行存款期末余额预测出来后,其基础头寸可迅速求出,可用头寸和可贷头寸便了如指掌。具体计算参见表4-2。

表4-2　　　　　　　　　　短期头寸预测表　　　　　　　　　　单位:万元

项目	金额
一、在中央银行存款期初余额	6 000
二、在中央银行存款增加额	3 000
1. 向中央银行借款增加	1 000
2. 现金缴入	1 500
3. 同业往来清入	500
三、在中央银行存款减少额	2 000
1. 归还中央银行借款	500
2. 向中央银行领取出金	1 000
3. 同业往来清出	500
四、在中央银行存款期末余额	7 000

四、现金资产管理的方法

(一) 库存现金的日常管理

1. 库存现金的管理目标

银行库存现金是银行现金流入和流出的余额。一方面,库存现金必须满足客户提取现金的需要;另一方面,库存现金不仅不能为银行带来任何收益,还需要花费大量的管理成本,中央银行通常也会对银行的库存现金有一定的限制。因此银行库存现金既不能太多,也不能太少。

银行的库存现金主要受两方面因素的影响:一是库存现金的被动变化,即银行业务活动中现金的流入和流出,一般不受银行自身的控制;二是库存现金的主动调节,即银行在库存现金不够时从中央银行发行库调入现金,在库存现金过多时存入中央银行发行库。所以,银行库存现金的管理,主要是通过预测库存现金的被动变化,并主动安排与中央银行发行库之间的现金往来,以确保库存现金的适度。

2. 影响库存现金的被动因素

(1) 现金收支规律。银行现金收支在数量上和时间上都有一定的规律性。如对公出纳业务,一般是上午支出现金多,下午则大量收进现金。在一年当中,由于季节性因素的影响，有的季节银行现金收入多而支出少，而有的季节则支出多而收入少。银行可以根据历年的现金收支情况，认真寻找其变化规律，准确地预测银行现金的收支。

（2）营业网点的多少。银行经营业务的每一个营业网点，都需要有一定的铺底现金。所以银行营业网点越多，对库存现金的需要量也越多。因此，从一般情况来说，银行对库存现金的需要量与营业网点的数量成正比。

（3）后勤保障的条件。银行库存现金数量与银行的后勤保障条件也有密切关系，一般说来，如果银行后勤保障条件较好，运送现金的车辆、保安充足且服务周到，则在每个营业性机构就没有必要存放太多的现金；否则，就必须在每个营业网点存放较多的现金。但是，这会增加占压现金的费用。

（4）与中央银行的距离、交通条件及发行库的规定。如果商业银行营业网点与中央银行发行库距离较近，交通运输条件较好，商业银行就可以尽量压缩库存现金的规模。而中央银行发行库的营业时间、出入库时间的规定，也对商业银行的库存现金产生重要影响。如果中央银行发行库的营业时间短，规定的出入库时间和次数少，势必增加商业银行库存现金。

（5）商业银行内部管理问题。商业银行内部管理，如银行内部是否将库存现金指标作为员工工作业绩的考核指标，是否与员工的经济利益挂钩，银行内部各专业岗位的配合程度，出纳、储蓄柜组的劳动组合等，都会影响库存现金数量的变化。

3. 银行库存现金的主动调节

银行库存现金的主动调节，主要是通过将多余的现金存入中央银行发行库、在现金不够时从中央银行发行库调入来实现的。因此，银行库存现金的主动调节，主要是测算最适送钞数量和现金调拨临界点。

（1）最适送钞数量的计算。

为了保持适度的库存现金规模，商业银行在营业时间需要经常性地调度现金头寸、及时运送现金。但运送现金需要花费一定的费用，如果这种费用过大，超过了占压较多现金而付出的成本，就得不偿失了。因此，银行有必要对运送现金的成本和收益作一个比较，以决定最适度的送钞量。

最适运钞批量是指银行为占用库存现金（机会成本）和运送现金钞票所花费的费用之和应当是最小的运钞批量。在银行经营管理中，可以运用财务管理中存货管理的办法对运送现金钞票所花费的总成本进行测算：

总成本 = 年运钞总成本 + 年储存成本

　　　 = 每次运钞费用 × 运钞次数 + 单位资金占用（储存）成本 × 年平均现金占用量

$$T = P \times \frac{A}{Q} + B \times \frac{Q}{2}$$

其中：T 为总成本；Q 为每次运钞数量；A 为年（或季或月）现金投放量；P 为每次运钞费用；B 为单位资金占用成本；$\frac{A}{Q}$ 为运钞次数；$\frac{Q}{2}$ 为年平均现金占用量。

根据以上方程式，用微分法来求经济批量的总成本 T 最小时运送钞票的数量 Q，即以 Q 为自变量，求 T 对 Q 的一阶导数 T'，并令 $T' = 0$：

$$T' = dt/dQ = B/2 - A \times P/Q^2 = 0$$

得最佳运钞量：

$$Q = \sqrt{2AP/B}$$

【例】某商业银行在距中心库30公里处设一个分理处，根据往年有关数据测算，年投放现金量为1 375万元，平均每天投放5万元（全年按255天计算）。每次运钞需支出的燃料费、保安人员的出差补助费约33.5元，资金占用费率为年利率8.95%。求最佳运钞批量。

计算：

$Q = \sqrt{2 \times 1\,375 \times 0.00335 \div 8.95\%} = 10$（万元）

即每次运钞10万元，大约每两天送一次款。

按此计算总费用为：T=0.908万元。

如果每天运钞一次为5万元，则总费用为1.145万元。

如果每星期运钞一次为25万元，则总费用为1.303万元。

显然，从上面三种计算结果可以看出，按经济批量计算的总费用最低。所以，中心库在向该分理处运钞时，应每两天安排一次，既保证客户提取现金，又不会使分理处形成过多的库存现金。

【想一想】以横轴代表运钞数量、纵轴代表成本，想想年运钞总成本和年储存成本与运钞数量分别是何种关系？画成本曲线图，最合适的运钞批量应该在哪一点上？

(2) 最佳现金调拨临界点的测算。

银行从提出现金调拨申请到实际收到现金有或长或短的一个过程，特别是那些离中心库较远的营业网点，必须有一个时间的提前量，绝不能等现金库存用完才申请调拨；同时，为了应付一些临时性的大额现金支出也需要有一个保险库存量。因此，银行需要决定应当在什么时候、在多大的库存量时调拨现金。这就是一个现金调拨的临界点问题，可以用以下公式计算：

现金调拨临界点 = 平均每天正常支出量 × 提前时间 + 保险库存量

保险库存量 = （预计每天最大支出 − 平均每天正常支出）× 提前时间

仍以上例：

该分理处的最适运钞量是10万元，提前时间为一天，平均每天正常投放量为5万元，预计每天最大投放量为6万元，则：

保险库存量 = (6−5) × 1 = 1（万元）

现金调拨临界点 = 5 × 1 + 1 = 6（万元）

即该分理处的库存现金降到调拨点6万元时，就需要申请调拨现金10万元，当库存现金降到1万元时，调拨现金送达，库存现金又上升到11万元。当库存现金再次降到调拨临界点时，便按经济批量送钞，如此循环往复，可减少库存现金占用费用与运钞费用。

4. 银行保持适度现金量的措施

在测算了最适度运钞量和现金调拨临界点之后，银行保持适度现金有了一个客观的依据，但要切实管理好库存现金，使银行现金规模经常保持在一个适度规模上，还需要银行内部加强管理，提高管理水平。

(1) 将库存现金状况与有关人员的经济利益挂钩。在对营业网点适度现金规模做出测算的基础上，银行应将网点实际库存状况与适度库存量进行比较，并根据其库存掌握的好坏与有关人员的经济利益挂钩，这样使其在保证支付的前提下，主动压缩库存规模，降低成本，实现现金库存的最优化。

（2）应实现现金出纳业务的规范化操作。银行库存现金量的大小在很大程度上取决于对公出纳业务现金收支的规范化程度。因此，银行应尽可能开展对公业务规范化操作。首先，银行应尽可能开展代发工资业务，避免每月的大量工资性现金流出；其次，把开户单位发工资及每天的资金支出金额均匀排列在每一天；最后，对开户单位发放工资和其他大额现金支出实行当天转账，次日付现的预约制度。

（3）要掌握储蓄现金收支规律。储蓄现金收支看似凌乱，但实际上很有规律。只要掌握了规律，银行就可以安全地压缩备用金的库存。总的来说储蓄的现金收支一般有以下规律：一是在营业过程中，客户取款和存款在正常情况下基本相等。二是在正常情况下，上午取款的平均数大于下午。三是在一般情况下，每个月出现现金净收入和净支出的日期基本不变。

【想一想】若出现：一是在营业过程中，客户取款很多而存款很少，意味着什么？二是上午取款的平均数大于下午，这条规律会给银行客户经理什么启示？

（4）解决压缩库存现金的技术性问题。第一，要掌握好现金的票面结构。营业网点所处地点不同，对票面结构的要求也不同。如果票面结构不合理，也会增加库存量。第二，要充分发挥中心库的调剂作用。银行的中心库最好与地处中心位置、有大量现金投放点的业务库合二为一，同时要设专人负责全辖各业务网点的现金余缺调剂，以提高全辖现金利用率。第三，各营业网点的出纳专柜要尽可能把当天收进的现金全部用来抵用第二天的现金支出。第四，要创造条件，使储蓄所上缴的现金当日入账。第五，要对回收的残破币及时清点上缴，以减少库存现金。

（5）严格库房安全现金管理措施。从经营角度讲，银行的库存现金是最为安全的资产，但库存现金也有其特有的风险。这种风险主要来自于被盗、被抢和自然灾害的损失，以及业务人员清点包装过程的差错，还可能是不法分子的违法、挪用等。因此，银行在加强库存现金适度性管理的同时，还应严格库房的安全管理，在现金清点、包装、入库、安全保卫、出库、现金运送等环节，采取严密的责任制度、监测制度、保卫制度和有效的风险防范措施，确保库房现金的安全无损。

（二）存款准备金的管理

中央银行所确定的存款准备金政策，是商业银行存款准备金管理的基础。存款准备金的管理分为法定存款准备金管理和超额准备金管理两项内容。

1. 存款准备金政策

存款准备金政策与再贴现政策、公开市场业务一起并称为现代中央银行的三大货币政策。我国的存款准备金制度，是在1984年中国人民银行专门行使中央银行职能时建立起来的。我国目前的存款准备金制度具有以下特点：①对所有存款准备金都支付利息，且利率相对较高；②存款准备金率的计提基础是全部存款，因此，存款准备金计提基础较大；③存款准备金率比较高；④自2004年4月25日起实行差别存款准备金率制度，即金融机构适用的存款准备金率与其资本充足率、资产质量状况等指标挂钩，金融机构资金充足率越低、不良贷款比率越高，适用的存款准备金率就越高，反之就越低。

> 【拓展阅读】
>
> ### 我国中央银行的存款准备金制度改革
>
> 1998年3月，我国中央银行对法定存款准备金制度进行了重大改革，这次重大改革表现在四个方面：一是将商业银行在中央银行开设的法定存款准备金账户与备付金账户合二为一，即合并为一个存款准备金账户；二是法定存款准备金率由13%调整为8%，备付金由各商业银行根据经营情况，并参照中国人民银行资产负债比率管理条例自行决定；三是法定存款准备金按法人机构统一征缴纳和调整；四是商业银行在中央银行存款准备金账户上的存款利率大幅度下调，由7.35%降至5.22%，与一年期商业银行存款利率持平，大大低于一年期商业性贷款7.92%的利率，首次使我国商业银行在中央银行存款出现机会成本。
>
> 在1998年之后，截止到2013年5月18日，中央银行通过第46次调整法定存款准备金率（20%）来调节社会流通的货币量；中央银行又多次调整金融机构存款准备金的利率，2008年11月27日，法定存款准备金的利率下调为1.62%，超额存款准备金的利率下调为0.72%，这意味着如果商业银行不提高流动性管理的能力，将大量的存款放在中央银行，已经不能赚到高额的利差收入，将丧失很多盈利的机会，存在着很大的机会成本。

2. 法定存款准备金的管理

商业银行对于中央银行的法定存款准备金要求只能无条件地服从。因此，对于存款准备金的管理，主要是准确计算法定存款准备金的需要量，及时上缴应缴的准备金，确保满足法定准备金的要求。

在我国，法定存款准备金实行按法人统一管理、统一考核的办法，准备金存款账户的超额部分由各金融机构自行确定。商业银行的法定准备金按旬计算，统一实行按旬考核，以旬末存款余额作为计算缴存法定存款准备金的依据。商业银行在规定期限计算出法定准备金的需要量后，将其与已缴纳的存款准备金余额进行比较，若余额不足，应及时予以补足；若已有的准备金余额超过了应缴数，则应及时从中央银行调减准备金，增加商业银行的可用头寸。

商业银行在对法定存款准备金进行管理时要注意，①及时上缴法定存款准备金，避免因存款准备金不足而受中央银行处罚；②加强对存款的管理，克服旬末或季末存款上翘现象。存款准备金是一种低收益资产，商业银行应尽量压缩其数量，控制好存款基数，努力增加收益。

3. 超额准备金的管理

超额准备金是商业银行在中央银行准备金账户上超过了法定存款准备金的那部分存款。超额准备金是商业银行最重要的可用头寸，是银行用来进行投资、贷款、清偿债务和提取业务周转金的准备资产。如前所述（影响资金头寸的因素及预测），在测算超额准备金需要量时，需要充分考虑存款的增加和减少、贷款的发放和收回、向中央银行借款、同业往来、法定存款准备金等因素。

【温馨提示】资金头寸预测、银行流动性需求预测、超额准备金需要量预测可理解为是不同角度的同一类问题，它们的影响因素及预测方法是一致的。

商业银行在预测超额准备金需要量的基础上，应当及时地进行头寸调度，以保持超额准备金规模的适度性。商业银行超额准备金调度的渠道和方式主要有以下几种。

（1）同业拆借。

商业银行灵活调度头寸的最主要渠道或方式是同业拆借。任何一家经营有方的银行，都应当建立起广泛的短期资金融通网络，在本行出现资金短缺时，可以及时地拆入资金；而当本行资金暂时剩余时，则可以及时地将多余资金运用出去，以获得利润。

（2）短期证券回购及商业票据交易。

短期证券和商业票据是商业银行的二级准备，也是商业银行头寸调度的重要渠道。当商业银行头寸不足时，可以在市场上通过出售证券回购协议的方式补足头寸；而当头寸多余时，则可以通过买入证券回购协议的方式将资金调出。另外，商业银行也可以通过短期商业票据的买卖来调节现金头寸的余缺。

（3）通过中央银行融资。

中央银行是金融体系的最后贷款人。当商业银行在经营过程中出现暂时性资金头寸不足时，可以通过再贷款或再贴现的方式，向中央银行融资。但由于中央银行再贷款和再贴现是货币政策的操作手段，商业银行能否获得中央银行的贷款，在很大程度上取决于货币政策的需要和商业银行的经营状况。当中央银行的货币政策偏紧或商业银行经营状况不是很好时，从中央银行融通资金就比较困难。

（4）商业银行系统内的资金调度。

我国商业银行实行的是一级法人体制。为了加强行内资金调度能力，各商业银行都实行二级准备制度。这样，各级银行在日常经营活动中，如果出现头寸不足或剩余，可以在系统内通过本行内的资金调度来调剂余缺。如当某个分、支行头寸不足时，可以向上级行要求调入资金；而当分、支行头寸多余时，则可以上存资金。

（5）出售其他资产。

当商业银行通过以上渠道或方式仍不能满足头寸调度的需要时，还可以通过出售中长期证券、贷款甚至固定资产来获得资金。通常情况下，中长期证券和贷款是商业银行盈利的主要来源，固定资产是商业银行经营的基本条件，如果仅仅从资金调度的角度来讲，只要银行通过其他渠道可以获得所需资金，一般不出售这些资产。但如果商业银行通过上述几种方式不足以满足资金调度的需要，或者预测这些资产未来的价格将有较大幅度的下降，或者目前出售资产确实能给银行带来丰厚的利润，银行也可以通过出售中长期证券或固定资产的方式来融通资金。

（三）同业存款的管理

1. 同业存款的目的

除了库存现金和在中央银行的存款外，大多数商业银行还在其他金融机构保持一定数量的活期存款，即同业存款。同业存款的目的是相互代理业务及支付代理业务手续费的需要。代理行可以将同业存款用于投资，并以投资的收入补偿其代理成本，并获得利润。我国金融机构同业存款利率从2003年12月21日起开放由双方协商，但最高不超过在中央银行的超额存款准备金利率。

2. 影响同业存款需要量的因素

（1）使用代理行的服务数量和项目。由于银行将款项存放同业的主要目的是支付代理行代理本行业务的成本。因此，本行使用代理行服务的数量和项目，就成为影响同业存款需要量的最基本因素。如果使用代理行的数量和项目较多，同业存款需要量也较多；反之，同业存款的需要量较少。

（2）代理行的收费标准。在使用代理行的服务数量和项目一定的情况下，代理行的收费标准就成为影响同业存款需要量的主要因素。收费标准越高，同业存款的需要量就越大。

（3）可投资余额的收益率。通常情况下，代理行是通过对同业存款的投资获得收益来弥补其为他行代理业务支付的成本的，因此，同业存款中可投资余额的收益率的高低，也直接影响着同业存款的需要量。如果同业存款中可投资余额的收益率较高，同业存款的需要量就少一些；否则，同业存款的需要量就较多。

【做一做】

同业存款需要量的测算

某银行在本月中需要购买代理行的以下一些业务：支票清算 10 540 笔，每笔收费标准为 0.045 元；电子转账 28 笔，每笔收费标准是 1.50 元；证券保管 7 笔，每笔收费标准为 3.00 元。另外，代理行还为本行提供数据处理和软件服务，其获得本行手续费 100 元。如果代理行同业存款的准备金率为 12%，平均浮存（即托收未达款）为 7 200 元，可投资余额的年收益率为 8%。试计算该行在同业存款的需要量至少应为多少？

提示：第一步计算代理行提供服务总成本，包括支票清算、电子转账、证券保管、数据处理及计算机服务成本。

第二步计算代理行的收益，并轧计为达到收支平衡，代理行需要从同业存款中的投资中获取的收益。

第三步计算同业存款需要量。可参照如下公式：

投资收益 = 投资收益率 × 30 ÷ 365（同业存款余额 − 托收未达款 − 应提准备金）

= 投资收益率 × 30 ÷ 365（同业存款余额 − 托收未达款）(1 − 法定存款准备金率)

参考答案：该行在同业存款的需要量至少为 100 059 元。

第二节　商业银行贷款业务及管理

贷款是商业银行资金运用的业务，是商业银行资产的重要组成部分，也是商业银行利润的主要来源之一。它是指商业银行作为贷款人（债权人）按照一定的贷款原则和政策，以还本付息为条件，将一定数量的货币资金以一定的利率提供给借款人使用，并到期收回本息的一种借贷行为。贷款是银行业务经营的重点。

一、商业银行贷款的种类

（一）自营贷款、委托贷款、特定贷款

按照发放贷款时是否承担本息收回的责任及责任大小，可以将贷款划分为自营贷款、委

托贷款和特定贷款。

自营贷款是指贷款人以合法的方式筹集的资金自主发放的贷款，其风险由贷款人承担，并由贷款人收回贷款本金和利息。自营贷款是我国贷款人发放的数量最多、比重最大的贷款。它具有以下特点：一是发放贷款的资金是以合法方式自筹的，目前有自有资本金、吸收的存款、借入的资金等；二是贷款由贷款人自主发放、风险自担；三是收益归贷款人。

委托贷款是指政府部门、企事业单位及个人等委托人提供资金，由贷款人（即受托人）根据委托人确定的贷款对象、用途、金额、期限、利率等代为发放、监督使用并协助收回的贷款风险。贷款人只收手续费，不承担贷款风险。委托贷款具有以下特点：一是受托人按照委托人的意志发放和管理贷款；二是受托人以自己的名义为委托人发放和管理贷款；三是委托贷款的收益全部归属于委托人；四是委托贷款关系因委托贷款的收回或委托人取消委托而结束。根据中国人民银行的规定，只有信托投资公司具有受托人资格，可以接受委托发放委托贷款。

特定贷款是指经国务院批准并对贷款可能造成的损失采取相应补救措施后责成国有独资商业银行发放的贷款。特定贷款具有以下特点：一是贷款的批准人是国务院，贷款的用途和期限、利率也是国务院规定的；二是在发放贷款前就知道它可能会造成损失并对这种损失采取相应的补救措施，如对贷款的损失采取减息、挂账、财政补贴的方式补偿等，因此，商业银行对此类贷款也不承担风险；三是特定贷款只能由国有独资商业银行发放，其他金融机构不得发放。

（二）短期贷款、中期贷款、长期贷款

按照贷款使用期限，可以将贷款划分为短期贷款、中期贷款和长期贷款。

短期贷款是指期限在1年以内（含1年）的贷款；中期贷款是指期限在1年以上（不含1年）5年以下（含5年）的贷款；长期贷款是指期限在5年（不含5年）以上的贷款。

从我国目前金融机构的具体做法看，我国主要有3个月、6个月、9个月、1年等类型的短期贷款。短期贷款主要是流动资金贷款，是贷款人对社会生产流通领域的短期资金需要发放的贷款。短期贷款是我国商业银行最主要的业务之一，不论是在银行信贷资金的分配上，还是在整个贷款业务中占的比重都很大。

对中期贷款和长期贷款而言，主要是商业银行针对借款人在购建固定资产时资金不足而发放的贷款，或是满足基本建设的资金需要，或是满足更新改造的资金需要。

（三）信用贷款、担保贷款、票据贴现

按照贷款有无担保和担保的方式不同，可以将贷款划分为信用贷款、担保贷款和票据贴现。

信用贷款是指以借款人的信誉发放的贷款。这种贷款的最大特点是不需要担保，仅凭借款人的信用就可以取得贷款，因而风险较大。

担保贷款是指由借款人或第三方依法提供担保而发放的贷款，包括保证贷款、抵押贷款、质押贷款。①保证贷款是指按《中华人民共和国担保法》规定的保证方式以第三人承诺在借款人不能偿还贷款时，按约定承担一般保证责任或者连带责任而发放的贷款；②抵押贷款是指按《中华人民共和国担保法》规定的抵押方式以借款人或第三人的财产作为抵押

物发放的贷款；③质押贷款是指按《中华人民共和国担保法》规定的质押方式以借款人或第三人的动产或权利作为质物发放的贷款。从理论上讲，担保贷款的风险要小于信用贷款，但这并不意味着担保贷款一定就能够偿还。贷款到期能否偿还关键取决于借款人的还款意愿和还款能力，并不取决于贷款的方式。当然，在担保贷款情况下，若借款人到期不能偿还贷款本息，商业银行可依法向保证人追索或处置抵（质）押品，这无疑增加了贷款按期偿还的一道屏障。

票据贴现是商业银行（包括其他金融机构）以购买借款人未到期商业票据方式发放的贷款。票据贴现作为一种特殊形式的贷款，与一般贷款业务区别在于：第一，利息收取的方式不同。一般贷款的利息是到期收取或按国家的规定定期收取；票据贴现的利息则在贴现时予以扣除，属于提前收取。第二，资金融通的期限不同。贷款期限有长短之分，或一年以内，或1年以上；票据贴现期限最长不超过6个月。第三，业务活动中当事人的关系不同。在贷款业务中，当银行对借款人发放了贷款之后，它们之间的债权债务关系才开始存在；在票据贴现过程中，一旦银行将持票人的票据予以贴现，则贴现银行与持票人一般不存在债权债务关系了，贴现银行在票据到期后向票据的付款人索要票据款项。

（四）企业贷款、个人贷款

按照贷款的对象，贷款可以分为企业贷款和个人贷款。

企业贷款是指商业银行向企业发放的用于固定资产或流动资金或支付其他费用的贷款。企业贷款除上述分类方式外，还有它特有的分类方式。

个人贷款是指贷款人向符合条件的自然人发放的用于个人消费、生产经营等用途的本外币贷款。其中，消费贷款，是指银行向消费者个人发放的用于购买耐用消费品或支付其他费用的贷款。消费贷款按信用方式和信用工具一般可分为按揭贷款、信用卡贷款和反抵押贷款。

按揭贷款是指购房人在支付前期规定的价款后，由贷款银行支付其余房款，而将所购不完全产权的商品房作为履行债务担保抵押给贷款银行的消费贷款方式。

信用卡贷款是指以信用卡，特别是贷记卡为工具的消费贷款方式。

反抵押贷款是指与按揭贷款相对应的消费贷款方式，其主要特点是：消费者以按揭贷款或其他方式购置住房，但随着房主年龄的增大，收入来源减少，医疗费用增加，有限的养老金解决不了他们的生活问题，此时，银行按月给老年房主一笔固定的贷款，当房主去世后，银行将房产出售所得归还贷款本息。在美国，此种贷款方式比较流行，而在我国则尚未发展起来。

（五）按贷款的质量或风险程度，贷款可以分为正常、关注、次级、可疑、损失五类

正常贷款是指借款人能够履行合同，没有足够理由怀疑贷款本息不能按时足额偿还（有充分把握按时足额偿还贷款本息）。关注贷款是指尽管借款人目前有能力偿还贷款本息，但存在一些可能对偿还产生不利影响的因素。次级贷款是指借款人的还款能力出现明显问题，完全依靠其正常营业收入已无法保证足额偿还贷款本息，即使执行担保，也可能会造成一定损失。可疑贷款是指借款人无法足额偿还贷款本息，即使执行抵押或担保，也肯定要造

成较大损失。损失贷款是指在采取所有可能的措施和一切必要的法律程序之后，贷款本息仍然无法收回，或只能收回极少部分。

五级贷款质量分类法的优点是它能充分揭示贷款的实际值和风险程序，同时能真实、全面、动态地反映贷款的不同质量状况，还能够及时地发现银行贷款管理过程在发放、管理、监控、催收等环节存在的问题。

二、商业银行贷款业务流程

根据我国贷款新规（简称"三规一引"：2010年，银监会相继发布《固定资产贷款管理暂行办法》、《流动资金贷款管理暂行办法》、《个人贷款管理暂行办法》和《项目融资业务指引》），商业银行贷款的程序可以分为以下几步。

（一）贷款申请

借款人需用贷款资金时，应按照贷款人要求的方式和内容提出贷款申请，并恪守诚实守信原则，承诺所提供材料的真实、完整、有效。申请基本内容通常包括：借款人名称、企业性质、经营范围、申请贷款的种类、期限、金额、方式、用途、用款计划、还本付息计划等，并根据贷款人要求提供其他相关资料。

（二）受理与调查

银行在接到借款人的借款申请后，应由分管客户关系管理的信贷员采用有效方式收集借款人的信息，对其资质、信用状况、财务状况、经营情况等进行调查分析，评定资信等级，评估项目效益和还本付息能力；同时也应对担保人的资信、财务状况进行分析，如果涉及抵质押物的还必须分析其权属状况、市场价值、变现能力等，并就具体信贷条件进行初步洽谈。信贷员根据调查内容撰写书面报告，提出调查结论和信贷意见。

（三）风险评价

银行信贷人员将调查结论和初步贷款意见提交银行审批部门，由审批部门对贷前调查报告及贷款资料进行全面的风险评价，设置定量或定性的指标和标准，对借款人情况、还款来源、担保情况等进行审查，全面评价风险因素。

（四）贷款审批

银行要按照"审贷分离、分级审批"的原则对信贷资金的投向、金额、期限、利率等贷款内容和条件进行最终决策，逐级签署审批意见。

（五）合同签订

借款申请经审查批准后，银行与借款人应共同签订书面借款合同，作为明确借贷双方权利和义务的法律文件。其基本内容应包括金额、期限、利率、借款种类、用途、支付、还款保障及风险处置等要素和有关细节。对于保证担保贷款，银行还需与担保人签订书面担保合同；对于抵质押担保贷款，银行还须签订抵质押担保合同，并办理登记等相关法律手续。

（六）贷款发放

贷款人应设立独立的责任部门或岗位，负责贷款发放审核。贷款人在发放贷款前应确认借款人满足合同约定的提款条件，并按照合同约定的方式对贷款资金的支付实施管理与控制，监督贷款资金按约定用途使用。

（七）贷款支付

贷款人应设立独立的责任部门或岗位，负责贷款支付审核和支付操作。采用贷款人受托支付的，贷款人应审核交易资料是否符合合同约定条件。在审核通过后，将贷款资金通过借款人账户支付给借款人交易对象。采用借款人支付方式的，贷款人应要求借款人定期汇总报告贷款资金支付情况，并通过账户分析、凭证查验、现场调查等方式核查贷款支付是否符合约定用途。

（八）贷后管理

贷后管理是银行在贷款发放后对合同执行情况及借款人经营管理情况进行检查或监控的信贷管理行为。其主要内容包括监督借款人的贷款使用情况、跟踪掌握企业财务状况及其清偿能力、检查贷款抵押品和担保权益的完整性三个方面。其主要目的是督促借款人按合同约定用途合理使用贷款，及时发现并采取有效措施纠正、处理有问题贷款，并对贷款调查、审查与审批工作进行信息反馈，及时调整与借款人合作的策略与内容。

（九）贷款回收与处置

贷款回收与处置直接关系到商业银行预期收益的实现和信贷资金的安全，贷款到期按合同约定足额归还本息，是借款人履行借款合同、维护信用关系当事人各方权益的基本要求。银行应提前提示借款人到期还本付息；对贷款需要展期的，贷款人应审慎评估展期的合理性和可行性，科学确定展期期限，加强展期后管理；对于确因借款人暂时经营困难不能按期还款的，贷款人可与借款人协商贷款重组；对于不良贷款，贷款人要按照有关规定和方式，予以核销或保全处置。

三、商业银行贷款的信用分析

贷款的信用分析是指对借款人的信誉及其偿还债务的能力进行分析。信用分析是贷款决策的前提，是为确保贷款的安全性和效益性，在对借款人进行分析的基础上，决定借款人的信用可信度，以决策是否对借款人发放贷款和发放多少贷款。信用分析的内容包括对借款人的信用评价和财务分析，重点是借款人的偿债能力。

（一）对借款人的信用评价

对借款人进行信用分析是商业银行防范贷款风险的基础工作。西方商业银行在长期经营管理与贷款业务操作实践中逐步总结出关于信用分析内容的各种方法，其中应用最广泛的是"6C"评估法。

1. 借款人的品质（Character）

借款人的品质是由责任感、真实严肃的贷款目的和归还所欠贷款的认真意图组成。银行必须确定借款人的借款目的、对所借资金的持有的态度，以及借款人过去的偿债记录。如果银行认为客户对于使用贷款以及按协议偿还贷款并无诚意，就不能发放这笔贷款，因为这很可能成为银行的一笔问题贷款。

2. 借款人的资本（Capital）

资本是指借款人的资本金，即总资产减掉总负债的净值，它表示借款人的财富积累和经济实力。资本金多，信用风险小，贷款安全；资本金少，信用风险大，贷款不安全。分析借款人资本金多少一般采用相对数，主要用资本金与总资产、资本金与总负债、资本金结构等几个比率。同时要注意账面价值与市场价值的差异，以准确掌握借款人资本金净值。

3. 借款人的担保（Collateral）

借款人的担保是指借款人能否为获得的贷款提供担保资产。在评价贷款申请抵押时，信贷员必须问借款者是否有足够的净值或足够有质量的资产为贷款提供支持。信贷员对于借款者资产寿命、状况和资产的专业化程度都应非常敏感。在这里技术也起了重要作用，如果借款者资产在技术上是陈旧的，那么该资产作为抵押品的价值就有限，因为一旦借款者收入不稳定，就很难为这些资产找到买主。如果是保证贷款，则要考虑担保人的信用状况、担保人与借款人的关系等。

4. 借款人的经营能力（Capacity）

借款人的经营能力包括两个方面：一是从法律意义上讲，即借款人能否承担借款的法律义务，借款人的主体资格是否合法；二是从经济意义上讲，即借款人能否按期清偿债务，包括借款人实现收入的能力；所提供的服务和产品的质量、成本、劳动力、原材料的供应；竞争能力、广告效果、企业的地理位置等。

5. 借款人的经营环境（Condition）

借款人的经营环境是指借款人自身经营情况和其外部货膨胀引起的高利率都有可能降低价值。为了评价行业和经营环境，多数银行都保存着关于银行主要借款者的行业信息档案——简报、杂志文章、研究报告及国家对该行业的政策法规等。

6. 借款人事业的持续性（Continuity）

借款人事业的持续性是指借款人能否在日益激烈的市场竞争环境中生存和发展。若借款人竞争能力弱，盈利能力差，则银行的贷款就有收不回来的可能性，因此，对借款人事业的持续发展能力的评价也是银行信用评价的重要组成部分。

（二）借款人财务状况和偿债能力分析

银行向借款人放款时，首先必须对借款人的各种财务会计资料的组成部分进行定性分析并定量计算有关财务比率，由此来获取对借款人经营状况和还款能力的总体认识，并作为发放贷款依据。

1. 财务报表项目的分析

银行对借款人财务报表项目分析的重点在于资产负债表、损益表和现金流量表。

（1）资产负债表项目分析。

资产负债表是反映借款人在某一时点财务状况的报表，包括资产、负债、所有者权益三方面的内容。资产负债表具体包含的内容很多，其中重点分析的内容如表 4-3 所示。

表 4-3　　　　　　　　　　　　资产负债表重要分析项目

资产项目	分析要点
1. 应收账款	是否集中于少数几个大户或某一地区和某一行业？账龄结构如何？坏账准备金的提取是否足量？是否被抵押或出售？如果是，还要考虑被追索的可能情况
2. 存货	规模是否合理？保留时间是否过长？是否存在产品积压或原材料过多的情况？存货计价方法是否合理？账面价值与市场价值是否一致？是否购买了保险？是否已被作为抵押品
3. 固定资产	采用何种折旧方法？是否提足了折旧？是否购买了保险？是否已被作为抵押品？变现能力如何
4. 投资	这些投资是在什么环境下发生的？这些投资对企业来说合适吗？投资盈利状况如何
负债及所有者权益项目	
1. 短期负债	规模如何？近期现金流量是否足够偿还短期负债？如果不能，是否有其他融资渠道？这些短期负债是由真实的业务往来形成吗
2. 长期负债	规模有多大？期限结构如何？是否合理？利率如何？可否成为企业严重的财务负担
3. 或有负债	规模多大？有多大可能成为真实的负债
4. 所有者权益	所有者权益结构是否合理？与资产负债相比，资本是否合理

　　(2) 损益表项目分析。

　　损益表又称利润表，其反映企业在一定会计期内的经营成果及其分配情况，是评价企业经营管理水平、分析企业未来盈利能力的重要资料和信息来源。对损益表项目的分析，应重点关注损益表的各个项目是否合理。

　　损益表一般由营业收入、营业成本、营业费用、管理费用、财务费用、销售费用及所得税组成。要将损益表的各项目与以前各期对比，与同类企业对比，与企业计划对比，从而考察企业的经营状况是否令人满意。如果其中某个项目发生了大幅的变动，例如销售费用大幅上升，而销售收入却没有相应的增加，那么商业银行就可以推断这种变动所反映企业的经营状况和经营环境的变化，从而将此作为评价企业未来偿债能力的依据。

　　(3) 现金流量表项目分析。

　　在进行现金流量分析时，银行应根据借款人提供的财务报表来计算现金流量并预测未来的现金流量。现金流量包括现金流入量、现金流出量和现金净流量。现金净流量为前两者的差额。表 4-4 反映了企业各种活动中常见的现金流量情况。

表 4-4　　　　　　　　　　　企业各种活动的现金流量

	现金流入	现金流出
经营活动现金流量	销货现金收入；利息与股息现金收入；增值税销项税额和出口退税	购货现金支出；营业费用和缴纳所得税；其他业务现金支出
投资活动现金流量	出售证券和固定资产；收回对外投资资本金	购买有价证券；购买固定资产
融资活动现金流量	取得短期和长期贷款；发行股票或债券	偿还借款本金的现金；分配现金股利

通过现金流量分析可以了解借款人当期收到多少现金，支付了多少现金，是现金净流入还是现金净流出；而且，还可以进一步分析是什么原因导致企业的现金流量发生变化。

2. 财务比率分析

财务比率分析法是将财务报表中的不同项目或不同类别联系起来，用比率来反映它们之间的相互关系，以判断企业的经营状况、债务负担和盈利能力，从而依此评价企业的偿债能力。财务比率分析一般包括偿债能力比率（包括短期和长期）、营运能力比率、盈利能力比率三类比率。

偿债能力是指企业在债务到期偿还借款和支付利息的能力。企业偿债能力的强弱，既受企业资产结构和资金结构的影响，又受其盈利能力的制约。盈利能力是指利用各种经济资源创造利润的能力。营运能力指通过资产周转速度有关指标反映出来的借款人资产利用效率和管理、运用资产的能力。通过对这些比率的计算，可以直接或间接看出企业的偿债能力的高低。为了方便理解和应用，将这些比率用表 4-5 表示。

表 4-5　　　　　　　　　　　常用财务比率指标

比率类型	比率名称及计算方法	说明
短期偿债能力比率	1. 流动比率 = 流动资产/流动负债 2. 速动比率 = 速动资产/流动负债 3. 现金比率 = (现金 + 现金等价物)/流动负债	比率越大，说明企业的短期偿债能力越强
长期偿债能力比率（结构比率或杠杆比率）	1. 资产负债率 = 总负债/总资产 2. 权益负债率 = 总负债/所有者权益 3. 股东权益比率 = 股东权益/总资产 4. 财务杠杆倍数 = 总资产/股东权益	比率越大，说明企业的债务负担越重
盈利能力比率	1. 净资产利润率 = 税后净收益/平均净资产 2. 资产利润率 = 税后净收益/平均资产总额 3. 销售利润率 = 税后净收益/销售收入净额 4. 成本费用利润率 = 税后净收益/成本费用总额	比率越大，盈利能力越强，偿债能力也越强
营运能力比率	1. 资产周转率 = 销售净额/平均资产总额 2. 固定资产周转率 = 销售净额/固定资产净值 3. 存货周转率 = 销售净成本/平均存货值 4. 应收账款周转率 = 销售净额/应收账款平均余额	比率越大，表明企业的资产利用效率越好，管理水平越高，偿债能力越强

【想一想】 利润可不可以直接用来还贷？会计报表上的利润是怎样计算出来的？

四、贷款定价

贷款定价是指银行根据其经营成本和信贷风险,综合考虑贷款收益,与借款人协商确定贷款价格的过程。商业银行贷款价格的制定,不仅影响经济主体对贷款的需求量,而且也影响商业银行的盈利水平。

(一) 贷款价格的构成

一般说来,贷款价格的内容主要有:贷款利率、贷款承诺费、补偿余额和隐含价格等。

1. 贷款利率

贷款利率是银行向借款人收取的利息与贷款本金的比率,它是贷款价格的主体。贷款利率的高低,既要受市场资金供求状况和金融机构之间竞争的影响,也要受中央银行货币政策和有关法律法规的制约。一般说来,银行收取的贷款利息必须足以弥补贷出资金的成本、发放或提供贷款的费用、今后可能发生损失的成本和银行一个合理的利润幅度。

2. 贷款承诺费

贷款承诺费是指银行对已经允诺贷给顾客(必须是正式的贷款承诺),而顾客又没有实际使用的那部分贷款收取的费用。这部分费用对银行来讲是从贷款取得的收入,而顾客是为了取得贷款而付出的代价,因此,它是贷款价格的组成部分。银行之所以要收取承诺费,是为了保证将来应付承诺贷款的需求,银行必须保持经营的高流动性,这就需要银行放弃高收益的贷款和投资,可能会使银行丧失获利机会,本质上是银行的机会成本,需要借款人提供一定的费用作为补偿。

3. 补偿余额

补偿余额是借款人应银行要求而保留在贷款银行的一定数量的活期存款或低利率的定期存款,它是作为银行同意提供贷款的一个条件,通常要写进贷款协议中。银行之所以要求借款人提供补偿余额的理由是:顾客不仅是资金的使用者,还应当是资金的提供者。存款是银行业务的基础,是贷款的必要条件,银行发放贷款应该成为现在和将来获得存款的手段。特别是在贷款利率受到限制的情况下,采用补偿余额对贷款进行定价,既提高了贷款的实际收益,又没有违反国家的金融法律、法规,是银行变相提高贷款利率的一种方式,因此,它成为贷款价格的一个组成部分。

4. 隐含价格

隐含价格是指贷款定价中的一些非货币性内容,如对贷款担保品的要求、贷款期限的限制和特殊契约条款等。这些内容本身不直接给银行带来货币收入,也不直接形成借款人的货币支付,但它们在不同贷款协议中具体规定的区别可以改变银行贷款的风险,影响借款人的实际成本,因而构成贷款价格的一部分。如增加担保品的数量、缩短贷款期限、规定更为严格的合同条款等。

(二) 贷款定价原则

1. 利润最大化原则

银行在进行贷款定价时,首先必须确保贷款收益足以弥补资金成本和各项费用,在此基础上，尽可能实现利润的最大化。

2. 扩大市场份额原则

在金融业竞争日益激烈的情况下，商业银行要求生存、求发展，必须在信贷市场上不断扩大其市场份额。同时，商业银行追求利润最大化目标，也必须建立在市场份额不断扩大的基础上。贷款价格始终是影响银行市场份额的一个重要因素。

3. 保证贷款安全原则

保证贷款安全原则也称风险防范原则，就是使贷款收益能够足以弥补贷款的各项成本包括风险成本。贷款的风险越大，贷款风险成本就越高，贷款价格也就越高，贷款的风险与贷款的价格是成正比的。

4. 维护银行形象原则

要求银行严格遵循国家有关法律、法规和货币政策、利率政策的要求，不能利用贷款价格搞恶性竞争，破坏金融秩序的稳定，损害整体社会利益。

（三）影响贷款定价的因素

1. 资金成本（借入资金的成本）

有两个层次的含义：一是资金的平均成本；一是资金的边际成本。

资金的平均成本是指资金的利息费用总额除以平均负债余额，表明每一单位债务的平均成本率，即每单位资金的平均利息费用率；资金的边际成本是指每增加一单位可用于投资、贷款的资金所需要支付的借入成本。

2. 基准利率

基准利率是在整个利率体系中起主导作用的利率。一般把中央银行的再贴现再贷款利率作为商业银行发放贷款的利率。商业银行即使自主定价，也绝不等同于自由定价，必须以基准利率为准绳，不能偏离太多。

3. 贷款的风险程度

银行为承担贷款风险而花费的费用，称为贷款的风险费用，也是贷款的风险成本。银行在贷款定价时，必须将风险成本纳入贷款价格之中。

4. 贷款的费用

包括信用分析与评估费；抵押品鉴定与保管费；贷款回收费；账户服务和管理费等。许多银行通常将各种贷款的收费种类及其标准作具体的规定。

5. 借款人的信用及与银行的关系

借款人的信用状况主要是指借款人的偿还能力和偿还意愿。借款人的信用越好，贷款风险越小，贷款价格也应越低。

借款人与银行的关系是指借款人与银行正常的业务往来关系，如借款人在银行的存款情况，借款人使用银行服务的情况等。银行关系密切的客户，在制定贷款价格时，可以适当低于一般贷款的价格。

6. 目标收益率

商业银行都有自己的盈利目标。为了实现该目标，银行对各项资金运用都应当确定收益目标。贷款是银行主要的资金运用项目，在贷款定价时，必须考虑能否在总体上实现银行的贷款收益率目标。

7. 贷款的供求状况

市场供求状况是影响价格的一个基本因本因素。贷款作为一种金融产品，自然也受这一规律的制约。当贷款供大于求时，贷款价格应当降低；当贷款供不应求时，贷款价格应当适当提高。

8. 预期的通货膨胀

通货膨胀会降低贷款的实际收益，必须对贷款的名义利率进行调整，贷款的实际收益等于名义收益率减通货膨胀率。

（四）贷款定价方法

在贷款价格的确定中，既要考虑贷款资金的成本，也要顾及银行适当的利润；既要考虑银行会计核算的简便易行，又要尽量避免利率波动所带来的风险。

1. 成本加成贷款定价法

成本加成定价法是指在借入资金的成本和其他经营成本、风险成本的基础上加一个加成（银行的预期利润）来确定贷款利率的方法。

成本加成贷款定价用公式表示为：

贷款利率 = 筹集资金的边际成本 + 银行非资金性经营成本 + 预计违约风险的补偿费用
　　　　　+ 银行预期的利润水平

【做一做】

某商业银行为甲企业发放了一笔5 000万元贷款，其中，股本比例5%，预期股本收益率为9%，银行所得税率为33%，非资金性经营成本是贷款数额的2%，贷款违约风险溢价是贷款额度的0.5%，筹集放贷资金的成本是5.9%，试确定该笔贷款的价格。

解答：

（1）贷款的成本为：

5 000×5%×9%÷（1-33%）+ 5 000×2% + 5 000×0.5% + （5 000 - 5 000×5%）×5.9%
= 33.58 + 100 + 25 + 280.25 = 438.8（万元）

（2）贷款的利率为：438.8÷5 000×100% = 8.78%。

2. 价格领导模型定价法

价格领导模型定价法又称差别定价法，是指在优惠利率的基础上根据借款人的不同风险等级包括期限风险与违约风险等级制定不同的贷款利率。其中，优惠利率是对信用等级最高的大公司提供的短期流动资金贷款的最低利率；违约风险溢价是对非基准利率借款人收取的费用；期限风险溢价则是对长期贷款的借款人所收取的费用。

对于某个特定的顾客来说，其贷款的利率公式为：

贷款利率 = 优惠利率 + 违约风险溢价 + 期限风险溢价

如果一家企业属于非优惠利率借款者，对其5年期的固定资产贷款利率中除了优惠利率之外，还要包括违约风险溢价和期限风险溢价。假如优惠利率为12%，违约风险溢价为1.5%，期限风险溢价为2%，那么该笔贷款利率则为15.5%。

3. 基础利率定价法

基础利率定价法也称交易利率定价法，是指商业银行在对各类贷款定价时，以各种基础利率为标准，根据借款人的资信、借款金额、期限、担保等方面的条件，在基础利率上确定加息率或某一乘数来对贷款进行定价。

它类似于差别定价法，但又与此不同，它是一种以需求或以客户为基础的定价方法。基础利率主要有国库券利率、同业拆借利率、商业票据利率，客户可以从银行认可的利率表中选择基础利率，也可以选择到期日。所确定的贷款利率为同期市场利率加上一定数额。在到期日，贷款可以展期，而后，客户还必须再作一次同样的选择，即再次选择基础利率和到期日。这样，在一个特定的时间里，利率是固定的，但展期利率是未知数。

4. 目标收益率定价法

贷款定价的目标是要保证银行贷款可以获得或超过银行资产运用的目标收益率。即贷款的总收入应该大于或等于贷款的总费用和目标利润之和。

目标收益率定价法的公式如下：

$$税前产权资本(目标)收益率 = (贷款收益 - 贷款费用)/应摊产权资本$$

$$贷款收益 = 贷款利息收入 + 贷款管理手续费$$

$$贷款费用 = 借款者使用的非股本资金的成本 + 办理贷款的服务和收贷费用$$

$$应摊产权资本 = 银行全部产权资本对贷款的比率 \times 未清偿的贷款余额$$

【做一做】

某信贷主管人员对某一公司客户以12%的年利率发放一笔100万元的贷款。借款人使用贷款的资金成本率为10%，贷款管理成本为2 000元，已使用的资金净额占分配贷款资金的8%，假定借款人使用的贷款资金净额等于未归还的贷款余额即100万元。运用上述定价公式得：

税前产权资本收益率 = (12% × 1 000 000 − 10% × 1 000 000 − 2 000) ÷ (8% × 1 000 000) = 22.5%

即该笔贷款的税前预期收益率为22.5%。将该收益率与银行的目标收益率相比较，若目标收益率为20%，则说明这笔贷款按12%的年利率发放是合适的，否则需要对该笔贷款重新定价。主要有两种方式：一是提高名义贷款利率，即在签订借款协议时约定支付的贷款利率，但调高贷款利率受市场供求的限制。二是贷款名义利率不变，而在此之外收取一些附加费用，以提高贷款实际利率，又有三种提高贷款实际利率的方法：(1) 缴纳补偿存款余额；(2) 收取承诺费；(3) 收取其他服务费。

五、主要贷款业务的管理

(一) 信用贷款的管理

信用贷款是指完全凭借借款人的信誉而无须提供任何财产抵押或第三者担保发放的贷款。它的最大特点是不需要担保和抵押，仅凭借款人的信用就可以取得贷款，因而风险较大。我国商业银行过去基本上是以发放信用贷款为主，随着市场经济的发展，贷款正逐步从信用贷款向担保贷款转变，而信用贷款今后仅向信誉卓著的借款人发放。因此，这种贷款方式的成败在很大程度上取决于对借款人或借款项目的信用分析是否科学可靠。

信用贷款的操作程序及其要点如下：对借款人进行信用评估，正确选择贷款对象；合理确定贷款额度和期限；贷款的发放与监督使用；贷款到期收回。

（二）担保贷款的管理

1. 保证贷款的管理

保证是指保证人与银行约定，当债务人不履行债务时，保证人按照约定履行或承担责任的行为。银行根据担保法中的保证方式向借款人发放的贷款称为保证贷款。保证贷款的管理要点包括以下几个方面。

（1）保证人的资格。

不同的保证人，由于信用等级不同，对贷款风险的影响程度不同。我国《担保法》规定："具有代为清偿能力的法人、其他组织或者公民，可以作保证人。"可见，保证人可以是法人、公民，也可以是其他组织。从我国现行的法律规定看，下列组织不能担任保证人：第一，国家机关。第二，企业法人的分支机构、职能部门。第三，以公益为目的的事业单位、社会团体。

（2）保证的方式。

保证方式是指保证人承担责任的方式，依《担保法》的规定，保证方式有两种。

第一，一般保证。当事人在保证合同中约定，债务人不能履行债务时，由保证人承担保证责任的，为一般保证。一般保证的保证人在主合同（借款合同）纠纷未经审判或者仲裁，并就债务人财产依法强制执行仍不能履行债务前，对债权人可以拒绝承担保证责任。因此，在一般保证中，保证人享有先诉抗辩权，仅在债务人的财产不足以完全清偿债权的情况下，才负担保责任。即一般保证的债权人请求保证人承担保证责任的，不仅须证明债务人不履行债务的事实，而且须证明已就主债务的财产依法强制执行后仍不能完全受偿。

第二，连带责任保证。当事人在保证合同中约定保证人与债务人对债务承担连带责任的，为连带责任保证。在连带责任保证下，保证人不享有先诉抗辩权，只要有债务人履行期届满不履行债务的事实，保证人的保证责任即发生效力。连带责任保证的债权人请求保证人承担保证责任的，只需证明债务人有届时不履行债务的事实即可，而不论债权人是否就债务人的财产已强制执行，保证人均应依保证合同的约定承担保证责任。

（3）保证期间。

保证期间即保证人承担保证责任的起止时间，保证人在该期间承担保证责任，过了该期间，即使债务人未履行债务，保证人也不承担保证责任。保证期间分为两种：约定保证期间和法定保证期间。前者是指债权人与保证人在合同中约定的保证期间，后者是指在当事人没有约定的情况下由法律直接规定的保证期间。无论是一般保证还是连带责任保证，约定保证期间都优先于法定保证期间，而且只有在没有约定保证期间的情况下才适用法定保证期间。

一般保证的保证人与债权人未约定保证期间的，保证期间为主债务履行期届满之日起6个月。在合同约定的保证期间和法定保证期间，债权人未对债务人提起诉讼或者申请仲裁的，保证人免除保证责任；债权人已提起诉讼或者申请仲裁的，保证期间适用诉讼时效中断的规定。连带责任保证的保证人与债权人未约定保证期间的，债权人有权自主履行债务期届满之日起6个月内要求保证人承担保证责任。在合同约定的保证期间和法定保证期间，债权人未要求保证人承担保证责任的，保证人免除保证责任。值得注意的是，在连带责任保证中，一旦债权人在保证期间内依法要求保证人承担保证责任，保证期间即行终止，此后，债权人对保证人的请求权直接适用诉讼时效的规定。

2. 抵押贷款的管理

抵押是指债务人或者第三人不转移抵押财产的占有，将该财产作为债权的担保。银行以抵押方式作担保而发放的贷款，就是抵押贷款。抵押贷款管理的要点有以下几个方面。

（1）抵押物的条件。

一般来讲，抵押物应具备以下条件：抵押物应是抵押人享有处分权的财产；抵押物应是可让与物，即法律规定可流通的财产；抵押物须为非消耗物，即抵押物应不因继续使用、收益而毁损其本来的价值及形态；抵押物应是法律规定可以抵押的财产，凡是法律规定禁止抵押的财产，不得成为抵押物；作为抵押物的财产应是可以公示的财产；为保护第三人的利益，抵押的设定应进行公示；抵押物的价值不得低于被担保的债权的价值。

（2）抵押物的登记。

抵押物的登记是法律规定的主管部门依法对抵押物进行审查和登记的行政法律行为。根据《担保法》的规定，应当办理登记的抵押物为：土地使用权；城市房地产或乡、村企业的厂房等建筑物；林木、航空器、船舶、车辆；企业的设备和其他动产。除此以外的其他财产，是否登记，由当事人自主决定。相应的抵押登记管理部门有：土地管理部门、房屋管理部门、林木主管部门、运输工具管理部门和工商行政管理部门等。

3. 质押贷款的管理

质押也称质权，是债务人或第三人将其动产移交债权人占有，将该动产作为债权的担保，当债务人不履行债务时，债权人有权依法就该动产卖得价金优先受偿。以担保法中规定的质押方式发放的贷款称为质押贷款。质押贷款分为动产质押贷款和权利质押贷款两种。

（1）动产质押贷款的管理。

动产质押贷款是指商业银行以获得债务人或第三人移交的动产为条件而发放的贷款。与抵押贷款一样，商业银行为了保证贷款的安全，也必须重点审查质押物是否符合商业银行的要求（包括质押物的合法性、质押的数量和质量），特别是要注意动产的易保管性和流动性。因为，在动产质押贷款中，质物是由发放贷款的商业银行保管，是以占有来进行公示的，不需要登记，因此，为了保证银行债权收回价值的最大化，质物必须是容易保管、不易变质的动产。

（2）权利质押贷款的管理。

根据我国《担保法》的规定，可作为质物的财产权利包括：第一，汇票、支票、本票、债券、存款单、仓单、提单；第二，依法可以转让的股份、股票；第三，依法可以转让的商标专用权、专利权、著作权中财产权；第四，依法可以质押的其他权利。借款人以权利质押的方式向商业银行申请贷款，除了审查权利的真实性和有效性外，若是以汇票、支票、本票、债券、存款单、仓单、提单出质的，应当在合同约定的期限内将权利凭证交付给商业银行，商业银行可在债务履行期届满后兑现或者提货，质押合同自权利凭证交付之日起生效；以依法可转让的股票出质的，商业银行与借款人应当订立书面合同，并向证券登记机构办理出质登记，质押合同自登记之日起生效；以有限责任公司的股份出质的，适用《公司法》股份转让的有关规定；以依法可以转让的商标权专用权、专利权、著作权中财产权出质的，商业银行与借款人也应当订立书面合同，并向权利管理部门办理出质登记，出质合同自登记之日起生效。

> 【拓展阅读】
>
> ## 抵（质）押率或垫头
>
> 抵押率又称"垫头"，是抵押贷款本金利息之和与抵押物价值之比，不要弄反，比如房子贷款 80 万元，房子估价 100 万元，则抵押率为 80%。合理确定抵押率，也是抵押贷款管理中的一项重要内容。通常，银行在确定抵押率时，应当考虑以下因素：(1) 贷款风险。贷款风险与抵押率呈正向变化。抵押率越高，风险越大；抵押率越低，风险越小。所以贷款人对风险大的贷款，采用降低抵押率来减少风险；风险小的，抵押率可高些。(2) 借款人信誉。一般情况下，对那些资产实力匮乏、结构不当、信誉较差的借款人，抵押率应低些；反之，抵押率可高些。(3) 抵押物的品种。由于抵押物品种不同，它们的占管风险和处分风险也不同。按照风险补偿原则，抵押那些占管风险和处分风险都比较大的抵押物，抵押率应当低一些；反之，则可定得高一些。(4) 贷款期限。贷款期限越长，抵押期也越长，在抵押期内承受的风险也越大，因此，抵押率应当低一些。而抵押期较短，风险较小，抵押率可高一些。
>
> 抵押率的另一种理解，是抵押人愿意承担的债务金额与抵押物价值之比。从这个角度讲，在银行方面，客户办理抵押的时候，抵押率越高越好，最好 100%。但银行需要自行控制贷款发放比率与抵押物价值比率，这样做一方面控制了贷款与抵押物价值的比率；另一方面防止了客户将抵押物进行二次抵押融资。

（三）票据贴现贷款的管理

票据贴现是一种以票据所有权的有偿转让为前提的约期性资金融通。从持票人来讲，贴现是以手中持未到期的票据向银行贴付利息，取得现款的经济行为。票据贴现不仅仅是一种票据买卖行为，它实质上是一种债权关系的转移，是银行通过贴现而间接地把款项贷放给票据的付款人，是银行贷款的一种特殊方式。

【想一想】票据贴现和银行的一般商业贷款有何不同？比如它的贷款对象是谁？以什么作为还款的保证？贷款期限多长？利息计算及收取的方法？

从我国目前的规定看，银行可以贴现的票据仅限于商业承兑汇票和银行承兑汇票。在票据贴现过程中，商业银行除了要遵从贷款业务审查的一般内容外，重点是对票据的审查。第一，票据的商业性。审查供货合同、发票和运单，核实票据是否以真实的商品交易为基础。第二，票据的要式和要件是否合法。根据我国《票据法》的规定，商业承兑汇票和银行承兑汇票都有其必须记载的事项，若必须记载的事项没有记载，则票据无效。第三，票据付款人和承兑人的信用状况。银行为保证贴现款项的安全收回，应当贴现具有优良信誉的企业和银行作为付款人和承兑人的票据。第四，票据期限的长短。商业上买卖赊账的付款期限都有一定的时间限制，由此产生的票据也应当有时间的限制。我国《商业银行法》规定，票据贴现的期限最长不超过 6 个月。第五，贴现的额度。贴现额度一般不超过贴现申请人的付款能力。因为，贴现票据的偿付虽以付款人最为重要，但贴现申请人也有责任，当付款人拒付时，银行需要向贴现申请人追偿。如果贴现申请人没有足够的财力，银行贴现将面临风险。

【做一做】

2013年3月23日，企业销售商品收到一张面值为10 000元，票面利率为6%，期限为6个月的商业汇票。5月2日，企业将上述票据到银行贴现，银行贴现率为8%。假定在同一票据交换区域，则票据贴现利息为多少？

（四）消费贷款管理

1. 消费信贷的特征

消费信贷是个人或家庭由于需要购买家庭生活所需要的商品或服务而向银行申请的个人贷款业务。消费信贷与企业贷款业务相比，具有以下特征：

（1）贷款额度小，缺乏规模效应。消费贷款是用于个人或家庭消费支出的贷款，与用于支付生产流通费用及购建不动产的商业贷款相比，贷款额度要小得多，少的几千元，多的几十万元，很难形成规模效应。

（2）贷款风险大。这是因为，消费贷款的对象是个人和家庭：第一，银行在审查贷款时，由于个人或家庭一般不具备完整的财务资料，因此，不可能和工商贷款一样对借款人的财务状况进行全面的审查，银行很难在贷款之前准确把握借款人的还款能力；第二，个人或家庭的财务状况会因为疾病、失业、灾害等各种因素而发生急剧变化，而这些变化在发生之前很难预测；第三，相对于工商企业，对个人或家庭的道德风险更难以估计和防范，贷款人对个人或家庭的行为也不像对工商企业那样容易控制，因而银行也就很难对已经发放的贷款进行有效的跟踪监测。

（3）单位贷款管理成本高。由于消费贷款风险大，银行在发放消费贷款时需要花费大量的精力审查借款人的资信状况和还款能力，贷款的审查评估费用比较高。而同时，由于消费贷款单笔金额小，因此，分摊在单位贷款额中的贷款管理成本也就比工商贷款高得多。这也是消费贷款利率通常比工商贷款利率高的主要原因。

（4）消费贷款受经济周期的影响明显。通过消费贷款进行融资，在很大程度上反映了个人和家庭对未来收入的信心，而这种信心是建立在经济周期的基础之上的。当经济处于扩张期时，一国的就业率和工资水平都会明显提高，个人和家庭就会对未来收入表现出比较充足的信心，从而会促使他们更多地采取借款消费；而当经济处于衰退期时，一国的失业率将会上升，职工的工资水平也可能下降，个人和家庭对未来就会更加悲观，相应的借款消费就会减少。

2. 消费贷款的信用分析

理论上讲，对消费者的信用分析仍可有与企业信用分析一样的"5C"原则，但在实际操作中，商业银行一般强调的是偿债能力、偿债意愿、抵押品等条件。

（1）偿债能力。偿债能力就是消费者未来偿付贷款的能力，这一能力主要反映在借款人的职业与收入、财产状况和债务状况三个方面。

首先，由于消费者贷款将由借款人的未来收入偿还，因而其职业和收入的状况极为重要。在接受贷款申请时，商业银行往往要求申请人填写目前的工作、在该工作岗位上的时间、就业时间、收入状况等。

要求贷款申请人说明目前收入状况的原因有两个：一方面考察其职业收入与总收入状况，以便考虑应否予以贷款；另一方面还可以根据申请人收入的多少考虑应给予其多少金额的贷款。一般而言，商业银行关心的是申请人的固定收入，因为固定收入是借款人偿还贷款的最主要资金来源。

其次，借款人拥有的个人财产如房屋、金融资产、汽车、家用电器等是个人经济实力的体现。这些财产往往能给贷款申请人带来一定的收入，如房屋租金、股票利与股息、债券利息、股票与债券的资本利得收益、存款利息等，这些收入在前面考察申请人收入状况时往往不能反映出来；另外，借款人也可以变卖财产以获得现金来偿还银行贷款。因此，贷款申请人的财产状况是考察其未来还款能力的重要标志。

最后，仅考虑贷款申请人的财产状况还不够，因为其财产中一部分可能是用借来的资金购买的，所以还要考察借款人的债务状况。此时，商业银行一般要求知道：贷款申请人的负债总额其期限构成、利息负担、每期必须偿还的债务额。结合这些债务资料和有关申请人的财产资料和收入资料，综合地评价申请人的偿债能力。

（2）偿债意愿。如果借款人有还款能力，但其是一个品质低下的人，那么商业银行也就很难指望他能够按时偿还贷款本息。另外，如果申请人贷款的目的是金融诈骗，那么无论其表现出来的偿债能力是多么好，商业银行都难免遭受损失。因此，对申请人偿债意愿即个人品格的了解是消费贷款信用分析的关键一环。

（3）抵押品。消费贷款一般都需要抵押品，因为商业银行认为如果没有抵押品，贷款风险太大，因而一般不予贷款。况且，确定消费者贷款的抵押品一般比较容易，因为其常常用贷款准备购入的物品来充当。

商业银行应当对消费者提供的抵押品做彻底的审查。第一，应了解抵押品是否是真实属于贷款申请人的，申请人对该抵押品是否拥有完全的所有权；第二，要了解贷款申请人是否已将该抵押品抵押给了别人，用于获取资金；第三，还要评估该抵押品的市场价值，分析这一价值是否与申请人要求的贷款额相符。一般贷款额是抵押品价值的一定百分比，也就是说抵押品的价值应打一定的折扣才是贷款的金额。

在对上述三个方面进行分析评估之后，商业银行通常采取给借款人评分的方法来表示评估结果，具体操作方法主要由各商业银行自己确定。

【想一想】个人贷款信用分析有何特点？与"5C"原则相比，有何相似之处？为什么？

第三节 商业银行证券投资业务及管理

证券投资是商业银行重要资产业务，不仅是银行获利的来源之一，也为银行在流动性管理，资产优化配置及合理避税等方面发挥积极作用。

一、商业银行证券投资业务概述

（一）银行证券投资的定义和特征

银行把资金投放于各种有价证券的活动以实现资产的收益并保持相应的流动性，即为银行证券投资。与贷款业务相比，银行证券投资具有如下特征。

1. 流动性强

贷款业务具有固定的期限，一般在到期日之前是无法提前收回的，即使到期后也有转化为呆账的风险。而银行购买的长期证券一般要求有良好的二级市场，能够在证券市场随时卖出，具有较高的流动性。

2. 银行处于主动地位

贷款是由借款人主要向银行提出申请，银行根据自身资金来源情况和贷款计划进行投放，在这一过程中，银行处于被动地位；而证券投资是银行的一种主动行为，在金融市场上，银行作为众多投资者中的一员，根据自身需要，主动选择和买卖证券。

3. 独立性强

银行在考虑是否发放贷款时，往往受银行与顾客之间业务关系与人事关系的制约，而且一旦发放贷款，银行一般是企业的主要债权人。企业需要在银行开户，企业的资金运用要受到银行的控制。为了保证贷款的收回，银行往往要求借款人提供担保或抵押。而证券投资作为一种市场行为有法律和规定的程序作保障，银行是否投资于某一证券，不受证券发行人的影响和制约，完全可以根据独立自主的力量和证券市场行情决定是否购买。银行是证券发行人的众多债权人之中的一个，没有条件控制发行人的活动情况。

【温馨提示】银行将资金投资于证券之前，首先要满足三方面的需要：一是法定准备金需要；二是确保银行流动性的需要；三是满足属于银行市场份额的贷款需要，贷款收益一般高于证券，而且也是银行吸收存款的重要手段，在满足了贷款需要后，银行才能将剩余资金投入证券业务。因此，银行证券投资可以理解为是银行剩余资金的投资业务。

（二）银行证券投资的功能

1. 获取收益

通过证券投资获取收益是银行从事证券投资的首要目标。商业银行证券投资业务的收益包括两部分：利息（或股息）收益和资本收益。利息收益是指银行购买一定有价证券以后，依证券发行时确定的利率从发行者那里取得的收益。资本收益是指银行出售购入证券时收到的本金高于购进价格的余额，又称资本溢价或资本买卖价差收益或资本利得。

2. 分散风险

银行证券投资在分散风险方面有特殊的功效。首先，证券投资为银行资产分散提供了一个选择，因为这本身就是一个新的资金运用途径。当银行将资产集中在贷款一种资产上时，一旦贷款收回困难，银行必须承担全部风险。而增加了证券投资形式以后，资金运用途径增加，即使贷款收不回来，证券也可能收回，这就在一定程度上分散了风险。其次，证券投资分散风险比贷款更加有利。证券投资选择面广，可以更加灵活和分散，而且，证券投资不受地域限制，可以购买全国各地的各种证券。最后，证券投资独立性大，可以更为有效地分散风险，降低风险。

3. 补充流动性需要

保持流动性是商业银行经营中需要考虑的重要问题。尽管现金资产具有高度流动性，在流动性管理中具有重要作用，但现金资产无利息收入，为保持流动性而持有过多的现金资产会增加银行的机会成本，降低盈利性。而可销性很强的短期证券是商业银行理想的高流动性资产，它们既可随时变现，又有一定的利息收入，是银行流动性管理中不可或缺的第二准备。

4. 合理避税

商业银行投资的证券大都集中在国债和地方政府债券上,而地方政府债券往往都有税收优惠,故银行可以利用证券组合达到避税目的,使银行资产的税后收益进一步提高。

5. 为银行提供新的资金来源

银行投资的证券可以暂时出售给投资者,银行承诺在未来某一时间以规定的价格再购回证券,这被称为证券回购协议。证券回购协议为银行融通资金提供了一种灵活的手段,使银行既能满足流动性需要,又能避免被迫出售证券而遭受资本损失或者降低收益率。

6. 其他功能

银行投资的某些证券可以作为向中央银行借款的抵押品。另外,证券投资也是银行管理其资产敏感性和期限结构的一个重要手段。

【想一想】获取收益、分散风险和补充流动性是商业银行证券投资最基本的功能。你认为哪一个功能最重要?

(三) 银行证券投资的主要类别

商业银行证券投资的对象,与金融市场的发展密切相关。我国商业银行证券投资的主要对象基本可以分为货币市场工具和资本市场工具两类。

1. 货币市场工具

货币市场工具是一种短期债务工具,通常指一年期以内的短期金融产品,由于在货币市场交易,故称作货币市场工具。

(1) 国库券。

国库券是一国中央政府(在我国为财政部)发行的、以政府信誉支持的短期政府债券。与其他同期金融工具相比较,国库券具有风险最低、流动性最强、抵押代用率最高等特点。在证券投资业务中,国库券利率被看作是无风险利率,作为测算有价证券风险程度的基本依据,也是市场其他金融工具利率变动的基础。国库券的高流动性往往使其被视为准货币,并成为商业银行投资的主要工具和中央银行进行公开市场业务的工具,也是商业银行流动性管理的重要工具。国库券通常以贴现方式发行。

(2) 商业票据。

商业票据是大公司为筹措资金,以折价方式出售给投资者的短期无担保承诺凭证。商业票据以信用作为保证,所以其发行人多是信用等级高的金融性或非金融性的大公司,如融资公司、跨国公司等。商业票据市场的容量巨大、交投活跃,成为商业银行重要的投资场所,商业票据也就成了重要的投资工具。

(3) 银行承兑汇票。

银行承兑汇票是商业银行创造的、银行承诺承担最后付款责任的承兑融资票据。银行承兑汇票产生于国际贸易,在国际贸易的货款清结过程中,进口商委托银行开出以信用证为依托的承兑汇票,出口商持未到期的汇票请求贴现,银行对承兑汇票进行贴现后将汇票拿到市场上出售,银行承兑汇票就成了交易工具。银行承兑汇票是一种贴现式票据,其交易价格低于面值,价格与面值的差额取决于贴现率。因有银行承兑付款担保,具有风险低、安全性高的特点,通常被商业银行作为投资的工具。

（4）中央银行票据。

中央银行票据是指中国人民银行面向全国银行间债券市场成员发行的、期限在1年以内的短期债券。我国央行票据从2002年正式出现，当年发行量为1 937.5亿元，近几年规模不断扩大，发展较为迅速。

2. 资本市场工具

资本市场工具是指一年期以上的中长期金融工具，主要是股票、债券和投资基金等有价证券，这些有价证券是在资本市场发行和流通转让的，故称资本市场工具。

（1）政府债券。

一是中央政府债券。是指由中央政府的财政部发行的债券，又称为国债。国债按其发行的期限长短不同分为国库券和中长期国债。其中，中长期国债也是政府发行的中长期债务凭证，且多含息票。二是政府机构债券。是指除中央以外，其他政府部门和有关机构发行的借款凭证，如中央银行发行的融资券，国家政策性银行发行的债券等。其流动性不如国库券，但由于受政府的担保，风险较小，且收益率较高。三是地方政府债券。是指中央政府以下的各级地方政府发行的债务凭证。有两种类型：普通债券和收益债券。普通债券一般用于提供基本的政府服务，如教育等，由地方政府的税收作担保，债券本息从税收收入中支付，故安全性较高。收益债券的本息完全依赖于融资项目的收益情况，故安全性不如普通债券高。

（2）公司债券。

公司债券是公司为筹集资金而发行的债务凭证。分为两类。一是抵押债券，是指公司以不动产或动产抵押而发行的债券，如果债券到期不能还本付息，债务人就可以依法请求拍卖抵押品，将所得收偿还债务人。二是信用债券，是指公司仅凭信用发行债券。商业银行对公司债券投资一般有限，因为公司债券的收益要交中央和地方所得税，税后收益比较低；公司作为企业，其破产的风险要比政府大；流动性也比政府债券小。

（3）股票。

与债券相比，股票投资有两个显著特点：一是股票没有到期日；一是收益不固定。由于股票的风险较大，因而大多数国家在法律上都禁止商业银行投资工商企业股票，只有德国、奥地利、瑞士等少数国家允许。但是，随着政府管制的放松和商业银行业务综合化的发展，股票作为商业银行的投资对象已成为必然趋势。

商业银行证券投资除了上述货币市场工具和资本市场工具外，还投资于一些创新的金融工具，如金融期货与期权、资产证券化债券等。

二、商业银行证券投资的收益与风险

（一）证券投资的收益

1. 证券投资收益的一般特点

证券投资的收益由两部分组成：一是利息类收益，包括债券利息、股票红利等；一是资本利得收益，即证券的市场价格发生变动所带来的收益。由于债券的收益是固定的，只要将其持有至到期日，就不会发生资本收益上的损失。但如果在到期日前就将债券出售，则有可能因为市场利率和供求关系的变动而遭受收益损失。股票的收益是非固定的，且无到期日，除了获得股利外,股票投资的回收只有通过将股票出售才能实现,而只要出售就有可能获利或受损,因此股票的收益不如债券稳定。

2. 证券收益率的种类

证券投资收益的高低是用证券投资收益率表达的,主要有以下几种。

(1) 票面收益率。票面收益率是发行证券时,证券发行人同意支付的协定利率。如一张面值为1 000元的债券,票面上标有年利率8%,则8%就是该债券的票面收益率,债券持有人每年可以获得80元利息收入。因为债券的价格随市场状况而波动,正好按面值交易的情况极少,所以票面收益率不是债券收益率的一个合适的衡量标准。

(2) 当期收益率。当期收益率是债券的票面利息与当期债券市场价格的比率。例如,银行以94元的价格购入面值为100元、票面收益率为8%的债券,那么该债券的现实收益率则为 $8 \div 94 \times 100\% = 8.51\%$,通常金融报刊上公布的股票与债券的收益率都是当期收益率。当期收益率考虑了证券市场的价格变化,比票面收益率更接近实际;但它只考虑了证券的利息收入,而没有考虑证券的资本收益或损失,因而不能完全反映出投资者的收益。

(3) 到期收益率。到期收益率是使证券的购买价格等于其预期年净现金流的现值的收益率,它是被广泛接受的证券收益率的衡量标准。到期收益率考虑了货币的时间价值,因而比上述两种方法更为精确和全面。其计算公式为:

$$P = \sum_{t=1}^{n} \frac{C_t}{(1+YTM)^t} + \frac{B}{(1+YTM)^n} \qquad (4-1)$$

式中,P 为债券的当前市场价格;YTM 为债券的到期收益率;C_t 为第 t 期的收入,B 为债券的本金,n 为债券距到期所剩的时间。

假设投资者正在考虑购买一种债券,期限为20年,票面利息率为10%,以当前市场价格850美元买入。如果该债券的面值是1 000美元,到期时向投资者进行支付,那么,其到期收益率 y 可以通过解下列方程得到:

$$850 = \sum_{t=1}^{20} \frac{100}{(1+YTM)^t} + \frac{1\,000}{(1+YTM)^{20}}$$

可得 y 为12%,高于10%的票面利息率,这是因为该债券现在是以低于面值的价格折价出售。

(4) 持有期收益率。持有期收益率是对到期收益率的修正,这种衡量标准适合于投资者只持有证券一段时间并在到期日前把它卖出的情况。其计算公式为:

$$P = \sum_{t=1}^{m} \frac{C_t}{(1+HPY)^t} + \frac{P_s}{(1+HPY)^m} \qquad (4-2)$$

式中,HPY 为持有期收益率;P_s 为出售时的价格;C_t 为第 t 期的收入;m 为债券的持有期年数。持有期收益率是使一种证券的市场价格 P 等于从该证券的购买日到卖出日的全部净现金流的折现率。如果证券被持有至到期,它的持有期收益率就等于其到期收益率。

> 【拓展阅读】
>
> **到期收益或持有期收益率的计算**
>
> 　　上述到期收益率或持有期收益率的计算表达都是考虑了货币的时间价值，实务里计算非常麻烦，需要使用到线性插值法。以下是到期收益或持有期收益率的单利算法：
>
> $$Y_m = \frac{C + (V - p_0)/n}{p_0} \times 100\%$$
>
> 　　【例】某债券的面值为 1 000 元，票面利率为 5%，期限为 4 年，现以 950 元的价格向社会公开发行，则投资者在认购后到持有到期时的直接收益率是多少？
>
> 　　计算：
>
> $$Y_m = \frac{1\,000 \times 5\% + (1\,000 - 950)/4}{950} \times 100\% = 6.58\%$$

（二）证券投资风险

1. 证券投资风险的种类

证券投资主要面临以下五种风险：利率风险、购买力风险、经营风险、财务风险和信用风险。前两种属于系统风险，后三种是非系统风险的主要因素。

（1）利率风险。利率风险是由于利率水平变化引起投资收益发生变化而产生的不确定性。从长期来看，不同的市场利率都趋向于一起上升或下降，这些利率变化对所有证券都有一定程度的影响，而且影响的方式是一致的。随着利率的变化，长期证券价格的变化大于短期证券价格的变化，长期证券面临着更大的利率风险。

（2）购买力风险。购买力风险也就是通货膨胀风险，是指物价上涨使得投资的本金及投资收益所代表的实际购买力的下降，从而对商业银行实际收入所带来的损害。债券和其他固定收入的证券很容易受到购买力风险的影响。

（3）经营风险。经营风险是由发债单位管理与决策人员在其经营管理过程中发生失误，导致资产减少而使投资者遭受损失。政府债券不存在经营风险，高质量的公司债券也仅在一个有限程度上存在经营风险，只有低质量债券更多地面临这种风险。

（4）财务风险。财务风险是企业收入不足以支付自身债务的可能性。有负债的公司的普通股会面临这种风险，而且负债在资本结构中比重越大，这种风险越大。这一风险也可反映在有沉重债务负担的公司债券上：负债越多，债券的质量越低。承担负债数额较小的公司的高等级债券，只在有限的程度上存在这一风险，而政府债券不存在这一风险。

（5）信用风险。信用风险也称违约风险，是指证券发行人在证券到期时不能向投资者偿还本金的可能性。信用风险主要受证券发行人的经营能力和资金实力等因素的影响。银行证券投资主要集中于政府证券，其信用风险很小，但公司债券存在违约的可能性。西方国家有专门的证券评级公司对证券进行信用评级，并根据不同的信用状况把证券分为投资级证券和投机级证券。前者是银行投资的主要对象。

2. 证券投资风险的测量

证券投资一般运用标准差法和 β 系数法来表示风险的大小。

（1）标准差法。就是将证券已得收益进行平均后，与预期收益作比较，计算出偏差幅度，计算公式为：

$$\sigma = \sqrt{\frac{\sum (X - \bar{X})^2}{N}}$$

式中，X 为该证券在某一时期内的收益率，$\bar{X}$ 为该证券的平均收益率；N 为选取的时期总数。求出的 σ 越小，表明收益率偏离的幅度越小，收益越稳定，风险越小；σ 越大，表明收益率偏离的幅度越大，收益越不稳定，风险越大。

（2）β 系数法。该方法主要衡量某种证券的收益相对于整个证券市场收益水平的变化情况。

$$\beta = \frac{某种证券的预期收益 - 该期收益中无风险部分}{整个市场的证券组合预期收益 - 该收益的无风险部分}$$

如果 $\beta > 1$，说明该种证券风险水平大于整个证券市场的风险水平；如果 $\beta < 1$，说明该种证券风险水平小于整个证券市场的风险水平。

（三）证券投资收益和风险的关系

收益和风险是证券投资中不可分割的两个方面。一般而言，收益越高，风险越大。也就是说，风险较大的证券，其要求的收益率相对较高；反之，收益率较低的投资对象，风险相对较小。但是，绝不能因为风险与收益有着这样的基本关系，就盲目地认为风险越大，收益就一定越高。风险与收益相对应的原理只是揭示风险与收益的这种内在本质关系；风险与收益共生共存，承担风险是获取收益的前提；收益是风险的成本和报酬。风险和收益的上述本质联系可以表述为下面的公式：预期收益率 = 无风险收益率 + 风险补偿率。银行在进行证券投资时，应当在承担既定风险的条件下使得收益最大化。

三、商业银行证券投资的策略

（一）梯形期限策略

梯形期限战略是相对稳健的投资方法，该方法要求银行把全部的证券投资资金平均投入到不同期限的证券上，使银行持有的各种期限的证券数量都相等，当期限最短的证券到期后，银行用收回的资金再次购买期限最长的证券，如此循环往复，使银行持有的各种期限的证券总是保持相等的数额，从而可以获得各种证券的平均收益率。

梯形期限战略是中小银行在证券投资中较多采用的，其优点在于，一是管理方便，容易掌握。银行只需要将资金在期限上作均匀分布，并定期进行再投资安排即可。二是银行不必对市场利率走势进行预测，也不必频繁地进行证券交易。三是这种投资组合可以保障银行在避免因利率波动出现投资损失的同时，使银行获取至少是平均收益的投资回报。但梯形期限策略也有其缺陷，一是过于僵硬，缺少灵活性，当有利的投资机会出现时，特别是当短期利率提高较快时，不能利用新的投资组合来扩大利润；二是流动性不高，该方法中的短期证券持有量较少，当银行面临较高的流动性需求时出售中长期证券有可能出现投资损失。

（二）杠铃结构策略

杠铃结构策略是指银行把大部分资金投资于具有高度流动性的短期证券和较高收益率的长期证券，不投或只投少量资金用于购买中期证券。因为这种投资方法用图形表示（如图4-1所示）为两头大，中间小，形似杠铃，故被称为杠铃结构战略。如银行投资经理把1 000万美元资金中的490万美元投资于9~10年期限范围的证券，另外490万美元投资于2年或2年期以下的证券，余下20万投资于3~8年期等中期证券。

短期证券　　　　中期证券　　　　长期证券

图4-1　杠铃结构策略示意

杠铃结构战略具有两个优势。一是比较灵活，银行可以根据市场利率的变动对其投资进行调整。当银行预期长期市场利率下降，长期证券价格将上升时，银行可以出售部分短期证券，用所得资金购入长期证券；等到长期利率确实下降，长期证券价格已经上涨到一定幅度时，银行再将这部分证券售出，购入短期证券，银行可以多获得一部分收益。当银行预测短期市场利率将下降，短期证券价格将上涨时，银行可以出售部分长期证券购入短期证券；等到短期利率确实下降，短期证券价格已经上涨到一定幅度时，银行再将这部分证券售出，购入长期证券，银行可以多获得一部分收益。二是可以使得银行的投资活动在保持较高收益的同时兼顾较好的流动性。但是，该方法对银行证券转换能力、交易能力和投资经验要求较高，风险也较高。

（三）利率周期期限预期法

利率周期期限预期策略是指根据预测的利率变化不断地变动持有证券的到期日。该策略认为，在预期利率上升时，银行的证券投资组合应当更多地持有短期证券，减少长期证券；在利率处于上升周期转折点并逐步下降时，银行应当将其证券组合大部分转换成长期证券；当利率再次降低到下降周期的转折点时，银行应再次将其证券组合转换成以短期证券为主。这种投资策略将利率与商业周期的变动联系起来，在长期中被认为是最大限度地利用了利率波动。因为当利率上升时，到期证券的现金流将按不断上升的利率进行再投资，银行投资组合的收益率自然得到了提高。当利率达到上升周期阶段最高点时，银行将证券组合逐步调整到长期证券占较高比重的状态，等待下一轮利率下降周期的出现。银行如能成功地运用这种策略将会赚取相当多的利润。利率周期期限策略如图4-2所示。

但周期投资策略也存在一定的局限性，它只适用于利率环境呈现出有规律周期波动的情况，因此只是在长期中可以运用，对日常频繁变动的市场利率，该方法不具有可操作性。

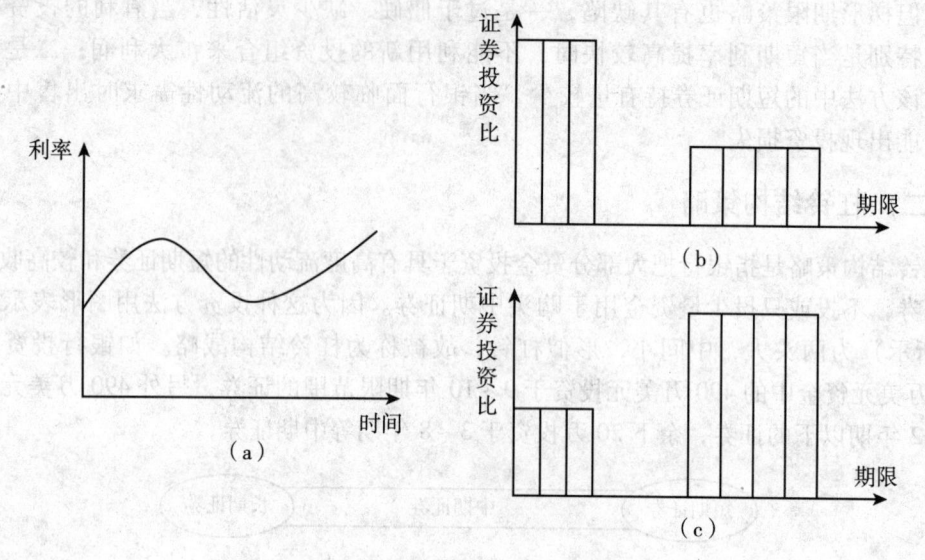

图 4-2 利率周期预期法示意

（四）债券投资的避税组合策略

应税证券与免税证券在税负上的差异使银行可以利用应税债券与免税债券的组合，使银行证券投资的收益率进一步提高。基于避税目标的证券投资组合的基本原则是：在投资组合中尽量利用税前收益率高的应税证券，使其利息收入抵补融资成本，并使剩余资金全部投资于税后收益率最高的免税证券上，从而提高证券投资盈利水平。

【做一做】

某商业银行计划发行 1 000 万美元大额存单，这笔资金将专用于证券投资。大额存单年利率为 8.2%，并必须对大额存款持有 3% 的法定存款准备金。现有两种可供银行投资选择的债券，一种是年收益率为 10% 的应税国债，另一种是年收益率为 8% 的免税市政债券，该银行所处边际税率等级为 34%。问该银行应如何组合证券才能使投资收益最高？

表 4-6 展示了三种不同的组合方式对盈利的影响。第一种组合，银行将 970 万美元的可用资金全部投资在应税国债上，产生应税利息收入 97 万美元，扣除 82 万美元的融资成本后，税前净利息收入为 15 万美元。该笔收入按 34% 的所得税税率纳税后，银行得到的税后净收入是 9.9 万美元。第二种组合，银行将 970 万美元的可用资金全部投资在免税市政债券上，产生了 77.6 万美元的利息收入，扣除 82 万美元的融资成本，银行的投资亏损额为 4.4 万美元。第三种组合，银行将可用资金分成两部分，其中 820 万美元投资于应税国债，获得 82 万美元的利息收入，150 万美元投资于免税市政债券，获得 12 万美元的利息收入，合计获得 94 万美元的利息收入。应税国债的利息收入正好与 82 万美元的融资成本相抵销，这样该银行就不需缴纳所得税，税后净收入就是 12 万美元。很显然，第三种组合利用税负差异成功避税，使该种组合的投资回报水平最高。

表 4-6 证券投资组合效果比较

	全部投资于国债	全投资于市政债券	最佳投资组合
投资额：国债	9 700 000	0	8 200 000
市政债券	0	9 700 000	1 500 000
利息收入：国债	970 000	0	820 000
市政债券	0	776 000	120 000
利息收入总计	970 000	776 000	940 000
利息支出：大额存单	820 000	820 000	820 000
利息净收益	150 000	-44 000	120 000
支付所得税（34%）	51 000	0	0
税后净收入	99 000	-44 000	120 000

【想一想】最佳投资组合里，应税国债和免税市政债券的数量是如何确定出来的？

从上述分析可以看出，在对一种免税证券和一种应税证券组成的投资组合进行分配时，确定两种证券最佳持有量的关键在于使得投资于应税证券所得的利息收入与该组合的融资成本恰好互抵，则投资于免税证券所得的利息收入就是该组合的净收入。这种方法充分发挥了应税证券税前收益率高和免税证券税后收益率高的比较优势。

（五）流动性准备方法

证券投资应重点满足银行流动性的需要，在资金运用安排上以流动性需要作为优先顺序的考虑。该方法将银行资产分为四个层次：第一个层次的构成以现金资产为主，即库存现金、在中央银行准备金存款和以清算为目的的存放同业款项，被称为一级准备。一级准备几乎不产生收益，其功能是满足银行日常提存、支付和清算等流动性需要。第二个层次的构成以短期国库券为主，具有风险低、期限短、可销性强和有一定收益的特征，被称为二级准备。二级准备的组成构筑了银行证券投资流动性准备方法的核心，它强调短期证券在作为一级准备的补充，满足流动性需要的同时，还为银行带来了一定的利息收入。第三个层次的构成以各类贷款为主，被称为三级准备。贷款利息是银行资产运用的主要收益来源，然而贷款若能到期正常偿还，也会产生流动性供给，特别是以票据贴现和抵押为基础的商业性贷款，具有自偿性质，甚至可进行再贴现融资。第四个层次的构成以各类中长期债券为主，具有期限长、收益高、可销性弱的特征，被称为投资性准备。银行投资中长期债券的主要目的是产生收益，而所谓流动性准备的功能只是作为最后的保证。流动性准备方法可用图 4-3 来描述。

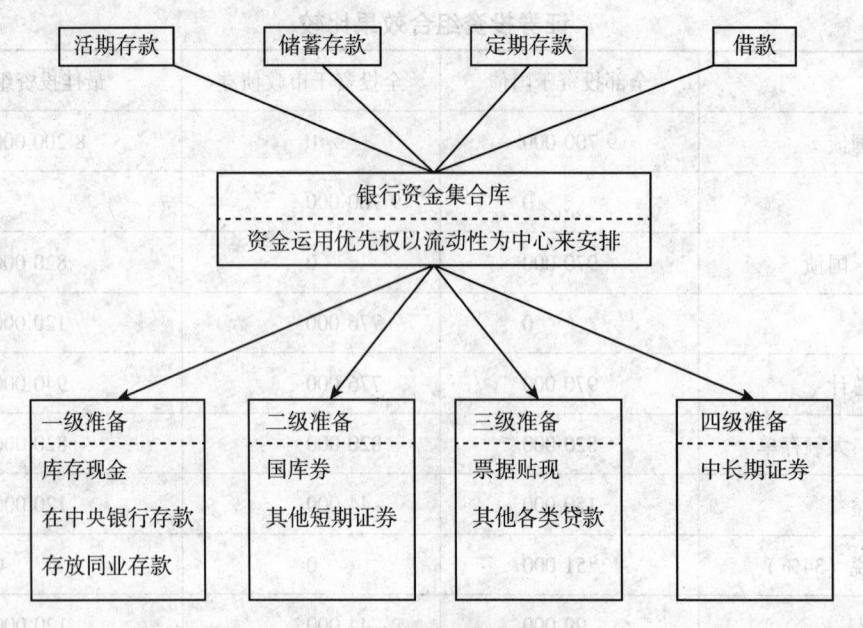

```
活期存款    储蓄存款    定期存款    借款
              ↓
      ┌─────────────────────────┐
      │      银行资金集合库       │
      ├─────────────────────────┤
      │资金运用优先权以流动性为中心来安排│
      └─────────────────────────┘
              ↓
```

一级准备	二级准备	三级准备	四级准备
库存现金	国库券	票据贴现	中长期证券
在中央银行存款	其他短期证券	其他各类贷款	
存放同业存款			

图 4-3　流动性储备方法

知识要点

商业银行现金资产包括库存现金、在中央银行存款、同业存款和在途资金四部分。商业银行现金资产管理的目标在确保银行流动性需要的前提下，尽可能降低现金资产占总资产的比重，使现金资产达到适度的规模。商业银行现金资产的管理要遵循"适度存量控制、适时流量调节、安全性"原则。

贷款是商业银行作为贷款人按照一定的贷款原则和政策，以还本付息的条件，将一定数量的货币资金提供给借款人使用的一种借贷行为。这种借贷行为由贷款的对象、条件、用途、期限、利率和方式等因素构成。贷款从不同角度可以进行不同的分类。对借款企业的信用分析要遵循"5C"原则。贷款定价的方法包括成本加成定价法、价格领导模型定价法、基础利率定价法和目标收益率定价法等。

商业银行证券投资的目的是获取收益、分散风险、补充流动性、合理避税和给商业银行提供新的资金来源。证券投资的收益包括利息收益和资本利得两部分。证券投资收益的高低用收益率去表达，有票面收益率、当期收益率、到期收益率和持有期收益率之分。商业银行证券投资的风险包括利率风险、购买力风险、经营风险、财务风险和信用风险。

商业银行证券投资策略主要有梯形投资法、杠杆结构法、利率周期预期法、避税组合法和流动性准备方法等。

问题讨论

1. 资料

2013年7月19日，中国人民银行发表公告：自20日起全面放开金融机构贷款利率管制。取消金融机构贷款利率0.7倍的下限，由金融机构根据商业原则自主确定贷款利率水平；取消票据贴现利率管制，改变贴现利率在再贴现利率基础上加点确定的方式，由金融机构自主确定；对农村信用社贷款利率不再设立上限。试分析贷款利率放开意味着什么？对中国的实体经济有何影响？对商业银行呢？

2. 活动安排

将学生分为若干大组进行讨论，最后各组选出代表上台发言。

3. 要求

考察我国商业银行利率市场化改革进程，说明利率市场化对商业银行及客户的潜在影响是什么。

4. 场景

教室。

推荐阅读

1. 刘肖原、范淑芳：《商业银行经营与管理》，第四、第五章，中国人民大学出版社 2008 年版。
2. 杨宜：《商业银行业务管理》，第四、第五、第六章，北京大学出版社 2009 年版。
3. 戴小平：《商业银行学》，第三、第四章，复旦大学出版社 2007 年版。
4. 戴国强：《商业银行经营学》，第十一章，高等教育出版社 2007 年版。
5. 王淑敏、符宏飞：《商业银行经营管理》，第三、第五、第六章，清华大学出版社、北京交通大学出版社 2007 年版。
6. 朱新蓉、宋清华：《商业银行经营管理》，第三章，中国金融出版社 2009 年版。

本章自测

一、单项选择题

1. 商业银行调节超额准备金最常用的方式是（　　）。
   A. 同业拆借　　　B. 向央行融通资金　　　C. 回购协议　　　D. 资产变现
2. 以下不属于商业银行可用头寸的是（　　）。
   A. 库存现金　　　　　　　　　　B. 法定存款准备金
   C. 超额存款准备金　　　　　　　D. 同业存款
3. 现金资产管理的首要目标是（　　）。
   A. 现金来源合理　　　　　　　　B. 现金运用合理
   C. 将现金资产控制在适度的规模上　D. 现金盈利
4. 各种变现途径的现金来源（资产类）不包括（　　）。
   A. 现金　　　　　　　　　　　　B. 从中央银行拆入资金
   C. 短期证券　　　　　　　　　　D. 证券回购协议
5. 银行维持适度现金资产存量的必要保障是（　　）。
   A. 适时灵活地调节现金资产存量　B. 现金来源合理
   C. 现金运用合理　　　　　　　　D. 适时灵活地调节现金资产流量
6. 银行贷款分成一次性还清贷款和分期偿还贷款的依据是（　　）。
   A. 贷款保障程度　B. 贷款偿还方式　C. 贷款数量　D. 贷款偿还期限

7. 借款人目前偿还贷款本息没有问题，但存在一些可能对偿还产生不利影响的因素，此种贷款是（   ）。
   A. 正常贷款　　　　B. 关注贷款　　　　C. 次级贷款　　　　D. 不良贷款
8. 以若干大银行统一的优惠利率为基础，并考虑到违约风险补偿和期限风险补偿的贷款定价法是（   ）。
   A. 成本加成贷款定价法　　　　　　　B. 价格领导模型定价法
   C. 成本—收益定价法　　　　　　　　D. 客户盈利模型分析定价法
9. 质押贷款与抵押贷款的不同点主要在于（   ）。
   A. 是否进行实物的交付　　　　　　　B. 手续的繁简
   C. 利率的高低　　　　　　　　　　　D. 风险的大小
10. 目前我国商业银行证券投资主要集中在（   ）。
    A. 公司股票　　　　B. 重点建设债券　　C. 国家债券　　　　D. 金融债券
11. 银行证券投资的市场风险是（   ）。
    A. 市场利率变化给银行债券投资带来损失的可能性
    B. 债务人到期无法偿还本金和利息而给银行造成损失的可能性
    C. 银行被迫出售在市场上需求疲软的未到期债券，由于缺乏需求，银行只能以较低价格出售债券的可能性
    D. 由于不可预期的物价波动，银行证券投资所得的本金和利息收入的购买力低于投资证券时所支付的资金购买力，使银行遭受购买力损失的可能性

二、多项选择题

1. 商业银行对现金资产的管理必须坚持以下原则（   ）。
   A. 适度存量控制原则　　　　　　　　B. 适时流量调节原则
   C. 安全性原则　　　　　　　　　　　D. 充足原则
2. 商业银行现金资产的作用是（   ）。
   A. 保持清偿力　　　B. 获取收益　　　　C. 二级准备　　　　D. 保持流动性
3. 超额准备金是商业银行最重要的可能头寸，银行可以用来（   ）。
   A. 进行投资　　　　B. 清偿债务　　　　C. 贷款　　　　　　D. 提取业务周转金
4. 企业贷款的价格领导模型定价法中贷款利率决定于（   ）。
   A. 优惠利率　　　　B. 筹资边际成本　　C. 违约风险贴水　　D. 期限风险贴水
5. 个人贷款的特点有（   ）。
   A. 利率水平高　　　　　　　　　　　B. 规模呈现周期性
   C. 贷款期限比较短　　　　　　　　　D. 借款人缺乏利率弹性
6. 盈利能力比率通常包括（   ）。
   A. 权益负债率　　　　　　　　　　　B. 销售利润率
   C. 资产收益率　　　　　　　　　　　D. 普通股收益率
7. 商业银行证券投资具有以下几个功能（   ）。
   A. 分散风险　　　　B. 保持流动性　　　C. 增加盈利　　　　D. 合理避税
8. 银行将资金投资于证券之前，要满足（   ）。
   A. 法定准备金需要　　　　　　　　　B. 超额准备金需要
   C. 银行流动性需要　　　　　　　　　D. 属于银行市场份额的贷款需求
9. 银行债券投资的风险包括（   ）。
   A. 市场风险　　　　B. 利率风险　　　　C. 信用风险　　　　D. 购买力风险

三、判断题

1. 现金资产越多，商业银行的流动性也就越强，因此商业银行应保持较多的现金资产。
2. 保守的商业银行主要依赖传统的资产变现获取流动性，而激进的商业银行则更多通过广泛借款获得

流动性。

3. 适度的流动性是银行经营成败的关键环节，同时也是银行盈利性与安全的平衡杠杆。

4. 当商业银行头寸不足时，可以在市场上通过买入证券回购协议的方式补足头寸；而当头寸多余时，则可以通过售出证券回购协议的方式将资金调出。

5. 在质押方式下，受质押人在债务全部清偿以前拥有债务人用做抵押的财产，但受质押人没有出卖该财产的权力。

6. 一般来讲，银行预期长期利率将上升时，银行应更多的持有长期证券，减少短期证券的投资。

四、名词解释

现金资产　库存现金　超额准备金　资金头寸　基础头寸　贷款　"6C"原则　财务分析　贷款风险分类　贷款承诺费　证券投资　分散化投资策略　期限分离法

五、回答问题

1. 简述现金资产的管理目的和原则。
2. 简述库存现金的管理目标和影响商业银行库存现金的因素。
3. 简述调节准备金的渠道和方式。
4. 简述商业银行对借款人信用评价的内容。
5. 简述银行在确定抵押率时应考虑的因素。
6. 简述影响商业银行贷款定价的因素。
7. 简述商业银行开展证券投资业务的目的。
8. 简述银行进行证券投资面临的风险。
9. 简述西方商业银行证券投资的策略。

第五章
商业银行资产负债管理

教学目标与学习任务

教学目标： 了解商业银行资产负债管理理论的概念；资产管理理论中商业贷款理论、资产转移理论和预期收入理论的理论观点及每种理论的优点与不足；了解负债管理理论产生的背景、理论主张及演变与对此理论的评价；掌握资产负债综合管理理论的理论主张、实践要点；了解银行资产负债管理的最新发展。重点掌握各种资产负债管理理论指导下的资产管理方法、负债管理方法和资产负债综合管理方法。

学习任务： 熟知商业银行资产负债配置原则；深刻理解资金总库法、资金分配法、线性规划法、储备头寸管理法、全面负债头寸管理法的含义及操作；理解并对比掌握利率敏感性缺口管理模型和持续期缺口管理模型的内涵、模型中的操作变量，能运用这两个模型对商业银行资产负债进行正确配置以规避利率风险，实现商业银行的经营目标。

案例导入

金融脱媒与放大风险的"影子银行"

2011年11月，通商国银发行了四期股权投资计划，名称分别为中鼎财富一号、中鼎财富二号、中鼎财富通航、中鼎迅捷。预期收益率在11%～13%，认购门槛50万元。2012年11月25日，中鼎财富系列产品第一期到期，无法正常兑付。华夏银行否认牵涉其中。11月26日，华夏官网客服人员承认，中鼎相关理财产品"是我行代销的"。11月30日，微博爆料投资者营业部维权。11月30日中午，华夏银行上海分行官方微博回应未代销该产品。12月1日，投资者连续多日聚集到华夏银行上海嘉定支行门前要求兑付，嘉定支行贴出暂停营业公告。12月2日晚间，华夏银行公告回应乃员工私售，公安部门介入，员工濮某某已被经侦立案。她本人已被拘。濮某某的家人称，她已向银监会递交举报。12月3日，数十名投资者包车前往位于陆家嘴的华夏银行上海分行门前抗议。下午上海分行召开紧急会议，随后以总行副行长李某代表在嘉定支行与投资者沟通协商。谈判最终无果。12月4日晚上，华夏银行与投资者在嘉定支行进行第二次谈判，投资者要求拿回本金，而银行方面则坚持等调查结束，再确定所需承担责任。谈判崩盘……

该事件立即成为市场关注的焦点。监管层以及银行将如何应对，可能成为中国银行业监管史上一个标志性的事件。

对于正在如火如荼发展的银行理财产品市场来说，这一事件的爆发是对中国理财产品市场以及背后的影子银行体系进行检讨的最佳时点。

2010年以后，不断增加的市场竞争，以及对于存款利率的监管，导致了大量存款从银行系统流失（称为资金脱媒）。作为应对，中国商业银行开始提供收益率较高的理财产品，以避免存款的大量流失。事实上，这是面对利率管制的一种金融创新。同时，商业银行在吸收了理财产品的资金后，往往将此用于向高收益率产品进行融资，包括信托产品以及信用债券。

（资料来源：改编自英国《金融时报》FT中文网中文栏目专家刘利刚：《放大风险的影子银行》）

第一节 资产管理

资产管理理论是商业银行经营管理理论中最早出现、占统治地位最长的一种理论，20世纪60年代以前，商业银行所强调的都是单纯的资产管理理论，该理论是与当时银行所处的经营环境相适应的，它是注重银行资产安全性和流动性的经营管理理论。

一、资产管理理论

资产管理理论认为，银行资金来源的规模和结构是银行自身无法控制的外生变量，银行不能能动地扩大资金来源。相反，银行资产业务的规模和结构则是其自身能够控制的内在变量，银行应主要通过对资产规模、结构和层次的管理来保持适当的流动性，实现其经营管理目标。资产管理理论经历了商业性贷款理论、资产转移理论和预期收入理论的演变。

（一）商业贷款理论

商业贷款理论认为，商业银行的资金来源主要是流动性很强的活期存款，从保持资产的流动性考虑，避免随时偿付提存的风险，商业银行的资产业务应集中于短期自偿性的贷款，即贷款能够随着商品的周转、产销过程的完成，从销售收入中得到偿还。商业银行不宜发放不动产贷款、消费者贷款和长期农业贷款等。

商业贷款理论第一次明确了商业银行资金配置的重要原则，即资金的运用要考虑资金来源的性质和结构，以及商业银行相对于一般工商企业应保持更高的流动性的运作特性。这些思想对商业银行进行资金配置、稳健经营提供了理论基础。

（二）资产转移理论

资产转移理论又称转换理论，该理论认为，银行能否保持流动性，关键在于银行资产的变现能力，只要银行掌握的证券易于在市场上出售，或易于转让给中央银行，就没有必要非限于短期自偿性贷款。商业银行可以将一部分资金投资于可转让证券上。当然这些盈利资产必须满足质量高、期限短、易变现的特点。

转移理论比商业性贷款理论前进了一步，它突破了对商业银行资产运用的狭窄局限，使银行在注重流动性的同时扩大了资产组合范围。在资产可转换理论的鼓励以及当时社会条件的配合下，商业银行资产组合中的票据贴现和短期国债的比重迅速增加。但是，变现流动资产的能力也受到外部经济环境的影响。当经济迅速发展，贷款需求增加时，市场利率往往也比较高。考虑到债券价格与利率的反向关系，此时债券的市价较低，变现流动性资产的损失较大。

（三）预期收入理论

预期收入理论是在第二次世界大战后产生的一种资产管理理论。这一理论是适应刺激投资和扩大市场、促进消费信贷和项目投资的发展而产生的。

预期收入理论认为，无论短期的商业贷款还是可能转让的资产，其贷款偿还或证券变现能力，都是以未来收入为基础的。只要一笔贷款还款来源有保证，银行不仅可以发放短期性贷款，而且也可以发放中长期贷款和非生产性消费贷款。

这种理论并没有否定上述两种理论，它强调的不是放款的用途（如自偿性），不是担保品（如可转换性），也不是期限（上述两种都是短期），而是借款人的预期收入。它深化了商业银行对贷款清偿的认识，为商业银行资产业务的发展提供了新的理论依据，使其资产结构发生了重大变化。预期收入理论还促使银行增强参与企业经营活动的意识。由于贷款是按对企业预期收入评估而发放的，在贷款发放后，银行为了保证其资产的安全，就会主动关心企业的生产经营活动，这使银行由生产领域的局外人变为企业生产经营活动的积极参与者，加深了银行对经济的渗透与控制。

预期收入理论的缺陷在于预期收入被视为资产经营的标准。但预期收入状况是由银行自己预测的，其精确程度难以保证。并且，在资产期限较长的情况下，债务人的经营情况可能恶化，到时不一定具备偿还能力，所以，按照预期收入理论，银行资产的流动性是不能够得到完全保证的。

以上三种资产管理理论，反映了商业银行在不同发展阶段经营管理的特点，在保证银行资产流动性方面各有侧重，且各种理论之间并不是相互排斥的，而是一种相互补充的关系，反映了一种不断完善和发展的演进过程。

二、资产管理方法

（一）资金总库法

资金总库法又称资金蓄水池法，它是指银行将来自于各种渠道的资金（不分期限长短）汇集起来，形成一个资金总库，资金总库中的资金被无差别地视为同质的单一来源，然后再将资金总库中的资金按一定的顺序分配到各种不同资产上去，只要这种配置符合银行的总体管理目标就行。

这种方法要求银行首先确定其流动性和盈利性目标，然后将资金配置到最能满足这个目标的资产上去。由于流动性与盈利性是矛盾的，流动性高的资产收益低，甚至完全没有收益，因此，配置资金时要有优先顺序。优先权按一定比例配置到第一准备金，以应付意外的存款外流和未能预见的贷款需求；其次配置到第二准备金，以补充流动性不足之需；再次配置到各类中短期贷款，以保证银行经营的盈利性；最后配置到长期证券，以提高银行的盈利能力。在土地、建筑物及其他固定资产上的投资通常另行考虑。

资金总库法如图 5-1 所示。

该方法的特点是资产分配不受负债期限结构的限制，而只受负债总量的制约，因而资产结构的调控比较灵活。但是各种资产怎样按比例分配，则很难把握。这种方法根本不考虑资产期限结构与负债期限结构的关系，也未必正确。

（二）资金分配法

资金分配法也称期限对称法。这种资产管理方法认为，一家银行所需要的流动性资金数

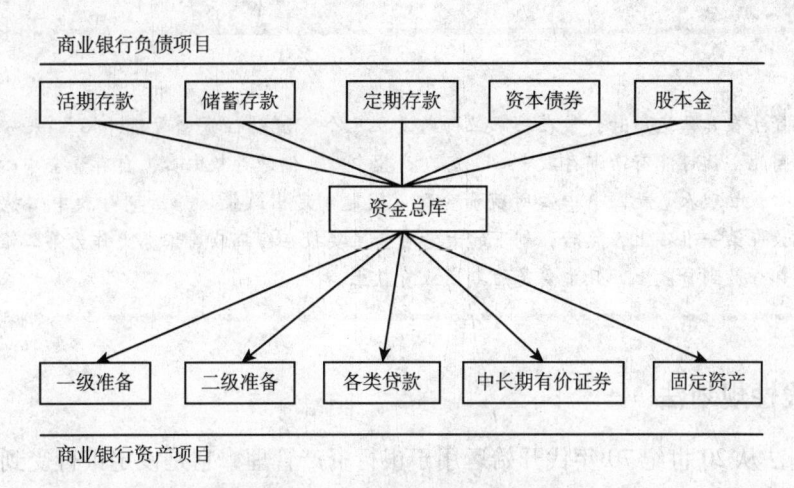

图 5-1 资金总库法示意

量与其获得的资金来源有关。其主要内容是，商业银行在把现有的资产分配到各类资产上时，应使各种资金来源的流通速度或周转率与相应的资产期限相适应，即银行资产与负债的偿还期保持高度的对称关系。那些具有较低周转率或相对稳定的资金来源应分配到相对长期、收益高的资产上。反之，周转率较高的不稳定性存款则应主要分配到短期的流动性高的资产项目上。例如，活期存款有较高的周转率和准备金率，其偿还期被视为零，从对称原则出发，应主要分配到作为一级准备的现金资产和作为二级准备的短期证券资产上，少部分用于贷款。定期存款稳定性高，则主要运用于贷款和长期证券投资等盈利性资产。资本金一般不要求法定准备金，且不存在到期偿付的要求，这部分资金主要用来购置建筑物和设施。资金分配法的关系如图 5-2 所示。

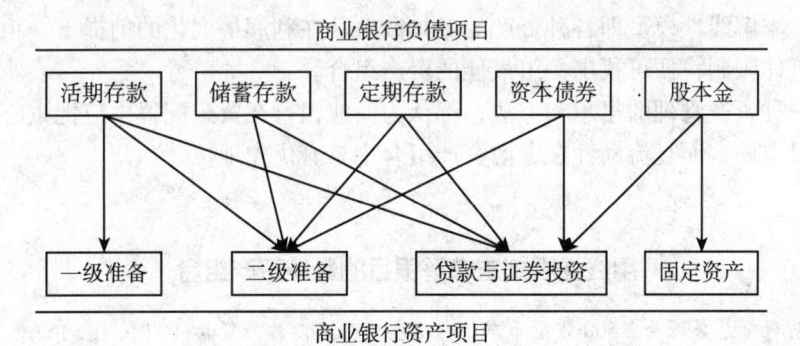

图 5-2 资金分配法示意

资金分配法的主要优点是减少了流动资产，把剩余资金配置到贷款和投资上，提高了商业银行资金的利用效率，增加了利润。但这种方法仍是将流动性的取得完全局限于负债方面，在资金运作方面不考虑资产的流动性，束缚了商业银行经营的自主性。

111

> 【拓展阅读】
>
> 资金配置法在具体运用时，常在一家银行内设立几个"流动性资金管理中心"来分配它所获得的资金，因此，就可能有活期存款中心、定期存款中心、储蓄存款中心、自有资金中心。一旦确立了这些中心，管理人员就每一中心所获资金配置问题制定出政策。如活期存款中心就应把吸收资金的重点放在第一准备上，然后，剩下的大量资金主要投在短期政府证券上作为第二准备，而把相当小的一部分放到贷款上，且主要是短期商业贷款上。

（三）线性规划法

线性规划法从20世纪70年代开始运用于银行资产管理，它是设定银行受到一定的约束条件下，通过建立线性规划模型来解决银行的资金（产）分配。其主要内容是首先建立目标函数，然后确定影响银行收益实现的限制因素作为约束条件，最后求出目标函数达到最大的一组解，由此得出银行进行资金配置的最优状态。具体程序为：

第一步，建立目标函数。商业银行通常把利润作为该模型的目标，然后根据资产的收益率来选择不同的资产组合，以实现利润目标的最大值。设立目标因变量 P，可供选择的资产额分别是 $X1$（现金）、$X2$（短期政府证券）、$X3$（长期证券）、$X4$（短期贷款）、$X5$（中长期贷款）、$X6$（消费贷款），则目标函数为：$P = aX1 + bX2 + cX3 + dX4 + eX5 + fX6$，其中，$a$、$b$、$c$、$d$、$e$、$f$ 分别表示各种资产的收益。

第二步，建立约束条件。在建立目标函数的基础上，附加下列约束条件，主要是：政府政策法规的约束；流动性约束；安全性约束；其他约束，如银行章程的有关规定、贷款需求的不确定因素等。

第三步，求解线性模型即各种资产的具体数值。在利润最大化的前提下，根据各种资产约束条件的具体限制，便可找出一组最佳的资产组合。

无论哪一种资产管理的思想和方法，都认为商业银行在资金配置中应把重心放在资产负债的资产项目方面，而且流动性在考虑资产组合中具有优先地位。

【做一做】

用线性规划法求解银行的最佳资产组合

设一家银行资金总来源为2 500万货币单位，这些资金可以作为贷款（$X1$），也可以作为二级准备金即短期证券（$X2$）来持有。贷款收益率为12%，短期证券收益率为8%。又银行高级管理人员确定的流动性目标是总资产中每10货币单位至少要有短期证券2货币单位（法定存款准备金等存款成本不予考虑），则短期证券与总贷款的比例至少要1/4。试用上述方法求解贷款与证券投资的最佳组合。

第二节　负债管理

负债管理理论是20世纪60~70年代盛行的理论，它的产生是多方面因素共同作用的结果。负债管理理论的核心是以积极出售债务的方式来调整负债结构，银行资产负债管理的重点转向了负债方,它为商业银行流动性需求的满足提供了新的思路和方法。

一、负债管理理论

负债管理理论认为,银行的资金来源不仅仅是传统的被动性存款,还有银行可以主动争取到的其他存款、借款。银行的流动性不仅可以通过加强资产管理获得,而且也可以由负债管理提供,只要银行资金来源广泛而及时,银行的流动性就有保证。银行没有必要在资产方保持大量高流动性资产,而是应当将它们投入到高盈利的贷款和投资中去。必要时,甚至可以通过借入资金去支持资产规模的扩大。负债管理理论的演变经历了银行券理论、存款理论、购买理论和销售理论四个阶段,其中,真正对负债管理影响较大的是后两种理论。

(一) 银行券理论

商业银行发行银行券要以贵金属做准备,银行券的数额与货币发行准备的数额之间视经济形势而变动。该理论的核心是强调负债的适度性。

(二) 存款理论

存款是商业银行最主要的资金来源,是银行资产经营活动的基础;存款是存款者放弃货币流动性的一种选择,银行只能被动地顺应这种选择;存款利息是对存款者放弃流动性的回报;存款者和银行所关注的核心问题是存款的安全性;存款的稳定性是银行经营的客观要求,银行资金的运用必须限制在存款的稳定性沉淀额度内。

(三) 购买理论

银行不能消极地接受存款形成负债,而应积极主动地争取存款和其他借款来扩大负债,以满足流动性要求。银行购买资金的目的是增加流动性,它比在资产方面的购买行为要主动灵活得多,且购买对象也十分广泛。购买负债是适应银行资产规模扩张需要的积极行动,它可以使银行摆脱存款数额的限制,提高了商业银行的盈利水平。

(四) 销售理论

随着金融业竞争的加剧,银行业大规模并购的不断发生及混业经营时代的到来,银行应改变经营策略,努力通过多元化服务和各种金融产品包括可转让存款单、回购协议、金融债券等来吸收资金。它的经营理念实质是一种市场概念,包括:客户至上;金融产品必须根据客户多样化的需要供给;任何金融产品的实质是帮助资金的运筹,其外壳或包装是其他形式的商品或服务;金融商品的推销主要依靠信息的沟通、加工和传播;销售观念不限于银行负债,也涉及银行资产,主张将两个方面联系起来进行系统的管理。

购买理论和销售理论都是从盈利性出发,为了满足商业银行追求最大限度盈利的要求,主动地通过从同业金融机构、中央银行、国际货币市场,以及财政机构借入即购买资金,或者为了迎合客户的需要,通过努力推销可转让存单、回购协议、金融债券等金融产品,扩大零售银行资金来源,保证流动性,以提高银行的经济效益。购买理论和销售理论的出现促进了银行负债业务的创新，一些新的零售负债业务品种如大额可转让存单应运而生。

【拓展阅读】

对负债管理理论的评价

1. 负债管理理论的出现是一种金融思想的创新

首先，它改变了银行传统的经营管理理念：由负债决定资产转为资产决定负债。其次，它改变了银行流动性管理的手段：由单一的资产管理转变为资产管理和负债管理并重。按照资产经营论，银行贷款规模主要决定于存款，有多少存款就能发放多少贷款，资产安排只能被动地适应于负债的数量和结构。而在负债管理理论的指导下，可以对负债进行主动管理，让负债主动适应或支持资产。最后，增强了银行经营的灵活性和主动性。银行可以根据需要主动安排负债，扩大资产规模，提高盈利水平。实际上，负债问题是银行经营的首要问题，银行必须充分重视扩大负债的重要性。

2. 负债管理理论也存在着一定的缺陷

首先，增加了银行经营成本。主动负债的利率比其他借款高，这类负债数量的增加，必将增加银行负债的成本。其次，增加了银行经营风险。这种风险来源于三个方面：一是由于借款增加，导致资产与负债之间的不对称从而引起失衡；二是当资金市场紧张时，如果借不到资金，银行资产的流动性就无法保证；三是由于负债成本增加，为了保证利润，银行会把资产投入到收益高而风险大的贷款或投资方面。再次，银行长期对外部市场的过分依赖，使其忽视对自有资本的补充，借入资金的风险越来越大，有可能使银行陷入困境。最后，该理论成立的前提条件是银行外部存在一个供求弹性较大的市场，银行能随时以合理的利率从市场借入所需资金，但事实上存在着不确定性。

二、负债管理方法

（一）储备头寸负债管理

储备头寸负债管理是指用增加短期负债向银行有计划地提供流动性资金的管理方式，即在银行面临清偿能力不足时，可用短期借入资金来弥补提取的存款。这样在负债方一增一减，正好轧平。例如在美国，储备头寸负债管理的主要工具是购买期限为 1 天的联储资金，或使用回购协议。这种负债管理方法提高了资金的运用效率，也减缓了银行体系由于储备的突然减少带来的影响。储备头寸负债管理如图 5-3 所示。

（二）贷款头寸负债管理

贷款头寸负债管理是指银行直接从市场上借入资金支持贷款的持续增加，扩大盈利资产规模。在银行可贷资金不足时，可通过借入款来应付增加的借款需求，这样，负债和资产都同时增加，而且还会因资产规模的扩大带来额外的利润。商业银行发行大额可转让存单就是这样的一种工具。贷款头寸管理方法如图 5-4 所示。

资产	负债	
		← 借入款
	存款提取	
一级储备		
二级储备	存款	
贷款	资本账户	
投资		

图 5-3　储备头寸管理方法

资产	负债
一级储备	存款
二级储备	
贷款	资本账户
投资	

贷款增加 →　　　　　← 借入资金

图 5-4　贷款头寸管理方法

【想一想】负债管理方法对银行的风险性、安全性、流动性产生什么影响？资产管理思想与负债管理思想，各自强调的管理重心和所处环境差异是什么？

第三节　资产负债综合管理

资产负债管理理论产生于 20 世纪 70 年代中后期，西方国家经济出现衰退，市场利率大幅度提高，汇率自由浮动，借款市场日趋紧张。同时，企业对银行信贷资金的需求减少，银行的利差越来越小，盈利性不断被削弱。在这种情况下，银行单方面的资产管理和负债管理都不能适应新形势的要求，只有对银行资产和负债实施合面管理，才能取得良好的效果。

一、资产负债综合管理理论的主要内容

资产负债管理理论认为，商业银行综合管理追求的目标是财富的极大化，或者说是预期净值的最大化。由于银行的净值是资产与负债的差额，所以资产负债综合管理论必须兼顾银行的资产与负债结构，强调资产与负债两者之间的整体规划与搭配协调，通过资产结构与负债结构的共同调整和资产负债两方面的统一协调管理，保持资金的高度流动性，从而在市场利率波动的情况下，实现利润最大化的经营目标。资产负债综合管理理论不是对资产管理理论和负债管理理论的否定，而是吸收了这两种管理理论的合理部分，并对其进行了发展和深化。

资产负债综合管理的主要内容包括以下三个方面。

1. 计量和管理利率风险、流动性风险、汇率风险等各类市场风险

这些风险是由于资产负债不匹配和金融市场要素引起的,如果风险管理不善,有可能给商业银行带来灾难性的后果。资产负债综合管理的首要任务就是对这些风险进行准确计量和科学管理。

2. 协调商业银行的短期和长期盈利目标

利润是商业银行生存和发展的基础,也是银行实施资产负债管理的最终目标。但是,商业银行不应当简单追求短期利益,而必须立足长远,实现可持续发展。目前,国际银行业通常以净利息收入为短期盈利目标,而以市值为长期盈利目标。资产负债管理的一项重要任务就是在判断市场利率走势的基础上,在银行的短期盈利目标与长期盈利目标之间寻求一种平衡。

3. 优化配置银行经济资本

经济资本是防止银行倒闭的最后一道防线,但因为资本是最为稀缺和昂贵的资源,银行管理者必须对经济资本进行管理,在效益与风险之间寻求平衡。有效的资产负债管理,应当能够改善资产与负债的配置,将有限的资源投入到效益好且风险可控的业务上,以实现经济资本的节约。

在实践中,资产负债综合管理强调资产与负债期限结构的合理搭配,以降低流动性风险;资产与负债总量结构的合理搭配,以降低利率风险;资产与负债各自内部结构的合理搭配,以提高银行管理效率;资产收益与负债成本的合理搭配,以提高银行的利润水平。

资产负债综合管理理论是商业银行理论的重大发展,并对整个银行业产生了深远的影响:第一,它吸取了资产管理和负债管理的精华,使商业银行业务管理日趋完善;第二,它增加了银行抵御外界经济动荡的能力;第三,它有助于减轻银行"短借长贷"的矛盾。

【拓展阅读】

商业银行资产负债管理理论的新发展

20世纪80年代后期以来,由于商业银行作为信用中介的地位受到削弱,银行发展的重心和银行竞争的焦点已经逐渐转向服务领域,以服务为重点的经营管理理论应运而生。主要有资产负债外管理理论和全方位满意管理理论。

资产负债外管理理论提倡从正统的银行资产、负债业务以外去寻找新的经营领域,开辟新的盈利来源。这种理论认为,存贷业务只是银行经营的一条主轴,在其旁侧可延伸发展起多样化的金融服务,如在存贷业务之外可以大力开拓期货、期权等衍生金融工具的交易,并提倡将原本资产负债表内的业务转化为表外业务,如贷款出售、存款转售等。从而使表内业务经营规模缩减或维持现状,可使银行逃避审计、税务检查,维护银行收益的持久、稳定。资产负债外理论不是对资产负债综合管理理论的否定,而是对它的补充。前者用于管理表外业务,而后者则用于管理表内业务。目前,两者都被应用于发达国家商业银行的业务经营之中。

全方位满意理论是在全面质量管理的基础上发展起来的。它强调企业全体与顾客满意的管理理念,即银行通过塑造独特的文化,提供能令顾客完全满意的产品或服务,达到与顾客建立长期合作的目标。顾客的绝对满意是这一理论的主要关心点和立足点,它强调满足顾客对产品或服务的质量、数量、价格、设计、办理时间以及配套服务等不同要求，而不只是对质量的要求。顾客的评语和行为反馈是考核产品或服务的标尺，在追求顾客绝对满意的目标下，变革银行文化和组织制度。在激烈的市场竞争中，唯有确实做到令顾客绝对满意，经得起顾客苛刻考验的金融企业，才能立于不败之地。

二、资产负债综合管理方法

（一）利率敏感性管理

1. 利率敏感性缺口管理的概念

利率敏感性缺口管理是指银行在对利率进行预测的基础上，调整计划期利率敏感性资产与负债的对比关系，规避利率风险或从利率风险中提高利润水平的方法。

其中，利率敏感性资产或负债统称利率敏感性资金，又称浮动利率或可变利率资金，指在一定期间内展期或根据协议按市场利率定期重新定价的资产或负债。其定价基础是货币市场基准利率，包括同业拆借利率、国库券利率、银行优惠贷款利率、可转让大额存单利率等。也就是说，利率敏感性资产或负债的利率会随着市场利率的变动而变动，否则为非利率敏感性资产或负债。

【想一想】同业拆借、回购协议、大额定期存单、短期贷款、短期投资、固定利率贷款、长期投资、分期偿还贷款等归属于利率敏感性资产还是非敏感性资产？活期存款、短期存款、短期借款、定期存款、长期债券等归属于利率敏感性负债还是非敏感性负债？

2. 资产负债利率敏感程度衡量的两个指标

（1）利率敏感性缺口。利率敏感性缺口是也称融资缺口，指一个计划期内银行利率敏感性资产与利率敏感性负债的差额，用 GAP 表示，它可用来反映银行资金的利率风险暴露情况。具体如下：

$$GAP = RSA - RSL$$

式中，RSA 为利率敏感性资产；RSL 为利率敏感性负债。

很显然，利率敏感性缺口有零缺口、正缺口和负缺口三种状态。$GAP > 0$，称为正缺口，表明利率敏感性资产大于利率敏感性负债；$GAP < 0$，称为负缺口，表明利率敏感性资产小于利率敏感性负债；$GAP = 0$，称为零缺口，表明利率敏感性资产等于利率敏感性负债。

（2）利率敏感性比率。利率敏感性比率是利率敏感性资产与利率敏感性负债的比值，用 SR 表示，具体如下：

$$SR = \frac{RSA}{RSL}$$

利率敏感性比率的取值分为三种情况，即大于1，小于1和等于1。

利率敏感性比率与利率敏感性缺口有三种匹配关系，当融资缺口大于零时，敏感性比率大于1，称为资产比负债敏感；当融资缺口小于零时，敏感性比率小于1，称为负债比资产敏感；当融资缺口等于零时，敏感性比率等于1，称为资产负债匹配。如图5-5所示。

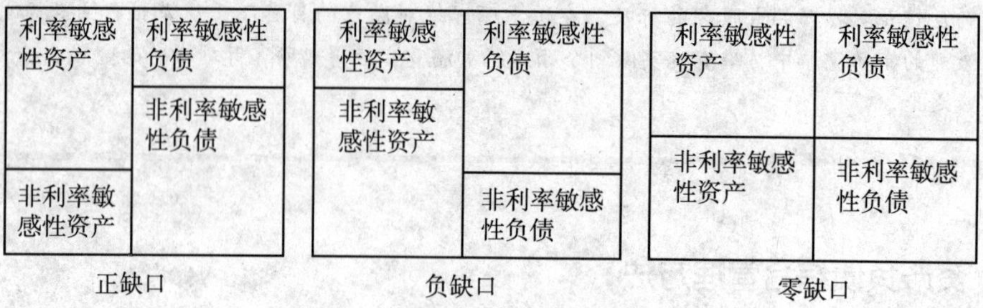

利率敏感性资产	利率敏感性负债	利率敏感性资产	利率敏感性负债	利率敏感性资产	利率敏感性负债
	非利率敏感性负债	非利率敏感性资产		非利率敏感性资产	非利率敏感性负债
非利率敏感性资产			非利率敏感性负债		

正缺口　　　　　　负缺口　　　　　　零缺口

图5-5　商业银行资金配置情况

3. 利率敏感性缺口管理模型

用 ΔNII 表示银行净利息收入变化量，用 Δi 表示利率变化量，则银行净利息收入的变化量与敏感性缺口和利率变化量之间的关系如下：

$$\Delta NII = \Delta i \times (RSA - RSL) = \Delta i \times GAP$$

可见，在市场利率变动时，利率缺口将直接影响银行的净利息收入。如果银行保持一个正缺口，即 $GAP > 0$，或 $SR > 1$。当市场利率上升时，即 $\Delta i > 0$，此时 $\Delta NII > 0$，银行的净利差由于利率的上升而增加；如果市场利率下降，即 $\Delta i < 0$，此时 $\Delta NII < 0$，银行的净利差由于利率的下降而减少。反之，如果银行保持一个负缺口，即 $GAP < 0$，或 $SR < 1$，此时随着利率的上升，净利差会下降，随着利率的下降，净利差会上升。如果银行保持一个零缺口，基本上可以保证银行利差收入不变，不受利率变化的影响。具体如表5-1所示。

表5-1　利率敏感性缺口和利率变动对银行净利息收入的影响

利率敏感性缺口	预期利率变动	利息收入	比较	利息支出	净利息收入变动
正值	上升	增加	>	增加	增加
正值	下降	减少	>	减少	减少
负值	上升	增加	<	增加	减少
负值	下降	减少	<	减少	增加
零	上升	增加	=	增加	不变
零	下降	减少	=	减少	不变

【想一想】在影响银行净利息收入变动的两个变量中，哪一个是银行可以改变或可以控制的量即内生变量，哪一个是银行不可以改变或不可以控制的量即外生变量？理解什么是管理及利率敏感性管理策略。

4. 利率敏感性缺口管理策略

利率敏感性缺口管理策略是指银行运用利率敏感性缺口模型，根据对利率波动趋势的预测，相机调整利率敏感性资产和负债的配置结构，从而实现银行净利息收入的稳定或增长。主要包括以下两种。

(1) 进取性策略。

进取性策略是指保持利率敏感性缺口的存在，利用利率变动获取收益的做法。若预期利率上升，银行的利率敏感性缺口值应为正值；反之，若预期利率下降，银行的利率敏感性缺口值应为负值。调整缺口值就是调整敏感性资产与敏感性负债的数量对比关系，即资金结构关系。进取型的银行常采用此种方法。

(2) 防御性策略。

防御性策略是指使利率敏感性缺口为零，使利率敏感性资产与利率敏感性负债总额相等，以达到最大限度地减少利率风险损失的目的。与上述进取性策略相比，防御性策略仅仅是防范了利率风险，而没有在规避利率风险的同时，获取额外的风险收益。保守型银行常采用此种方法。

【做一做】

商业银行融资缺口分析

表5-2　　　　　　　　下列日期内需要重新确定利率的资产负债表　　　　　　单位：百万元

资产和负债项目	7天	30天	31~90天	91~360天	1年以上	总计
资产						
现金和存放同业	100					100
可转让证券	200	50	80	110	460	900
工商贷款	750	150	220	170	210	1 500
不动产贷款	500	80	80	70	170	900
消费者贷款	150	30	60	130	130	500
银行建筑设备	—	—	—	—	200	200
总资产	1 700	310	440	480	1 170	4 100
负债和资本						
活期存款	800	100				900
储蓄存款	50	50				100
定期存款	100	200	450	150	300	1 200
同业拆借	300	100				400
大额定期存单	550	150				700
其他负债	—	—	—	—	—	400
资本	—	—	—	—	700	700
总负债	1 800	600	450	150	1 100	4 100
利率敏感缺口						
累计缺口						
SR（%）						
银行状况						
净息差缩减因素						

1. 试计算上表日期内：（1）利率敏感性缺口；（2）累计缺口；（3）利率敏感性比率；（4）银行状况。
2. 分析银行净息差缩减因素。
3. 判断未来利率上升对银行有利还是利率下降对银行有利。
4. 如果未来91天内市场利率上升，银行应该采取何种相应的风险对冲措施？

（二）持续期缺口管理

1. 持续期缺口管理的目标

持续期缺口管理是银行在对利率进行预测的基础上，考察利率变动对银行净值的影响程度，通过调整银行全部资产与全部负债的对比关系，进而调整资产与负债持续期的对比关系，达到规避利率风险或从利率风险中获取收益，提高商业银行净值水平。

【温馨提示】持续期缺口管理是在利率敏感性缺口管理基础上产生的更为有效的管理风险的方法。一般认为，利率风险有两方面：一是再投资风险；一是资产负债市场价值变化从而银行净值变化的风险。利率敏感性缺口管理只强调了利率变化资产负债再投资的风险，而未考虑利率变化对银行净值的影响。

2. 持续期的概念

持续期有狭义和广义之分。狭义的持续期是指债券的持续期。它是关于债券的所有预期现金流入量的加权平均时间，或是债券未来的现金流量相对于债券价格变动基础上计算的加权平均时间。广义的持续期是指包括债券在内的商业银行所有资产、负债的持续期的总称。计算公式为：

$$D = \frac{\sum_{t=1}^{n} \frac{t \times C_t}{(1+i)^t}}{P}$$

式中，D 为持续期；t 为各期现金流发生的时间；C_t 为金融工具第 t 期的现金流；i 为市场利率；P 为金融工具的价格，或者称为金融工具的现值。

持续期是和金融工具偿还期相联系的一个概念。在持续期内不支付利息的金融工具，其持续期等于偿还期；对于分期付息到期还本的债券，其持续期总是短于偿还期。

持续期的实质为债券的投资回收期（该债券各期现金流抵补最初投入的平均时间）。持续期是证券到期期限（N）的增函数；是证券现金流量（Ct）的减函数。

【做一做】

设某固定收入债券的息票为每年90美元，期限二年，每半年支付一次利息，面值1 000美元，市场利率为8%，现值为1 020.980 8美元，求该债券的持续期。

提示：

$$D = \left[\frac{1 \times 45}{(1+4\%)} + \frac{2 \times 45}{(1+4\%)^2} + \frac{3 \times 45}{(1+4\%)^3} + \frac{4 \times 1\ 045}{(1+4\%)^4} \right] \div 1\ 020.980\ 8 = 3.84(半年) = 1.87(年)$$

3. 持续期对银行净值的影响

根据会计上的定义，银行净值是银行资产与负债之差，也就是股东权益。而银行资产、负债的价值变动与市场利率、持续期之间存在以下关系：

$$\Delta P_A = -D_a \times \frac{\Delta i}{1+i} \times P_A$$

$$\Delta P_L = -D_L \times \frac{\Delta i}{1+i} \times P_L$$

式中，ΔP_A 为资产价值变动额；ΔP_L 为负债价值变动额；P_A 为资产市值；P_L 为负债市值；Δi 为利率变动。

持续期与银行资产、负债价值变动之间的关系决定了它对银行净值有重大影响。

设 ΔNW 为商业银行净值，则有：

$$\Delta NW = \Delta P_A - \Delta P_L = -\frac{\Delta i}{1+i} \times \left(D_A - D_L \frac{P_L}{P_A}\right) \times P_A = -D_{GAP} \times \frac{\Delta i}{1+i} \times P_A$$

式中，$\left(D_A - D_L \frac{P_L}{P_A}\right)$ 称为持续期缺口，实际上就是净值的持续期，它等于银行资产持续期与负债持续期和资产负债率（或负债资产现值比）乘积的差额。

持续期缺口用 D_{GAP} 表示，则：

$$D_{GAP} = \left(D_A - D_L \frac{P_L}{P_A}\right)$$

从上式可以看出，影响银行净资产价值的因素包括：①持续期缺口；②银行资产规模；③市场利率的变动。其中，银行资产规模会影响到银行净值变动规模的大小，而利率的变动和持续期缺口的值会影响到银行净值的变动方向。在市场利率上升的情况下，保持一个正的持续期缺口，则银行净值减少；保持一个负的持续期缺口，则银行净值会增加；相反，在市场利率下降的情况下，保持一个正的持续期缺口，则银行净值增加；保持一个负的持续期缺口，则银行净值减少。持续期缺口和利率变动对银行净值的影响如表5－3所示。

表5－3　　　　　持续期缺口和利率变动对银行净值的影响

持续期缺口	利率变动	资产现值变动	比较	负债现值变动	银行净值变动
正值	上升	减少	>	减少	减少
正值	下降	增加	>	增加	增加
负值	上升	减少	<	减少	增加
负值	下降	增加	<	增加	减少
零	上升	减少	=	减少	不变
零	下降	增加	=	增加	不变

4. 持续期缺口管理策略

银行的持续期缺口管理策略是指银行随着市场利率的变动，相机调整资产负债结构，使银行控制或实现一个正的权益净值以降低投资或融资的利率风险。包括以下两种。

（1）进取性策略。进取性策略是指保留持续期缺口不为零的策略。如果预测市场利率上升，调整资产负债结构，维持负的持续期缺口；如果预测市场利率下降，调整资产负债结构，维持正的持续期缺口，从而实现银行净值的有利变动。如果银行持续期缺口不为零，资产规模越大，随着市场利率的变动，净资产价值变化越大，所以银行还要注意调整资产规模。通常大银行采用这种策略。

（2）保守性策略。保守性策略是指保持持续期缺口为零的策略。无论市场利率如何变动，银行的净值都不会受到影响。通常小银行采用这种策略。

【想一想】在持续期缺口管理中，利率变量仍然是一个外生变量，银行可以变化的是持续期缺口这个内生变量。调整资产与负债的持续期的对比关系，实质是什么？如何在利率变动的不同情况下，调整持续期缺口？

持续期缺口管理为银行资产负债综合管理，特别是为利率风险管理提供了一个综合性指标。它是在考虑了每种资产或负债的现金流量的时间价值基础上计算出来的，避免了利率敏感性缺口模型中由于时间间隔划分不当出现的问题，从而使持续期缺口管理模型更具有操作意义。

【拓展阅读】

我国商业银行的资产负债比例管理

我国商业银行资产负债比例管理是在借鉴国际商业银行成功管理经验的基础上，根据我国实际情况制定的。它把商业银行的经营管理原则进行量化，并通过一系列指标体系体现出来，便于对商业银行的管理和考核，达到稳健经营、消除和减少风险的目的。

我国的资产负债比例管理指标分为监控指标、监测指标两大类，共16个指标。监控性指标是要求各商业银行必须达到的指标，包括资本充足率指标、国际商业借款指标、境外资金运用比例指标、单个贷款比例指标、贷款质量指标、中长期贷款比例指标、资产流动性指标、存贷款比例指标、备付金比例指标、拆借比例指标等；监测性指标是参考性指标，是监控性指标的必要补充，包括风险资产比例指标、外汇资产比例指标、资本利润率指标、资产利润率指标、股东贷款比例指标、利息回收率指标等。这些指标是根据国际一般惯例和我国实际制定，指标选择具有可操作性和适应性，侧重于银行资金的安全性和流动性，既是宏观管理的要求，也是商业银行自身的资产负债比例管理所必须包含的内容。

2006年我国银行业全面开放后，国际竞争使我国金融机构的经营环境风险加大。1996年制定的这些指标有不少已经过时。为了克服这一不足，中国银监会于2005年12月31日制定了《商业银行风险监管核心指标（试行）》，决定自2006年1月1日起试行。

《商业银行风险监管核心指标》包括风险水平、风险迁徙和风险抵补三大类指标及指标值，其中一级指标15个，二级指标8个。风险水平指标包括流动性指标、信用风险指标、市场风险指标、操作性风险指标，以时点数据为基础，属于静态指标。风险迁徙指标衡量商业银行风险变化的程度，表示为资产质量从前期到本期变化的比率，包括正常贷款迁徙率和不良贷款迁徙率。风险抵补类指标衡量商业银行抵补风险损失的能力，包括盈利能力、准备金充足率和资本充足度3个方面。

商业银行风险监管核心指标是对商业银行实施风险监管的基准，是评价、监测和预警商业银行风险的参照体系，见表5-4。

表 5-4　　　　　　　　　商业银行风险监管核心指标体系一览表

指标类别		一级指标	二级指标	指标值
风险水平	流动性风险	（1）流动性比例		≥25%
		（2）核心负债依存度		≥60%
		（3）流动性缺口率		≥-10%
	信用风险	（4）不良资产率	不良贷款率	≤4%，≤5%
		（5）单一集团客户授信集中度	单一客户贷款集中度	≤15%，≤10%
		（6）全部关联度		≤50%
	市场风险	（7）累计外汇敞口头寸比例		≤20%
		（8）利率风险敏感度		
风险迁徙	正常贷款	（9）正常贷款迁徙率	正常贷款迁徙率 关注贷款迁徙率	
	不良贷款	（10）次级贷款迁徙率		
		（11）可疑贷款迁徙率		
风险抵补	盈利能力	（12）成本收入比		≤35%
		（13）资产利润率		≥0.6%
		（14）资本利润率		≥11%
	准备金充足度	（15）资产损失准备充足率	贷款准备充足率	>100%
	资本充足率	（16）资本充足率	核心资本充足率	≥8% ≥4%

知识要点

资产负债管理是现代经营管理的核心，其发展经历了资产管理、负债管理、资产负债综合管理三个不同发展阶段，并在其间形成了不同的商业银行经营管理理论和管理方法。

资产管理理论强调银行资金来源是银行无法控制的外生变量，商业银行只能通过对资产的管理来实现银行经营的流动性，从而保证银行经营的安全性和盈利性。资产管理理论在确定资金的运用方向时，又提出了商业性贷款理论、资产转移理论和预期收入理论。资产管理方法有资金总库法、资金分配法和线性规划法。

负债管理理论早期表现为银行券理论和存款理论，强调适度负债和存款的安全性。后期出现的购买理论和销售理论则主张银行应根据目标资产增长和盈利目标，主动到金融市场去"购买资金"，实现银行安全性、流动性和盈利性的统一。负债管理理论是金融思想的创新，为保持银行流动性提供了新的思路。负债管理方法包括储备头寸管理法和贷款头寸管理法。

资产负债综合管理理论强调要从资产和负债两个方面整体规划和协调搭配，成为商业银行经营管理的核心理论。资产负债综合管理方法包括利率敏感性缺口管理法、持续期缺口管理法及资产负债比例管理法。

问题讨论

1. 资料

2013年6月中国式银行"钱荒"事件

"钱荒",指由于流通领域内货币相对不足而引发的一种金融危机。"钱荒"从银行体系内萌生、在资本市场被放大,而利率市场"冰火两重天"的现状则直接影响实体经济的运行。2013年6月,大型商业银行加入借钱大军,隔夜头寸拆借利率6月19日上涨至7.66%,6月20日又一下子疾速飙升578个基点,达到13.44%,隔夜回购最高成交利率达到30%,创历史最高点。当天曾一贯扮演资金融出方角色的大行也不再拆出资金,甚至在市场上借入资金,一时间令市场的恐慌情绪迅速蔓延。"没见过隔夜上30%的交易员,人生是不圆满的",众多银行间市场交易员如是感慨。2013年6月20日,这个疯狂的一天,足以载入中国银行间市场史册。

拆借利率暴涨,意味着缺钱的金融机构在市场上的融资成本剧增。以隔夜拆借为例,在6月18日,如果机构要从银行间市场借1亿元资金1天,所要支付的利息为1.53万元,而6月20日这一利息则涨到3.68万元,两天时间就翻了一倍还多。按照常理,银行从同业市场难以拆借到资金,也会转向其他渠道筹资。13.44%的隔夜拆借利率远远超过一年期存贷款利率,这简单太令人难以想象了。

导致拆借利率罕见暴涨的原因在于,此前许多银行预计央行会为了刺激经济而快速放松货币政策,因此在业务操作时较为冲动,部分银行流动性管理出现问题。2013年上半年,各大商业银行明显加大了信贷投放力度,仅6月前10天全国银行信贷增加超1万亿元。而市场利率的高涨更多是因为恐慌情绪所致,有钱的银行不愿意借,颇为谨慎,而缺钱的银行则不计成本地去借。过度的信贷扩张,被认为是季末银行间市场"钱荒"的重要原因之一。

银行间市场的资金面全线飙升,令各机构交易员叫苦连天,央行方面则依旧淡定。6月21日,央行在公开市场发行3个月期20亿元央票,价格为99.28元,参考收益率2.9089%。市场预期的逆回购重启的愿望逐渐渺茫。对此,市场猜测,央行延续票据发行,表明了央行的一种姿态,即"市场的问题需要市场自身去解决"。

2. 活动安排

将学生分为若干大组进行讨论,最后各组选出代表上台发言。

3. 要求

分析商业银行2013年6月钱荒事件的背景及来龙去脉。理解这一次的钱荒事件中为什么中央银行采取铁腕手段不扶持银行,也即不为商业银行注入流动性。运用资产负债管理理论分析银行如何兼顾三性原则。

4. 场景

教室。

推荐阅读

1. 戴小平：《商业银行学》，第九章，复旦大学出版社2007年版。
2. 戴国强：《商业银行经营学》，第十一章，高等教育出版社2007年版。
3. 银监会：《商业银行风险监管核心指标（试行）》，2006年。

本章自测

一、单项选择题

1. 在（　　）理论的鼓励下，商业银行资产组合中的票据贴现和短期国债比重迅速增加。
   A. 商业性贷款理论　　　　　　　B. 资产转移理论
   C. 预期收入理论　　　　　　　　D. 负债管理理论

2. 从资产负债平衡的角度去协调银行安全性、流动性、效益性之间的矛盾，使银行经营管理更为科学的理论是（　　）。
   A. 资产管理理论　　　　　　　　B. 负债管理理论
   C. 预期收入理论　　　　　　　　D. 资产负债综合管理理论

3. 商业银行资产管理理论中的预期收入理论强调（　　）。
   A. 资金运用与资金来源的相互制约关系　　B. 贷款期限与贷款流动性之间的关系
   C. 贷款偿还与借款人未来收入之间的关系　　D. 流动性与盈利性之间的关系

4. 能够精确地计算出分配到各种资产的资金数量，从而帮助银行进行资产管理的方法是（　　）。
   A. 线性规划法　　　　　　　　　B. 资金分配法
   C. 资金总库法　　　　　　　　　D. 储备头寸负债管理法

5. 大额可转让定期存单的发行表明商业银行的负债管理理论进入到（　　）阶段。
   A. 银行券理论　　B. 存款理论　　C. 购买理论　　D. 销售理论

6. 商业银行采取负债管理的先决条件是（　　）。
   A. 初级证券市场的发展　　　　　B. 货币市场的发展
   C. 期权市场的发展　　　　　　　D. 二级证券市场的发展

7. 下列属于非利率敏感性资产的是（　　）。
   A. 同业拆借　　B. 短期贷款　　C. 浮动利率贷款　　D. 固定利率贷款

8. 在持续期缺口管理策略中，银行关注的一个重要指标是（　　）。
   A. 净利息收入　　B. 税后净利　　C. 净资产价值　　D. 净利润

9. 在一定期间内展期或根据协议按市场利率定期重新定价的资产或负债是（　　）。
   A. 利率敏感性资金　　B. 流动资金　　C. 短期资金　　D. 长期资金

二、多项选择题

1. 商业银行重视负债管理理论的目的是（　　）。
   A. 增强流动性　　B. 增加盈利　　C. 弥补资本金的不足　　D. 加强与客户的关系

2. 下列有关负债管理理论说法正确的有（　　）。
   A. 负债管理理论使银行的流动性与盈利性的矛盾得到协调
   B. 负债管理理论增强了银行的主动性和灵活性
   C. 负债管理理论增加银行经营风险
   D. 负债管理理论降低银行经营成本

3. 负债管理工具包括（　　）。
   A. 大额可转让定期存单　　　　　B. 同业拆借
   C. 回购协议　　　　　　　　　　D. 再贴现

4. 商业银行负债管理方法有（　　）。
   A. 储备头寸负债管理　　　　　　B. 全面负债管理
   C. 差额负债管理　　　　　　　　D. 缺口负债管理
5. 某银行利率敏感性资产为 10 亿元，利率敏感性负债为 8 亿元，则该银行的（　　）。
   A. 利率敏感性缺口为 18 亿元　　　B. 利率敏感性缺口为 2 亿元
   C. 利率敏感性比率为 1.25　　　　D. 利率敏感性比率为 0.8
6. 根据商业银行资产负债管理理论，提高商业银行的流动性可以（　　）。
   A. 储备流动性强的资产　　　　　B. 从货币市场购买流动性
   C. 从资产负债两个方面同时着手　　D. 没有办法解决
7. 随着商品经济的发展，商业贷款理论的局限性逐渐显露，表现在（　　）。
   A. 商业贷款理论第一次确定现代商业银行经营管理的一些重要原则
   B. 商业贷款理论忽视了贷款要求的多样性
   C. 该理论忽视了活期存款也有相对稳定的一面
   D. 商业贷款理论忽视了贷款清偿的外部条件
8. 资金转移理论也有其不足之处，有（　　）。
   A. 资金运用范围的扩大，丰富了银行资产结构
   B. 过分强调银行通过运用可转换资产来保持流动性，限制了银行高盈利资产的运用
   C. 可转换资产的变出能力会受市场环境的限制
   D. 银行的资产流动性得不到保证

三、判断题

1. 资金总库法属于早期的资产负债管理方法，偏重单一资产管理。
2. 银行资金缺口的绝对值越大，银行承担的利率风险也就越大。
3. 大银行进行资金缺口管理往往采取进取性策略，在利率达到最高点时，资金正缺口达到最大值，反之利率达到最低点时，资金负缺口达到最大值。
4. 持续期与偿还期呈正相关关系，持续期与现金流量呈负相关关系。
5. 负债管理理论是对资产管理理论的否定，认为银行没有必要持有大量高流动性的资产，应该将它们投入到高盈利的投资和贷款活动中以获取盈利。
6. 在银行存在负缺口和资产敏感的情况下，如果利率下降，由于银行资产收益的下降多于负债利息支出的下降，则净利息差减少，银行净利息收入减少。
7. 资金总库法不把负债结构看作是影响资金流动性的因素，因此负债结构不在其管理范围之内。
8. 在市场利率波动的环境下，利率风险不仅来自浮动利率资产与浮动利率负债的配置情况，也来自固定利率资产和负债的市场价值下降，当市场利率上升时，银行资产和负债的期限越长，其市场价值下降越多。

四、名词解释

资产管理　商业性贷款理论　可转换理论　预期收入理论　负债管理　购买理论　销售理论　资产负债综合管理理论　利率敏感性缺口管理　持续期缺口管理

五、回答问题

1. 负债管理方法对银行的风险性、安全性、流动性产生什么影响？
2. 二级准备在银行资产组合中的意义和作用是什么？
3. 商业银行资产负债管理方法有哪些？
4. 当预测利率处于不同的周期阶段时，银行应如何配置利率敏感资金？为什么？
5. 当利率处于不同周期阶段时，资产负债持续期正缺口和负缺口对银行净值有什么影响？
6. 商业银行负债管理的工具主要有哪些？

第六章
商业银行中间业务管理

教学目标与学习任务

教学目标：理解商业银行中间业务的含义及特点；熟悉中间业务的种类；理解商业银行开展中间业务的意义；理解租赁业务、信托业务、结算业务、代理业务、咨询业务、银行卡业务的含义；熟悉租赁业务、信托业务、结算业务、代理业务、咨询业务、银行卡业务的种类。

学习任务：掌握商业银行各种中间业务；能运用所学中间业务的基本知识拓展商业银行中间业务，能对中间业务进行科学管理。

案例导入

理财业务增长强劲

中国银行近期披露的季报显示，其基金代销、银行卡、信用承诺等中间业务增长势头强劲，带动净手续费及佣金收入同比上升 64.06%，金额达 51.68 亿元；非利息收入同比增长 11.29%，金额达 83.52 亿元，约占营业收入的 19.55%。

以工商银行为例，2007 年一季度，工商银行净手续费和佣金收入大幅增加，达到 65 亿元，净手续费和佣金收入占营业净收入的比重达到 11.8%，比上年提高 2.79 个百分点，收入结构进一步改善。其中，理财产品销售创工行历史同期最高水平，个人理财产品销售额 1 860 亿元，按年度化计算比上年全年增长 91%。

分析师认为，银行中间业务的发展一方面满足了银行客户日益丰富的金融服务需求，开拓了新的收入来源，改善了收入结构和业务结构；另一方面充分发挥了银行的网络、客户和科技优势，形成了良好的规模经济和协同效应。而且，中间业务风险很低，几乎不需资本支持，提高了银行的资本回报率。

（资料来源：http://www.cs.com.cn/yh/03/200705/t20070508_1097852.htm）

第一节 中间业务概述

中间业务风险低、利润高，已经成为银行界的共识，大力发展中间业务成为商业银行发展战略的重要内容。

一、中间业务的含义

中间业务（Intermediary Business），是指商业银行代理客户办理收款、付款和其他委托事项而收取手续费的业务，是银行不占用自身资金并以中间人的身份，利用银行本身的网点优势、网络技术优势、信用优势和人才等优势，为客户提供各项金融服务并收取手续费的业务。

其特点有：银行不运用或不直接运用自己的资金；以接受客户委托的方式开展业务；以收取手续费的形式获取收益；风险程度低于信贷业务。

二、中间业务的种类

中间业务种类繁多，传统的中间业务包括汇兑结算、票据承兑、代理收付、代客理财、信托、租赁以及国际业务中的信用证、代客买卖外汇等。近二三十年来，为适应国际国内金融市场的变化，银行的中间业务得到了较快的发展，新兴业务层出不穷。如电子计算机技术的发展，出现了信用卡业务、电子转账系统业务；由于世界贸易和资本借贷的发展，出现了担保承诺、代理融通、债务互换、信息咨询业务；为了逃避金融监管和规避风险，出现了一大批新的金融衍生业务，亦称收费性业务及表外业务。这些新兴业务大多属于中间业务范畴。

（一）结算业务

结算是指商业银行通过提供结算工具，如本票、汇票、支票等，为收付双方完成货币收付、划账行为的业务。结算业务是由商业银行存款业务派生出来的一种业务。客户为了利用银行办理结算和取得贷款的便利，首先到银行开立活期存款账户。商业银行为了吸收更多的存款，提高资金运用能力，就尽可能地加强和完善结算等服务性金融业务，为客户提供优质迅速的结算服务。银行经营汇兑业务可以占用客户一部分资金。客户把款交给银行，银行再把款汇给异地的收款人，这中间总会有一段时间间隔，在这段时间内银行就可以占用客户的资金。

我国现行的信用支付工具和结算方式主要有以下八种：银行汇票、商业汇票、银行本票、商业本票、汇兑、委托收款、异地托收承付和信用卡。目前国内有一些商业银行利用计算机网络的优势采用电子汇兑系统结算，如中国工商银行利用其星罗棋布的计算机网络，开通了覆盖全国的电子汇兑系统，可以实现异地资金划拨24小时到位，大大加快了资金的周转，缩短了结算资金在途时间。

（二）信用卡业务

信用卡是银行或公司签发的证明持有人信誉良好、可以在指定的商店或场所进行记账消费的一种信用凭证。银行信用卡是银行或银行信用卡公司为客户提供消费信用而发行的在指定地点支取现金、购买商品、支付劳务的信用凭证。它是一项银行为客户提供支付和信用手段的新型业务，在推动银行大众化服务过程中起着非常重要的作用。

银行信用卡的功能是由发卡银行根据社会需要和内部经营能力所确定的。随着社会经济的发展，银行信用卡的功能也在不断完善和发展。其主要功能有以下几个方面。

1. 转账结算功能

持卡人在特约商户购物消费之后，无须以现金支付款项，只要递交信用卡进行转账结算即可。这是信用卡最主要的功能。

2. 汇兑功能

当信用卡持有者外出旅游、购物或出差，需要在外地支取现金时，可以持卡在当地的发卡银行的储蓄所办理存款手续，然后持卡在异地发卡银行的储蓄所取款。

3. 储蓄功能

持卡人可以在发行信用卡的银行所指定的储蓄所办理存款或支取现金，还可以在发卡银行所属的自动柜员机上（简称 ATM）凭卡存取现金。

4. 消费贷款功能

持卡人在消费过程中的各种费用超过其信用卡存款账户余额时，在规定的限额范围内，发卡银行允许持卡人进行短期的透支。实质上这是发行信用卡的银行向顾客提供的消费贷款。

银行信用卡的四大功能，不仅仅方便了持卡人与特约用户的购销活动，且减少了社会现金流通量，节约了社会劳动。

（三）代理业务

代理业务是商业银行接受单位或个人的委托，以代理人的身份代表委托人办理一些经双方议定的经济事项的业务。代理时，客户并没有转移财产的所有权，只是由银行运用其丰富的知识与技能以及良好的信誉、众多的结算网点，行使监督管理权，提供金融服务；而且银行并不使用自己的资产，不为客户垫款，不参与收益的分配，只收取代理手续费。在代理业务中，委托人与银行一般必须用契约方式规定双方的权利、义务，包括代理的范围、内容、期限、纠纷的处理，由此形成一定的法律关系。

（四）信托业务

信托业务是银行受客户的委托，代为管理、营运、处理有关钱财的业务。这种业务按对象可划分为个人信托和社团、企业信托两个方面。对个人的信托业务包括代管财产、办理遗产转让、保管有价证券和贵重物品、代办人寿保险等。因旅游业发达，银行的信托业务还为委托人设计旅游路线，另外还代拟家庭预算、代办个人纳税等。对社团企业的信托业务包括：代办投资；代办公司企业的筹资事宜，如股票、公司债券等的注册、发行及股息红利分发、还本等；代办合并或接管其他企业；代管雇员福利账户和退休养老金的发放、业务咨询；代理政府办理国库券、公债券的发行、推销以及还本付息等。银行经营信托业务一般只收取有关的手续费，至于在营运中获得的收入则归委托人所有。银行开展这项业务时，可把占用的一部分信托资金用于投资。

（五）租赁业务

租赁业务是银行通过所属的专业机构将大型设备出租给企业使用的业务。银行以资金购买机器、船舶、飞机等昂贵的设备，出租给企业，收取租金，目前甚至扩大到成套工厂。这种业务通常由银行所控制的专业机构——租赁公司来经营。各国对租赁的概念，立法都不一样，租赁种类很多，但大致可以分为金融租赁和经营租赁两大类。

金融租赁的租期与设备的使用年限相同，在租期内不允许单方面撤销租约。出租人只负责资金，所有关于设备的安装、保管、维修、保险和财产税等，均由承租人负责，租期满后可以退回或续租，或按市价卖给承租人，银行经营的租赁大都是金融租赁。

经营租赁一般由出租人购置设备，由承租人选租，通常适用于一些需要专门技术保养、更新较快的设备，以及一些通用设备。出租人要负责维修保养，而且租期较短，承租人可以中途解约，随时改租设备。这种租赁又叫服务性租赁、操作性租赁，一般银行很少经营。

在上述两种基本租赁形式的基础上，通过灵活变通，出现各式各样的租赁种类。如金融租赁就有直接租赁、杠杆租赁、转租赁和维修租赁等。

（六）表外业务

表外业务是指那些不会引起资产负债表内业务发生变化，却可以为商业银行带来收入的业务活动。表外业务虽不构成资产负债总额，但在一定条件下有可能转化为表内业务。表外业务也可能带来风险或损失，因此列入表外业务的项目也称为或有负债和或有资产。表外业务主要有以下几种。

1. 提供担保和类似的或有负债

商业银行为债务人提供担保，如果债务人不能及时付款，由担保人承担责任。主要有票据承兑、备用信用证、贷款担保等。

2. 提供承诺

承诺是未来特定时期内，向客户提供按事先约定的条件发放一定数额贷款的承诺。它主要有回购协议、贷款承诺、票据发行便利等。客户要求银行承诺主要是作为一种后备保证，从而提高自身的资信度。就银行而言，承诺不一定履行，但凭借信誉就可获得可观的收益。

3. 金融衍生产品交易

金融衍生产品是指以股票、债券或货币等资产为基础派生出来的金融工具。它主要有货币互换、货币期货、货币期权、利率互换、利率期权、股票指数期货和期权等。商业银行经营此项业务主要是为自身资产规避风险，但也能进行盈利性投资。（详见本书第七章表外业务）

【拓展阅读】

中国人民银行在《关于落实〈商业银行中间业务暂行规定〉有关问题的通知》（2002）中，将国内商业银行中间业务分为九类：

① 支付结算类中间业务，指由商业银行为客户办理因债权债务关系引起的与货币支付、资金划拨有关的收费业务，如支票结算、进口押汇、承兑汇票等。

② 银行卡业务，是由经授权的金融机构向社会发行的具有消费信用、转账结算、存取现金等全部或部分功能的信用支付工具。

③ 代理类中间业务，指商业银行接受客户委托、代为办理客户指定的经济事务、提供金融服务并收取一定费用的业务，包括代理政策性银行业务、代收代付款业务、代理证券业务、代理保险业务、代理银行卡收单业务等。

④ 担保类中间业务，指商业银行为客户债务清偿能力提供担保，承担客户违约风险的业务，包括银行承兑汇票、备用信用证、各类保函等。

⑤ 承诺类中间业务，是指商业银行在未来某一日期按照事前约定的条件向客户提供约定信用的业务，包括贷款承诺、透支额度等可撤销承诺和备用信用额度、回购协议、票据发行便利等不可撤销承诺两种。

⑥ 交易类中间业务，指商业银行为满足客户保值或自身风险管理的需要，利用各种金融工具进行的资金交易活动，包括期货、期权等各类金融衍生业务。

⑦ 基金托管业务，是指有托管资格的商业银行接受基金管理公司委托，安全保管所托管的基金的全部资产，为所托管的基金办理基金资金清算款项划拨、会计核算、基金估值、监督管理人投资运作。

⑧ 咨询顾问类业务，是商业银行依靠自身在信息和人才等方面的优势，收集和整理有关信息，结合银行和客户资金运动的特点，形成系统的方案提供给客户，以满足其经营管理需要的服务活动，主要包括财务顾问和现金管理业务等。

⑨ 其他类中间业务，包括保管箱业务以及其他不能归入以上八类的业务。

三、商业银行开展中间业务的意义

（一）中间业务是商业银行提高盈利水平的重要手段

中间业务不需占用或少占用商业银行资金，而主要通过为客户服务获得收入，具有风险小、投资少、收益高的特点，在当前信贷资产质量普遍不高的情况下商业银行通过发展中间业务提高经营收入应是一个较好选择。中间业务是银行的表外业务，它不在资产与负债表内具体反映，但可以改变银行当期收益，并在总体上影响银行资产的收益率。对现代商业银行而言，提高经营效益，开拓新的效益增长点，中间业务具有极大的潜力。发展中间业务可以改变商业银行单一的资产形式和获利手段，从而改善银行的资产结构，提高总体资产质量，增强抵御企业转制过程中对银行利率债权造成冲击的承受能力，取得较为稳定的经营成果。

（二）中间业务是商业银行拓展其他业务的有力措施

发展中间业务，为客户提供多样化的产品，满足多层次客户需求，可大大提高商业银行的竞争能力。特别是优质客户更看重商业银行服务水平的高低，能不能满足需求成为其选择银行的主要标准。商业银行开展多样化的中间业务，为大客户量身定做金融组合产品，满足客户的多样化需求，可吸引大量优质客户，而客户的增加将直接促进其他业务如存款业务等的发展。同时，当前我国重点培育资本市场、保险市场，资金分流压力巨大，同时优质客户直接从资本市场筹集资金，商业银行可以选择的优质客户也越来越少，传统的存贷款业务发展空间日益缩小。随着我国资本市场、保险市场的不断发展，商业银行的发展空间逐渐减小，发展中间业务成为必然选择。

（三）发展中间业务是商业银行适应竞争的要求

加入 WTO 后，外资银行不会在存贷款业务上与国内商业银行竞争，其拓展的重点是中间业务，并通过中间业务拓展优质客户。我国商业银行必须加快发展中间业务，以适应外资银行的挑战，树立新的企业形象。

【做一做】

随着利率市场化进程不断加快，中间业务创新已成为商业银行重要的发展战略。作为国内商业银行重要的新利润增长点，中间业务创新也越来越被国内银行业所重视，它不仅有助于提高我国商业银行的盈利能力，优化资源配置，还有助于分散经营风险，提高市场竞争力。

统计显示，2012年，上市银行中间业务收入增长达到45%。从数据上看，2012年年报显示，工商银行数据为19.13%，处于全行业领先地位。招商银行的手续费和中间业务净收入占营业收入比为15.87%，处于中小银行领先水平。而我国银行业的中间业务占比平均在10%左右，相对于国外发达国家40%以上的数字来讲，差距仍然比较大。

对当前我国主要商业银行中间业务经营现状与问题进行深入剖析，并借鉴西方商业银行中间业务的发展经验，提出促进我国商业银行中间业务创新发展的有效途径和方法。

第二节　租赁业务

租赁业务对于商业银行资产结构的改变和业务渠道的拓展具有重要意义。

一、现代租赁的概念

出租人或将自己原先已有的物体，或为开展租赁业务而专门购进的物件，作为租赁物，在一定时间内，租赁给承租人使用，使承租人可通过此种租赁方式取得生产要素中的主要构成部分，再辅之以改善经营管理，从而可提高生产力和获取利润，承租人则按租赁合同规定，当取得租赁物的使用权后，须分期缴付租金；出租人则一直保有租赁物的所有权，并以收取租金的方式最终收回原有物件或专门购进物件的价款，并附加一定利润的投资活动，这是现代企业家冲破了以自有资金或筹措资金自行购买设备才进行生产的传统做法，改为采用租赁设备从事生产、获得利润、缴付租金的新方法。因为他们悟出了生产资料的价值在于使用，而不在于拥有其所有权，而利润的产生在于生产资料的投入使用，无须其归己所有，这可以说是对租赁在意识上的一大飞跃。

二、经营性租赁

经营租赁是指除融资租赁以外的其他租赁，其以获得租赁物的使用权为目的。其主要特点是：①可撤销性。这种租赁是一种可解约的租赁，在合理的条件下，承租人预先通知出租人即可解除租赁合同，或要求更换租赁物。②经营租赁的期限一般比较短，远低于租赁物的经济寿命。③不完全付清性。经营租赁的单次租金总额一般不足以弥补出租人的租赁物成本并使其获得正常收益，出租人在租赁期满时将其再出租或在市场上出售才能收回成本，因此，经营租赁不是全额清偿的租赁。④出租人不仅负责提供租金信贷，而且要提供各种专门的技术设备。经营租赁中租赁物所有权引起的成本和风险全部由出租人承担。其租金一般较融资租赁为高。经营租赁的对象主要是那些技术进步快、用途较广泛或使用具有季节性的物品。

经营租赁的出租人通常是专业租赁公司或者是生产制造商兼营的租赁公司。

三、融资性租赁

融资租赁是设备租赁的基本形式，是指转移了与资产有关的全部风险和报酬的租赁。它以融通资金为主要目的，是出租人根据承租人的请求，向承租人指定的出卖人，按承租人同意的条件，购买承租人指定的设备，并以承租人支付租金为条件，将该设备的占有、使用和收益权转让给承租人。其特点是：①不可撤销。这是一种不可解约的租赁，在基本租期内双方均无权撤销合同。②完全付清。在基本租期内，设备只租给一个用户使用，承租人支付租金的累计总额为设备价款、利息及租赁公司的手续费之和。③租期较长。租赁期接近设备的使用期。④租赁期内由用户自行维修保养，租赁期满，设备归用户所有，或者由用户支付残值后拥有设备。出资人仅负责垫付贷款，购进承租人所需的设备，按期出租，以及享有设备的期末残值。

在融资租赁中，出租人实际上已将租赁所有权所引起的成本和风险全部转让给了承租人。所有权所引起的成本主要有因租赁物的维修、保险所花费的成本。所有权风险则主要包括两个方面：①出售风险。一企业拥有某项资产后如因某种原因须将其脱手，往往要蒙受一定的损失，以低于买进的价格在市场上脱手。②技术陈旧风险。一企业拥有的设备有可能因有技术更先进的同类设备出现，或因技术进步使同样设备的价格下降而贬值，从而使企业蒙受损失。

（一）直接租赁

直接租赁是指一项由出租人独自承担购买出租设备全部资金的租赁交易。直接租赁是融资租赁最基本的业务形式，即出租人筹措资金，按照承租人的要求向供货商购买设备并支付货款，将设备出租给承租人使用并收取租金。

在直接租赁中，只有一个出租人、一个承租人、一个出卖人以及一个租赁合同和一个买卖合同。出租人以自己信誉筹措资金并承担风险，要求出租人具有较强的资金实力。目前，这种最传统的租赁业务形式在各国租赁实践中仍占有最重要的地位。

（二）杠杆租赁

杠杆租赁是目前应用较为广泛的一种国际租赁方式，是一种利用财务杠杆原理组成的租赁形式。

杠杆租赁主要有以下几个优点：①某些租赁物过于昂贵，租赁公司不愿或无力独自购买并将其出租，杠杆租赁往往是这些物品唯一可行的租赁方式。②出租人仅出一小部分租金却能按租赁资产价值的100%享受折旧及其他减免税待遇，这大大减少了出租人的租赁成本。美国等资本主义国家的政府规定，出租人所购用于租赁的资产，无论是靠自有资金购入的还是靠借入资金购入的，均可按资产的全部价值享受各种减税、免税待遇。③在正常条件下，杠杆租赁的出租人一般愿意将上述利益以低租金的方式转让给承租人一部分，从而使杠杆租赁的租金低于一般融资租赁的租金。④在杠杆租赁中，贷款参与人对出租人无追索权，因此，它较一般信贷对出租人有利，而贷款参与人的资金也能在租赁物上得到可靠保证，比一般信贷安全。杠杆租赁的对象大多是金额巨大的物品，如民航客机等。

杠杆租赁是一个包括承租人、设备供应商、出租人和长期贷款人的比较复杂的融资租赁形式。在杠杆租赁交易中，出租人、承租人、设备供应商签订融资租赁合同的买卖协议和租赁协议，出租人只需投资设备购置款项的20%~40%，另外60%~80%的资金通过将上述协议抵押给金融机构，由金融机构提供无追索权贷款获得（即规定贷款者只能从租金和设备留置权中得到偿还,对出租人的其他资产没有追索权),出租人收回的租金存入专项账户,必须首先偿还贷款本息,出租人拥有资产所有权,享受全部投资税收抵免、加速折旧、还本付息和残值的节约税收。当一家金融机构无法承担巨额融资时,出租人还可委托信托机构通过面向多家金融机构和投资人发行信托凭证的方式来筹措。

由于杠杆租赁的直接目的是税收节约,因此税务部门有严格规定,如美国规定:①出租人投资必须有一个最低限额,即至少占资产初始总成本的20%以上,且在租赁期内一直保留这笔投资;②租赁期限不能超过经济寿命的80%;③租期结束后,残值不低于20%,且由出租人承担风险和收益;④租期末承租人及其关联人不能以低于市场公允价格留购,即不具有廉价购买权、续租权;⑤承租人及其关联人不能作为本项目的贷款人和为残值提供担保;⑥租金和预计残值总额必须超过还本付息和投资的总额;⑦租金必须超过总的还本付息额。

(三) 售后回租

售后回租是承租人将其所拥有的物品出售给出租人,同时与出租人签订一份租赁合同,将该物品再从出租人手里重新租回,此种租赁形式称为回租。售后回租具有较强的融资功能,在不影响承租人使用设备的前提下,能够有效改善承租人的资产负债表,提高资金流动性,可使承租人迅速回收购买物品的资金,加速资金周转,还能享受税收优惠,在实践中被广泛运用。回租的对象多为已使用的旧物品。通常,为了防止借租赁名义办理贷款业务,各国均限制假回租交易,规定设备买卖合同必须以市场公允价格交易,租赁合同在租赁年限、残值处理等方面必须符合相关规定。

(四) 转租赁

转租赁是指租赁公司从另一家租赁公司租进物品,然后再将其转手租给用户,是以同一物件为标的物的多次融资租赁业务,相对于只对同一标的物进行一次租赁的融资租赁而言的,转租赁业务包含至少两个出租人和两个租赁合同,上一租赁合同的承租人又是下一租赁合同的出租人,称为转租人。转租人以收取租金差为目的,对上一出租人承担偿付租金的义务,租赁物件的法律所有权归第一出租人。

转租赁的基本交易程序如下:出租人A按照承租人的租赁要求,与出租人B签订一项租赁协议,由出租人B向供货商购买设备并租赁给出租人A,由出租人A再租赁给承租人。这里包含两个出租人、两个租赁合同、一个买卖合同。由于发展中国家资金普遍短缺,转租赁常用在国际租赁业务中。有时为了充分利用发达国家的出口优惠政策,常由出租人A与供货商签订购买合同,再与出租人B签订一租赁合同,将设备租回(即两个出租人之间实际上是售后回租交易),再租赁给最终承租人,这种形式实际上包含两个租赁合同、两个买卖合同。

(五) 委托租赁

委托租赁是指出租人接受委托人的资金或租赁物件,根据委托人的指定向承租人办理的融资租赁业务,在租赁期间租赁物件的所有权归委托人,出租人代理管理并收取佣金。在委托租赁中,增加了委托人和一份委托代理合同,可以是资金委托,也可以是委托人闲置的设备。

委托租赁常用于下列情况:一是委托人不具备出租人资格,对租赁业务不熟悉;二是委托人与受托出租人、承租人不在同一地区和国家,没有条件亲自管理,只好交给受托人。委托租赁实际上具有资产管理功能，可以帮助企业利用闲置设备，提高设备利用率。集约化的资金委托租赁实际上就是租赁信托计划。

【想一想】经营性租赁和融资性租赁有什么不同？

四、商业银行开展租赁业务的意义

（一）有利于商业银行资产结构的改变

开展租赁业务使商业银行可以进行混业经营，从而改善资产结构。由于目前我国的金融体系面临着巨大的信用风险，而导致这一风险的主要原因就是商业银行的资产形式太过单一，基本上就是贷款以及投资等等的这些把货币资金作为主要标的的资产形式，如果商业银行的信贷形成，那么，对资金的用途就会很难进行控制，从而像贷款被挪用的情况层出不穷。现在，如果商业银行采用金融租赁的形式，那么，上述问题也就能够得到解决，这样，银行资金在运用过程中所出现的风险也就大大降低了，对商业银行资产状况的改善有着有利作用。另外，商业银行能够对自有的资金优势进行有效利用，在提供给企事业单位机器设备的同时，把自身金融创新的步伐进行加快，从而增加新的利润来源，特别是对于股份制的商业银行来讲，它们能够重新得到进入到金融租赁行业的准入资格。

（二）有利于商业银行业务渠道的拓宽

随着经济全球化进程的不断加快，中国也成为经济产业链的一个关键环节。要想使我国企业的竞争力得到提升，要想促进我国国民经济的持续且稳定发展，就必须加快产业结构调整的步伐，必须把优势产业做得更为强大。金融租赁是银行资本与工商资本两者有机结合的一个产物，能够发挥出强大的传承和转合功能，在把资本市场化的性质以及国际化的性质予以体现的同时，把资金的科技含量也加以提升。通过金融租赁公司对产业和市场进行综合的分析以及判断，使资金投向能够趋于合理化，从而使产业结构的调整更为优化。金融租赁贯穿了金融、商业以及生产这三大市场，它对资本在市场的合理且有序的流动有着指引作用，能够促使金融资本、产业资本以及商业资本三者之间得以在市场上进行相互的渗透，相互的结合，这一巨大的作用是信贷资金没有办法实现的。所以说，金融租赁的一个最本质的内在优势就是能够给商业银行的业务开拓出更加广阔的空间。

【温馨提示】租赁可以享受到税收优惠。当承租人和出租人同在一个集团时，在不违反税法规定的前提下，通过租赁可以直接公开的将资产从一个企业租给另一个企业，实现利润、费用的转移，最终达到集团税负减轻的目的。

第三节　信托业务

信托业务是商业银行接受个人或单位的委托，以代理人的身份代表委托人办理一些双方商定的业务，商业银行开展信托业务有效的组合资产，拓展其业务范围，更好地进行金融服务。

一、信托业务的含义

信托是委托人将财产权转移于受托人,受托人依信托文件(或信托契约)的约定,为受益人或特定目的而管理或处分信托财产的财产管理制度。

由于信托是一种代人理财的财产管理制度,在现代社会,这种被管理的财产通常又是资金或与资金相联系的财产形式,同时具备了融通资金的职能,且受托人信托机构或国外兼营信托业务的银行是金融机构,故又称金融信托。金融信托是一种具有流通资金、融资与融物相结合以及融资与财产管理相结合的金融性质的信托业务,是金融业的一个重要组成部分。

二、信托构成要素

(一)信托行为

信托行为是指信托当事人在相互信任的基础上,以设定信托为目的,用订立书面合同的形式发生的一种法律行为,也就是合法设定信托的行为。

信托行为的成立,一般需要四个主要的条件。

1. 信托当事人的真实意思表示

确认信托行为的成立,必须有当事人真实意思表示。现代信托中,这种意思表示在形式上一般采用书面形式,通常有这样三种具体方式:一是信托合同,它由信托当事人经协商取得一致意见后签订;二是个人遗嘱,它由立遗嘱人(即委托人)单方面确认;三是法院依法裁定或判决信托行为成立的法律文书。

2. 特定的合法目的

信托的目的是信托行为成立的依据。例如,有的以委托运用资产,谋取资产增值为目的;有的以保管资产,使资产不受损失为目的;也有的以委托代销商品,处分财产为目的;等等。这些行为的目的必须合法适法,并可能实现,否则不能确认信托行为成立。

3. 以财产为中心

根据信托在经济范畴内的狭义定义,我们可以知道,财产是信托的核心。确认信托行为的成立,要以财产为中心,不仅是因为财产是信托的标的物,还因为财产的所有权可以转移。信托当事人的一方(委托人)为自己或他人利益,提出意思表示。为实现某种既定的目的,就得把信托财产的产权转移给另一方(受托人),另一方(受托人)同意为其依照一定的目的管理或处分这些财产。所以,没有以财产为中心,没有财产所有权的转移,信托行为是不能成立的。

4. 以信任为基础

信托是一种代人理财的财产管理制度,它的确立必须以当事人之间相互信任为基础。如果委托人和受益人对受托人不信任,或者受托人不能忠实地履行其管理财产的职责,则信托行为难以发生。即使发生信托行为,因存在不信任,甚至带有欺骗性,在法律上仍不能确认其为有效。

（二）信托关系

信托关系是指信托行为形成的以信托财产为中心的当事人之间的特定的法律关系。

信托关系各方的当事人总称为信托关系人。包括委托人、受托人和受益人。自然人和法人都可以成为信托关系人。

1. 委托人

委托人是主动提出设定信托，要求受托人遵照一定要求管理和处理信托财产的人。委托人必须具备两个条件：一是财产的合法所有者，二是具有签订合同的能力。如果信托财产为两人以上共同所有，可以共同委托，这时若干委托人称为共同委托人。无行为能力的人、未成年人及禁治产人不能成为委托人。信托关系中，委托人将信托财产转移给受托人后，不再对已转移的信托财产拥有处置权，但委托人仍享有以下基本权利：要求受托人按照信托合同的规定管理或处理信托财产；改变信托管理方式；因受托人过错造成信托财产损失时，要求受托人赔偿或复原；查阅有关处理事务的文件材料和要求受托人就信托处理加以说明；承诺受托人的辞任和解任受托人；当信托结束，而无信托合同规定的权利归属者时，取得信托财产。

2. 受托人

受托人是接受信托，按照信托合同的规定管理或处分信托财产的人。在信托关系中，受托人在各当事人中处于十分重要的地位，他不但要对委托人负责，而且还要对受益人负责，所以对受托人的资格要求更严格，不仅要取得委托人的信任，还要符合一系列法律规定。如果个人作为受托人，必须精神正常、身体健康，并且有行为能力，法律禁止无行为能力和限制行为能力的个人作为受托人。例如，残疾人、未成年人、禁治产人、准禁治产人和破产者等，都不能作为受托人。由于世界各国社会经济情况的差异，有的国家允许个人受托，有的国家不推行个人受托；在我国，一直没有个人受托的习惯。当前，我国信托业务中的受托人是信托投资公司，属于法人受托。

受托人的权利主要包括：按照信托合同规定，有权要求获得信托报酬，向受益人索取处理信托事务的费用和要求受益人补偿损失。受托人的这种权利，一般是在以营利为目的的营业性信托中可以享有。

3. 受益人

受益人是指享受信托财产本身的利益，以及由信托财产新增收益的人。在信托关系中，受益人是在设定信托时由委托人指定的。受益人可以参与签订信托合同，也可以不参与签约。受益人虽然由委托人指定，但不一定是特定的，如公益信托的受益人往往是社会群体，无法指定具体的人为受益人。受益人的资格限制比较宽松，无论是否具有行为能力的人都可以成为受益人，除非法律规定不能享有某些财产权的人。

受益人最主要的权利是享受信托利益，即享有信托受益权。此外，凡委托人持有的权利，受益人也同样持有，而受益人还单独享有以下权利：受托人违反信托合同规定处理信托财产时，受益人有权取消这种处理；当受托人发生变更时，受益人有权会同其他信托关系人办理信托事务的交接手续；信托结束时，承认最终决算的权利，在信托结束时，受托人办理信托事务的最后决算，必须得到受益人的承认，受托人才能解除责任。

受益人在享有信托受益权的同时，也应尽一定的义务。例如，受益人不得妨碍受托人正当处理信托事务,当受托人不是因为自己的过失而在处理信托事务中蒙受损失时,受益人有义务接受受托人提出的费用或补偿损失的要求。如果受益人放弃受益权,可以不履行这些义务。

(三) 信托目的

信托目的是委托人通过信托行为要达到的目标。它既是委托人设定信托的出发点,也是检验受托人是否完成信托事务的标志。信托目的由委托人提出,可以有各种各样的信托目的,但必须做到:一要合法;二要可能;三要为受益人所接受。

1. 信托目的必须具备合法性

信托目的的合法性是指信托目的本身的合法性,也包括为实施信托目的而采取的措施要合法。例如,委托人要求保管毒品或赃物,代为行骗等都不能作为信托目的。财产的管理或转移、财物的保存等实施信托目的的措施都不能违反法律,也不能妨碍社会公共秩序。

2. 委托人提出的信托目的必须可能达到或实现

明显不能达到或实现的目的不能设定信托。例如,委托人要求受托人以限定的价格在证券市场上抛售一定数量的某种股票,卖出股票所得用于偿还委托人的债务。但是,其所限价格是证券市场上不可能出现的或至少在委托人需偿还的债务到期前不可能出现的。这项信托虽然目的明确,但售出股票还债这一特定目的显然不能实现,所以不能设定信托。

3. 信托目的要为受益人所接受

信托目的具有特定性,受托人在履行信托合同过程中,不可随意改变。如果受益人拒绝委托人指定的信托目的,则不能设定信托。例如,委托人提出的信托目的是将一笔资金用于受益人购置住房,而受益人不愿意购房,要用作开店做买卖的本钱。由于受益人不接受将信托资金用于购置住房的目的,因此这一信托目的不能建立。信托目的的三个方面缺一不可。

(四) 信托客体

信托客体是指信托关系的标的物,即信托财产。

1. 信托财产的范围

信托财产是委托人通过信托行为转移给受托人并由受托人按照一定的信托目的进行管理或处理的财产,也包括信托成立后,经受托人管理或处理而获得的新的财产,如利息、红利和租金等。通常我们也将前者称为信托财产,而将后者称为信托收益,信托财产和信托收益是广义的信托财产。

2. 信托财产的特性

(1) 转让性。信托的成立,以信托财产的转移为前提条件,因此,信托财产的首要特征就是转让性,即信托财产是委托人独立支配的可以转让的财产。转让的方式有:单纯信托财产物的位移;物的位移并且信托财产的使用权、处置权、管理权也转移到受托人手中;信托财产的所有权和使用权一并转移到受托人手中。

(2) 独立性。独立性或排他性是指信托财产具有一种独立于其他财产之外的特性。主要有三种表现:信托财产与受托人的固有财产相互独立;不同委托人的信托财产或同一委托人的不同类别的信托财产相互独立;委托人的信托财产与其他财产相互独立。

(3) 有限性。信托财产只能在一定的时空上有限。信托财产空间上的有限性,即其范围受法律限制；信托财产时间上的有限性，即信托财产都有时效性（个别除外）。

3. 信托财产的管理

（1）分别管理。为了保证信托财产的独立性，信托财产必须与受托人自己的固有财产及其他信托财产分别管理。只有分别管理，才能保障各个受益人的利益。如果信托财产是货币，可以放在一起管理、运用，但必须分别计算。

（2）信托公告。信托公告是为了维护信托财产的独立性，从侧面所采取的措施。对信托财产的财产权，按规定手续进行登记注册，就是信托公告。

4. 信托的结束

信托的结束是指信托行为的终止。引起信托终止的原因一般有以下两个：

（1）已达到预定的信托目的或合同期满。这是信托终止的最主要原因。

（2）由于有某种规定原因而不能达到预定的信托目的，在信托法规定的范围内，委托人或受益人准许解除或要求法院解除信托，由于信托高度的灵活性，信托的种类和品种繁多，进行必要的分类，这是对每一种信托在分析比较和管理使用上的需要。

三、信托的特点

（一）所有权与利益权相分离

受托人享有信托财产的所有权，而受益人享有受托人经营信托财产所产生的利益。

（二）信托财产的独立性

信托一经有效成立，信托财产即从委托人、受托人和受益人的自有财产中分离出来，而成为一独立运作的财产。委托人一旦将财产交付信托，便丧失对该财产的所有权；受托人虽取得信托财产的所有权，但这仅是形式上、名义上的所有权，因为其不能享有信托利益；受益人固然享有受益权，但这主要是一种信托利益的请求权，在信托存续期间，其不得行使对信托财产的所有权。即便信托终止后，信托人也可通过信托条款将信托财产本金归属于自己或第三人。

信托财产的独立性主要表现在以下三个方面：①信托财产与受托人（信托机构）的固有财产相区别。因此，受托人解散、被撤销或破产，信托财产不属于其清算或破产的财产。②信托财产与委托人或收益人的其他财产相区别。受益人（可以是委托人自己）对信托产的享有不因委托人破产或发生债务而失去，同时信托财产也不因受益人的债务而被处理掉。③不同委托人的信托财产或同一委托人的不同类别的信托财产相区别。这是为了保障每一个委托人的利益，不致使一委托人获得不当之利而使其他委托人蒙受损失，保障同一委托人的不同类别的信托财产的利益，不致使一种信托财产受损失而危及他的其他信托财产。

（三）有限责任

这主要体现两方面：一是受托人以信托财产为限对受益人负有限清偿责任，也就是说，信托财产有损失的，在信托终止时，只将剩余财产交给受益人即可。但是，受托人违反信托目的或者因违背管理职责、管理信托事务不当致使信托财产受到损失的，受托人应当予以补偿、赔偿或恢复原状。二是受托人因信托事务处理而对外发生的债务只以信托财产为限负有限清偿责任,即债务人无权追溯受托人的其他财产。但受托人违背管理职责或者管理信托事务不当所负债务及所受到的损害,要以受托人的自有财产承担。

(四) 信托管理的连续性

信托一经设立,信托人除事先保留撤销权外不得废止、撤销信托;受托人接受信托后,不得随意辞任;信托的存续不因受托人一方的更迭而中断。

【拓展阅读】

信托与委托、代理的区分,信托的优越性

委托和代理(尤其是委托)是与信托非常近似的一种法律制度,也可以运用于财产管理。但是,信托作为一项关于财产转移和财产管理的独特的法律设计,它与委托、代理存在巨大的差异。简单说来,这种差异表现在:(1)成立条件不同。设立信托,必须要有确定的信托财产,如果没有可用于设立信托的合法所有的财产,信托关系便无从确立。而委托、代理关系则不一定要以财产的存在为前提。(2)名义不同。信托关系中,受托人系以自己的名义行事,而一般委托和代理关系中,受托人/代理人以委托人/被代理人的名义行事。(3)财产性质不同。信托关系中,信托财产独立于受托人的自有财产和委托人的其他财产,委托人、受托人或者受益人的债权人一般不得对信托财产主张权利。但委托、代理关系中,委托人/被代理人的债权人可以对委托财产主张权利。与类似的法律制度相比较,信托是一项更为有效的进行财产转移与管理的制度设计。

在国外的实践中,信托显示了自己独特的优越性,主要表现在三个方面:(1)长期规划。信托因有受托人的中介设计以及管理连续性的设计,因而更适合于长期规划的财产转移与财产管理。(2)弹性空间。信托设立方式多样化(有信托合同、其他书面形式、遗嘱等)、信托财产多元化(凡具有金钱价值的东西,不论是动产还是不动产,是物权还是债权,是有形的还是无形的,都可以作为信托财产交付信托)、信托目的自由化(只要不违背法律强制性规定和公共秩序,委托人可以为各种目的而创设信托)和实务领域宽泛化(信托品种繁多、应用领域宽泛)的特点,使信托具有巨大的弹性空间。(3)受益人之切实保障。一方面,信托中信托财产所有权"名实分离",受托人承受信托财产的名义所有权,使得伴随所有权所生的管理责任与风险皆归属于受托人,而伴随所有权所生的利益则纯由受益人享受。另一方面,信托财产具有独立性的特质,使得信托财产免于委托人或受托人的债权人所追索,从而赋予受益人对信托财产享有优先于委托人或受托人的债权人的权利。

四、信托业务的种类

(一) 以信托事项内容为依据的分类

1. 任意信托、法定信托、回归信托、强制信托

以确认信托关系成立为标准,分为任意信托、法定信托、回归信托和强制信托。

(1) 任意信托。任意信托是指信托关系的成立完全以各方当事人的自由意思表示为依据,不受外力干预,故又称"自由信托"。又因其意思表示订立在信托文件上,亦称为明示信托。

(2) 法定信托。法定信托是依据法律的直接规定而成立的信托,其基础是法律规定,

法定信托是英美法律上的一种特有现象。

(3) 回归信托。回归信托是依据对委托人的意思推定而成立的，当委托人的意思表示不明确时，法院推定信托财产为委托人的利益而存在，受托人应将信托财产返还给委托人或归属于委托人的遗产。

(4) 强制信托。强制信托是英美法院依据衡平法上的公平正义原则，以判决方式强制设立的一种信托，又称抑制信托。

2. 担保信托、管理信托、处分信托

按信托目的的标准，可分为担保信托、管理信托、处分信托。

(1) 担保信托。是指受托人掌握信托财产产权的目的，在于保护受益人的合法权益。例如，附担保公司债信托。

(2) 管理信托。受托人掌握信托财产的目的在于保护财产的完整，维护财产的现状。不变更财产的方式或形态，并收取该项财产的固定收益和应支付的必要费用。

(3) 处分信托。受托人掌握信托财产的目的在于使用和支配信托财产，处理信托财产，以达到使信托财产本身价值增值，或使信托财产的收益增加。

3. 民事信托、商事信托

以信托事项的法律立场为标准，分为民事信托和商事信托。

(1) 民事信托。以民事法律为依据，调整财产关系和人身关系的信托事项，均为民事信托。

(2) 商事信托。信托的性质从法律立场讲，凡属于社会经济交往引起的诉讼的范围之内，称为商事信托。亦有称凡涉及商事法的信托事项为商事信托。

4. 自动信托、被动信托

以受托人的义务为标准，分为自动信托和被动信托。

(1) 自动信托。自动信托是指委托人将财产交予受托人，受托人不仅作为该财产的名义所有人，且须依成立信托的文件中所订立或规定的权限，负担积极管理或处分的义务。在这类信托中，受托人的权限较大，责任也较重。因为受托人负有积极为受益人的利益而管理或处分财产的义务，故又称积极信托；又因受托人是主动承担财产的管理、运用和处理等义务，又称此种信托为主动信托。现代信托大部分属自动信托。

(2) 被动信托。被动信托是指委托人只将财产的户名转移于受托人，因此受托人的责任只承担委托人财产的名义，不承担委托人要求对信托财产管理、运用或处理的义务。凡管理、运用或处理等事项，完全由委托人或受益人自己去办。由于受托人对信托财产不实施任何积极行为，权限较小，责任较轻，故又称受动信托或消极信托。被动信托实质上不是现代意义上的信托，又名"虚设信托"。

(二) 以信托关系为依据的分类

1. 公益信托、私益信托、他益信托、自益信托、宣示信托

以信托关系中处于受益人地位的当事人为主体，以此为标准作为依据的有：公益信托、私益信托、他益信托、自益信托和宣示信托。

(1) 公益信托。公益信托是指以增进社会之间的公共利益而设定的一类信托。这种信托的受益人不是特指一个人或两个人，凡社会中享受这方面公益的人都是公益信托的受益人。例如，某委托人将财产权归属于某信托机构，托为执业管理，以其收益奖励对人类社会科技发展有突出贡献者。瑞典的诺贝尔基金会即属此例。它以固有的170万英镑资本,通过自己的受托人管理运用,每年将运用后的收益奖励对科技等有突出贡献的学者。

(2) 私益信托。私益信托是指信托的设立是为特定的受益人的私益为目的,受益人的范围较窄。

(3) 他益信托。他益信托的设定是为了第三者的收益,则为他益信托,指定的第三者可以表示接受,也可以拒绝接受,有时可采用默认的方式。

(4) 自益信托。凡委托人设定的信托,其目的是为了本身的收益,则为自益信托,某些信托事项也能产生一种自益与他益兼而有之的情况。

(5) 宣示信托。宣示信托又称宣言信托,是指财产所有人以宣布自己为该项财产受托人的方式而设定的信托。该项财产一经宣告受托,就成为信托财产,财产并不转移但须与原有其他财产分别进行保管。这种信托只有在他益信托,以委托人以外的他人为受益人的场合始能成立,宣示信托在英美等国得到广泛的承认,日本无宣示信托。

2. 个人信托和法人信托

(1) 个人信托业务。以个人为服务对象而经办的各种信托业务分为生前信托和身后信托。生前信托是指信托机构与委托人生前订立契约而成立的一种信托关系。这种信托的信托行为,大多产生于委托人年老退休,个人不想或不会理财;或委托人远道出门,忙于其他事务,没有善于理事的可靠的亲属好友代为料理其产业,而信托于信托机构代为管理、使用或支配。这种信托所订的信托契约在于委托人在世时即具信托法律效力,这是生前信托的第一要素。其次,生前信托必须由契约而产生,并且委托人必定是个人,法人是不存在生前与身后等期限划分的。身后信托是指信托机构与委托人在生前订立信托契约。受托办理委托人去世以后的各种事务;或由死者的亲属和司法机关为委托人,与信托机构订立信托契约。这种信托,多数信托契约订立于委托人生前,但其信托效力却在委托人去世之后,这是身后信托的第一要素;其次,身后信托的受益人必为第三者。

现今信托机构举办的身后信托业务有以下几种:执行遗嘱信托、管理遗产信托、监护信托、人寿保险信托。

(2) 法人信托业务。信托机构作为受托人,以企事业单位或团体为业务对象而成立信托关系,即是法人信托业务,或称团体信托业务。在市场经济发达的西方国家,这类业务是信托机构的业务支柱,包括证券发行信托和设备信托等。

五、商业银行开展信托业务的意义

商业银行开展信托业务通过有效地组合资产,投资资本市场、货币市场以及实业投资领域,拓宽业务经营和产品范围,为本行客户提供更丰富的金融产品和服务,同时商业银行在促进产业发展的同时,积极参与、融入多元化的金融市场发展进程,有效提升银行的盈利能力。在市场经济发达国家,无论政府采取金融混业经营管理体制,还是采取分业经营管理体制,商业银行都已经成为信托业务发展的主要力量:美国商业银行在混业经营的条件下,因其资金实力雄厚、社会信誉良好,而且可以为公众提供综合性"一篮子"金融服务,使得信托业务日益集中于商业银行。目前位居美国前100名的大银行管理的信托财产占全美信托财产的80%左右,处于无可争议的垄断地位。美国的信托业务基本上由大的商业银行所垄断。

日本政府一直执行比较严格的金融分业经营监管政策，通过各种法规和行政条例对信托公司的各项业务范围提出了严格的分业要求。但即便如此，仍然允许大华等三家银行与七家信托银行共同掌握了全社会 80% 左右的信托财产。英国是现代信托业的发源地，但专门从事信托业务的信托公司却没有得到更多的市场份额。信托财产集中在国民威斯敏斯特银行、巴克莱银行、米特蓝银行和劳埃德银行这四大银行所设立的信托部，它们共同占据了英国全部法人信托资产的 90%。

第四节　结算业务

商业银行的结算业务以存款负债业务为基础，是一项风险小、收益稳定的传统中间业务。

一、结算业务

结算是"货币结算"或"资金结算"的简称，它是指由商品交易、劳务供应、资金调拨以及其他款项往来而引起的货币收付行为和债务的清算，由商业银行通过提供结算工具为交易双方完成货币收付、划账交割，商业银行通过结算业务成为全社会的转账结算中心和货币出纳中心，顾客存款可以获得银行提供的安全、迅速结算服务。它不仅能为银行带来安全、稳定的收益，同时也是集聚闲散资金，扩大银行信贷资金来源的重要手段。从社会范围来看，规范和发展商业银行结算业务，有利于加速资金周转，促进商品流通，提高资金运转效率；有利于节约现金，调节货币流通，节约社会流通费用；有利于加强资金管理，增强信用观念，巩固经济合同制和经济核算；能够提高商业银行信贷资产质量，促进中央银行实施宏观调控，监督国民经济活动，维护社会金融秩序稳定。

二、结算原则

（一）恪守信用，履约付款

交易双方必须树立信用观念、承担到期付款责任。根据各自资信情况协商约期付款或及时结算资金，促成资金运动与物资运动相结合。

（二）谁的钱进谁的账，由谁支配

单位和个人有权自主支配和运用其银行存款，任何单位和个人不得侵犯，银行依法维护单位和个人对存款的合法自主支配权。

（三）银行不予垫付

银行在结算过程中只负责划转结算款项，不承担垫付款项的责任，以防透支或套取现金，严肃结算纪律，促使企业事业单位积极履行支付义务。银行结算要遵守三项纪律：不准出租、出借账户；不准签发空头支票和远期支票；不准套取银行信用。

三、结算工具

结算工具就是商业银行用于结算的各种票据。目前可选择使用的票据结算工具主要包括汇票、本票和支票等。

（一）汇票

汇票是出票人签发的，委托付款人在见票时或者在指定到期日无条件支付确定的金额给收款人或者持票人的票据，是无条件支付命令，从法律角度来讲，汇票有三个当事人：出票人、收款人和付款人。

根据出票人的不同可将汇票分为银行汇票和商业汇票。

银行汇票是客户将款项交存出票银行，由银行签发给汇款人持往异地办理结算，由签发银行在见票时按照实际结算金额无条件支付给收款人或者持票人的票据。又可分为现金汇票和转账汇票。在汇票确定的位置上填明"现金"字样的为现金汇票，未填明"现金"字样的为转账汇票。我国现行的银行汇票一律采取记名式汇票，提示付款期自出票日起一个月，超过付款期则为逾期汇票，兑付银行不予受理。

商业汇票是由银行以外的其他主体签发的。商业汇票以一定的货币金额表现其价值，代表着财产所有权和债权，只有在真实的交易关系的债权债务清算才能使用，商业汇票必须经过承兑。承兑是指汇票付款人承诺在汇票到期日支付汇票金额的票据行为，承兑时，付款人应在汇票正面记载"承兑"字样和承兑日期并签章。根据承兑人的不同，有商业承兑和银行承兑汇票。银行在进行商业票据承兑时，必须对承兑申请人的资信等状况进行严格的审核。

银行结算中使用的汇票主要是银行汇票和银行承兑汇票。因为它们流通能力强、信用度高，能被金融市场广泛接受。

（二）本票

本票就是由出票人签发的载有一定金额、承诺在指定到期日由自己无条件支付给收款人或持票人款项的票据，是无条件支付承诺。本票的当事人有两个：出票人和受款人。

按照出票人的不同，本票分为银行本票和商业本票两种。

银行本票是指银行向客户收妥款项后签发的，在同一票据交换区域内办理转账结算或支取现金的票据。银行本票可分为定额本票和不定额本票两种，目前主要使用的是不定额本票。银行本票也分为现金本票和转账本票。个体经济户和个人需要支取现金的，可使用现金本票，企业单位只能使用转账本票，且转账本票只能用于转账，不能支取现金。银行本票的付款期为一个月，超过付款期的，兑付银行不予受理。银行本票也可以背书转让。银行本票见票即付，信用度高，支付能力强，有利于单位和个人迅速获得款项。

商业本票，又叫一般本票。企业为筹措短期资金，由企业署名担保发行的本票。商业本票的发行大多采折价（Discount）方式进行，但大多数是通过经纪中介商的渠道而发售的。商业本票的利率因发行公司的信用等级不同而有所差异，企业信用愈好的商业本票，其市场的流通性愈佳，在次级市场的市场价格会愈好。商业本票可分为两类：一为企业因实际交易行为，以付款为目的而签发的，称为交易商业本票；另一为企业为筹措短期资金而发行的，称为融资商业本票。

(三) 支票

支票是出票人（存款人）签发的委托其开户银行在见票时无条件支付确定金额给收款人或持票人的票据。支票是一种委托式信用凭证。支票的当事人有三个：出票人、付款人和收款人。

支票一般由存款户签发，是存户向其开户银行发出支付命令，发票人可自为受款人，支票的付款人只能是银行。银行之所以成为支票付款人，是因为接受了出票人的存款，不是银行自己的支付承诺。存户所能签发的支票的金额，仅以存款余额为限。只能签发即期支票，不能签发远期支票。我国的支票按支付方式可以分为转账支票和现金支票。支票经背书后可以流通转让。

使用支票结算，手续简便、快捷，便利商品交易和款项结清。

四、结算方式

目前的结算方式主要有票据结算方式，其他结算方式还涉及汇款结算、托收、信用证结算等。

(一) 支票结算

支票结算是指客户根据其在银行的存款和透支限额开出支票，通知银行从其账户中支付一定款项给收款人，从而实现资金调拨、了结债权债务关系的结算方式。在支票结算过程中，可以由付款人将支票送交自己的开户银行通知付款，也可由收款人送交其开户银行委托代收款项。如果收付双方在同一银行开户，当即可以办理资金转账收付，如果双方不在同一银行账户，则须通过票据交换所，由付款人从付款人账户划出款项，划往收款人账户，进入收款人的账户，完成结算。

(二) 账单支票与划拨制度

账单支票是由提供货物或服务的卖方将账号告知付款人，付款人审查无误后，将账单的一联签字后退还收款人，收款人送交银行将账单金额借记付款人账户后，通过票据交换所直接贷记收款人账上，完成资金结算。

(三) 直接贷记转账和直接借记转账

这两种结算方式是在同城业务往来资金调拨的系统。参加该系统的银行之间进行同业拆借、外汇买卖、汇划款项往来时，无须传递本票或通知书，而是直接通过自动转账系统的终端机将有关数据输入，交换所同时借记付款银行账户、贷记收款银行账户，迅速完成结算。

现代金融体制下的商业银行及票据交换所均在中央银行开设有存款账户，中央银行为商业银行提供清算服务，最终款项的收付通过在中央银行的账户间转账后即告结清。

（四）汇款结算

汇款结算（Remittance），是付款人委托银行将款项汇给外地某收款人的一种结算方式。汇出行受理汇款签发的汇款申请书，审查无误后，按汇款申请书的规定及时向汇入行办理汇款，并向汇款人签发汇款单，作为汇出银行受理汇款的依据，但不作为该款项已转入收款人账户的证明。汇入银行接到汇出银行的汇款凭证或通知后，经审查无误，即可将汇款转入收款人账户，或向其发出收款通知。

按通知方式的不同可分为信汇、电汇和票汇三种方式：①信汇是汇出银行应汇款人的请求，用邮寄信汇委托书的方式，通知汇入行向收款人支付款项的结算方式；②电汇是汇出行应汇款人请求，以电报或电传形式通知汇入行，请其向收款人支付款项的结算方式；③票汇是汇出行应汇款人要求，开立以汇入行为付款人的汇票，交汇款人自行寄给收款人，由收款人持票向汇入行取款的结算方式。

（五）托收结算

托收结算（Collection），是指债权人或售货人为向外地债务人或购货人收取款项而向其开出汇票，并委托银行代为收取款项的一种结算方式。托收业务主要有光票托收和跟单托收两类。光票托收指收票人（债权人）向托收行提交汇票、本票、支票等金融单据，委托其代为收款。跟单托收指债权人或售货人向其开户行出具汇票之外，还将与该笔业务有关的其他单据一并交给开户行而委托其收取款项的结算方式。

托收结算通常有四个关系人：委托人、托收行、代收行和付款人。委托人与托收行之间、托收行与代收行之间均是委托代理关系。代收行根据托收行寄发的托收委托书办理托收款项。托收行及代收行对托收的汇票能否付款不负责任，故委托人以托收方式收取贷款需承担一定风险。

（六）信用证结算

信用证（Letter of Credit），一种有条件的银行付款承诺，即开证银行根据进口商的指示，向出口商开立的，授权其签发以进口商或银行为付款人的汇票，保证在条款规定条件下必定付款或承兑的文件。

信用证是银行根据客户的要求和指示，向第三方开立的、在一定期限内凭规定的单据在指定地点支付一定的金额的书面保证文件。信用证结算方式是付款人将款项预先交存开户银行作为结算保证金，委托银行开出信用证，通知异地收款人的开户银行转告收款人，收款人若按合同和信用证所载条款发货以后，银行即按信用证规定代付款单位付给货款。

信用证结算方式有四个当事人：开证申请人、开证银行、通知银行和收款人。开证申请人和受益人是合同的买卖双方，开证银行是最终付款人，通知银行是开证银行的代理人。这种结算方式的优点是，合同双方的权益均有银行信用的保障，能够避免购货人拖欠货款或不按合同付款的结算风险。它尤其适用于销货人对购货人信誉不了解，或异地之间特别是国际非经常性的交易中的货款结算。但这种结算方式速度较慢，每笔交易占用资金的时间较长。

（七）电子资金划拨系统

随着电子计算机等新技术投入银行运用，电子计算机的大型化和网络化改变了商业银行异地资金结算的传统处理方式。通过电子资金结算系统进行异地结算，使资金周转大大加快，业务费用大大降低。例如，美国的一些大商业银行可利用联邦储备通信系统、银行通信系统、银行卡清算中心、银行内部付款交换系统、世界银行财务远程通信会五个系统实现资金异地结算。

结算业务涉及收付双方及收付双方的银行等关系人，为保证各经济主体的经济利益，维护正常的结算秩序，商业银行必须加强结算业务的经营管理，遵守结算规则和纪律，按照结算业务日常管理要求和内部管理规定开展业务。

【拓展阅读】

银行的结算纪律有哪些？

第一，不准以任何理由压票、任意退票、截留挪用客户和他行资金、受理无理拒付、不扣少扣滞纳金；第二，不准在结算制度之外规定附加条件，影响汇路畅通；第三，不准违反规定开立账户；第四，不准拒绝受理、代理他行正常结算业务；第五，不准放弃对企业单位违反结算纪律的制裁；第六，不准违章承兑、贴现商业汇票和逃避承兑责任，拒绝支付已承兑的商业汇票票款；第七，不准超额占用联行汇差资金、转嫁资金矛盾；第八，不准逃避向人民银行转汇大额汇划款项和清算大额银行汇票资金。

银行除了严格遵守上述纪律之外，为了保证结算质量，还必须严格遵守规定的办理结算的时间标准。根据《关于加强银行结算工作的决定》，向外发出的结算凭证，必须于当天至迟次日寄发；收到的结算凭证，必须及时将款项支付给收款人。结算的时间，同城一般不超过2天；异地全国或省内直接通汇行之间，电汇一般不超过4天，信汇一般不超过7天。

第五节　代理与咨询业务

代理业务与咨询业务是商业银行典型的中间业务，商业银行充分利用自身的信誉、技能、信息等资源为客户提供各项金融服务。

一、代理业务

（一）代理业务的含义

代理业务是指商业银行接受客户的委托、代为办理客户指定的经济事务、提供金融服务并收取一定费用的业务。

（二）代理业务的种类

代理业务包括代理证券业务、代理保险业务、代理商业银行业务、代理中央银行业务、代理政策性银行业务和其他代理业务。

代理政策性银行业务是指商业银行接受政策性银行委托，代为办理政策性银行因服务功能和网点设置等方面的限制而无法办理的业务，包括代理贷款项目管理等。

代理中国人民银行业务是指根据政策、法规应由中央银行承担，但由于机构设置、专业优势等方面的原因，由中央银行指定或委托商业银行承担的业务，主要包括财政性存款代理业务、国库代理业务、发行库代理业务、金银代理业务。

代理商业银行业务是指商业银行之间相互代理的业务，例如为委托行办理支票托收等业务。

代收代付业务是指商业银行利用自身的结算便利，接受客户的委托代为办理指定款项的收付事宜的业务，例如代理各项公用事业收费、代理行政事业性收费和财政性收费、代发工资、代扣住房按揭消费贷款还款等。

代理证券业务是指银行接受委托办理的代理发行、兑付、买卖各类有价证券的业务，还包括接受委托代办债券还本付息、代发股票红利、代理证券资金清算等业务。此处有价证券主要包括国债、公司债券、金融债券、股票等。

代理保险业务是指商业银行接受保险公司委托代其办理保险业务的业务。商业银行代理保险业务，可以受托代个人或法人投保各险种的保险事宜，也可以作为保险公司的代表，与保险公司签订代理协议，代保险公司承接有关的保险业务。代理保险业务一般包括代售保单业务和代付保险金业务。

其他代理业务，包括代理财政委托业务、代理其他银行银行卡收单业务等。

【温馨提示】商业银行代理保险业务每个网点原则上只能与不超过3家保险公司开展合作，销售合作公司的保险产品。如超过3家，应坚持审慎经营，并向当地银监会派出机构报告。

二、咨询业务

（一）咨询业务的含义

咨询业务是指商业银行依靠自身在信息、人才、信誉等方面的优势，收集和整理有关信息，并通过对这些信息以及银行和客户资金运动的记录和分析，形成系统的资料和方案，提供给客户，以满足其业务发展需要的服务活动。

（二）咨询业务的种类

咨询业务包括资信调查、投资咨询、金融咨询、财务管理咨询、商情调查和介绍客户等。

1. 资信调查

资信调查是指商业银行接受客户的委托，对其指定业务对象的资信状况进行调查了解，以决定是否与其发展业务关系；或者是客户委托公司进行调查，以向其业务对象证明自身资信情况的业务。

2. 投资咨询

投资咨询是指商业银行接受客户的委托，对其指定的投资项目进行可行性调查和研究，进而为客户选择最佳的投资方案,并协助制定投资合同及其有关文件的业务。投资咨询包括研究投资项目的合理性,技术、法律、政治等因素对投资项目的影响程度,投资项目产品的市场前景,投资收益率,投资回收期等。

3. 金融咨询

金融咨询是指商业银行接受客户的委托,为其提供有关金融政策、法规等方面的咨询业务。主要业务内容包括:了解有关国家金融法规、政策和制度,受托分析和预测国外某种货币利率及金价的变化趋势及动态,了解国内金融市场的发展状况,介绍金融领域新开业务的基本理论和操作方法等。

4. 财务管理咨询

财务管理咨询是指商业银行接受企业的委托,深入企业,运用科学的方法对其财务管理方面存在的问题进行分析研究,找出原因,为解决管理问题提供最佳方案。

5. 商情调查

商情调查是指商业银行接受客户的委托,对与信托项目有关的国内外市场动态以及各国、各地的贸易商品价格、贸易政策法令和做法等进行调查的一项活动。

(三)商业银行开展咨询业务的意义

开展咨询业务是商业银行生存和发展的需要。目前,商业银行利润主要来源于贷款收益和中间业务。由于投资多元化、存款分流、利差缩小,贷款收益越来越少,因此,存贷业务不应再作为商业银行的主营业务。而随着我国居民收入水平的不断提高、消费观念、文化的逐渐转变,中间业务和私人业务应成为商业银行未来大力发展的对象。此外,客户的需求是多方面的,而且转变很快,单一的存贷、结算等日常银行业务已不能完全满足客户发展的需要,客户对于金融服务的要求已经属于综合性的需求。咨询业务体现了金融服务的社会性、系统性、高科技性和增值性特点,深化了金融服务的内涵。咨询服务人员所拥有的专业知识和技能可视为银行的核心竞争力,这将成为银行业务创新的基础以及利润持续增长的源泉。

【拓展阅读】

咨询业务的目标市场

我国商业银行开展咨询(财务顾问)业务还处于起步阶段,但竞争已日趋激烈。出于风险和收益的考虑,不同规模的银行应有不同的专长,正所谓"尺有所短,寸有所长"。例如,对于大型基础设施项目的融资,由于融资方式的特殊性、操作手段的复杂性,大型金融机构在这类大项目融资方案设计中就能够发挥突出的作用。

对中小商业银行来说,由于自身规模小,资金实力薄弱,无法像四大银行或外资银行那样单独承担大项目和大企业的资金需求以及与之相关的咨询服务,因此中小商业银行应选择中小企业、个体户、私营经营户以及本地居民作为咨询服务的目标市场。

中小商业银行业务区域集中,对本地区的情况比较熟悉,能够有更多的精力了解中小企业的情况。通过与中小企业的交往可以掌握大量的信贷要求之外的"软信息",能够为其提供量身定做的金融服务。中小商业银行应充分利用社区内有限的经营网点,立足社区,根据社区内企业和居民的金融需求,围绕金融产品功能的扩展、延伸和交叉补充,为他们提供全方位的金融和咨询服务。

第六节 银行卡业务

20世纪70年代以来，由于科学技术的飞速发展，特别是电子计算机的运用，使银行卡的使用范围不断扩大。不仅减少了现金和支票的流通，而且使银行业务由于突破了时间和空间的限制而发生了根本性变化。银行卡自动结算系统的运用，使一个"无支票、无现金社会"的到来不久将成为现实。

一、银行卡的含义

银行卡（Bank Card）是指经批准由商业银行（含邮政金融机构）向社会发行的具有消费信用、转账结算、存取现金等全部或部分功能的信用支付工具。银行卡的大小一般为85.60×53.98mm（3.370×2.125英寸），也有比普通卡小43%的迷你卡和形状不规则的异型卡。它是商业银行签发的允许信用良好者据以赊购（Buy by Credit）商品和劳务的身份证明卡（信用凭证）。银行卡通常用塑料磁性卡片制成。银行卡上印有持卡人姓名、号码、有效期等信息，这些信息凸印在卡片上，可以通过压卡机将信息复制到能复写的签购单上。为了加强保密性及利用电子技术，银行卡的磁条上面通常也记录有持卡人的账号等有关资料，这些资料人的肉眼是看不见的，可供ATM、POS等专门电脑终端鉴别银行卡真伪时使用。持卡人在约定的商店或服务部门购买商品或享受服务时，不必支付现金，只需将银行卡交商店或服务部门在签购单上压印卡号，填写金额，然后经持卡人签字，商店或服务部门即可送发卡机构办理收款，持卡人与商店或服务部门的资金结算由发卡机构完成。

【拓展阅读】

银行卡的起源

银行卡于1915年起源于美国。最早发行银行卡的机构并不是银行，而是一些百货商店、饮食业、娱乐业和汽油业。美国的一些商店、饮食店为招徕顾客，推销商品，扩大营业额，有选择地在一定范围内发给顾客一种类似金属徽章的信用筹码，后来演变成为用塑料制成的卡片，作为客户购货消费的凭证，开展了凭信用筹码在本商号或公司或汽油站购货的赊销服务业务，顾客可以在这些发行筹码的商店及其分号赊购商品，约期付款。这就是银行卡的雏形。

1950年，美国商人弗兰克·麦克纳马拉在纽约招待客人用餐，就餐后发现他的钱包忘记带了，所幸的是饭店允许他记账。由此麦克纳马拉产生设计一种能够证明身份及具有支付功能的卡片的想法。于是他与其商业伙伴在纽约创立了"大来俱乐部"（Diners Club），即大来银行卡公司的前身，并发行了世纪上第一张以塑料制成的银行卡——大来卡。

1952年，美国加利福尼亚州的富兰克林国民银行作为金融机构首先进入发行银行卡的领域，由此揭开了银行发行银行卡的序幕。1959年，美国的美洲银行在加利福尼亚州发行了美洲银行卡。此后，许多银行加入了发卡银行的行列。到了20世纪60年代，银行卡很快受到社会各界的普遍欢迎，并得到迅速发展，不仅在美国，而且在英国、日本、加拿大以及欧洲各国也盛行起来。从70年代开始，中国香港、中国台湾以及新加坡、马来西亚等发展中国家和地区，也开始发行银行卡业务。

二、银行卡的功能与作用

（一）存款

银行卡可以办理活期存款，也可直接存入各种存期的定期存款，支取时凭卡办理，摆脱保存定期存单的不便。在币种上，可以直接存入美元，也可以存入港币、英镑、欧元、加拿大元、日元等外币，存款期限上，可选择活期，也可以是各种期限的定期。

（二）取款

凭银行卡和密码可在商业银行各地任何一家营业网点及有"银联"标识的自动柜员机支取现金，有些银行卡异地取现需支付异地取现手续费，在其他银行的自动柜员机上取款还要支付跨行取款手续费，有些银行卡不用收取手续费。

（三）转账

可凭卡和密码通过银行网点、自动柜员机、网上银行和电话银行等渠道，向同城或异地开立的账户转账，所转款项均实时到账。通过网上银行还能向他行客户账户内转账。

（四）消费

使用银行卡可在自动柜员机、网上银行和电话银行上办理各类业务，享受24小时无限制的自主服务。

（五）投资理财

银行卡可以办理基金、外汇买卖、股票、国债、保险、黄金等各类理财业务。

（六）服务日常生活

利用网上银行、电话银行以及自动柜员机缴纳电话费、水电费等。

三、银行卡的种类

（一）普通分法

一般情况下，银行卡分为信用卡和借记卡两种。

1. 信用卡

信用卡又分为贷记卡和准贷记卡。贷记卡（Credit Card），常称为信用卡，是指发卡银行给予持卡人一定的信用额度，持卡人可在信用额度内先消费后还款的信用卡。它具有的特点是：先消费后还款，享有免息缴款期（最长可达56天），并设有最低还款额，客户出现透支可自主分期还款。客户需要向申请的银行交付一定数量的年费，各银行不相同。准贷记卡是指持卡人先按银行要求交存一定金额的备用金，当备用金不足支付时，可在发卡银行规定的信用额度内透支的信用卡。准贷记卡是一种存款有息、刷卡消费以人民币结算的单币种单账户信用卡，具有转账结算、存取现金、信用消费、网上银行交易等功能。当刷卡消费、取现账户存款余额不足支付时，持卡人可在规定的有限信用额度内透支消费、取现，并收取一定的利息。不存在免息还款期。

准贷记卡是一种具有中国特色的信用卡种类，国外并没有这种类型的信用卡。20世纪80年代后期，中国银行业从国外引入信用卡产品。因为当时中国个人信用体制并不是很完善，中国银行业对国外的信用卡产品进行了一定的更改，将国外传统的信用卡存款无利息，透支有免息期更改为存款有利息、透支不免息。

准贷记卡兼具贷记卡和借记卡的部分功能，一般需要缴纳保证金或提供担保人，使用时先存款后消费，存款计付利息。持卡人购物消费时可以在发卡行核定的额度内进行小额透支，但透支金额自透支之日起计息，欠款必须一次还清，没有免息还款期和最低还款额，其基本功能是转账结算和购物消费。

综合起来，准贷记卡的主要特点如下：
（1）申请准贷记卡一般需要缴纳保证金或提供担保人；
（2）在准贷记卡内存款是计算利息的；
（3）准贷记卡可以透支，但是透支款项没有免息还款期，从透支当日就可以计算利息，且必须一次还清没有最低还款。

准贷记卡作为中国信用卡产业发展过程中的过渡产品正在逐步退出历史舞台，在我们现实生活中准贷记卡的使用量、使用意义都在逐步减小。

2. 借记卡

借记卡（Debit Card）可以在网络或POS消费或者通过ATM转账和提款，不能透支，卡内的金额按活期存款计付利息。消费或提款时资金直接从储蓄账户划出。借记卡在使用时一般需要密码（PIN）。借记卡按等级可以分为普通卡、金卡和白金卡；按使用范围可以分为国内卡和国际卡。借记卡按功能不同分为转账卡、专用卡、储值卡。借记卡不能透支。转账卡具有转账、存取现金和消费功能。专用卡是在特定区域、专用用途（是指百货、餐饮、娱乐行业以外的用途）使用的借记卡，具有转账、存取现金的功能。储值卡是银行根据持卡人要求将资金转至卡内储存，交易时直接从卡内扣款的预付钱包式借记卡。

（二）其他分类

按信息载体不同分为磁条卡和芯片卡。
按发行主体是否在境内分为境内卡和境外卡；
按是否给予持卡人授信额度分为信用卡和借记卡；
按发行对象不同分为个人卡和单位卡；
按账户币种不同分为人民币卡、外币卡和双币种卡。

四、银行卡风险管理

（一）资信审查

信用卡业务办理中，发卡银行应当认真审查信用卡申请人的资信状况，根据申请人的资信状况确定有效担保及担保方式。应当对信用卡持卡人的资信状况进行定期复查，并应当根据资信状况的变化调整其信用额度。

（二）授权审批

发卡银行应当建立授权审批制度，明确对不同级别内部工作人员的授权权限和授权限额。发卡银行应当加强对止付名单的管理，及时接收和发送止付名单。

（三）风险控制

发卡银行应当遵守下列信用卡业务风险控制指标：①同一持卡人单笔透支发生额个人卡不得超过2万元（含等值外币）、单位卡不得超过5万元（含等值外币）。②同一账户月透支余额个人卡不得超过5万元（含等值外币），单位卡不得超过发卡银行对该单位综合授信额度的3%。无综合授信额度可参照的单位，其月透支余额不得超过10万元（含等值外币）。③外币卡的透支额度不得超过持卡人保证金（含储蓄存单质押金额）的80%。④180天（含180天）以上的月均透支余额不得超过月均总透支余额的15%。⑤准贷记卡的透支期限最长为60天。⑥贷记卡的首月最低还款额不得低于其当月透支余额的10%。

（四）追偿途径

发卡行可以通过扣减持卡人保证金、依法处理抵押物和质物；向保证人追索透支款项；通过司法机关的诉讼程序进行追偿等途径追偿透支款项和诈骗款项。

【做一做】

2012年年初，一市民接到发卡行通知，称该行预先批核给他一张万事达卡，但等了数星期仍未收到信用卡，于是向银行查询。银行职员称卡已寄出，因他未收到，故将补发新卡给他。次月该客户收到了新卡，却因疏忽未向银行确认已收到卡片，也没有在签名条上签署名字，更没有使用该卡签账。可是月中却收到银行月结单，显示该卡发生金额数千元的签账。这位信用卡持卡人立即向银行查询，银行职员告之根据计算机记录曾有人确认收卡。而持卡户则表明并未确认收卡，信用卡背面也并未曾签名，更无可能签账购物，指出银行在处理确认收卡的程序及保护客户资料方面存在漏洞。

分析信用卡有哪些作用？信用卡存在哪些弊端？如何防范信用卡犯罪？

知识要点

中间业务是指商业银行代理客户办理收款、付款和其他委托事项而收取手续费的业务，是银行不占用自身资金并以中间人的身份，利用银行本身的网点优势、网络技术优势、信用优势和人才等优势，为客户提供各项金融服务并收取手续费的业务。

其特点有：银行不运用或不直接运用自己的资金；以接受客户委托的方式开展业务；以收取手续费的形式获取收益；风险程度低于信用业务。

中间业务种类主要有结算业务、信用卡业务、代理业务、信托业务、租赁业务、表外业务。我国国内商业银行中间业务分为九类：支付结算类中间业务；银行卡业务；代理类中间业务；担保类中间业务；承诺类中间业务；交易类中间业务；基金托管业务；咨询顾问类业务；其他类中间业务。

问题讨论

1. 要求

进行实际调查和借助网络，收集各商业银行中间业务现状资料，分析我国商业银行中间业务存在哪些问题，提出拓展中间业务的途径。

2. 活动安排

将学生分为若干大组进行讨论，最后各组选出代表上台发言。

3. 场景

商业银行教室、网络中心。

推荐阅读

1. 张传良：《商业银行中间业务——21世纪高职高专金融类系列教材》，中国金融出版社2006年版。

2. 《商业银行中间业务发展问题及战略研究》，http：//www.exam8.com/lunwen/zhengquan/jinrongyanjiu/200408/1267428.html。

3. 《我国商业银行中间业务发展探讨》，http：//www.mba163.com/glwk/cwgl/200606/59198_2.html。

4. 《加强商业银行中间业务收费管理》，http：//www.mie168.com/manage/2008-07/294590.htm。

5. 《浅析网络背景下商业银行中间业务的发展》，http：//www.233.com/zhongji/fudao/20080411/085603863.html。

6. http：//baike.baidu.com/view/128688.htm（银行卡）。

7. 《商业银行结算业务概述》，http：//china.findlaw.cn/jingjifa/yinghanfa/syyhflzd/syyhjs/22015_3.html。

本章自测

一、单项选择题

1. （　　）是由商业银行向客户出售信用或为客户承担风险引起的有关业务。
   A. 结算性中间业务　　　　　　　B. 担保性中间业务
   C. 融资性中间业务　　　　　　　D. 管理型中间业务

2. 信托业务具有（　　）关系。
   A. 单边　　　B. 双边　　　C. 多边　　　D. 不确定

3. 租赁的基本特征是（　　）。
   A. 租金的分次归流　　　　　　　B. 租赁物所有权与使用权分离
   C. 具有独特的资金运动形式　　　D. 承租人具有对租赁标的物的选择权

4. 无风险的服务活动主要以（　　）为目的。
   A. 提供金融服务　B. 收取手续费　C. 分散风险　D. 获取差额利润

5. 银行直接作为交易当事的一方参与的业务是（　　）。
   A. 支票结算　　B. 代理保险　　C. 代理融通　　D. 担保

二、多项选择题

1. 中间业务的性质包括（　　）。
   A. 居间的地位　　　　　　　　　　B. "或有资产"、"或有负债"性质
   C. 收取手续费　　　　　　　　　　D 具有综合效益
2. 以下属于融资性中间业务的有（　　）。
   A. 租赁　　　　B. 信托　　　　C. 出口押汇　　　　D. 代理理财
3. 凡参与支付结算活动的当事人都必须遵循以下基本原则（　　）。
   A. 恪守信用、履行付款　　　　　　B. 谁的钱进谁的账，由谁支配
   C. 银行不垫款　　　　　　　　　　D. 不得损害公共利益
4. 本票所具有的特点是（　　）。
   A. 款随人到　　　　　　　　　　　B. 凭票即付
   C. 不允许背书转让　　　　　　　　D. 可以代替大额现金
5. 代理业务包括（　　）。
   A. 代理收付款业务　　　　　　　　B. 代理新公司组建
   C. 代理融通业务　　　　　　　　　D. 现金管理
6. 中间业务的发展和创新，带来性质上的变化有（　　）。
   A. 从不占用资金到占用资金　　　　B. 出售无形资产
   C. 承担风险　　　　　　　　　　　D. 从不垫付资金到垫付资金

三、判断题

1. 商业汇票可以在金融市场上出售，但不能背书转让。
2. 委托存款是委托人按规定向银行信托机构交存的，由银行信托机构按委托人指定的对象、用途自由使用和管理的资金。
3. 银行在办理中间业务时，已经直接成为信用交易活动的一方。
4. 中间业务具有社会效益、综合效益，但不具有经济效益。
5. 贷记卡表现为先买货、后付款的赊购行为，具有小额消费信贷性质。
6. 支票的主要用途是买方支付货款、提取现金和收购农副产品。

四、名词解释

商业银行中间业务　结算业务　信托业务　租赁业务　代理业务　咨询业务

五、回答问题

1. 简述商业银行中间业务的特点。
2. 简述商业银行中间业务的种类。
3. 简述商业银行开展中间业务的意义。
4. 简述融资租赁的种类。
5. 简述商业银行信用卡业务存在哪些风险。

第七章
商业银行表外业务管理

教学目标与学习任务

教学目标：了解商业银行表外业务产生和发展的原因；明确表外业务的含义及特点；熟知各类表外业务的具体内容。

学习任务：能对商业银行主要表外业务进行分析评价。

案例导入

西方商业银行表外业务创新

在混业经营的环境中，西方商业银行的资产运用能力和产品开发能力不断提高，表外业务呈现出多元化、个性化、系列化和综合化的发展趋势。西方大型银行集团的表外业务收入中，资产管理、投资银行和证券经纪收入占比70%左右，与传统银行业务相关的账户收费、信用以及结算业务等收费业务占比30%左右。西方国家的学者和银行家认为，表外业务收入占总收入的比重越高，商业银行的收入就越稳定，受经济环境变化的影响就越小。根据欧洲中央银行的统计，2008~2012年，欧洲前50大银行表外业务收入在总收入中的占比由23%上升到55%，表外业务收入占比的高低已成为衡量银行稳定性的重要指标。

第一节 商业银行表外业务概述

自1694年英格兰银行成立300多年来，现代商业银行为了适应不断变化的经济政策环境，经历了一个充满进取和变革的发展历程。特别是20世纪80年代以来，同业竞争日趋激烈，金融创新层出不穷，商业银行传统的存贷款业务的市场份额正在不断被蚕食。对此，商业银行除了改善传统业务外，还应积极拓展表外业务。

一、表外业务的含义

表外业务（Off-Balance Sheet Activities，OBS）中的"表"指的是资产负债表，之所以称为"表外"，是由于这些业务按照传统的会计理论无法在资产负债表内核算。由于会计与法律制度不同，表外业务的定义和范围存在或大或小的差异。

（一）巴塞尔委员会对表外业务的定义

按照巴塞尔委员会所确定的标准，商业银行表外业务分为广义和狭义两种：狭义的表外业务是指构成银行或有资产、或有负债,在一定条件下可以转化为表内资产或负债的业务;广义的表外业务泛指银行从事的所有不在资产负债表中反映的业务,包括狭义的表外业务及结算、代理等金融服务类表外业务。本章所说的表外业务指的是狭义的表外业务。

(二) 人民银行对表外业务的定义

2000年11月9日,中国人民银行发布《商业银行表外业务风险管理指引》,将表外业务定义为"商业银行所从事的,按照现行的会计准则不计入资产负债表内,不形成现实资产负债,但能改变损益的业务。具体包括担保类、承诺类和金融衍生交易三种类型的业务"。

(三) 中国银监会对表外业务的定义

2011年3月21日,中国银监会发布《商业银行表外业务风险管理指引》,将表外业务定义为"商业银行从事的,按照现行的会计准则不计入资产负债表内,不形成现实资产负债,但有可能引起损益变动的业务,包括担保类、部分承诺类两种类型业务"。

【想一想】人民银行表外业务定义和银监会表外业务定义有什么区别?为什么?

二、表外业务的特点

(一) 商业银行所提供的服务与资金没有直接联系

银行的表内活动,都是与其他主体之间直接的债权债务交易:或者借入存款人的资金,按约定支付利息;或者向借款人提供资金,按约定收取利息。但是在从事表外业务活动中,首先并不直接运用自身的资金。纯粹的金融服务,从始至终都没有资金借贷关系的发生;对于承担一定风险的或有类表外业务,如贷款承诺、保函担保和承兑(有些国家将其列入资产负债表中)等,是为支持申请人而承担的或有责任。这种责任,只有在一定的条件下,才可能转化为银行与申请人之间实际的资金借贷关系。在国内,最常见的例子就是申请人违约,银行不得不代替申请人向受益人支付约定的金额,形成实际上的垫款,即信贷关系成立。此时,银行与表外业务申请人的关系,由表外转为表内。但是,在此之前,无法明确是否会真的发生借贷关系。

(二) 表外业务具有更高的杠杆性,盈亏波动剧烈

金融衍生工具类表外业务,具有很高的杠杆性,可能诱发较高的投机性。相对于传统的存贷款业务,衍生金融交易具有以较少的资本金,支持较大名义交易金额的特点,例如金融期货交易,通常只要持有一定数量的保证金就可以做数倍甚至数十倍的交易,而保证金通常只占合约金额很小的比例。所以可以用小数目资金获得大收益,但同时也要注意到如果预测失误,也会导致亏损的数目成倍放大,形成巨亏。这种交易结构,在为交易者提供避险工具的同时,也可能放大风险,从而使金融市场上的交易量变化剧烈;甚至,现行金融衍生市场中,金融衍生的投机功能远远大于避险功能,更使其风险大幅度提高。因此,从事金融衍生工具交易既存在着赚取巨额利润的可能性,同时也潜伏着巨额亏损的危险。

（三）衍生产品类表外业务结构非常复杂

衍生产品是一种金融合约，其价值取决于一种或多种标的资产或指数的价值。衍生产品交易的合约种类很多，包括远期、期货、掉期和期权。尽管从理论上讲，衍生产品能够被分解为期权合约、远期合约或者混合形式，但是由于金融工程技术的大量应用和金融交易的多元化，衍生产品的结构越来越复杂，实际上很多复杂的衍生产品与其标的资产关系复杂，理论上的分解存在诸多的假设条件，现实中似乎很难同时满足，从而导致实际上衍生产品价格的波动很难合理的分解。美国金融海啸中，很多金融衍生产品过于复杂而几乎很少有人真正了解，绝大多数金融机构和投资者，实际上对于其购买的衍生产品缺乏认知，风险的计量和有效管理更无从谈起了。

（四）衍生产品类表外业务交易高度集中

由于表外业务尤其是衍生产品的复杂性和高杠杆性，衍生产品合约在全球通过有组织的交易所或者通过场外交易的形式进行交易，且每笔交易数额巨大，因此对交易者的风险识别、计量、控制/缓释和监控能力具有较高的要求。通常，衍生产品的交易者主要是部分资本实力雄厚、经验老到的国际大型活跃银行。因此，在全球范围内，衍生产品交易实际上出现了高度集中趋势。根据30人小组的估计，在美国20世纪90年代初，银行衍生产品业务的90%都集中在前七大银行，证券业衍生产品的87%都集中在前五大证券公司；1991年，全球利率和外汇衍生产品的56%都集中于前8位的金融机构中。1996年第四季度，美国金融衍生产品市场的名义交易额达到20万亿美元，前八大银行基本控制了市场，占据了银行衍生产品市场的94%、衍生交易收入的81%。

（五）表外业务的透明度低

由于属于表外业务，根据相关会计管制制度，信息披露往往不直接反映在资产负债表上，而是仅仅可能体现为附注；即使能够在附注中给予一定的体现，正如前文所述表外交易的复杂性特征，很多时候一个产品本身的说明书可能多达数千页，在篇幅受到限制的会计报告中，客观上难以充分、准确反映。这样，容易导致银行表外交易的信息披露不充分，"无意"中隐藏了风险信息。

【拓展阅读】

央行要求全面布控表外业务风险

中国人民银行公布的《中国金融稳定报告（2013）》提出，下一阶段要全面布控表外业务风险，严防风险传染和蔓延。

报告称，近年来，商业银行表外业务种类和规模不断扩大，已成为各家银行新的业务和利润增长点。截至2012年年末，银行业金融机构表外业务（含委托贷款和委托投资）余额48.65万亿元，比年初增加8万亿元，增长19.68%。表外资产相当于表内总资产的36.41%，比年初提高0.54个百分点。商业银行表外业务风险可能向表内传递，存在内部收益转移和交叉补贴等行为，监管亟待加强。

> 报告称，一些信托公司、证券公司作为商业银行的"通道"将银行理财资金投资于证券市场和产业市场。理财产品在一定程度上改变了融资过度依赖银行体系的情况，满足了实体经济的部分融资需求，但也蕴藏一定风险：部分产品走样成为信贷替代产品，一些理财资金投向限制行业和领域，规避宏观调控和金融监管。
>
> 因此央行提出，应完善交叉性产品综合统计和监测制度，严格表外业务确认、计量、报告和披露，确保表外业务信息真实、完整和准确。同时完善表外业务管理办法和操作规程，加大内部控制和约束机制建设，严格审查资金去向和风控措施，建立风险防火墙和风险代偿机制，完善应急预案，防止风险转移到表内。加强对集团客户及其关联企业的信贷管理，防范关联交易风险。加强监管政策和措施的协调合作，明确监管责任，强化表外业务信息共享。
>
> 资料来源：《证券时报》2013年6月8日。

【想一想】商业银行表外业务为什么会兴起？

三、表外业务发展的原因

表外业务是社会经济和信用关系发展到一定阶段的必然产物，是商业银行适应市场经济发展的必然结果。从某种程度上讲，表外业务发展是商业银行现代化的一个重要标志，尤其是20世纪70年代以来，基于外部经营环境的变化和自身管理水平的提升，商业银行纷纷加快业务创新步伐，其中表外业务的快速发展更引人注目，表外业务已成为西方商业银行与资产业务和负债业务并驾齐驱的三大支柱之一。

（一）商业银行表外业务兴起的外因

1. 商业银行的经营环境变化剧烈

以美元—黄金为核心的布雷顿森林制度，客观上为第二次世界大战后全球经济的发展建立了一个相对稳定的汇率制度。1971年8月，美国财政部停止向外国官方机构出售黄金，揭开了全球浮动汇率的序幕。此后，汇率变化不断加剧。

与此同时，信息技术革命带来了"第四次产业革命"。微电子技术日益成熟并广泛地应用于社会生活的各个领域，电子计算机和高科技通信技术成功地改变了人类的生产函数，信息收集和处理能力大大提升，金融交易的技术成本急剧下降。1957年存储容量为100万字节计算机的月租费为10.56万美元，到了1979年则只有430美元；每月计算10万次的费用则由1958年的0.26美元降至1971年的0.01美元。

汇率风险的加剧导致各类经济主体应对资金的跨国流动压力加大，对于金融服务的需求提高；交易成本的降低，大大刺激了直接金融的发展。直接金融市场上，资金的需求者能够以更低的成本和更快的速度，与资金供给者建立联系，更为灵活地设定交易价格和期限。尤其是一些规模大、信誉好的公司，能够通过发行商业票据等方式直接进入金融市场筹集资金。与此同时资金供给者，更倾向于从银行提取资金投资于金融市场中收益率更高的直接投资工具，"脱媒"现象日益明显。20世纪80年代以来，融资的证券化趋势发展十分迅速。

2. 商业银行的监管日益放松

金融竞争的加剧和交易结构的多元化，促使了监管的放松。管制的放松主要体现为放松价格管制、产品管制和地域管制。

（1）价格管制即对银行为获得资金而支付利息的管制放松。1980年，美国《存款机构放松管制和货币控制法》（the Depository Institutions Deregulation and Monetary Control Act of 1980，DIDMCA）不仅统一了存款准备金制度，更主要的是废除了"Q字条例"，解除对于商业银行利率上限的管制。1978年，日本废止了《临时利率调整法》对存款利率实行最高限额，推行规定最高限额的自由利率存款。

（2）产品管制即对银行和存款机构提供服务品种的业务管制放松。20世纪30年代的经济危机，导致全球范围内实行严厉的金融机构分业经营监管政策。除欧洲部分国家外，全球商业银行不得经营投资银行、保险等业务。金融需求的多元化和金融工具的丰富，加速了金融机构业务的交叉，促使了业务管制的放松。1981年，日本通过新银行法，明确银行和证券公司业务、银行间业务可以交叉，并允许证券公司发放公共债券担保的贷款。1999年美国《金融服务现代化法》规定金融持股公司可以从事各种金融业务，包括承销证券和保险、商业银行业务和不动产开发。

（3）对银行和存款机构地域管制放松。1994年美国的《riegle-neal 跨州银行业务和设立分支机构效率法》，敞开了跨州银行业务的大门，对于符合某些条件的银行持股公司，可在任何州收购银行。

3. 商业银行的竞争加剧

管制的放松和交易成本的降低，导致银行业面临更严峻的竞争形势。以美国为例，由于很多非银行机构可以提供大量金融服务，导致20世纪80年代商业银行的市场份额持续减少，过去金融服务主要由银行提供的格局，正被更有效率的专门从事投资工具、信用卡、商业信贷和消费信贷甚至其他小类别业务的金融机构代替。商业银行竞争者提供的金融服务品种不断扩大，商业银行面对来自于其他机构的竞争压力日益加剧。

（二）商业银行表外业务兴起的内因

除了外部因素的变化之外，商业银行的内部管理能力不断提升，经营管理创新不断，表外业务应运而生。

1. 商业银行的管理能力得到提升

（1）信息技术广泛应用。电子计算机不仅直接应用于自动化服务机具，比如ATM机、电话银行、网络银行等，还直接渗透入银行传统业务处理中的计算简单、复杂性强、核算数据量大的统计、记账、支票处理等活动，并进一步能够为资产、负债信息的深度处理提供支持，银行的信息化能力大大增强。

（2）银行管理技术不断提高。基于海量的信息处理技术，银行能够更为快捷地接收到金融市场、客户的信息，能够实现对客户行为的模拟，可以更为便利地获得收益曲线、久期等资产负债管理的关键指标，商业银行资产组合管理的能力大大提高。

（3）商业银行风险管理技术的提升尤为明显。20世纪80年代以来，以VaR技术为代表的市场风险计量被普遍接受，Risk manager等成熟的市场风险计量软件成功应用于市场交易业务管理中；以违约概率PD模型为核心的信用风险计量技术，开始在银行信贷决策与分析中得到应用,个别领先银行能够初步提供债项损失率 LGD、预期损失 EL、非预期损失 UL;涵盖更多风险的经济资本 EC 工具开始得到应用。

2. 商业银行业务创新不断,表外业务应运而生

在内外部环境的全面改变下,商业银行为了提高自身的利润创造能力,必须不断开拓新的业务领域,挖掘新的利润增长点,可以说创新活动始终贯穿于商业银行的经营管理过程中。纵观商业银行经营管理发展史,商业银行业务创新基本遵循了"资产业务的创新—负债业务的创新—资产负债业务的组合创新—表外业务的创新"的轨迹,是一个逐步演进的过程。

(1)资产管理及创新。最初的银行活动,集中于资产管理。即假定资金成本确定的条件下,如何最大化资产的收益。最为直接的体现就是尽可能扩张收息资产规模、增加收益水平较高的资产的占比和提高信贷的收益率。资产领域的创新,集中体现为近几十年来消费信贷、住宅贷款的迅猛发展,浮动利率信贷产品大行其道。

(2)负债管理及创新。利率管制的放松,加剧了银行资金成本和可获得性管理的难度,促使了商业银行经营管理理论的发展。银行从传统的资产管理阶段,过渡到开始注重负债管理的阶段。20 世纪 60 年代以来,商业银行开始利用各种存款工具,发行各类债务票据,来提高负债管理技术。以美国银行业为例,各类活期存款产品自 70 年代以来快速发展。可转让支付命令账户、股金汇票账户、自动转账服务、货币市场存款账户等在突破各类管制的同时,为商业银行获得了稳定的资金来源,并降低了资金成本。

(3)资产负债的组合管理及创新。随着银行业务品种多样化发展,人们开始认识到银行的资产负债与经营管理的密切联系。比如,满足客户借款要求与筹措各类资金支持这些贷款紧密相关,因此人们开始从资产负债的综合管理角度来实现利润的最大化。早期的资产负债组合管理是分别管理银行业务账户(包括传统的存款、贷款和证券投资等产品)和交易账户(包括短期外汇、债券和衍生产品)的风险,以获得资本性收益为目标。

随着经营环境的发展变化,利率和业务活动更加自由。银行能够更好地主动控制业务账户的资产和负债。基于此,银行开始向基于预测利率的基础上,包括业务账户和交易账户合并的广泛的风险管理,主动调整资产负债组合。比如银行可以根据预测的利率走势和使用衍生工具,主动改变资产和/或负债的期限、利率等条件,实现风险收益的最大化。

(4)表外业务的创新。正如前文所述,利率管制的放松进一步缩减了银行的息差空间,单纯依靠资金价格工具的空间有限。同时,"脱媒"现象的日益加剧和直接金融市场的发展,改变了银行赖以存在的金融市场结构,金融需求更为灵活和多元,需要资产负债业务之外的新突破。商业银行的盈利要求迫使其创新出能够充分发挥自身网络优势的业务领域,从而形成一定的规模经济和范围经济优势。在这种情况下,表外业务应运而生。

综上所述,商业银行的内外部环境,客观上促使了表外业务的迅猛发展。

【拓展阅读】

金融脱媒的趋势下,银行表外业务的雪球越滚越大

2013 年 6 月 7 日,央行发布了《中国金融稳定报告(2013)》(下称《报告》)。《报告》显示,截至 2012 年年末,银行业金融机构表外业务(含委托贷款和委托投资)余额 48.65 万亿元,比年初增加 8 万亿元,增长 19.68%。同期商业银行各项贷款余额为 51.7 万亿元,整个银行业贷款余额

> 为68.59万亿元。表外业务总量正在逼近表内信贷总量。
>
> 多位银行高管向《21世纪财经报道》记者表示，表外业务增长迅速的原因主要有三点：一是金融脱媒，大量存款流向表外，购买理财产品；二是央行对信贷总量的控制和社会融资的需求，给予表外业务足够的增长空间；三是资本压力之下，银行对资本占用较少的表外业务更为热衷。
>
> 表外业务巨大增量的背后是对等的风险。"银行在表外业务中并没有直接支出资产，因此也不直接承担风险，更多的是信用风险，是或有风险。"东方证券银行业分析师金鳞向《21世纪财经报道》记者称。而监管方近期也不断强调控制表外业务风险，其中包括严控影子银行，规范银行理财、部分同业业务，强调核查贸易融资担保等。
>
> 《报告》明确提出，要全面布控表外业务风险，严防风险传染和蔓延，并从四个方面提出要求：完善交叉性产品综合统计和监测制度，严格表外业务确认、计量、报告和披露，确保表外业务信息真实、完整和准确；完善表外业务管理办法和操作规程，加大内部控制和约束机制建设，严格审查资金去向和风控措施，建立风险"防火墙"和风险代偿机制，完善应急预案，防止风险转移到表内；加强对集团客户及其关联企业的信贷管理，防范关联交易风险；加强监管政策和措施的协调合作，明确监管责任，强化表外业务信息共享。
>
> 资料来源：《21世纪经济报道》2013年6月20日。

四、中国开展表外业务必要性分析

近几年来由于我国商业银行存贷款利差幅度的减少、信贷资产质量的下降、运营成本的增加和资产报酬率的降低等，通过存贷款盈利的空间十分有限，大力发展表外业务已成为银行业务创新、适应外部金融环境变化、扩大市场份额、增加利润来源的一个十分重要的研究课题。

（一）适应利率下调，寻找新的利润增长点的需要

近年来，存贷利率不断降低，银行的低利率降低了银行资金的边际利润，使银行存贷利差不断缩小。在这种情况下，商业银行获利的空间已十分有限，必须适应市场环境的变化去开拓各种非利息业务，寻找新的利润增长点。

（二）化解不良贷款，减少金融风险的需要

从银行信贷资产的质量来看，世界前20家银行的平均不良资产率仅为3.27%，其中花旗银行和美洲银行的不良资产率分别为1.4%和0.85%。而我国银行业不良资产率在25%左右，除了四大股份商业银行的不良资产比例居高不下外，新兴商业银行的不良资产比例也在急剧攀升。银行业显露和潜在的金融风险已十分突出，再加上缺乏金融风险防范与化解的有效措施，严重阻碍了银行业的持续健康发展。这就需要利用表外业务来防范与化解金融风险。

（三）降低运营成本，提高资产报酬率的需要

随着银行成本增加，收益下降，单纯的传统业务已难以满足客户多层次多样化的金融需求和银行收益的保证。所以银行必须降低运营成本。要在不增加或降低运营成本的情况下，

为客户提供多功能、多元化、国际化的服务，表外业务因具有低成本和提高资产报酬率之功效，不失为理想之选。

（四）利用表外融资技术，增加资金来源的需要

随着我国金融市场的不断完善和发展，企业从市场上筹集资金，直接以机构投资者身份与经纪商进行股票和债券交易，不再完全依赖商业银行贷款。其他非银行金融机构，如保险公司、信托公司、证券公司、基金管理公司等的快速发展，分流了一部分商业银行的资金。为了竞争资金来源，商业银行可以通过开展表外融资技术，如贷款出售、发行备用信用证等业务，增加其资金来源。

（五）通过业务创新，提高市场竞争力的需要

商业银行的业务包括资产、负债和表外业务三个方面，在金融创新的过程中，不仅要重视表内业务，而且也要重视表外业务的发展，抢占适应持续发展要求的空间。商业银行表外业务的拓展，是其银行经营国际化、资本证券化、业务表外化的三大发展趋势之一，也有利于提高市场竞争力的需要。

第二节 担保与承诺业务

担保类表外业务是指商业银行为客户债务清偿能力提供担保，承担客户违约风险的业务，主要包括保函业务、备用信用证、商业信用证等。承诺类表外业务是商业银行在未来某一日期按照事前约定的条件向客户提供约定信用的业务，主要是指贷款承诺和票据发行便利。

一、保函业务

（一）概念和特点

保函业务是指银行应客户的申请而开立的有担保性质的书面承诺文件，一旦申请人未按其与受益人签订的合同的约定偿还债务或履行约定义务时，由银行履行担保责任。

保函业务的特点是：银行信用作为保证，易于为客户接受；保函是依据商务合同开出的，但又不依附于商务合同，是具有独立法律效力的法律文件。当受益人在保函项下合理索赔时，担保行就必须承担付款责任，而不论申请人是否同意付款，也不管合同履行的实际事实。即保函是独立的承诺并且基本上是单证化的交易业务。

（二）保函业务的种类

根据保函在基础合同中所起的不同作用和担保人承担的不同的担保职责，保函可以具体分为以下几种。

1. 借款保函

借款保函指银行应借款人要求向贷款行所作出的一种旨在保证借款人按照借款合约的规定按期向贷款方归还所借款项本息的付款保证承诺。

2. 融资租赁保函

融资租赁保函指承租人根据租赁协议的规定，请求银行向出租人所出具的一种旨在保证承租人按期向出租人支付租金的付款保证承诺。

3. 补偿贸易保函

补偿贸易保函指在补偿贸易合同项下，银行应设备或技术的引进方申请，向设备或技术的提供方所作出的一种旨在保证引进方在引进后的一定时期内，以其所生产的产成品或以产成品外销所得款项，来抵偿所引进之设备和技术的价款及利息的保证承诺。

4. 投标保函

投标保函指银行应投标人申请向招标人作出的保证承诺，保证在投标人报价的有效期内投标人将遵守其诺言、不撤标、不改标、不更改原报价条件，并且在其一旦中标后，将按照招标文件的规定在一定时间内与招标人签订合同。

5. 履约保函

履约保函指银行应供货方或劳务承包方的请求而向买方或业主方作出的一种履约保证承诺。

6. 预付款保函

预付款保函又称还款保函或定金保函，指银行应供货方或劳务承包方申请向买方或业主方保证，如申请人未能履约或未能全部按合同规定使用预付款时，则银行负责返还保函规定金额的预付款。

7. 付款保函

付款保函指银行应买方或业主申请，向卖方或承包方所出具的一种旨在保证贷款支付或承包工程进度款支付的付款保证承诺。其他的保函品种还有来料或来件加工保函、质量保函、预留金保函、延期付款保函、票据或费用保付保函、提货担保、保释金保函及海关免税保函等等。

二、备用信用证

（一）备用信用证的定义

备用信用证（Standby Letter of Credit），又称商业票据信用证（Commercial Paper Letter of Credit）、担保信用证（Guaranteed Letter of Credit），是指开证行根据开证申请人的请求，对申请人开立的承诺承担某种义务的凭证。即开证行在开证申请人未能履行其应履行的义务时，受益人只要凭备用信用证的规定向开证行开具汇票（或不开汇票）并提交开证申请人未履行义务的声明或证明文件，即可获得开证行的偿付。

金融保证意义上的备用信用证，主要是指开证行应借款人的要求，以放款人作为信用证的受益人，并向借款人（申请人）收取一定佣金而开立的一种特殊信用证。其实质是对借款人的一种担保行为，保证在借款人破产或不能及时履行义务的情况下，由开证行向受益人及时支付本利。

备用信用证的重要特征是它们并不在开证人或受益人的资产负债表上列示。

一般来讲，备用信用证涉及三方当事人：

（1）开证人（Issuer，通常是一家银行或保险公司）。

(2) 申请人（Account Party，即借款人）。
(3) 受益人（Beneficiary，放款人或其他投资者）。

（二）备用信用证的种类

1. 履约保证备用信用证
履约保证备用信用证是指支持一项除支付金钱以外的义务的履行，包括对由于申请人在基础交易中违约所致损失的赔偿。

2. 预付款保证备用信用证
预付款保证备用信用证用于担保申请人对受益人的预付款所应承担的义务和责任。这种备用信用证通常用于国际工程承包项目中业主向承包人支付的合同总价 10%～25% 的工程预付款，以及进出口贸易中进口商向出口商支付的预付款。

3. 反担保备用信用证
反担保备用信用证又称对开备用信用证，它支持反担保备用信用证受益人所开立的另外的备用信用证或其他承诺。

4. 融资保证备用信用证
融资保证备用信用证支持付款义务，包括对借款的偿还义务的任何证明性文件。目前外商投资企业用于抵押人民币贷款的备用信用证就属于融资保证备用信用证。

5. 投标备用信用证
投标备用信用证用于担保申请人中标后执行合同义务和责任，若投标人未能履行合同，开证人必须按备用信用证的规定向收益人履行赔款义务。投标备用信用证的金额一般为投保报价的 1%～5%（具体比例视招标文件规定而定）。

6. 直接付款备用信用证
直接付款备用信用证用于担保到期付款，尤指到期没有任何违约时支付本金和利息。其已经突破了备用信用证备而不用的传统担保性质，主要用于担保企业发行债券或订立债务契约时的到期支付本息义务。

7. 保险备用信用证
保险备用信用证支持申请人的保险或再保险义务。

8. 商业备用信用证
商业备用信用证是指如不能以其他方式付款，为申请人对货物或服务的付款义务进行保证。

（三）备用信用证的作用

1. 对借款人的作用
利用备用信用证使其由较低的信用等级上升到一个较高的信用等级，在融资中处于一个有利的地位，可以较低的成本获得资金。

2. 对开证行的作用
(1) 备用信用证业务的成本较低。
(2) 备用信用证可给银行带来较高的盈利。

3. 对受益人的作用
备用信用证使受益人获得很高的安全性，特别是在交易双方不很熟悉时，更显示出这种安全性的重要。

三、商业信用证

（一）商业信用证的概念

商业信用证是国际贸易结算中的一种重要方式，是指进口商请求当地银行开出的一种证书，授权出口商所在地的另一家银行通知出口商，在符合信用证规定的条件下，愿意承兑或付款承购出口商交来的汇票单据。信用证结算业务实际上就是进出口双方签订合同以后，进口商主动请求进口地银行为自己的付款责任作出的保证。

从银行角度来看，商业信用证业务又是一种重要的表外业务。在这项业务中，银行以自身的信誉来为进出口商之间的交货、付款作担保，一般来说不会占用其自有资金，因此是银行获取收益的又一条重要途径。

（二）商业信用证的特点

（1）开证银行负第一性付款责任。

商业信用证是一种银行保证付款的文件，信用证的开证银行是第一性付款人，即主债务人，只要受益人所提交的单据与信用证条款一致，不论申请人是否履行其义务，银行应承担对受益人的第一性付款责任。在信用证业务中，开证行对受益人的责任是一种独立的责任。

（2）信用证是一种独立文件。

信用证的开立以买卖合同作为依据，但信用证一旦开出就成为独立于合同以外的另一种契约，不受买卖合同的约束。

（3）信用证业务一切都以单据为准，而不以货物为准。

（三）商业信用证的作用

1. 对进口商的作用

商业信用证的使用，提高了进口商的资信度，使对方按约发货得到了保障。保证货物上船前的数量和质量。由于申请开证时，进口商只需缴纳一部分货款作为押金即可，实际上是银行为进口商提供了一笔短期融通资金。

2. 对出口商的作用

对出口商来说，最大的好处就是出口收款有较大的保障，银行作为第一付款人，使付款违约的可能性降为极小。另一方面，就可避免进口国家禁止进口或限制外汇转移产生的风险。

3. 对开证行的作用

对开证行来说，它开立商业信用证所提供的是信用保证，而不是资金。开立信用证既不必占用自有资金，还可以得到开证手续费收入。同时进口商所交纳的押金，也可以为银行提供一定量的流动资金来源。

（四）商业信用证的操作

商业信用证业务具体操作的过程如下：

第一步，买方请求银行向卖方开出信用证，并将货款交付银行。

第二步，卖方接到信用证并按其所列条款发货后，将信用证连同证明货已按买方要求发出的有关单据传回开证行，经开证行审核无误后即可付款。

在国际贸易中，银行开发此种信用证时，有时进口商须预缴货款的一部分或全部作为保证金。开证行通过出口地联行或代理行，或直接把信用证寄给出口商。该种信用证允许出口商在一定期间和一定金额内，向进口商开发汇票，开证行保证对其承兑、付款；或出口商直接向开证行或其联行和代理行开发汇票，由银行自己承兑、付款。

商业信用证业务在异地采购中，特别是在国际贸易活动中被广泛使用的一种业务。

（五）备用信用证与商业信用证的区别

第一，商业信用证通常是在贸易往来中使用的，而备用信用证则一般是在融资活动中使用的。

第二，在商业信用证业务中，银行承担的是第一付款人的责任，而在备用信用业务中银行承担的是第二付款人的责任。

第三，备用信用证是为客户的融资活动提供付款担保，因而较商业信用证业务的风险更大。

【拓展阅读】

银行承兑汇票业务

银行承兑汇票业务也是商业银行重要的担保类表外业务。银行承兑汇票是由在承兑银行开立存款账户的存款人出票，向开户银行申请并经银行审查同意承兑的，保证在指定日期无条件支付确定的金额给收款人或持票人的票据。对出票人签发的商业汇票进行承兑是银行基于对出票人资信的认可而给予的信用支持。目前我国纸质银行承兑汇票每张票面金额最高为1亿元（电子票据最大限额为10亿元）。银行承兑汇票按票面金额向承兑申请人收取万分之五的手续费，不足10元的按10元计。纸质承兑期限最长不超过6个月（电子汇票的最长期限可达1年）。承兑申请人在银行承兑汇票到期未付款的，按规定计收逾期罚息。

银行承兑汇票是由付款人委托银行开具的一种远期支付票据，票据到期银行具有见票即付的义务；商业承兑汇票是由付款人开具的远期支付票据，由于没有通过银行的担保所以信用相比银行承兑汇票较低。两种票据最长期限为6个月，票据期限内可以进行背书转让。我们平时经常遇到的一般是银行承兑汇票。

由于有银行担保，所以银行对委托开具银行承兑汇票的单位有一定要求，一般情况下会要求企业存入票据金额等值的保证金至票据到期时解付，也有些企业向银行存入票据金额百分之几十的保证金，但必须银行向企业做银行承兑汇票授信并在授信额度范围内使用信用额度，如果没有银行授信是没有开具银行承兑汇票资格的。

资料来源：百度百科。

【想一想】贷款承诺业务中，有的客户并没有使用银行资金，银行为什么要收取承诺费？

四、贷款承诺

（一）贷款承诺的概念

贷款承诺是指银行承诺客户在未来一定的时期内，按照双方事先确定的条件，应客户的要求，随时提供不超过一定限额的贷款。这里所说的"事先确定的条件"通常包括贷款利率的计算方式、贷款的期限以及贷款的使用方向等。

（二）贷款承诺的种类

贷款承诺具有多种表现形式。根据作出承诺的条款和条件等要素，贷款承诺可以有不同的分类方法。

（1）根据承诺方是否可以不受约束地随时撤销承诺，贷款承诺可分为可撤销贷款承诺和不可撤销贷款承诺。

可撤销承诺（Revocable Commitment）附有客户在取得贷款前必须履行的特定条款，一旦在银行承诺期间及实际贷款期间发生客户信用等级降低的情况，或客户没有履行特定条款，则银行可以撤销该项承诺。有些可撤销承诺的协议对双方不具有法律上的约束力。

不可撤销承诺（Irrevocable Commitment）则是银行不经客户同意不得私自撤销的承诺。是具有法律效力的。但即使是不可撤销承诺，其协议中也有可能有条款允许银行在特定条件下终止协议，这种条款称为实质反向改变（Material Adverse Change）条款。

（2）根据利率的变动特性可以划分为固定利率承诺和变动利率承诺，前者是指承诺方必须以预先确定的利率向借款人提供信用，后者一般根据市场主导利率（prime rate）加上一个附加率来确定。

（3）根据对贷款金额的使用情况，可分为定期贷款承诺（Term Load Commitment）、备用承诺（Standby Commitment）和循环承诺（Revolving Commitment）。

定期贷款承诺是指在承诺期内，借款人只能一次性全部或部分使用银行所承诺之贷款金额。

备用承诺是指借款人可多次使用银行所承诺之贷款金额，并且剩余承诺在承诺期内仍然有效。

循环承诺是指借款人可在承诺有效期内多次使用银行所承诺之贷款金额，并且可以反复使用偿还的贷款，只要借款人在某一时点所使用的贷款不超过全部承诺即可。

（三）贷款承诺的特点

（1）银行必须保证随时满足客户资金需求。
（2）不借款也要收取承诺费，一般收取承诺额度的 0.25%～0.75%。

（四）贷款承诺申办手续

（1）有贷款承诺需求的客户向银行提出申请。
（2）银行审核、审批客户提供的项目资料。
（3）向客户出具贷款承诺。

【做一做】

承诺费是借款人在用款期间，对已用金额要支付利息；而对未提用部分，因为银行要准备出一定的资金以备借款人的提款，所以借款人应按未提贷款金额向贷款人支付承诺费，作为对贷款人因承担贷款责任而受利息损失的补偿。

承诺费只有在签订合同后才需支付。承诺费从选择期失效至提交单据为止按承诺日期预付，通常按未提款金额的 0.125%~0.5% 计收。

假如企业周转信贷额为 1000 万元，承诺费率为 0.4%。2013 年 1 月 1 日从银行借入 500 万元，8 月 1 日又借入 300 万元，如果年利率为 8%，则企业本年度末向银行支付的利息 =500×8%+300×8%×5/12=50 万元；承诺费为多少？

（提示：承诺费 =200×0.4%+300×0.4%×7/12=0.8+0.7=1.5 万元。）

第三节 票据发行便利业务

票据发行便利的票据属于短期信用形式，多为 3 个月或 6 个月以上。银行提供票据发行便利，实际上是运用自己发达的票据发行网络及丰富的客户资源，帮助特定的客户出售短期票据以实现筹集资金的目的。

一、票据发行便利的含义

票据发行便利（Note Issuance Facilities，NIFs）是一种中期的（一般期限为 5~7 年）具有法律约束力的循环融资承诺。根据这种承诺，客户（借款人）可以在协议期限内用自己的名义以不高于预定利率的水平发行短期票据筹集资金，银行承诺购买客户未能在市场上出售的票据或向客户提供等额银行贷款。票据发行便利实质上是一种直接融资，是借款人（银行客户）与投资者（票据购买人）之间的直接信用关系，银行充当的是包销商的角色。

二、票据发行便利的种类

票据发行便利根据有无包销可分为两大类：包销的票据发行便利和无包销的票据发行便利。其中前者又可分为循环包销便利、可转让的循环包销便利和多元票据发行便利。下面分别加以简要介绍。

（一）循环包销的便利

循环包销的便利是最早形式的票据发行便利。在这种形式下，包销的商业银行有责任承包摊销当期发行的短期票据。如果借款人的某期短期票据推销不出去，承包银行就有责任自行提供给借款人所需资金（其金额等于未如期售出部分的金额）。

（二）可转让的循环包销便利

可转让的循环包销便利是指包销人在协议有效期内，随时可以将其包销承诺的所有权利和义务转让给另一家机构。

（三）多元票据发行便利

多元票据发行便利允许借款人以更多的更灵活的方式提取资金，它集中了短期预支条款、摆动信贷、银行承兑票据等提款方式于一身，是借款人无论在选择在提取资金的期限上，还是在选择提取何种货币方面都获得了更大的灵活性。

（四）无包销的票据发行便利

无包销的票据发行便利就是没有"报销不能售出的票据"承诺的NIFs。无包销的NIFs的具体内容通常很粗略。一般采用总承诺的形式，通过安排银行为借款人出售票据，而不是实际上可能提取的便利。

无包销的票据发行便利出现的最根本原因是，采取这种形式的借款人往往是商业银行的最高信誉客户。它们有很高的资信度，完全有信心凭借其自身的信誉就能够售出全部票据，而无须银行的承诺报销支持，从而为自己节省一笔包销费用。

三、票据发行便利市场的构成

（一）票据发行者（借款人）

票据发行便利业务的产生就是为了适应一些资信较高的借款人通过直接融资渠道筹资的需要。因此，票据发行便利市场上的借款人都是资信度比较高的企业，它们都认为自身的高信誉在融资中是一种有利条件，应该充分利用。因此，它们大都开始从原来的间接融资转为直接融资方式。信誉好的借款人可以按近乎于LIBOR的利率发行票据。

从银行角度来讲，它把票据发行便利业务看作是一项表外业务。银行只希望在不占用自有资金的情况下取得承诺费收入，借款人信誉越高，银行需要实际履行包销业务的可能性就越小。因此银行在选择票据发行便利业务的对象时，为了自己的利益，会认真把关，只让一些真正信誉好的借款人进入这一市场。

（二）发行银行

发行银行先后经历了两种形式。最初，发行银行是由牵头行来承担，牵头行作为独家出售代理人发挥作用并负责出售所发行的任何票据。1983年开始出现了由银行投标小组负责的票据发行便利，投标小组成员对所发行的任何一种票据，在预先确定的最大幅度内都可投标。

票据发行便利中的发行银行的票据发行功能类似于银团贷款中的贷款安排。这一技术允许借款人从市场条件的改善中获利，同时也让借款人知道按最高成本所能获得的资金。由于是以竞价投标所得出的票据发行方案，其价格等发行条件更合理一些，比以前的由牵头行独家垄断发行有了较大的进步，1984年以后投标小组方法通过连续投标小组制度得到了进一步推广。

（三）包销银行

包销银行承担了相当于承担风险的票据包销职能。其最主要的职责就是按照协议约定，提供期限转变便利，以保证借款人在中期内不断获得短期资金。一旦借款人的票据未能如期售完，包销银行就有责任购买所有未售出的票据，或提供同等金额的短期贷款。

包销人（包销团的成员银行）采用投标小组方法，有权在票据销售期限内的任何时间里，按票据在市场上的销售价格，向牵头行购买它们所能买到的不超过其分配额度的票据，这样包销银行也能够得到可以出售给客户的票据，使票据发行不再完全由牵头行或投标小组垄断，竞价投标方式形成的票据发行也使包销银行履约包销的可能性大大降低，使其真正发挥了保证的职能。

（四）投资者

投资者即资金的提供人或票据持有者，他们只承担期限风险。当借款人在票据到期前遭受破产而不能还款时，票据持有人就会受到损失。如前所述，进入票据发行便利市场的借款人资信度都比较高，特别是一些采用无包销票据发行便利的借款人，因此这种期限风险比较小，投资于这种票据比较安全，且流动性也比较高。

四、票据发行便利的程序

（1）由发行人（借款人）委任包销人（underwriter）和投标小组（tender panel）成员。

（2）在发行人与包销人和投标小组成员之间签订一系列文件，其中包括便利协议（facility agreement）、票据发行和付款代理协议（notes issuing and paying agency agreement）、投标小组协议（tender panel agreement）。

（3）在上述各项协议就绪后，则安排发行的时间表。

五、票据发行便利市场经营中应注意的问题

（一）严格把好市场准入关

作为市场中介主体的银行，无论是以发行银行还是以包销银行的身份出现，都应该对提出票据发行便利要求的借款人的资信状况做出详细认真的调查，绝不可为了获得一点较高的手续费或承诺费，就轻易让信誉较差的企业进入票据发行便利市场。

包销银行在与借款人签订的便利协议中一定要订有在承诺有效期内借款人资信度下降时的特别处理条款。此外，银行对票据发行人的信用风险问题要给予特别关注，一定要定期分析借款人的经营状况、财务状况，以及市场对借款人的评价，保持迅速反应的能力。

（二）加强自我约束性的内部管理

为了有效控制票据发行便利可能带来的风险，银行就必须加强自身的约束管理，建立起一套完善的评估体系，使银行所从事的所有票据发行便利业务的风险处于一个安全的范围内。

《巴塞尔协议》（1988年）为各国银行提供了一个度量表外业务风险的方法：即以信用转换系数乘以项目金额，得出的数额按照表内同等性质的项目进行风险加权，并将此纳入评估银行资本充足与否的风险管理中去。根据《巴塞尔协议》的规定，票据发行便利的信用转换系数为50%，这也为银行进行内部管理提供了一个很有价值的参考。

（三）注意保持银行的流动性

银行在从事票据发行便利时，一定要注意自身的流动性问题。一定要把对商业银行的流动性要求与票据发行便利的承诺额挂钩，以加强对流动性风险的防范。当银行承接了承诺额较大的票据发行便利业务时，要在表内资产负债上作相应的调整，如适当增加流动性资产、减少流动性负债、提高流动比例。同时要注重客户的分散问题，如果一家银行的所有票据发行便利业务都集中在一家借款者身上，甚至是一笔业务上，其风险是显而易见的，因此银行在开展此项业务时一定要努力使每笔业务量大小适中，但客户较多，且分散性好。最好不是同一行业的借款人，从而不会因某个行业的整体不景气而使流动性出现危机。要限制对单个借款人的承诺额，如不能超过银行自有资本的10%等，一定要有效地防范风险的过度集中。

（四）选择高资信的企业和银行

票据发行便利是高资信客户的自发需求，它本质上是一种直接信用，主要依赖于借款人自身的信誉来筹资，因此，选择在国际、国内金融市场上享有较高声誉的客户进行合作，对于票据发行便利的成功至关重要。

我国商业银行虽已具备了一些在国内从事票据发行便利的条件，但总体上还不成熟，从事票据发行、包销的经验也不足，因此，我国商业银行可以先利用成熟的国际金融市场，积极探索从事国际票据发行便利的经验，为国内借款人筹措资金，争取跻身于国际性票据发行便利市场，分享国际业务收入；同时，积极参与完善国内金融市场，选择资信高、业务关系稳定的客户，为其在国内提供票据发行便利创造条件，并以此为契机带动商业票据的广泛应用。

第四节 金融衍生业务

金融衍生业务即金融衍生交易类业务是指商业银行为满足客户保值或自身头寸管理等需要而进行的货币和利率的远期、掉期（互换）、期货、期权等衍生交易业务。国际上属于金融衍生品品种繁多，在我国现阶段金融衍生品交易主要指以期货为中心的金融业务。

一、金融衍生业务的特点

（一）零和博弈

即合约交易的双方（在标准化合约中由于可以交易是不确定的）盈亏完全负相关，并且净损益为零，因此称"零和"。

（二）高杠杆性

衍生产品的交易采用保证金（margin）制度，即交易所需的最低资金只需满足基础资产价值的某个百分比。保证金可以分为初始保证金（initial margin）和维持保证金（maintains margin），并且在交易所交易时采取盯市（marking to market）制度，如果交易过程中的保证金比例低于维持保证金比例，那么将收到追加保证金通知（margin call），如果投资者没有及时追加保证金，其将被强行平仓。可见，衍生品交易具有高风险高收益的特点。

二、金融衍生业务的作用

（一）避险保值

避险保值也是金融衍生工具被金融企业界广泛应用的初衷所在。金融衍生工具有助于投资者或储蓄者认识、分离各种风险构成和正确定价，使他们能根据各种风险的大小和自己的偏好更有效的配置资金，有时甚至可以根据客户的特殊需要设计出特制的产品。衍生市场的风险转移机制主要通过套期保值交易发挥作用，通过风险承担者在两个市场的相反操作来锁定自己的利润。一般那些以适当的抵消性金融衍生工具交易活动来减少或消除某种基础金融或商品的风险，目的在于牺牲一些资金（因为金融衍生工具交易需要一定的费用）以减少或消除风险的个人或企业称为对冲保值者。此类主体的活动是金融衍生市场较为主要的部分，也充分体现了该市场用于进行财务风险管理的作用。

（二）投机

与避险保值正相反的是，投机的目的在于多承担一点风险去获得高额收益。投机者利用金融衍生工具市场中保值者的头寸并不恰好互相匹配对冲的机会，通过承担保值者转嫁出去的风险的方法，博取高额投机利润。还有一类主体是套利者，他们的目的与投机者差不多，但不同的是套利者寻找的是几乎无风险的获利机会。由于金融衍生市场交易机制和衍生工具本身的特征，尤其是杠杆性、虚拟性特征，使投机功能得以发挥。可是，如果投机活动过盛的话，也可能造成市场内不正常的价格震荡，但正是投机者的存在才使得对冲保值者意欲回避和分散的风险有了承担者，金融衍生工具市场才得以迅速完善和发展。

（三）价格发现

如果以上两点是金融衍生市场的内部性功效，那价格发现则是金融衍生市场的外部性功效。在金融衍生工具的价格发现中，其中心环节是价格决定，这一环节是通过供给和需求双方在公开喊价的交易所大厅（或电子交易屏幕）内达成，所形成的价格又可能因价格自相关产生新的价格信息来指导金融衍生工具的供给和需求，从而影响下一期的价格决定。因为该市场集中了各方面的市场参与者，带来了成千上万种基础资产的信息和市场预期，通过交易所内类似拍卖方式的公开竞价形成一种市场均衡价格，这种价格不仅有指示性功能，而且有助于金融产品价格的稳定。

（四）降低交易成本

由于金融衍生工具具有以上功能，从而进一步形成了降低社会交易成本的功效。市场参与者一方面可以利用金融衍生工具市场，减少以至消除最终产品市场上的价格风险；另一方面又可以根据金融衍生工具市场所揭示的价格趋势信息，制定经营策略，从而降低交易成本，增加经营的收益。同时，拥有不同目的从事交易的参与者可以在市场交易中满足自己的需求，最终形成双赢的局面。

金融衍生产品交易不当也导致巨大的风险，有的甚至是灾难性的，国外的有"巴林银行事件"、"宝洁事件"、"LTCM 事件"、"信孚银行"，国内的有"国储铜事件"、"中航油事件"。

【拓展阅读】

"中航油事件"回顾

2003 年下半年：中国航油公司（新加坡）（以下简称"中航油"）开始交易石油期权（option），最初涉及 200 万桶石油，中航油在交易中获利。

2004 年一季度：油价攀升导致公司潜亏 580 万美元，公司决定延期交割合同，期望油价能回跌；交易量也随之增加。

2004 年二季度：随着油价持续升高，公司的账面亏损额增加到 3 000 万美元左右。公司因而决定再延后到 2005 年和 2006 年才交割；交易量再次增加。

2004 年 10 月：油价再创新高，公司此时的交易盘口达 5 200 万桶石油；账面亏损再度大增。

10 月 10 日：面对严重资金周转问题的中航油，首次向母公司呈报交易和账面亏损。为了补加交易商追加的保证金，公司已耗尽近 2 600 万美元的营运资本、1.2 亿美元银团贷款和 6 800 万元应收账款资金。账面亏损高达 1.8 亿美元，另外还支付了 8 000 万美元的额外保证金。

10 月 20 日：母公司提前配售 15% 的股票，将所得的 1.08 亿美元资金贷款给中航油。

10 月 26 日和 28 日：公司因无法补加一些合同的保证金而遭逼仓，蒙受 1.32 亿美元实际亏损。

11 月 8 日到 25 日：公司的衍生商品合同继续遭逼仓，截至 25 日的实际亏损达 3.81 亿美元。

12 月 1 日，在亏损 5.5 亿美元后，中航油宣布向法庭申请破产保护令。

资料来源：http://finance.ce.cn/sub/jrysp/01/news/200809/27/t20080927_13674252.shtml。

三、金融衍生表外业务的种类

按照人民银行表外业务的定义，表外业务包括金融衍生类业务，具体有远期合约、金融期货、金融期权和互换。

（一）远期合约

这是指交易双方约定在未来特定时间以特定价格买卖特定数量和质量的资产的协议。远期合约使资产的买卖双方能够消除未来资产交易的不确定性。

远期合约是 20 世纪 80 年代初兴起的一种保值工具，它是一种交易双方约定在未来的某一确定时间，以确定的价格买卖一定数量的某种金融资产的合约。合约中要规定交易的标的物、有效期和交割时的执行价格等项内容。远期合约是必须履行的协议，不像可选择不行使权利（即放弃交割）的期权。远期合约亦与期货不同，其合约条件是为买卖双方量身定制的，通过场外交易（OTC）达成，而后者则是在交易所买卖的标准化合约。远期合约规定了将来交换的资产、交换的日期、交换的价格和数量，合约条款因合约双方的需要不同而不同。远期合约主要有远期利率协议、远期外汇合约、远期股票合约。

（二）金融期货

是交易双方在金融市场上，以约定的时间和价格，买卖某种金融工具的具有约束力的标准化合约。以金融工具为标的物的期货合约。金融期货一般分为三类：外汇期货、利率期货和股票指数期货。金融期货作为期货交易中的一种，具有期货交易的一般特点，但与商品期货相比较，其合约标的物不是实物商品，而是传统的金融商品，如证券、货币、利率等。金融期货交易产生于20世纪70年代的美国市场，目前，金融期货交易在许多方面已经走在商品期货交易的前面，占整个期货市场交易量的80%。

（三）金融期权

金融期权（financial option）是以期权为基础的金融衍生产品，指以金融商品或金融期货合约为标的物的期权交易。具体地说，其购买者在向出售者支付一定费用后，就获得了能在规定期限内以某一特定价格向出售者买进或卖出一定数量的某种金融商品或金融期货合约的权利。金融期权是赋予其购买者在规定期限内按双方约定的价格（协议价格，Striking Price）或执行价格（Exercise Price）购买或出售一定数量某种金融资产（潜含金融资产，Underlying Financial Assets，或标的资产）的权利的合约。

与金融期货相比，金融期权的主要特征在于它仅仅是买卖双方权利的交换。期权的买方在支付了期权费后，就获得了期权合约所赋予的权利，即在期权合约规定的时间内，以事先确定的价格向期权的卖方买进或卖出某种金融工具的权利，但并没有必须履行该期权合约的义务。期权的买方可以选择行使他所拥有的权利；期权的卖方在收取期权费后就承担着在规定时间内履行该期权合约的义务。即当期权的买方选择行使权利时，卖方必须无条件地履行合约规定的义务，而没有选择的权利。

（四）互换

互换是一种约定两个或两个以上的当事人按照协议条件及在约定的时间内交换一系列现金流的衍生工具。而有关的回报则取决于所涉的金融工具类型。例如在涉及两种债券的交换的情况下，回报就是定期利息（或息票）与债券相关的款项。具体来说，这两个对手同意交换对方的另一个现金流。这些现金流亦被称为"腿"。互换协议规定支付现金流量的日期及其计算方法的金融互换交易。

互换分为以下几类：

（1）利率互换。指双方同意在未来的一定期限内根据同种货币的同样的名义本金交换现金流，其中一方的现金根据浮动利率计算出来，而另一方的现金流根据固定利率计算。

（2）货币互换。指将一种货币的本金和固定利息与另一货币的等价本金和固定利息进行交换。

（3）商品互换。一种特殊类型的金融交易，交易双方为了管理商品价格风险，同意交换与商品价格有关的现金流。它包括固定价格及浮动价格的商品价格互换和商品价格与利率的互换。

（4）其他互换。指股权互换、信用互换、期货互换和互换期权等。

知识要点

表外业务是指商业银行所从事的，按照现行的会计准则不计入资产负债表内，不形成现实资产负债，但能改变损益的业务。具体包括担保类、承诺类和金融衍生交易三种类型的业务。

表外业务的特点有：商业银行所提供的服务与资金没有直接联系；表外业务具有更高的杠杆性，盈亏波动剧烈；衍生产品类表外业务结构非常复杂；衍生产品类表外业务交易高度集中；表外业务的透明度低。

担保类表外业务是指商业银行为客户债务清偿能力提供担保，承担客户违约风险的业务，主要包括保函业务、备用信用证、商业信用证等。

承诺类表外业务是指商业银行在未来某一日期按照事前约定的条件向客户提供约定信用的业务，主要是指贷款承诺和票据发行便利。

保函业务是指银行应客户的申请而开立的有担保性质的书面承诺文件，一旦申请人未按其与受益人签订的合同的约定偿还债务或履行约定义务时，由银行履行担保责任。

备用信用证又称商业票据信用证、担保信用证，是指开证行根据开证申请人的请求，对申请人开立的承诺承担某种义务的凭证。

商业信用证是国际贸易结算中的一种重要方式，是指进口商请求当地银行开出的一种证书，授权出口商所在地的另一家银行通知出口商，在符合信用证规定的条件下，愿意承兑或付款承购出口商交来的汇票单据。

贷款承诺是指银行承诺客户在未来一定的时期内，按照双方事先确定的条件，应客户的要求，随时提供不超过一定限额的贷款。

票据发行便利是一种中期的（一般期限为5~7年）具有法律约束力的循环融资承诺。根据这种承诺，客户（借款人）可以在协议期限内用自己的名义以不高于预定利率的水平发行短期票据筹集资金，银行承诺购买客户未能在市场上出售的票据或向客户提供等额银行贷款。票据发行便利实质上是一种直接融资，是借款人（银行客户）与投资者（票据购买人）之间的直接信用关系，银行充当的是包销商的角色。

表外业务还包括金融衍生类业务，具体有远期合约、金融期货、金融期权和互换。

问题讨论

1. 资料

1995年2月27日，英国中央银行宣布，英国商业投资银行——巴林银行因经营失误而倒闭。消息传出，立即在亚洲、欧洲和美洲地区的金融界引起一连串强烈的波动。东京股市英镑对马克的汇率跌至近两年最低点，伦敦股市也出现暴跌，纽约道·琼斯指数下降29个百分点。

事发后主要责任者尼克·理森却逃之夭夭。

理森是巴林银行新加坡分行负责人，年仅28岁，在未经授权的情况下，他以银行的名义认购了总价70亿美元的日本股票指数期货，并以买空的做法在日本期货市场买进了价值200亿美元的短期利率债券。如果这几笔交易成功，理森将会从中获得巨大的收益，但阪神地震后，日本债券市场一直下跌。据不完全统计，巴林银行因此而损失10多亿美元，这一数字已经超过了该行现有的8.6亿美元的总价值，因此巴林银行不得不宣布倒闭。这家有着233年历史，在英国曾发挥过重要作用的银行换了新主。3月2日，警方将理森拘捕。

2. 活动安排

将学生分为若干大组进行讨论，最后各组选出代表上台发言。

3. 要求

分析如何防范和化解商业银行表外业务风险。

4. 场景

多媒体教室。

推荐阅读

1. 鲍静海、尹成远：《商业银行业务经营与管理》，第13章，人民邮电出版社2005年版。
2. 杨宜：《商业银行业务管理》，第8章，机械工业出版社2004年版。
3. 李春、曾冬白：《商业银行经营管理》，第8章，东北财经大学出版社2009年版。
4. 蔡鸣龙：《商业银行业务经营与管理》，第六章，厦门大学出版社2008年版。
5. 2011年《商业银行表外业务风险管理指引》，银监发〔2011〕31号。

本章自测

一、单项选择题

1. 表外业务中的"表"指的是（　　）。
   A. 资产负债表　　　B. 利润表　　　C. 利润分配表　　　D. 现金流量表
2. 中国人民银行发布《商业银行表外业务风险管理指引》是（　　）年。
   A. 1992　　　B. 2000　　　C. 2008　　　D. 2011
3. 在中国银监会表外业务定义中，下列哪项业务不包括在内（　　）。
   A. 商业信用证　　　B. 贷款承诺　　　C. 远期合约　　　D. 备用信用证
4. 银行应投标人申请向招标人作出的保证承诺，保证在投标人报价的有效期内投标人将遵守其诺言，不撤标、不改标，不更改原报价条件，并且在其一旦中标后，将按照招标文件的规定在一定时间内与招标人签订合同。上述描述所对应的哪种保证业务（　　）。
   A. 借款保函　　　　　　　　B. 融资租赁保函
   C. 投标保函　　　　　　　　D. 履约保函
5. 商业信用证是一种银行保证付款的文件，信用证的开证银行是（　　）付款人。
   A. 担保　　　B. 第一　　　C. 第二　　　D. 从属
6. 假如企业周转信贷额为1 000万元，承诺费率为0.4%。2011年1月1日从银行借入500万元，8月1日又借入300万元，如果年利率为8%，则承诺费为（　　）。
   A. 50万元　　　B. 4万元　　　C. 80万元　　　D. 1.5万元
7. 票据发行便利市场的构成不包括（　　）。
   A. 包销银行　　　B. 发行银行　　　C. 投资者　　　D. 担保银行

二、多项选择题

1. 商业银行表外业务兴起的外因包括（　　）。
   A. 商业银行的经营环境变化剧烈　　B. 商业银行的监管日益放松
   C. 商业银行的管理能力得到提升　　D. 商业银行的竞争加剧
2. 备用信用证涉及哪些当事人（　　）。
   A. 开证人　　B. 申请人　　C. 受益人　　D. 保证人
3. 担保类表外业务主要包括（　　）。
   A. 保函业务　　　　　　　　　　B. 票据发行便利
   C. 备用信用证　　　　　　　　　D. 商业信用证
4. 商业信用证的特点有（　　）。
   A. 开证银行负第一性付款责任　　B. 信用证是一种独立文件
   C. 信用证业务一切都以单据为准　D. 信用证业务以货物为准
5. 票据发行便利的种类包括（　　）。
   A. 循环包销的便利　　　　　　　B. 可转让的循环包销便利
   C. 多元票据发行便利　　　　　　D. 无包销的票据发行便利

三、判断题

1. 商业银行所提供的服务与资金有直接联系。
2. 表外业务的透明度低。
3. 保函依附于商务合同，不具有独立法律效力的法律文件。
4. 商业信用证的开证银行负第一性付款责任。
5. 票据发行便利是一种短期的具有法律约束力的循环融资承诺。
6. 可转让的循环包销便利是指包销人在协议有效期内，随时可以将其包销承诺的所有权利和义务转让给另一家机构。

四、名词解释

表外业务　贷款承诺　备用信用证　商业信用证　票据发行便利

五、回答问题

1. 担保类表外业务包括哪些？
2. 表外业务发展的原因有哪些？
3. 简述我国商业银行大力拓展表外业务的必要性。
4. 票据发行便利的种类有哪些？
5. 票据发行便利市场经营中应注意哪些问题？

第八章
商业银行国际业务管理

教学目标与学习任务

教学目标：了解商业银行国际业务的基本概念；了解商业银行国际业务的种类；深刻理解贸易融资的业务类型及应用；掌握国际银团贷款的概念、参与人、业务操作程序等；掌握商业银行外汇交易的种类及操作方法；掌握商业银行国际结算业务的工具和结算方式；理解离岸金融的含义、特点、类型及离岸金融业务面临的风险等。

学习任务：正确选择国际贸易融资业务类型；准确领会外汇买卖业务的操作技巧；学会运用国际结算的工具和方式。

案例导入

买方信贷与卖方信贷

中国进出口银行对电力建设企业走出国门的支持力度不断加大。近日，进出口银行与越南煤炭矿产集团签署了1.47亿美元出口买方信贷协议。至此，该行以出口买方信贷方式支持的电站项目贷款协议总金额已超过10亿美元……（《上海证券报》2006年5月11日）

中国进出口银行为中石油提供出口卖方信贷。中国进出口银行与中国石油化工集团公司30日签署《出口卖方信贷"一揽子"授信额度框架协议》，总额为80亿元人民币，主要用于支持该集团在未来五年内的海外油气勘探开发、对外工程承包、机电产品、成套设备及高新技术出口等项目。中国进出口银行董事长、行长羊子林表示，此次协议的签署，是中国进出口银行对中国企业出口大型成套设备、开展境外投资业务提供的又一有力支持……（《市场报》2002年2月1日）

买方信贷和卖方信贷多出现在国际进出口贸易中，合称为出口信贷，是出口国为了支持本国产品的出口，增强国际竞争力，在政府的支持下，由本国专业银行或商业银行向本国出口商或外国进口商（或银行）提供较市场利率略低的贷款，以解决买方支付进口商品资金的需要。

买方信贷的作用在于：首先，对进口商有利。进口商可以先取得并使用货物，价款在一段较长的时期内分期支付，同时能享受到低廉的利率，从而降低进口成本。其次，买方信贷对出口商也有利，能够帮助出口商实现快速回笼资金的目的。最后，买方信贷对银行方面也有利。银行通过提供买方信贷在获取利息收入和手续费的同时，获得了国际声誉的提高，有利于其在进口方所在地区拓展业务。

卖方信贷的作用在于：它能够帮助出口商获取出口生产中所需的周转资金和生产成本，特别在国际出口激烈竞争的情况下，出口商是否能够提供一定的资本支持往往是进口商考虑的重点之一，提供卖方信贷就能够缓解出口商相应的资本压力，能够有效地帮助出口商提高成功出口的可能性。

在实际情况中，买方信贷和卖方信贷对于推动我国的进出口贸易起到了巨大的作用。中国进出口银行是专门提供这些服务的政策性银行，其他的商业银行在这个市场也有所涉足。提供出口买方信贷或出口卖方信贷的风险主要在于信贷客户的信用风险和客户所在国的政治风险，此外在人民币汇率形成机制逐步市场化的现在，汇率风险因素也有所显现，这是值得注意的。

（根据2006年5月11日《上海证券报》、2002年2月1日《市场报》内容编写）

第一节　贸易融资和国际贷款业务

为国际间的进出口贸易服务是商业银行国际业务的重点，在不同的阶段，商业银行根据贸易双方的业务特点和实际需要，提供以资金融通为核心的各种配套金融服务。根据期限的长短，贸易融资可以分为短期贸易融资和长期贸易融资。国际贷款是商业银行另一项重要的国际业务，成为商业银行参与国际竞争的重要标志。贸易融资和国际贷款业务形成商业银行的国际资产。

一、短期贸易融资

（一）进出口押汇

进出口押汇是指进出口商在进出口合同的执行过程和货款的收回过程中，从商业银行获得信用担保和资金融通的信贷方式，分为进口押汇和出口押汇两种。

1. 进口押汇

进口押汇是指在信用证结算方式下，进口地银行应进口商的要求对出口商开出信用证后，在收到议付行寄来的议付通知书索汇时，经审核单证相符后，以进口商的全套提货单据为抵押，代进口商垫付货款给出口商的一种贸易融资方式。简单地理解就是进口信用证项下银行为申请人对外付款时提供的资金融通，并按约定的利率和期限由申请人还本付息的业务。有些银行既做进口信用证项下的进口押汇业务，也做进口代收项下的进口押汇业务。

进口押汇业务对商业银行来说有一定的风险，因此，商业银行需要加强管理。首先，银行必须认真审核出口商交来的单据，只有在单证相符的情况下，才能对外垫付款项。其次，对进口商品的国际国内行情认真调查，以确定进口商品是否有良好的市场销路和盈利性，保证押汇按时收回。再次，银行审核同意押汇后，双方要签订进口押汇协议书。最后，进口押汇属短期垫款，期限一般不超过90天，利息从银行垫款之日起开始计收，到期与本金一并归还。

2. 出口押汇

出口押汇是指在信用证结算方式下，出口地银行以出口商发运货物后取得的全套提货单据为抵押向出口商提供的资金融通。通常是收汇还贷。出口押汇是一种应用最广泛的出口贸易融资，我国几乎所有的商业银行都从事该项业务。

银行在办理出口押汇业务时，在收到出口商提交的信用证项下的全套出口单据和出口押汇申请后，应认真审核开证行的资信及其他注意事项。凡有下列情况之一的，不做出口押汇：审核不符或有疑点；开证行或偿付行资信、经营作风不佳；索汇线路迂回曲折，影响安全及时收汇；开证行或偿付行所在国家或地区的政局不稳定，或已发生金融危机。

本质上讲，进出口押汇是一种以运输中的货物为抵押，要求银行提供在途资金融通的票据贴现。对银行而言其安全程度要较一般贷款和贴现高。银行在押汇时所取得的汇票到期后，如进口商不能支付，银行可向出票人追索，信用风险转向出口商。"押汇"即是"押借款项"的意思。

（二）打包放款

打包放款是指出口地银行凭信用证以出口商品为抵押向出口商提供的短期资金融通方式。一般是发生在出口商和进口商签订合同之后，出口商需要准备货物的时间段里，当备货资金不足可以向出口地银行申请短期资金融通。业务办理的目的是支持出口商按期履行合同义务，出运货物。由于该贷款主要是解决受益人包装货物之需，所以俗称打包放款。

该业务的具体做法为：当出口商与国外进口商签订买卖合同后，出口商收到国外开证行开来的信用证后即可备货出运。在出口商利用自有资金组织货源、购进商品出现资金周转困难的时候，出口商可以将信用证、其他保证文件连同出口货物一同交出口地银行作为抵押品申请贷款。

银行在进行打包放款时以出口商提交的正本信用证为抵押。由于出口商申请打包放款时尚在货物准备过程中，因此用做抵押的信用证必须是贷款银行可凭此议付、付款和承兑的。为防止意外，银行在收下正本信用证后，除了限制出口商必须向贷款行交单以确保信用证能议付、付款和承兑外，还应确保受益人不会瞒着贷款行同意撤销信用证。

打包放款一般是专款专用，即仅用于缓解出口商在执行信用证时出现备货资金不足临时困难，贷款金额通常是信用证金额的 60%～80%，期限不长，货物出运后收回。如果不能按期收回，须转做"出口押汇"，从其结汇额中扣还。

【想一想】打包放款属于银行的信用放款还是抵押放款？银行承做打包放款有无风险？

（三）票据承兑与贴现

票据承兑主要是针对进口商，贴现主要是针对出口商。当进出口双方签订贸易合同后，进口商前往自己的开户银行，请求银行对出口商提供商业汇票银行承兑信用。这样进口商通过银行承兑而获得了远期付款的商业信用，实际上是以银行信用保证的商业信用。对出口商来说，当出口商按照贸易合同要求发出货物，但货款采取承兑汇票的方式远期支付，而出口商这时又发生流动资金周转困难，出口商即可持经过进口商银行承兑的商业汇票向出口地银行申请贴现，银行将按照汇票的信用度和金额扣除一定的利息和手续费后，将剩下的汇票款项付给出口商，这种融资活动就是商业银行所提供的票据贴现融资。在发达的金融市场中，承兑票据是可贴现的工具，可以转让和出售，因此，承兑票据在进出口贸易融资中被广泛运用。银行承兑既可产生于商业信用证的支付，也可由银行协议安排。

商业银行办理国际贸易中的票据贴现和承兑业务，关键是核实承兑申请人或贴现申请人提交的商业汇票，应以真实的商品交易为基础，要具体查验交易合同、发票、货运单据的真实性与合法性。银行在票据承兑与贴现中承担了信用风险，因此，银行收取承兑手续费作为补偿；在为承兑的汇票办理贴现时收取贴现利息。银行在承兑票据中实现的贴现利息和承兑手续费是客户的融资成本，常被加总标出，称为总贴现率。

（四）保理业务

保理业务是保付代理业务的简称，又称承购应收账款业务，指出口商以商业信用形式出售商品，在货物装船后立即将发票、汇票、提单等有关单据，卖断给承购应收账款的财务公司或专门机构如银行，收进全部或一部分货款，从而取得资金融通的业务。保理业务对出口商来说是出口应收账款的卖断，即商业银行或代理融通公司在买进出口应收账款后，即使应收账款得不到偿付，也不能向出口商行使追索权。这时银行被称为客账经纪商。

二、中长期贸易融资

中长期贸易融资也称为出口信贷，是因为其融资不论是对出口商提供的还是对进口商提供的，大多数情况下都是由出口国银行在国家的支持下提供，目的是为了促进本国商品的出口，加强本国商品的国际竞争力。出口信贷具有金额起点高、贷款利率低、期限比较长等特点，主要有卖方信贷、买方信贷和福费廷等业务形式。

（一）卖方信贷

卖方信贷是指在大型设备和成套设备的交易中，出口国银行为了便于出口商以赊销或延期付款方式出口设备，向出口商提供的中长期贷款，其目的是增加产品对进口商的吸引力。卖方信贷一般金额较大，大多在大型成套设备的贸易中采用。如中国银行规定：凡出口成套设备、船舶等其他机电产品、合同金额在 50 万美元以上，并采用一年以上延期付款方式的资金需求，均可申请使用出口卖方信贷贷款。

卖方信贷的优点在于：一是使出口商获得融资贷款，因而可以向进口商提供延期付款的优惠条件，在一定程度上增强了出口商的竞争能力；二是进口商得到了延期偿付货款的方便，解决了短信现汇资金支付的困难。但在卖方信贷方式下，出口商除了贷款利息外，还需要支付保险费、承担费及手续费等有关费用，这些费用都加在货价内，转嫁给进口商，所以采用卖方信贷方式，进口商支付的货价要比现汇支付货价高。

（二）买方信贷

买方信贷是指为促成设备出口交易，出口方的银行向进口商或进口方的银行提供的中长期贷款。该产品必须要有出口国政府的支持，且出口信贷支持的出口产品一般是资本性货物或服务，具有金额大、期限长的特点。

买方信贷可以采取两种不同的形式：一是由出口商的往来银行直接贷款给进口商；二是由出口商的往来银行先贷款给进口商的往来银行，再由进口商的往来银行贷款给进口商。

由于出口买方信贷是对进口方的融资，因此出口商无须融资负债，从而可以有效优化出口商的资产负债结构，同时也有利于出口商的收汇安全，加快资金周转。而对于进口商，一方面，扩大其融资渠道；另一方面，由于出口国出口买方信贷的贷款利率和保险费率往往低于市场平均水平，融资成本较一般商业银行贷款低。

（三）福费廷

福费廷是指在延期付款的大型设备贸易中，出口商把经进口商承兑的期限在半年以上（一般为 5~10 年）的远期汇票，无追索权地出售给出口商所在地的银行，提前取得现款，并免除一切风险的资金融通方式。又称"包买票据"或"票据买断"，是商业银行为国际贸易提供的一种中长期融资方式。此类融资方式在延期付款的成套设备、机器、飞机、船舶等贸易中运用得非常广泛。

福费廷业务从形式上看似乎与一般票据贴现相似，但它有着自身的特点：

(1) 福费廷业务涉及的金额巨大，且付款周期长。出口商在使用该项融资方式时，必须与进口商协商，在征得同意后，其开具的汇票必须经进口商所在地第一流银行进行担保。

(2) 福费廷业务的实质是汇票让售，是出口商将汇票的所有权转给了商业银行或其他金融机构，作为票据包买方的商业银行对出口商失去了追索权。包买方为避免票据带来的风险，通常对进口商及担保行的信用极为关注。

(3) 福费廷业务复杂，各项费用高。其费用主要包括利息、承担费和罚款。贴现利息按贴现率计算，福费廷业务中使用的贴现利率通常比欧洲货币市场同期浮动利率高出 0.75%~1%。承担费是出口商与包买方自签订协议到贴现日前的一段时间内，由出口商向包买方支付的费用，按年率 0.5%~1.5% 计付。罚款是出口商未能按期向买方交出汇票而按规定支付给包买方的罚金。

【拓展阅读】

福费廷业务给出口商带来的好处

福费廷业务是一种无追索的贸易融资便利，对出口商来说具有以下好处：(1) 终局性融资便利。一旦取得融资款项，就不必再对债务人偿债与否负责；同时不占用银行授信额度。(2) 可以改善现金流量。将远期收款变为当期现金流入，有利于改善财务状况和清偿能力，从而避免资金占压，进一步提高筹资能力。(3) 节约管理费用。不再承担资产管理和应收账款回收的工作及费用，从而大大降低管理费用。(4) 提前办理退税。办理福费廷业务后可立即办理外汇核销及出口退税手续。(5) 规避各类风险。叙做福费廷业务后，不再承担远期收款可能产生的利率、汇率、信用以及国家等方面的风险。(6) 增加贸易机会。能以延期付款的条件促成与进口商的交易，避免了因进口商资金紧缺无法开展贸易的局面。(7) 实现价格转移。可以提前了解包买商的报价并将相关的成本转移到价格中去，从而规避融资成本。

三、银团贷款

银团贷款又称辛迪加贷款，指由一家或几家银行牵头，多家国际商业银行参加，共同向一国政府、某一企业或某一项目提供资金较高且期限较长的一种国际贷款。银团贷款产生于 20 世纪 60 年代后期。第二次世界大战以来，一些主要发达国家如日本、联邦德国等因重建需要，大量向外筹资，使得国际金融市场上对资本的需求十分旺盛。1968 年，以银行家信托公司与利曼兄弟银行为经理行，有 12 家银行参加的银团，对奥地利发放了金额为 1 亿美元的世界上首笔银团贷款。从此，银团贷款作为一种中长期融资形式正式登上了历史舞台，并得到迅速发展。目前国际资本市场借贷总额的 60% 以上是国际银团贷款。这种融资形式为我国中大型项目建设起到了重要作用。

（一）国际银团贷款的特点

（1）贷款规模大。国际银团贷款数额，从1 000万美元到几亿不等，金额巨大，参与贷款的机构多。

（2）贷款期限较长，一般在1至15年内，流动性较差。国际银团贷款一般用于中长期贷款。

（3）以浮动利率作为基础利率。通常是采用伦敦同业拆放利率基础上加一个加息率，或者在美国商业银行的优惠利率上加一个加息率确定；或参照贷款货币发行国国内的利率决定。

（4）反映多边信用关系。银团贷款反映单个借款人和多个贷款人之间的信用关系，贷款责任由各个参与行分担，个别银行在银团贷款中的责任并不是共担的或负连带责任的，一家银行并不保证其他参与行承担责任。

（5）贷款银团仅拥有一个共同的贷款协议。这是所有银团贷款的基本特征，因为该贷款协议包含着参与银团的贷款银行对同一借款所提供的相同的条件和期限。如果这一特征不存在，那么所达成的贷款仅仅是一系列的双边贷款。

（6）交易的公开性。区别一般的双边贷款与国际银团贷款的另一个重要特征，就是交易的公开性。在达成国际银团贷款后，借贷双方往往会公开发表声明银团贷款的总规模，或者与借款人的活动有关的规模，它是形成借款人资金基础的重要部分。

（二）国际银团贷款的参与者

（1）借款人。即资金的需求者、申请银团贷款的人，主要是各国的政府、政府机构、中央银行、跨国公司及国际金融组织等。

（2）牵头行。牵头行是国际银行团贷款的组织者和管理者，可以是一家银行，也可以是由多家银行组成管理小组。其主要职责是：与借款人直接接触，商定贷款条件；与其他参与银行协商各自的贷款份额及各项收费标准；发挥其技术优势，为贷款人和各银行提供金融信息，分析金融市场动向。牵头行可以是银行自己主动提出，也可以是由借款人选择。牵头行一经确定，就要立即着手向市场发布一份筹资备忘录，向各银行说明借款人的借款意向，介绍借款条件及借款人的经营状况、财务状况及资信状况，组织贷款招标或邀请其他银行参与贷款。

（3）管理行。若干管理行与牵头行组成管理小组，共同管理借贷中的一切事务。管理行在贷款中承担相对较大的份额，要协助牵头行做好全部贷款工作。

（4）代理行。代理行是银团贷款参加行的代理人或代表，集中管理有关的各项事务，包括筹集资金；向借款人发放资金；代理各银行收取手续费；代理收回本金与利息；监督贷款的执行；发送有关资料、报告和通知，并据此向借款人收取一定的代理费。多数情况下，牵头行就是代理行。

（5）一般参与行。一般参与行是指由牵头行组织招标或邀请而以本行资金参与贷款的。一般参与行可以是十几家、几十家甚至上百家银行。参与行可以由借款人选择，采用招标制或密商制，即以公开或不公开的方式选择产生，各自承诺其贷款份额，参与行一般是分散在不同国家的大银行。

【拓展阅读】

中资银行签下5.92亿美元出口买方信贷银团贷款

2008年5月27日，印度尼西亚国家电力公司（PLN）5.92亿美元的出口买方信贷银团贷款项目正式在京签约。这意味着经历长达半年的竞标之后，中资银行力克竞争对手荷兰银行（ABN AmroBank），顺利拿下此项大单，而中资银行也通过成功筹组银团，奠定共同开拓国际银团贷款市场的"里程碑"。

此次银团贷款的协调安排行为中国银行，整个银团共有18家成员银行，包括工商银行、建设银行、国家开发银行、中信银行和中国银行在内的5家中资银行为牵头行；其余13家银行中包括4家法资银行、2家日资银行、2家德资银行；另外荷兰、比利时、瑞士、澳大利亚、英国银行各1家。

该项银团贷款可追溯至2007年，当时，印度尼西亚为了缓解原油价格上涨、避免供电紧张，拟兴建装机总量近1 000万千瓦的燃煤电站，并在全球进行EPC合同总承包商招标。由于1 000万千瓦燃煤电站项目融资金额规模巨大，国内外金融市场反应强烈，国内政策性银行、中资商业银行、外资商业银行在此项目上争夺激烈，纷纷为该项目出具融资意向函、承诺函，甚至一些银行报出了超低价格。

在此背景下，由中国出口信用保险公司（下称中国信保）向印度尼西亚PLN提供买方信贷保险，实现与中资银行搭建合作平台，形成以中资银行为主、各国银行广泛参与的国际化银团，参与"一揽子"电站项目的融资招标，当时，中行被推选为银团工作组组长。

2007年10月，印度尼西亚国家电力公司（PLN）先期推出3个电站项目进行融资招标，其中Indramayu、Labuan两个电站项目的总承包商分别是国机集团和四川成达公司，需要中国出口信贷融资分别为5.92亿美元和2.89亿美元，融资期限13年。中资银行牵头的银团经过多方协调，最终与印度尼西亚方面就融资条件达成共识，成功中标Indramayu电站项目的融资工作。

第二节 外汇买卖业务

外汇买卖业务是商业银行的一项重要的国际业务，主要包括两方面的内容：一是接受客户委托，代理客户进行外汇买卖；二是银行自身为了降低外汇风险、调整外汇头寸或自行经营而进行的外汇买卖。通常情况下，银行进行外汇买卖是为了规避外汇风险，调剂外汇头寸。

一、外汇及外汇买卖市场

（一）外汇

外汇是以外国货币表示的、可用于国际结算的支付手段，主要包括可兑换的外国货币、外币有价证券、外汇支付凭证和外币存款凭证等。

我国《外汇管理条例》对外汇的范围作了如下规定：①外国货币，包括纸币、铸币；②外币支付凭证，包括票据、银行存款凭证、邮政储蓄凭证等；③外币有价证券，包括政府债券、公司债券、股票等；④特别提款权、欧洲货币单位；⑤其他外汇资产。

（二）外汇买卖市场

外汇买卖市场也称外汇交易市场或外汇市场，是指由外汇需求和外汇供给双方以及外汇交易中介机构所构成的外汇买卖场所和网络。它可以是有形的，如外汇交易所；也可以是无形的，如通过电信系统交易的银行间外汇市场。

外汇市场的参与者主要有各国的中央银行、商业银行、非银行金融机构、经纪人公司、自营商及大型跨国企业等。它们交易频繁，交易金额巨大，每笔交易均在几百万美元，甚至千万美元以上。

目前，世界上的外汇市场很多，它们遍布于世界各大洲的不同国家和地区。根据传统的地域划分，可以分为亚太地区、欧洲、北美洲三大部分，其中，最重要的有欧洲的伦敦、法兰克福、苏黎世和巴黎，北美洲的纽约和洛杉矶，亚太地区的悉尼、东京、新加坡、中国香港等。

二、外汇买卖价格

（一）汇率

汇率（Foreign Exchange Rate）又称汇价或外汇行市，是一国货币兑换成另一国货币的比率，或者是指用一种货币表示的另一种货币的价格。汇率是外汇的买卖价格。

（二）汇率标价方法

汇率有两种标价方法：直接标价法和间接标价法。

直接标价法（Direct Quotation）也称应付标价法，是指以一定单位的外国货币为标准，计算应付出多少单位的本国货币。或者说一定单位的外币折算成若干单位的本币。以人民币为例，在中国，人民币是本币，美元是外币，100美元可以兑换792元人民币。在直接标价法下，外汇汇率的升降和本国货币的价值成反比例关系。目前大多数国家采用直接标价法，我国也采用直接标价法。

间接标价法（Indirect Quotation）也称应收标价法或数量标价法，是指以一定单位的本国货币为标准，计算应收进多少外国货币。或者说一定单位的本币折算成若干单位的外币。在间接标价法下，外汇汇率的升降和本国货币的价值变化成正比例关系。前英联邦国家多使用间接标价法，如英国。

三、银行参与外汇买卖的原因

（1）规避外汇风险。银行持有一定数量和规模的外汇资产和负债，除了通过各类交易增加银行的收益外，还需要通过各类外汇交易（如远期交易、货币互换和外汇期货交易）降低银行本身的外汇风险。

（2）调整货币结构。在外汇资产和负债一定的情况下，这种资产和负债的货币结构不一，银行以本币表示的收益将有所差异。在汇率波动的情况下，银行经营者必然考虑这些外汇资产和负债的币种结构。

（3）调整外汇头寸。银行对客户买入或卖出外汇后，其自身所持有的外汇就会出现多余或短缺。当某种货币的买入额大于卖出额时，则形成外汇头寸的"多头"。此时，银行承担了外汇贬值的风险。当某种货币的卖出额大于买入额时，则形成外汇头寸的"空头"。此时，银行承担了外汇升值的风险。银行账户上出现多头或空头都意味着有遭受损失的可能性，因此银行在与客户完成了外汇交易会借助同业间的交易进行外汇头寸的调整，一般遵循"买卖平衡"的原则，轧平各币种的头寸，即多头抛出、空头补进，此时银行是风险回避者。

四、外汇买卖的方式

（一）即期外汇交易

即期外汇交易又称现货交易（Spot Transaction）或现汇交易，是指交易双方达成外汇买卖协议后，按照市场的即期外汇牌价，在2个营业日内完成交割的外汇交易方式。即期外汇交易是外汇交易市场上最常见、最普通的交易方式，是所有外汇交易的基础，其基本功能是实现不同货币间的及时兑换。银行的即期外汇交易可以满足客户从事国际贸易、投资、筹资等经营活动的货币需要和结算需要，可以帮助客户调整手中外币币种的结构。银行间的同业外汇交易更多情况下是为了平衡外汇头寸。

即期外汇交易中使用的外汇牌价由买价和卖价组成，两者之间存在的价差实际是银行提供兑换业务的佣金，一般在 0.3%~0.5%。路透社作为全球两大即时汇率报价系统之一，外汇汇率报价就是即期汇率。即期汇率一般由外汇市场供求关系决定。我国银行间交易使用的人民币汇率由设在上海的中国外汇交易中心决定，这是人民币兑换外汇的批发价格。各家银行对客户的报价通常参照此批发价格，根据自己的供求状况增加一定的幅度，一般不超过批发价格的 0.5%。

【拓展阅读】

即期外汇交易

某公司于10月24日用10万英镑按1英镑=1.744美元的汇率向某银行购买17.44万美元用于支付进口设备款。起息日为10月26日，该公司将于10月26日通过转账将10万英镑划付该银行；银行则将相应的美元金额17.44万美元交付该公司，此笔交易即告完成。如果遇到10月26日为收款行国家公共假日，则交割日顺延至下一个工作日。26日既是交割日也是起息日，又是付款日，意思是买入的货币在26日收到后计息，并用于付款，一次买定，一定程度上起到了保值作用。

（二）远期外汇交易

远期外汇交易（Forward Transaction）是指买卖交易双方成交后，按双方签订的远期合同，在未来的约定日期进行外汇交割的交易方式。常见的远期外汇买卖期为1、2、3、4、

5、6个月和1年。在少数情况下，有些客户出于特殊需要，会要求银行订立一些特殊日期或带零头日期的远期交易，如45天、54天等。为方便起见，在日常交易中，通常将成交2个营业日以后的任何一个营业日都视为远期外汇买卖交割日。远期外汇合约一经签订，双方即必须依期履约，不能任意违约。

远期汇率实际是银行对未来即期外汇市场价格的一种预期，银行通常是根据交易期内相互兑换的两种货币的时间价值，以及其他多种影响因素，采用即期汇率基础上加、减远期升、贴水点形成。

【拓展阅读】

远期外汇交易

某公司与外商在某日签订了一个进口合同，按照合同规定，公司在6个月后支付118万日元，按当天的6个月远期汇率：1美元=118日元。该公司到期用1万美元便足够支付合同了，但是由于汇率变动，6个月后汇率跌为1美元=110日元，该公司此时就得用约1.0727万美元去购买118万日元支付合同，这样该公司就损失了727美元。假如该公司在签约日便以1美元=118日元的6个月远期汇率向银行购入118万日元，到了交割日，公司只需要支付1万美元就够了。

远期外汇买卖业务最重要的功能是套期保值，此外也可以借此进行外汇投机。套期保值是指通过外汇远期交易将汇率锁定在某一既定的水平，从而将汇率变动所造成的风险转移出去的行为。外汇投机是一种基于对汇率波动的预测，纯粹以外汇买卖为手段谋取汇差收入的行为。由于谋取汇差是引发这类投机活动的唯一动力，因此外汇市场的投机也被称为套汇。套汇与套期保值的主要区别在于前者没有以即将发生的实质性外汇交易为基础，因此，在实际汇率与预测汇率波动方向相反时，套期保值只有机会损失，而外汇投机则是实际损失。

银行自身也可以参与远期外汇交易，主要是为了调整外汇头寸。当客户购买或出售的远期外汇过多时，就产生超买或超卖的情况，这样银行的外汇头寸就会不平衡。银行通过参与外汇交易来轧平外汇头寸。

（三）外汇掉期交易

外汇掉期交易（Foreign Exchange Swap）实际上由两笔交易组成，一笔为即期外汇交易，另一笔为远期交易。这两笔交易金额相同，货币相同，但买卖的方向相反。掉期交易可以避免短期国际资本流动中的外汇风险，也可以改变外汇币种。外汇掉期交易按掉期期限可分为即期对远期、即期对即期、远期对远期交易。即期对远期是在买进或卖出一笔即期外汇的同时，卖出或买进一笔同等金额同样币种的远期外汇。这是掉期交易最常见的形式。即期对即期是指在买进或卖出一笔即期外汇的同时，卖出或买进另一笔同等金额同样币种的即期外汇，两笔交易的交割日期不一致。这种掉期交易用于银行同业间的隔夜资金拆借。远期对远期是指买进或卖出某种较短或较长的远期外汇的同时，卖出或买进某种较长或较短的远期外汇。

【想一想】 某公司需要欧元，却已经从国外借入一笔美元贷款。于是该公司向银行提出将美元兑换成欧元。但是等到贷款到期时，该企业必须用美元归还贷款，为防止美元升值带来的风险，该企业该如何选择掉期交易来规避风险？

外汇掉期交易是远期类外汇交易中规模最大的，它也属于银行的柜台业务，主要交易对象是银行同业。由于外汇掉期交易不仅锁定了未来外汇交易的汇率风险，而且将原来两个独立的交易加以有机结合，节约了交易费用。因此，掉期交易成为和跨国公司进行风险头寸管理的首要工具。

（四）外汇期货交易

外汇期货交易（Foreign Exchange Future）是指在有形的外汇交易市场上，由清算所向下属成员清算机构或经纪人，以公开竞价的方式进行的具有标准合同金额和清算日期的远期外汇买卖。

外汇期货交易的特点有：①场内交易。外汇期货交易有具体的市场，比如国际货币市场和伦敦金融期货交易所等。②标准化合约。外汇期货交易是一种固定的，标准化的形式，具体体现在合同规模、价格、交割期限、交割地点均标准化，而非通过协商确定。③实际交割很少。外汇期货交易的远期合约大多很少交割，交割率甚至低于1%。④买卖双方无直接合同责任关系。双方均与交易所有合同责任关系。⑤交易采用保证金的形式，具有很强的杠杆作用。外汇期货交易实际上是标准化的远期外汇交易。

期货交易的目的不是为了让渡某种货币，而是为了规避风险或投机。以避险为目的的外汇期货交易最常用的手段是套期保值，即在现汇市场交易的基础之上，同时在期货市场做方向相反、期限相同的买进或卖出，以避免汇率波动带来的风险。以投机为目的的外汇期货交易，一般没有现汇交易的基础，而是利用对市场价格的预期，通过承担市场风险，以贱买贵卖的方式赚取买卖中的差额，获取利润。下面我们以套期保值包括买入套期保值和卖出套期保值为例，说明期货交易的原理。

1. 买入套期保值

进口商或需要付汇的人，总是担心付汇时本国货币对外汇贬值而增加付汇成本，所以多采用买入套期保值的方法来固定成本。买入套期保值又称多头套期保值，即先在期货市场买入某种外汇期货，而后卖出同种期货轧平头寸。

例如，一名美国商人某年3月1日签订合同从德国进口汽车，约定3个月后支付250万欧元。为了防止欧元升值带来的不利影响，他采用了买入套期保值。过程如表8–1所示。

表8–1　　　　　　　　　　美国商人买入套期保值过程

现货市场	期货市场
3月1日即期汇率 1欧元 = 1.3191美元 购买250万欧元理论上需要支付美元 3 297 750	3月1日买入20份3月期欧元合约（12 500欧元/份）期货成交价： 1欧元 = 1.3201美元 支付美元3 300 250
6月1日即期汇率 1欧元 = 1.4010美元 购买250万欧元实际支付美元 3 502 750	6月1日卖出20份同类欧元合约（12 500欧元/份）期货成交价： 1欧元 = 1.4358美元 收入美元3 589 500
理论上多支付美元204 750	盈利282 950

此例中期货市场的盈利,不仅弥补了该商人在现货市场欧元的升值所遭受的损失,还为他带来了投资收益 84 500(282 950 - 204 750)美元,达到了套期保值的目的。

2. 卖出套期保值

出口商及从事国际业务的银行预计未来某一时间会得到一笔外汇,为了避免外汇对本币贬值造成的损失,就可以采用卖出套期保值。卖出套期保值又称空头套期保值,即先在期货市场上卖出而后买进。

例如,美国的某一家跨国公司设在英国的分支机构急需 250 万英镑现汇支付当期费用,此时美国的这家跨国公司正好有一部分美元闲置资金,于是在 3 月 12 日向分支机构汇去了 250 万英镑,要求其在 3 个月后偿还;当日的现汇汇率为 GBP/USD = 1.5790/1.5806。为了避免将来收回该款时因英镑汇率下跌带来风险损失,美国的这家跨国公司便在外汇期货市场上做空英镑空头套期保值业务。其交易过程如表 8 - 2 所示。

表 8 - 2　　　　　　美国跨国公司做英镑空头套期保值过程

现货市场	期货市场
3 月 12 日,按当日汇率 GBP1 = USD1.5806 买进 250 万英镑,价值 3 951 500 美元	3 月 12 日,卖出 100 份于 6 月到期的英镑期货合约(每份 25 000 英镑) 汇率为:GBP1 = USD1.5800 价值 3 950 000 美元
6 月 12 日,按当日汇率 GBP1 = USD1.5746 卖出 250 万英镑,价值 3 936 500 美元	6 月 12 日,按汇率 GBP1 = USD1.5733 买进 100 份 6 月到期的英镑期货合约 价值 3 933 250 美元
盈亏:-15 000(3 936 500 - 3 951 500)美元	盈亏:16 750(3 950 000 - 3 933 250)美元
净盈亏:1 750(16 750 - 15 000)美元	

由上例可见,美国的这家跨国公司在现汇市场上买进的 250 万英镑,3 个月后兑换成美元时,由于英镑贬值,使该公司在现汇市场上亏损 15 000 美元。但由于该公司在外汇期货市场上对现汇 250 万英镑作为空头套汇保值,卖出 100 份英镑期货合约,3 个月后收回贷款时又补进 100 份英镑期货合约对冲,在期货市场上获利 16 750 美元。盈亏相抵,获利 1 750 美元(未考虑相关交易费用)。可见,该公司通过在外汇期货市场做空头套期保值交易,降低了现汇市场的风险(若该公司不进行空头套期保值,将损失 15 000 美元),达到了对现汇保值的目的。

(五)外汇期权交易

外汇期权交易(Foreign Exchange Option)是买卖远期外汇权利的交易。在这种交易中,期权的购买者在支付给期权的出售者一笔期权费后,从而获得一种可以在合同到期日或期满前按预先确定的汇率(即执行价格)购买可出售某种货币的权利。当行市有利时,期权的购买者有权买进或卖出该种外汇资产,如果行市对期权购买者不利,其可以不行使期权,放弃买卖该种外汇资产的权利。而期权的卖方则有义务在买方要求履约时，卖出或买进期权买方欲买进或卖出的该种外汇资产。

期权费又称期权价格或保险费、权利金，是指期权合约成交后，由期权的购买方向期权的出售方支付的合同费用，无论合同购买者最终是否执行合同，这笔费用都归合同出售者所有。

执行价格又称为协定价格或履约价格，是期权交易双方所约定的期权日或到期日之前双方交割外汇时所采用的汇率。只有当期权购买方要执行期权或行使期权时，双方才会据此汇率进行实际的货币收付。

期权从字面上看，"期"就是未来的意思，"权"就是权利的意思。期权交易的特点在于：①期权的买方所购买的仅是一种权利，而不是一种义务，买方不承担必须买进或卖出的义务。当买方认为对自己有利时，他有权按事先约定的条件要求期权的卖方购买或出售某种期货合约。②卖方必须承担期权到期时买或卖的义务。由于期权的卖方收取一定的期权费，就使他失去了选择权。在期权交易中，期权买卖双方的权利和义务是不对称的。③期权买方的风险是一定的，其上限就是期权费，远比其他期货交易的风险小，而期权卖方所承担的风险却是很大的。

外汇期权有四种基本策略，即买入看涨期权、买入看跌期权、卖出看涨期权、卖出看跌期权。

1. 买入看涨期权

买入看涨期权是指期权的买方获得了在到期日或到期日之前按协定价格购买期权合约规定的某种外汇资产的权利。当某投资者预计某种标的的货币的市场价格将要上涨时，可买进该标的货币的看涨期权。若将来市场价格果真上涨，且涨至期权合约的协定价格以上，则该投资者可通过执行期权而获利，获利大小将视市场价格上涨的幅度而定；但当市场价格趋向下跌，跌至协定价格或协定价格以下时，它可放弃期权，最大的损失就是他购买期权时所支付的期权费。

【做一做】

买入看涨期权分析

某年外汇期权买方 A 与期权卖方 B 签订了一份标准买入欧元看涨期权合约（每份标准欧元看涨期权合约为 EUR125 000），合同的执行价格为 EUR1 = USD1.4000；支付的期权费为每欧元 0.02 美元。试分析该交易的盈亏情况。

提示：1. 当市场价格≤1.4 美元时：期权购买方放弃执行期权，因为他完全可以直接到现货市场上去买欧元，付出的美元少于 1.4 美元；因此，购买者因放弃期所受到的损失就是其当初支付的期权费 2 500 美元（0.02×125 000）。

2. 当 1.4＜市场价格≤1.42 美元时：期权购买方虽然会执行期权，但加上已支付的期权费，从总体上仍然将遭受损失。如当市场价格为 EUR1 = USD1.41 时，行使期权可以获得每欧元 0.01 美元的利润，但考虑到所支付的期权费每欧元 0.02 美元，仍会遭受每欧元 0.01 美元的损失。只有当市场价格为 UER1 = USD1.42 时，才会做到不盈不亏。

3. 当市场价格＞1.42 美元时：期权购买方将行使期权。假如市场价格为每欧元 1.45 美元时，行使期权每欧元可以获利 0.05 美元，扣除期权费每欧元 0.02 美元，该购买者 A 最后还要得到每欧元 0.03 元的利润。

2. 买入看跌期权

买入看跌期权是指期权买方获得了在到期日或到期日之前按协定价格出售期权合约规定的某种外汇资产的权利。即期权的买方买入了一个卖的权利。看跌期权的购买，主要是防范汇率下跌的可能性。此时，看跌期权的买方是期望并相信履约时汇率的市场水平会低于协定价格水平，所以他要买进看跌期权，买进看跌期权后，若标的货币的市场价格果真下跌，且跌至协定价格以下，则该投资人可通过执行期权而获利；若市场价格不跌反升，则该投资人可以放弃行使权利，这时其最大损失就是所支付的期权费。

【做一做】

买入看跌期权分析

假设某公司预测英镑对美元汇率将下跌，因此买入一份英镑看跌欧式期权，每份英镑标准合同为 25 000 英镑，协定价格 1.9000 美元，期权费每英镑 0.03 美元。试分析该交易的盈亏情况。

提示：1. 当市场价格＜1.8700 美元（1.9000－0.03）时：买进看跌期权者行使期权，因为购买者出售 1 英镑将获得 1.9000 美元，扣除支付的期权费 0.03 美元，能获得 1.8700 美元；如果直接到市场上去出售，获得的美元将少于 1.8700 美元。市场价格越低，该投资者获得的利润越大，投资人越应该行使期权。

2. 当 1.87 美元≤市场价格＜1.90 美元时：买进看跌期权者虽会行使期权，但仍遭受损失，不过，其损失将小于期权费支出。假如，当市场价格为每英镑 1.8900 美元时，该投资者行使期权可获利 0.01 美元，扣除支付的期权费 0.03 美元，每英镑仍要亏损 0.02 美元，只有当市场价格为每英镑 1.8700 美元时，投资者才能达到盈亏平衡。

3. 当市场价格≥1.9000 美元时：买进看跌期权者将不会行使期权，因为直接到现货市场出售英镑将会获得更多的美元。这样，看跌期权的购买者将损失所支付的期权费 750 美元（0.03×25 000）。

3. 卖出看涨期权

卖出看涨期权是指期权合同的出售者在收取一定的期权费后，赋予购买者将来以协定价格买进合同标的资产的权利。即期权的出售者卖出了一个买权。期权的买者之所以买进期权，是因为他想通过合同标的资产市场价格的上涨而从中获利；而期权的出售者之所以出售期权，是因为他预测标的资产的市场价格将下降。若当市场价格朝着出售者预测的方向变动时，出售者的最大收益就是其收取的期权费；但当市场价格朝着出售者预期相反的方向变动时（即不跌反涨），且高于协定价格与期权费之和时，因为期权的买方要执行期权，所以这时期权的卖方就要遭受损失。

【做一做】

卖出看涨期权分析

外汇期权的买方为了保值的目的与外汇期权的卖方签订了一份标准的英镑看涨期权，协定价格为 GBP1＝USD1.9000，期权费为 USD750，试对该交易作盈亏分析。

4. 卖出看跌期权

卖出看跌期权是指期权合同的出售方，在收取一定的期权费后赋予期权的买方按协定价格出售合同标的的货币的权利。一般情况下，期权的出售者对市场行情看涨，于是他们就卖出看跌期权。当市场价格朝着下跌的方向变化时，出售者将面临无限的风险；当市场价格朝着上升的方向变化时，出售者的最大收益就是收取的期权费；当市场价格变化到协定价格与期权费之差时，出售者将不盈不亏，此时为盈亏平衡点。

【做一做】

卖出看跌期权分析

某投资者2012年3月在外汇期权市场出售了一份标准欧元看跌期权合约，协定价格为每欧元1.32美元，收取的期权费为每欧元0.02美元。试分析该交易的盈亏情况。

（六）外汇互换交易

互换交易（Swaps Option）是指互换双方在事先预定的时间内交换货币与利率的一种金融交易。双方在期初按固定汇率交换两种不同的本金，随后在预期的日期内进行利息和本金的互换。

互换是20世纪80年代在平行贷款的基础上发展起来的。互换被认为是最重要的国际金融创新工具之一，互换交易的发展因互换技术的日趋成熟，最终形成了独立的标的物和互换市场。在20世纪80年代，由于国际上汇率、利率的频繁波动，给整个金融业带来了更大的风险，资产负债管理日益重要，通过互换可以合理调整资产负债结构、债务结构和货币结构，以此来降低风险和筹资成本。因此，资产负债管理的广泛应用在客观上又促进了互换交易的发展。

外汇互换交易主要包括货币互换和利率互换。这些互换内容也是外汇交易有别于掉期交易的标志，因为后者是套期保值性质的外汇买卖交易，其双面性的掉期交易中并未包括利率互换。银行在外汇互换交易中，可充当交易的一方，或充当中介人。银行通过货币互换可以降低筹资成本，消除敞口风险，尽量避免汇率风险和利率风险。互换属表外业务，还可以帮助银行规避外汇管理、利率管制和税收管制方面的限制。银行作为中介参加互换安排时，可通过公司或非公开的方式进行。在公开方式下，银行安排互换双方面对面直接谈判，银行在该过程中充当咨询和中介，不承担风险，仅收取包含介绍费和咨询费在内的手续费。非公开方式下，互换双方分别与银行签订合约，银行承担了交易双方的违约风险。

五、银行经营外汇交易的策略

外汇买卖业务，不仅可以给商业银行带来可观的收益，也可能带来巨大的风险。因此，在外汇买卖中，应注意选择策略。

（1）在汇率预测基础上进行外汇交易。汇率是经常变化的，影响汇率的因素既有经济方面的，也有非经济方面的，汇率上涨或下降，往往是各种因素相互作用的结果。因此，应对汇率进行基本分析和技术分析，力求准确把握汇率的中长期走势，选择买卖的合适时机，做出正确的交易决策。

（2）选择合适的交易方。在外汇买卖中，交易对象的选择也是非常重要的，其资信状况会直接影响交易的顺利实现。因此，应尽量选择优秀的交易对象。一般来讲，要注意以下几点：一是交易的服务。包括及时向对方提供有关交易信息、市场动态以及对经济指标或未来汇率波动产生影响的程序预测等。二是交易方的资信度。资信度与交易方的实力、信誉及形象密切相关。交易方的资信度的高低直接影响到交易的风险，如果交易方资信度不佳，银行在外汇交易过程中承担信用转移风险的概率就会加大。三是交易方的报价速度。良好的交易方报价速度快，方便银行抓住机会，尽快促成外汇交易。四是交易方的报价水平。好的交易方所报价格基本反映市场汇率的动向，具有代表性和竞争力。

（3）建立和完善外汇交易程序及规范。外汇交易是银行从事的高风险业务，不仅需要通过建立完善的外汇交易程序及规则来控制风险，而且需要了解、掌握并遵循相关的交易程序及规范，将稳健经营原则贯穿始终。

（4）选择培养高素质的交易员。外汇交易员素质的高低直接影响到银行的盈利高低。一个高水平的外汇交易员应该具备良好的心理素质、道德修养及专业能力，银行必须有意识地选拔、培养这样的人才，为其提供适宜的成长环境。

第三节　国际结算业务

国际结算是商业银行利用遍布全球的代理行网络，为客户办理资金结算的业务。按国际结算所依据的贸易活动的不同，国际结算可分为贸易结算和非贸易结算。国际结算按资金运送方式的不同，又可分为现金结算和非现金结算。非现金结算是国际结算业务最主要的方式。本节国际结算主要是指国际贸易的非现金结算业务。

一、国际结算的工具

目前，国际结算是使用票据这种支付工具，通过相互抵账的办法来结清国内外债权债务关系。票据一般包括汇票、本票和支票。国际结算以汇票为主，本票和支票居于次要地位。

（一）汇票

汇票是出票人签发的，委托付款人在见票时或者在指定日期无条件支付确定的金额给收款人或者持票人的票据。汇票必须要式齐全，即应当具备必要的形式和内容。我国《票据法》第二十二条规定，汇票必须记载以下7个要素：表明"汇票"的字样，无条件支付的委托，确定的金额，付款人名称，收款人名称，出票日期，出票人签章。否则汇票无效。

根据汇票出票人的不同，可以将汇票分为银行汇票和商业汇票。银行汇票是指由银行签发的汇票，其出票人和付款人都是银行。在国际结算中，银行汇票使用不是很多，只有汇款支付方式中有时使用，且一般是光票，不附带货运单据。银行签发汇票后，一般交汇款人，由汇款人寄交国外收款人向指定的付款银行取款。出票行签发汇票后，必须将付款通知书寄给国外付款行，以便付款行在收款人持票取款时进行核对。

商业汇票是指由工商企业签发的汇票，其付款人可以是工商企业，也可以是银行。在国际结算中，商业汇票使用较为普遍，托收和信用证支付方式中都使用商业汇票，且大多附有货运单据。通常由出口商开立，向国外进口商或银行收取货款时使用。

（二）本票

本票是出票人签发的，承诺自己在见票时无条件支付确定的金额给收款人或持票人的票据。我国《票据法》中所称本票，是指银行本票，必须记载下列事项：表明"本票"的字样；无条件支付的承诺；确定的金额；收款人名称；出票日期；出票人签章。缺少规定事项之一，本票无效。

本票按出票人的不同可以分为商业本票和银行本票，商业本票的出票人一般是工商企业，银行本票的出票人则是银行；本票按付款期限不同可以分为即期本票和远期本票，即期本票是见票即付的本票，远期本票则是承诺在出票或见票后某一规定的或可以规定的日期支付票款的本票。

本票属于自付证券，由出票人自己支付本票金额，负绝对的付款责任，签发本票具有提供信用的性质，实质上相当于信用货币。在国际结算中，本票使用不多。

（三）支票

支票是由出票人签发的，委托办理支票存款业务的银行或其他金融机构在见票时无条件支付确定的金额给收款人或持票人的票据。支票必须记载：表明"支票"的字样；无条件支付的委托；确定的金额；付款人名称；出票日期；出票人签章。缺少规定事项之一的，支票无效。

支票作为结算工具，主要在国内使用，在国际结算中，使用较少，且主要用于小额贸易的国际支付。根据我国的《票据法》，支票可以分为普通支票、现金支票和转账支票。国际上，一般有记名支票、划线支票和保付支票等类型。

二、国际结算的方式

国际结算的基本方式有汇款、托收和信用证三种，从资金与票据的流动方向是否一致来看，汇款属于顺汇，又称汇付法；托收和信用证属于逆汇，又称出票法。

（一）汇款

汇款是指债务人依据交易合同主动委托银行，用一定的汇兑工具将贸易货款或各种贸易的从属费用汇寄给债权人的商业信用支付方式。它是一种最简单的国际结算方式。一般用于资本借贷、赠与、贸易中的佣金、回扣、履约保证金、样品款等及非贸易往来收支，如侨汇、旅行支票等，而在国际贸易往来中很少使用，若使用也主要采取预付货款和货到付款两种方式。由于汇款业务中结算工具（委托通知、票据）的传递方向与资金流动方向相同，因此汇款业务属于顺汇性质。汇款完全是基于货币收付双方的商业信用，一般多用于结算主体之间具有长期合作历史，彼此之间信任程度高的状况。

汇款方式涉及四个基本当事人，即汇款人、汇出行、汇入行和收款人。根据汇兑工具的不同，汇款的方式可分为电汇、信汇和票汇三种。电汇方式的特点是速度快、费用高。信汇费用比电汇低廉，但邮寄速度较慢传递环节多，容易遗失。汇款结算流程简图如图8-1所示。

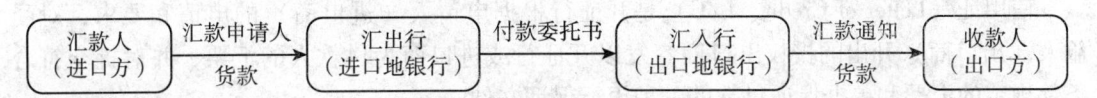

汇款人（进口方） →汇款申请人 货款→ 汇出行（进口地银行） →付款委托书→ 汇入行（出口地银行） →汇款通知 货款→ 收款人（出口方）

图8-1 汇款结算流程

目前我国银行的汇款业务，主要包括汇入汇款和汇出汇款两大类。汇款方式主要以电汇为主，且大多是 SWIFT 方式。

（二）托收

托收是指债权人按照交易合同委托银行，凭一定的金融单据和商业单据，向债权人收取交易款的商业信用支付方式。其中，金融单据是指汇票、本票、支票、付款收据或其他类似用于取得付款的凭证；商业单据是指发票、运输单据、所有权凭证或其他类似的单据或其他"非金融"方面的单据，如保险单据等。

托收的基本当事人有四个，即客户委托人（通常是出口商）、托收行（通常为出口地银行）、代收行（通常为进口地银行）和付款人（通常是进口商）。托收按汇票是否带有商业单据分为跟单托收和光票托收。

跟单托收指附带商业单据的金融单据或纯粹商业单据的托收。跟单托收一般用于货款托收。货款托收既可以采取全部货款跟单托收，也可以采取主要货款跟单托收与小额余款光票托收相结合的综合托收。

光票托收是指金融单据不附带商业单据的托收，即仅把金融单据委托银行代为收款。一般在下列情况下，适宜做光票托收：贸易、非贸易项下的小额支付；在国内不能用外币现钞；外汇支票、本票、国外债券、存单等有价凭证的托收业务；不能或不便提供商业单据的交易，如寄送样品、软件等高科技产品交易、时令性商品交易，以及服务、技术转让等无形贸易。

托收业务的一般流程如图 8-2 所示。

```
                托收申请书                    托收委托书
   出口方      和跟单汇票                    和跟单汇票              提示汇票      进口方
  ┌─────┐  ───────────→  ┌─────┐  ───────────→  ┌─────┐  ───────────→  ┌─────┐
  │委托人│                  │托收行│                  │代收行│                  │付款人│
  └─────┘  ←───────────  └─────┘  ←───────────  └─────┘  ←───────────  └─────┘
                 货款                       记账通知                 承兑、付款
```

图 8-2 托收业务一般流程

国际贸易中使用的多为跟单托收。跟单托收又分为两种交单方式：付款交单和承兑交单。付款交单是出口方在委托银行收款时，指示银行只有在付款人付清货款时，才能向其交出货运单据，即交单以付款为条件。承兑交单是出口方发运货物后开具远期汇票，连同货运单据委托银行办理托收，并明确指示银行，进口方在汇票上承兑后即可领取全套货运单据，待汇票到期日再付清货款。

【想一想】通过上面的了解，你认为托收对出口方有利还是对进口方有利？付款交单和承兑交单哪一种风险更大些？

（三）信用证

信用证（Letter of Credit，L/C）是开证行根据申请人（进口商）的申请和要求，对受益人（出口商）开出的授权出口商签发以开证行或进口商为付款人的汇票，并对提交符合条款规定的汇票和单据保证付款的一种银行保证文件。

信用证的产生源于进出口商的互不信任，出口商不愿意先将货物或单据交给进口商，担心进口商不按时付款；进口商也不愿意先把货款付给出口商，担心对方不发货。在这种情况下，银行作为中间人和保证人，开出一张信用证，规定出口商应交付货物的规格、数量等，如出口商提交的单据与信用证相符，开证银行保证付款。因此，信用证是以银行信用对进出口业务双方之间的商业信用进行担保。目前，信用证结算是国际贸易结算的通用方式。

信用证结算方式的特点在于：第一，开证行负有第一性的付款责任。只要出口商交来的单据符合信用证的规定，银行必须将款项付给出口商，而不管进口商最终是否能够付款给开证行。第二，信用证是一项独立文件，不依附贸易合同，信用证的当事人只受信用证条款的约束，不受贸易合同的约束。第三，信用证业务的处理以单据为准，开证行只对信用证负责，认单不认货，只要出口商提供的单据符合信用证要求，开证行必须付款，也称"只管单证"。

信用证的基本当事人有三个：开证申请人、开证行和受益人。此外，信用证还会派生出其他当事人，一般有通知行、议付行、付款行、保兑行及偿付行等。不同种类的信用证，其派生的当事人也有所不同，有时一家银行可以身兼两个或多个当事人角色。在国际贸易结算中，根据使用的信用证类型的不同，其业务程序也各有特点，但都要经过申请开证、开证、通知、交单、付款、赎单等环节。信用证结算业务的一般程序如图8-3所示。

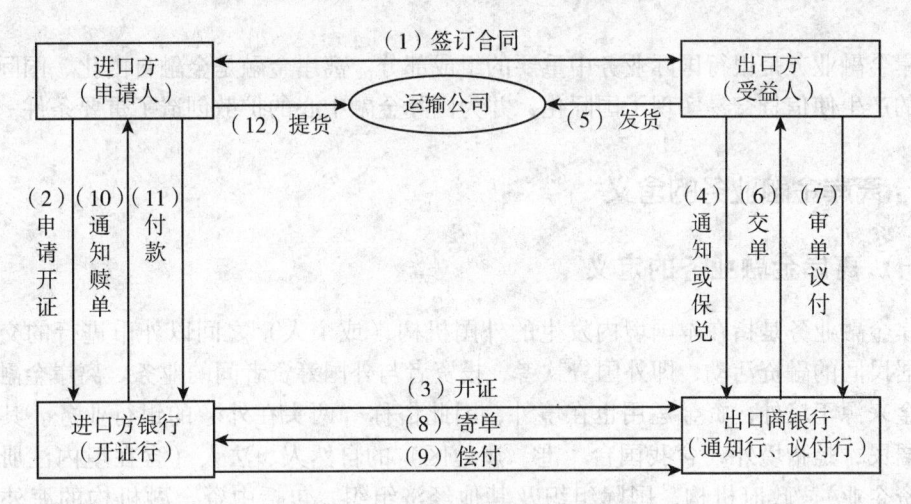

图8-3 信用证结算业务流程

【拓展阅读】

国际结算业务的运行平台——国际资金清算系统

SWIFT是环球银行金融电讯协会的简称，是一个国际银行业同业间非营利性的国际合作组织，专门从事传递各国之间非公开性的国际金融电信业务，包括客户汇款、外汇买卖、证券交易、开立信用证、办理信用证项下的汇票业务和托收等，同时还兼理国际间的账务清算和银行间的资金调拨。该组织于1973年5月在比利时成立，其最高权力机构是董事会，总部设在布鲁塞尔，并在荷兰阿姆斯特丹和美国纽约分别设立交换中心，以及为各参加国开设的集线中心，为国际金融业务提供准确、快捷和优良的服务。目前已经有2 000多家分设在不同国家和地区的银行加入该协会，

> 并按照相关规定使用该系统。由于其具有安全性高、速度快、费用低及自动加核密押等特点,受到广泛欢迎。
>
> CHIPS 系统是清算所支付系统的简称,是为促进世界范围内商贸往来的转账结算与银行间的资金结算、资金调拨而建立的计算机网络系统。该系统于 1970 年建立,总部设在纽约,由纽约清算所协会操作。参加 CHIPS 系统的成员主要有两类:一类是正式成员,包括纽约票据交换所协会的 12 家成员银行;另一类是以非正式成员身份参加的银行或金融机构,包括 100 多家设在纽约的美国和外国银行分支机构。这些非正式成员只能从 12 家正式成员行中挑选一家作为其代理银行,其资金清算通过在代理行中开立的账户完成。
>
> CHIPS 系统与 SWIFT 系统和美国联邦储备系统相连接,承担了国际间资金结算和汇兑业务。由于业务处理过程由这两个系统自动处理,所以一笔业务在几分钟内就可以完成。

第四节 离岸金融业务

离岸金融业务是银行国际业务中重要的组成部分。离岸金融是金融自由化、国际化的产物,它的产生使信贷交易实现了国际化,并为国际金融中心的扩散创造了重要条件。

一、离岸金融业务的含义

(一)离岸金融业务的定义

离岸金融业务是指在本国境内发生的外国机构(或个人)之间以外币进行的交易,它特指非居民间的融资活动,即外国贷款者、投资者与外国筹资者间的业务。离岸金融业务由于其资金来源于境外,资金运用也在境外,因此俗称"两头在外"的银行业务。其服务对象为非居民,是指境外(含我国台、港、澳地区)的自然人、法人(含在境内注册的中国境外投资企业)、政府机构、国际组织及其他经济组织,包括中资金融机构的海外分支机构,但不包括境内机构的境外代表机构和办事机构。

(二)离岸金融业务的特点

离岸金融业务与传统的银行国际业务有着明显的区别,其特点主要有以下几个方面:
(1)离岸机构独立于东道国在岸金融体系之外,吸收和运用的是注册地国家货币之外的其他国际货币。
(2)离岸金融业务交易规模很大,是大型金融机构间的资金融通,以银行间交易为主,其业务往往带有批发的性质。
(3)交易对象是以非居民为主体,通常是银行及跨国公司,不对本国居民开放。
(4)由于离岸金融市场的幅度与深度超过国际金融市场,因此,离岸金融业务具有币种多、规模大等特征。
(5)管制较少。离岸金融中心往往没有或很少管制,具有地理优越性、政府政策优惠、政治稳定等，如税收优惠、免交存款准备金、存款保险，取消利率限制，取消或放松外汇管制等。从国际上来看，国际离岸金融中心往往成为资本外逃的中转站和洗钱的重要场所。

> **【拓展阅读】**
>
> **离岸金融市场产生和发展的原因**
>
> 　　离岸金融市场产生和发展的基本原因是生产国际化、贸易国际化和资本国际化。作为全球经济一体化和金融自由化潮流的催生物，离岸金融的产生有其客观的需求，也有其内在的机制和优势。首先，离岸金融市场的出现，有其客观的资金供给和需求的推动。20世纪50年代，苏联和东欧的一些国家将其巨额美元资产转移到欧洲国家的银行账户，形成最初的欧洲美元。70年代的石油美元和各国不断增长的外汇储备，为欧洲货币市场提供了充足的资金。70年代以后国际贸易和国际投资的发展，要求有一个灵活自由的资金贷放市场来满足资金融通的需要。其次，离岸金融市场的产生，是规避管制的直接产物。"二战"以后，许多发达国家对金融业的严格管制，刺激大量资本流入欧洲美元市场寻求更为宽松的融通环境，金融机构和跨国公司也纷纷转向不受任何管制的欧洲货币市场寻求发展机遇。最后，离岸金融市场的飞速发展，依赖于其自由化经营及低成本的离岸游戏法则对于全球资金的吸引力。离岸金融市场的飞速发展，从本质上看体现了对交易成本（包括税收成本、风险成本、信息成本等）的节约。因为离岸金融业务既不受所在国也不受货币发行国金融规章和法规的限制，业务经营高度自由化，经营成本明显低于传统金融市场，从而使离岸资金能够追逐到最大的利润。此外，离岸金融市场的发展得益于一些国家的主动积极推进政策。如东京离岸金融市场的创建，是日本政府推进日元国际化战略的重要组成部分。新加坡离岸金融市场的建设，是新加坡政府通过制定详细发展规划、营造宽松环境、放松金融管制、修改税法等措施大力推动的。加勒比海地区的岛屿国家从自身的优势和劣势出发，制定相应的政策法规以鼓励和支持离岸金融业的发展。

二、离岸金融业务的种类

目前，国际上的离岸金融市场大致有以下三种类型。

（一）"内外混合型式"离岸金融市场

"内外混合型式"离岸金融市场是指离岸金融业务和国内金融市场业务不分离，以发挥两个市场的资金和业务的互补。因此，这类市场的资金流向不定，既可以流入国内或从国内向国外流出，对从境外流入的资金的利息免征利息税，外汇资金不实行存款准备金制度。伦敦和香港离岸金融市场即属此类。

（二）"内外分离式"离岸金融市场

"内外分离式"离岸金融市场是专门为非居民业务交易而创立的市场。此类市场将境内业务和境外业务分开，禁止非居民经营在岸业务和国内业务。在该市场上，管理当局对非居民业务予以优惠，对境外资金的注入不实行国内的税制、利率限制和存款准备金制度。纽约、东京、新加坡的离岸金融市场均属此类。

（三）"避税港型"离岸金融市场

"避税港型"离岸金融市场又称"走账型"或"簿记型"离岸金融市场。这类市场没有或几乎没有实际的离岸业务交易，只是在不征税的地区名义上设置机构，并通过这一机构将境内与境外的交易进行记账和划账，目的是为了逃避税收和管制。中美洲加勒比海和中东等地的一些离岸金融市场即属此类，如开曼群岛和巴林等地离岸金融市场。这也是我们通常意义上所说的离岸金融中心，一般政局稳定，税收优惠，没有金融管制。

【拓展阅读】

与离岸金融市场相对应的在岸金融市场

传统的国际金融市场又称为"在岸金融市场"（On-shore Financial Market），它是在各国国内金融市场的基础上形成和发展起来的，是国内金融市场的跨越国界的延伸发展。通常是由于一个国家的经济和货币在世界范围内的重要性，使其所在国首先在某一城市或地区形成一个区域性金融市场，然后逐步成长为世界性的金融市场。在岸金融市场是指居民和非居民之间进行资金融通及相关金融业务的场所。典型的在岸金融市场是外国债券市场和国际股票市场。

"一战"后，英国国际贸易和国际金融领域占据主导地位，英镑是主要的国际结算和国际储备货币，因而伦敦发展成为最主要的国际金融市场。"二战"后，美国经济地位上升，纽约成为国际金融市场。之后西欧和日本经济的恢复和迅速发展，东京、法兰克福都成为国际金融市场。

三、银行从事离岸业务的形式

银行从事离岸业务的形式很多，并且许多形式是离岸金融业务和在岸金融业务均采用的。通常，银行从事离岸业务的形式有：①存款。主要有通知存款、定期存款和存单等。②放款。主要有银行同业短期拆放、中长期放款和发行欧洲债券三种。③参与国际证券发行。主要有国际债券、国际股票以及存托凭证等。④离岸票券融资。⑤离岸商业本票。⑥存款票券。是由国际银行和世界银行所发行的一种中、长期无抵押担保的票券。⑦票据发行便利。是一种金融创新工具，也是商业银行的表外业务。⑧创新形式。如金融期货、期权、互换和远期利率协议等。

【拓展阅读】

招商银行的离岸金融业务

招商银行是我国第一家经中国人民银行和国家外汇管理局正式批准经营离岸业务的银行，目前该行的离岸业务种类有：（1）接受境外公司、个人等非居民的外汇存款；（2）办理境外公司、企业等非居民外汇贷款；（3）组织和参与国际银团贷款；（4）为境外公司、企业提供担保和见证业务；（5）办理外汇买卖、汇兑和各项国际结算业务；（6）办理票据承兑、贴现，提供贸易融资便利；（7）参与国际金融市场资金拆借和融通；（8）提供有关咨询、顾问业务。

在多年的经营中，招商银行离岸金融业务部充分利用其地处深圳经济特区，毗邻香港这个国际金融中心的地理优势，借鉴国外离岸金融市场的做法，建立了规范的业务运作规则，积累了一定的经验，已形成较成熟的离岸银行业务经营和管理机制，形成了一套自己的特色业务，为客户提供远程服务、账户资金管理、快速结算、融资便利等一系列离岸业务与在岸业务联动的服务，这些业务特别适合跨国集团的跨国经营需求。

四、离岸金融业务的风险

离岸金融业务与在岸金融业务相比，风险更大，其面临的风险主要有以下几个方面。

（一）信用风险

金融经济实质上是信用经济、道德经济，各项复杂的经济活动，要在交易双方诚实守信的基础上才有可能促进双方交易的成功。而离岸金融为"非居民"性质的个人或团体服务，其广泛的外延使银行难以深入把握服务对象的信用表现及所属产业的资信状况，涉及不同的国情民风，调查成本高。这种风险尤其对外汇贷款业务更加突出。

（二）法律风险

离岸投资者的投资目的虽然有个人差别，但他们的根本一致性是利用世界各国税收、金融制度的差异去维护个人财产的保值增值，因而离岸金融可能会给予投机行为者机会，"洗钱"、"逃汇"即是热点离岸金融法律问题。

（三）利率和汇率风险

汇率风险指在国际经济、贸易和金融活动中，以外币计价的收付款项、资产负债业务等因汇率变动而蒙受损失的可能性，人民币的强势地位在全世界货币市场中有目共睹，在亚洲少数国家人民币已经处于被人接受和有所流通的地位。如果人民币在境外的流通量积累起来，被货币投机者利用，就很可能以其在外汇市场的操纵影响人民币的兑换汇率。另外，虽然我国现阶段采用离岸账户与在岸账户严格分开的谨慎做法，但金融经济内在的关联性和可溶性，不可能把离岸业务和在岸业务严格分开，因而将影响在岸人民币的利率和汇率水平。

（四）信用扩张或收缩的风险

离岸金融业务除我国现阶段采用的内外分离型之外，还有伦敦、香港采用的内外混合型。内外混合型离岸金融业务，资金流向不稳定，既可流入国内又可从国内向国外流出，不便于中央银行对货币存量的管理，国内货币供应量在离岸市场的资金流入国内时增多，在从国内向国外流出时减少，进而产生信用扩张或信用收缩效应，将会导致通货膨胀或通货紧缩。

（五）其他违规操作风险

因为离岸账户无准备金规定和利率限制，如果在管理上出现漏洞，可能使一些金融机构参加离岸业务而避免存款准备金的缴纳及逃避利率约束。

【想一想】 欧洲货币市场是离岸金融市场还是在岸金融市场？欧洲金融债券是在离岸金融市场发行还是在在岸市场发行？外国金融债券呢？

知识要点

商业银行的国际业务，是指商业银行所有以外国货币为载体开展的业务或针对外国居民开展的业务，包括在岸业务和离岸业务。

贸易融资是商业银行传统的国际业务，分为短期贸易融资和长期贸易融资。短期贸易融资具体包括进出口押汇、打包放款、票据贴现和承兑、保付代理等；长期贸易融资则体现为出口信贷、福费廷业务。银团贷款是商业银行参与国际银行贷款竞争所采用的主要形式。贸易融资和银团贷款形成商业银行最主要的盈利性国际资产。

外汇买卖是商业银行重要和基本的国际业务，其方式主要有现货交易、远期交易、掉期交易、外汇期货交易、外汇期权交易和外汇互换交易等。

国际结算业务是商业银行中间业务的重要组成部分。国际业务结算的工具主要有汇票、本票和支票；结算的方式包括汇款、托收和信用证，以信用证方式为主。

离岸金融业务是指在本国境内发生的外国机构（或个人）之间以外币进行的交易，它特指非居民间的融资活动，即外国贷款者、投资者与外国筹资者间的业务。

问题讨论

1. 资料

一家年出口额在近 2 000 万美元的化工类民营企业经理张帆（化名）近日对记者表示："汇丰的保理业务解决了我们在宏观调控时期流动资金贷款难的问题，而且费用大体和信用证融资相当"。张帆介绍说：我们公司有 60%～70% 都是用除账贸易来做出口的，其余是用信用证的方式……汇丰银行每年给我们最大融资达到 110 万美元……汇丰银行保理业务中国负责人俞劲（化名）说：这个企业的出口大多面向德国、比利时、美国和中国香港等发达国家和地区，我们可以通过汇丰集团自己的网络或长期的合作伙伴对它的客户资信进行调查。调查结果显示，今年该企业的出口货物的买家的业务发展良好，应收账款在 60～90 天之内结清，信用状况满意，所以我们调高了对它的融资额度。

目前，国际上为企业所惯用的信用证付款方式正逐渐被除账贸易所代替，应运而生的银行保理业务能够为企业提供新融资方式。而这一业务作为银行中间业务的重要部分，其潜力正在成为下一个银行之间争夺的据点。在上海，已有汇丰银行、渣打银行、民生银行、光大银行开始深度细化中小企业保理业务。事实上，出口保理业务在国际上已经兴盛多年，它是一种新的银行服务，集应收账款融资、信用风险保障以及销售账户管理和托收于一体。一般情况下，银行给应收账款总额提供最高至 80% 的融资，并按照发票金额的 0.6%～1.2% 收取手续费。在中国，由于信用证付款方式长盛不衰，保理业务一直不为人重视。

然而，随着国际买家不再愿意提供相应的信用证，出口企业如何规避国际风险、对应收账款进行短期融资成为他们的"心病"。2002年,汇丰银行上海分行开始推出企业保理业务,主要是针对中小企业的除账贸易方式,张帆即是汇丰最早的客户之一。而汇丰英国作为国际保理商协会的创始成员,大约有600人在从事保理和应收账款贴现业务,一年的业务总额在210亿美元左右,而坏账比例则在过去的十年之中每年不到0.5%。汇丰英国已连续两年(2002年和2003年)被权威的《贸易融资》(Trade Finance)杂志评为"最佳保理商"。

2. 活动安排

"除账贸易",指的是企业为改善财务报表,在做出口贸易(或其他赊销商品业务)后,需将应收账款从资产负债中彻底剔除,这时需将应收账款卖给银行,由银行将款项收回。保理业务、福费廷业务都属此业务,当然也是企业短期贸易融资或长期贸易融资的重要手段。

将学生分为若干大组进行讨论,最后各组选出代表上台发言。

3. 要求

请思考:(1)什么是银行保理业务?它与传统的信用证业务有何区别?(2)有人认为"保理业务对买家的流动性资金提出了更高的要求,从某种程度上,是买卖双方在银行建立信用记录的过程,是一种以之前的贸易记录来换取今后的贸易融资的一种方式",你如何理解?

4. 场景

教室。

推荐阅读

1. 朱新蓉:《商业银行经营管理》,第五、第六章,中国金融出版社2008年版。
2. 戴小平:《商业银行学》,第六章,复旦大学出版社2006年版。
3. 刘金波:《银行经营管理》,第五章,中国金融出版社2012年版。
4. 叶蜀君:《国际金融》,第六、第七、第八章,清华大学出版社2005年版。
5. 戴国强:《商业银行经营学》,第十章,高等教育出版社2007年版。
6. 杨宜:《商业银行经营管理》,第九章,北京大学出版社2009年版。

本章自测

一、单项选择题

1. 信用证可以分为保兑信用证和不保兑信用证,其根据是(   )。
   A. 是否附有货运单据   B. 开证行对信用证所承担的责任
   C. 有无开证行以外的银行保兑   D. 受益人使用信用证的权力是否转让
2. 福费廷业务也称为票据(   )业务。
   A. 卖出   B. 买断   C. 卖断   D. 买入
3. 国际银团贷款中借款人要就未提用的贷款部分支付(   )。
   A. 管理费   B. 代理费
   C. 承担费   D. 参与费

4. 通常情况下，商业银行参加外汇交易的目的是（　　）。
   A. 为客户保值　　　　　　　　　B. 满足客户需要，增加盈利
   C. 防范汇率波动风险　　　　　　D. 调整外汇头寸
5. 以下贸易融资业务中银行没有保留对进出口商追索权的是（　　）。
   A. 进口押汇　　　B. 出口押汇　　　C. 打包放款　　　D. 福费廷
6. 国际结算中，使用较多的支付工具是（　　）。
   A. 支票　　　　　B. 汇票　　　　　C. 本票　　　　　D. 债券
7. 下列不属于信用证基本当事人的是（　　）。
   A. 付款行　　　　B. 开证行　　　　C. 受益人　　　　D. 开证申请人
8. 国际结算中，托收结算方式是（　　）。
   A. 商业信用结算方式　　　　　　B. 银行信用支付方式
   C. 混合信用支付方式　　　　　　D. 国家信用支付方式
9. 外汇期货交易不同于远期交易，主要在（　　）。
   A. 场外进行交易　B. 场内进行交易　C. 店头进行交易　D. 柜台进行交易
10. 最主要、最广泛的国际结算方式是（　　）。
    A. 汇款　　　　　B. 托收　　　　　C. 信用证　　　　D. 保付代理

二、多项选择题

1. 以下属于顺汇的结算方式有（　　）。
   A. 电汇　　　　　B. 信汇　　　　　C. 票汇　　　　　D. 托收
2. 信用证结算方式的特点是（　　）。
   A. 信用证结算没有风险　　　　　B. 信用证是一项独立文件
   C. 业务处理以单据为准　　　　　D. 开证行负第一性付款责任
3. 以下具有套期保值交易功能的交易工具包括（　　）。
   A. 即期外汇买卖　B. 远期外汇买卖　C. 外汇期货　　　D. 外汇期权
4. 欧洲货币市场借款具有以下特点（　　）。
   A. 以银行同业拆借为主　　　　　B. 以短期融通为主
   C. 货币的选择性较强　　　　　　D. 以直接融资为主
5. 商业银行境外筹资包括（　　）。
   A. 欧洲货币市场借款　　　　　　B. 发行国际债券
   C. 借用国际商业银行贷款　　　　D. 发行各种存款单
6. 以下属于为出口商提供资金融通的业务是（　　）。
   A. 进口押汇　　　B. 出口押汇　　　C. 打包放款　　　D. 出口信贷
7. 离岸金融市场的主要类型有（　　）。
   A. "内外一体"式　　　　　　　　B. "内外分离"式
   C. "避税港"型　　　　　　　　　D. 混合型
8. 在行市有利于买方时，买方将买入（　　）期权，可以获得在期权合约有效期内按某一具体履约价格购买一定数量某种外汇的权利。
   A. 看跌　　　　　B. 看涨　　　　　C. 买入　　　　　D. 卖出
9. 信用证根据开证行对信用证所承担的责任，分为（　　）。
   A. 备用信用证　　B. 保兑信用证　　C. 可撤销信用证　D. 不可撤销信用证

三、判断题

1. 福费廷融资的实质是出口商将经进口商承兑的远期汇票卖断给出口商所在地银行的行为。
2. 托收是托收行委托国外银行（代收行）代为收款，所以属于银行信用。

3. 信用证是由开证行向出口商签发的以开证行为付款人的信用担保函。
4. 国际结算中,托收项下商业银行既可为出口方提供资金融通,也可为进口方提供资金融通。
5. 外汇远期交易必须在交易所内公开竞价交易。
6. 在直接标价法下,外汇汇率的升降和本国货币的价值成反比。
7. 福费廷业务是一种短期融资方式,一般不超过3个月。
8. 直接银团贷款是指由牵头行先向借款人贷款,然后由该行再将总贷款权分割售给其他参与银行。

四、名词解释

国际业务　进口押汇　出口押汇　出口打包放款　福费廷　信用证　国际银团贷款　外汇买卖　环球金融电信系统(SWIFT)　汇款　托收　离岸金融业务

五、回答问题

1. 国际贸易短期贸易融资和长期贸易融资有哪些种类?
2. 福费廷业务有何特点?对银行而言和对客户来讲各有什么好处?
3. 信用证项下有哪些融资与授信项目?
4. 国际银团贷款主要包括哪些参与者?
5. 简述外汇交易的方式。
6. 简述国际结算的工具和方式。
7. 离岸金融业务有何特点?

第九章
商业银行新兴业务管理

教学目标与学习任务

教学目标：熟知电话银行、手机银行、网上银行业务的含义；理解电话银行、手机银行、网上银行业务的特点；熟悉并掌握电话银行、手机银行、网上银行业务的功能；充分认识电话银行、手机银行、网上银行业务的风险。

学习任务：掌握电话银行、手机银行、网上银行业务，能熟练将电话银行、手机银行、网上银行业务运用在实际中。

案例导入

手机银行业务发展前景可期

国内著名手机应用服务平台 3G 门户日前在京发布《2011 中国手机银行业务用户调研报告》。报告调查数据显示，手机银行业务在手机网民中的使用率有显著提高，用户人群结构不断优化，预示出手机银行业务良好的发展前景。

根据抽样调查结果，截至 2011 年 2 月，手机银行业务在手机网民中的使用率已达 52.2%，较 2010 年 7 月 36.8% 的使用率有显著提高；手机银行业务开始向中年人群逐渐发展，用户个人月收入水平高于上年 7 月用户的收入水平。

在已开展手机银行业务的银行中，工商银行手机银行的使用率依然最高，达 35.1%；建设银行紧随其后，为 35.0%。农业银行、中国银行在过去半年中有显著提升，不断缩小与行业领跑者的差距。

对不同人群最常使用手机银行功能的分析表明，在校学生更倾向于使用手机银行支付功能，较少使用手机理财功能；行政/事业单位、国企干部更倾向于使用手机银行的转账汇款功能、缴费功能、信用卡功能和理财功能；外企/民企中高级主管、私营企业主使用手机银行信用卡功能的倾向性显著。

报告调查发现，超过一半的用户希望手机银行能够提供完善的商城购物服务。使用过手机银行商城的用户占到了 64.3%，10.8% 的用户经常使用，31.4% 偶尔使用，22.1% 很少使用。行政/事业单位、国企干部、外企/民企中高级主管、私营企业主经常使用手机银行商城服务的倾向性显著。

手机银行用户使用手机支付的方式选择上，56.1% 的用户首选 WAP 页面这种形式；其次是手机客户端，比例为 44.4%；愿意使用手机刷卡的用户比例仅占 17.3%。此外，15.9% 的人对以上三种方式都能接受。

用户在使用手机支付时倾向于小额支付。超过七成用户支付的最高额度在 1 000 元以下，其中接近一半的用户支付最高额度在 500 元以下；超过一成的用户支付最高额度在 1 万元及以上。

（资料来源：http://jjckb.xinhuanet.com/invest/2011-04/01/content_298156.htm。）

第一节 电话银行业务

电话银行是 20 世纪 90 年代以来发达国家和地区银行相继推出并迅猛发展的一个新的金

融产品,是现代银行业日益走向无纸化办公或在线服务(online)和提高服务效率的必然产物。

一、电话银行业务的含义

电话银行业务是指商业银行利用电话等声讯设备和电信网络开展的银行业务,电话银行通过自助语音和人工座席服务相结合的方式向客户提供账户查询、转账汇款、投资理财以及业务咨询、投诉建议等金融服务。其业务一般包括自助电话银行、人员服务电话银行和电话直销银行。

目前,我国各家商业银行均设立了电话银行客户服务中心,如工商银行95588、中国银行95566、招商银行95555等服务电话,均可以为客户提供24小时金融服务。

【拓展阅读】

个人电话银行业务操作规程

(1) 开户申请

申请电话银行开户需要持本人有效身份证件到银行开立活期或信用卡账户,然后在网点填写《电话银行开户申请表》即可。

(2) 业务操作流程

第一步:客户拨打银行开设的电话银行号码。

第二步:客户根据电话语音提示进行交易。

电话银行开通后,根据个人的需要客户可通过电话银行办理以下业务:查询活期账户、信用卡等账户余额和历史交易明细,以及办理信用卡、存折等账户的临时挂失;进行资金划转和银证转账;自助缴纳手机费、寻呼费、电费等多种费用;进行外汇买卖、股票买卖等多种理财活动;传真服务客户使用音频直拨电话可以得到信用卡对账单、住房贷款利率表等各类传真表。

(3) 撤销手续

客户要求撤销手机银行服务时,可到银行营业机构提出申请,并填写销户申请表,银行受理后生效。

二、电话银行业务的功能

(一) 咨询服务

咨询服务是电话银行客户服务中心的传统功能,也是银行与客户之间互动的最便捷渠道。电话银行中心目前在各行都是由总行统一管理,与总行业务部门的沟通通畅,所得到的信息最全面,培训最容易和最便捷,客户消息的反馈也是最快的。

(二) 支付交易

支付交易目前还有赖于客户身份认证技术的完善,一旦这个"瓶颈"打破,未来除了现金交易服务电话银行无法提供外，其他所有业务都可以通过电话银行解决。目前我们从证券业的发展就能看到，绝大部分客户的交易指令下达都是通过电话和网络发出，很少通过柜台渠道办理。从国外电话银行的发展也可以看到，这个支付交易平台在银行业务平台内的重要性会越来越高。

（三）产品销售

由于电话销售渠道在精确度和覆盖面上都有传统渠道无法比拟的优势，电话银行中心会成为商业银行重要的产品销售平台，其他行业最有代表性的例子就是保险业的电销业务。由于银行客户资料的完备，再加上资料甄别抓取技术的完善，未来可以做到精确度相当高的营销。这种销售由于是针对客户需求设计，因此可以在最大程度上避免电话骚扰的情况出现。

（四）业务驱动平台

一是客户未来可以完全脱离柜台，通过电话银行中心，直接要求个性化的金融服务，电话渠道可以直接调度行内资源对接客户需求，推动业务发展；二是作为重要而且方便的信息反馈渠道，银行可以依此对产品或流程做出调整，以达到不断进步和创新。

【拓展阅读】

"智者千虑，必有一失"，王女士回到家里才发现出了大事：平时出门总是小心谨慎的她竟然在逛商店时被偷了钱包，损失了好几百元现金不说，钱包内的民生银行的民生卡也一起被盗。由于王女士自设的民生卡密码比较简单，很担心被小偷在 ATM 机上试出密码，取走卡上现金。

王女士的丈夫倒是很沉着，从抽屉内拿出笔记本，找出遗失的民生卡卡号，拨响了民生银行客户服务中心电话95568，根据电话语音提示查询到民生卡内存款余额没有被取走，于是立即接通了95568人工服务，对遗失的民生卡进行了电话挂失。

第二天，王女士到银行柜台办理了补卡手续，一周后就拿到了新的民生卡。王女士丈夫的镇定在于他了解民生银行民生卡的电话银行功能，只要拨通民生银行全国统一的95568服务热线，就可以通过电话语音提示办理民生卡余额查询、历史交易明细传真、同一客户的不同民生卡之间转账、查询密码修改、个人外汇买卖、口头挂失、定活期存款互转、按揭业务查询等众多的电话银行服务。如果拨通电话银行人工服务，更可以得到民生银行提供的更多的个性化的金融服务。民生银行电话银行服务的宗旨是："记住95568，民生服务到您家"。

资料来源：http://finance.sina.com.cn/roll/20030725/1255382126.shtml。

三、电话银行业务的特点

（一）便捷实用、功能强大

电话银行申请手续简便、操作简单，只需拨通客服电话进行简单的操作，即可通过自助语音和人工座席两种方式办理查询、转账汇款、缴费、解锁、挂失、短信通知、预约取现等日常业务。

（二）随时随地、安全可靠

电话银行采用先进的计算机电话集成技术，为客户提供全年 24 小时不间断的金融服务，不受时间、空间的限制，即使身处异地，也可通过电话轻松办理业务，安全又可靠。

（三）选择人工、简便快捷

电话银行系统将"人工服务"和"代客交易"安置在语音菜单的较前端，一般客户只需按"0#"就能够在第一时间获得客服人工座席的服务，人工座席会及时、高效地为客户完成需要办理的银行业务。

（四）操作简便、收费低廉

个人客户无须去网点排队，只需拨打客服电话，轻松完成转账、缴费、挂失等日常业务。不收费或收很低的手续费。

四、电话银行业务风险

电话银行业务和其他银行业务一样，存在着一定的风险，而且因其业务特点显得更为突出，体现在几方面：①业务关系通过电话对话方式进行，不存在书面依据、凭证；②口头交易较书面交易差错率高；③出现纠纷，举证困难。

电话银行的风险主要是体现在转账中。电话银行转账，一般分为个人"账户内划转"和不同人"账户间划转"两种。由于是一个人自己的名下定期、活期以及信用卡账户划转，因此"账户内划转"一般不存在资金被窃的外部风险。对于"账户间划转"，虽然银行采取了网管以及数据加密等手段，对交易主机通讯进行安全保障，并对不同人账户间转账进行了金额上的限制，起到了对客户资金的风险防范作用，但仍有安全风险存在。这种风险主要表现为以下几种方式：一是在公话中使用电话银行服务系统，留下客户账户资料，给不法分子以可乘之机；二是不法分子通过书信、手机短信告知银行客户获得大奖，当客户打电话核实时，不法分子以便于存入资金和填写获奖人的资料为由，要求客户告知银行卡账号、生日、家庭电话、结婚纪念日等个人基本资料（因为许多人将生日、电话号码、结婚纪念日作为银行卡的密码），然后套取密码；三是不法分子以做生意验资为名，在电话里骗取外地持卡人的身份证号码、卡号和密码，然后冒领存款；四是一些不法分子冒充银行人员打电话给银行客户，套取银行账户信息。

【温馨提示】如何安全使用电话银行？1. 拨打正确的银行客服电话，不要轻信任何非正常渠道提供的电话银行服务，防止电话欺诈行为。2. 不要使用公用电话进行电话银行操作，进行交易类操作时不要使用电话的免提方式。3. 妥善保管电话银行密码等账户信息，不要透露给他人。4. 根据需要为您的电话银行设置一定的对外转账限额。

（一）建立一套完整的电话银行风险法律防范机制

建立一套完整的电话银行风险法律防范机制需在电话银行业务过程中构筑四道法律防线。

第一道法律防线：市场准入机制。

对电话银行的客户应予以一定限制。与其他客户相比较，电话银行客户在信用、收入、经济活动等方面加以合理的条件限制，只有满足这些条件才能成为电话银行客户。

第二道法律防线：契约约束机制。

银行与客户签订一系列契约性文件，如电话银行章程、服务规则等，对客户和银行在电话银行业务中可能产生的一系列权利义务进行事先约定和明确。这些约定在目前国家法律对电话银行无明确规定的情况下，将成为调整银行与客户之间关系的重要契约规范，具有法律效力，因此这些契约性文件是银行与客户之间的重要权责依据。契约内容至少应包括如下几项：①客户应妥善保护其电话银行密码，如因泄露、失窃或其他原因致使他人使用密码而使客户遭受损失，由客户自己承担。银行应避免承担责任，但银行内部员工与他人串通窃用者除外。②客户应在一定期限内对所进行的电话银行操作进行查询，如有疑问应通知银行，过期不通知视为放弃异议权。③银行应提供快捷准确的服务，如因过错（列举过错类型）导致客户损失应由银行负责。④银行的免责条款，如不可抗力（自然灾害、战争）等。以上约定是银行与客户之间的"私法律"，必须符合现行国家法律的规定和精神。

第三道法律防线：身份识别机制。

在电话银行中，密码是银行能够识别客户身份的唯一依据。只要提供正确的密码，银行就不得不视其为该账户电话银行的合法客户，由此引发的法律后果应由客户自己承担。因此，密码的正确使用与否是银行与客户划分责任的界线。

第四道法律防线：录音判别机制。

电话银行应设有先进的同步中央录音系统，对正在进行的电话银行交易进行同步录音，并将录音资料存放一定时间，这将是处理纠纷的重要依据。

（二）建立有效的纠纷解决机制

由于现行法律对于电话银行没有明确规定，为利于解决纠纷，协商是一较好选择。一旦产生纠纷，银行应主动与客户协商解决，通过录音资料等技术手段，判别各自过错，从而公平合理地解决纠纷。在香港各家银行的电话银行纠纷中，几乎所有的纠纷都通过协商得以妥善解决。

（三）在电话银行纠纷诉讼中，银行应注意保全证据

在电话银行纠纷中银行处于绝对优势地位，因此，举证责任由银行承担。这就要求银行在电话银行业务中注意保全相关证据资料。除保全录音资料外，对每日电脑打印的日结单，定期向客户发出的信函、传真等书面材料也应妥善保存。这些资料是日益趋向无纸化的电话银行业务中仅存的书面材料，在正确处理电话银行纠纷中发挥着重要的作用。这些资料的保存时间应考虑到民事诉讼法的有关规定，以使银行在电话银行诉讼中处于主动地位。

（四）重视风险教育和安全提示

商业银行应面向客户开展各种形式的电话银行风险教育和安全提示，明示电话银行业务操作应注意的各类安全事项，帮助客户培养良好的设置习惯和保护意识。

（五）进行风险评估

商业银行应积极开展电话银行转账功能风险评估和分类，依据收款账户的潜在风险高低，相应设置不同的转账额度和次数限制。对受益方不明确、资金难以追索的收款账户，应审慎或不提供电话银行转账服务。

（六）增设银行卡验证码

对应用银行卡卡号和密码相组合完成登录的电话银行业务，商业银行应在客户使用潜在风险较高的转账功能时，增加其他身份信息检验要求，如银行卡 CVV 码、身份证信息或其他预注册信息等。

（七）严格控制在电话银行操作中的输入次数

商业银行应严格控制规定时间内同一卡号、账号等登录信息在电话银行操作中的输入次数，避免无次数限制地允许输入错误登录信息，严格防范犯罪分子采用试探手段获取信息。

（八）建立预警机制

商业银行应建立电话银行异常交易监测预警机制。针对小额、多笔、连续交易行为建立有效的后台监控预警体系，防范不法分子利用电话银行功能进行小额、多笔、重复非法转账。

【做一做】

查阅中国工商银行、中国银行、中国建设银行、中国农业银行电话银行的相关资料。结合资料分析金融国际化我国商业银行面临哪些风险？如何规避所面临的风险？

第二节　手机银行业务

作为一种结合了货币电子化与移动通信的崭新服务，手机银行业务不仅可以使人们在任何时间、任何地点处理多种金融业务，而且极大地丰富了银行服务的内涵，使银行能以便利、高效而又较为安全的方式为客户提供传统和创新的服务，而移动终端所独具的贴身特性，使之成为继 ATM、互联网、POS 之后银行开展业务的强有力工具，越来越受到国际银行业者的关注。

一、手机银行业务的含义

手机银行也可称为移动银行（Mobile Banking Service），是利用移动通信网络及终端办理相关银行业务的简称。手机银行是由手机、GSM 短信中心和银行系统构成。

在手机银行的操作过程中，用户通过 SIM 卡上的菜单对银行发出指令后，SIM 卡根据用户指令生成规定格式的短信并加密，然后指示手机向 GSM 网络发出短信，GSM 短信系统收到短信后，按相应的应用或地址传给相应的银行系统，银行对短信进行预处理，再把指令转换成主机系统格式,银行主机处理用户的请求,并把结果返回给银行接口系统,接口系统将处理的结果转换成短信格式,短信中心将短信发给用户。

手机银行主要采用的实现方式有 STK、SMS、BREW、WAP 等。其中,STK(Sim Tool Kit)方式需要将客户手机 SIM 卡换成存有指定银行业务程序的 STK 卡,缺点是通用性差、换卡成本高;SMS(Short Message Service)方式即利用手机短消息办理银行业务,客户容易接入,缺点是复杂业务输入不便、交互性差;BREW(Binary Runtime Environment for Wireless)方式基于 CDMA 网络,并需要安装客户端软件;WAP(Wireless Application Protocol)方式即通过手机内嵌的 WAP 浏览器访问银行网站。

近年来,国内多家银行开通了手机银行业务。其中,工商银行、农行手机银行和招商银行的手机银行是采用 STK 方式或 SMS 方式实现的;建设银行的手机银行基于 BREW 方式实现,服务于 CDMA 手机。目前仅有交通银行和北京市商业银行开通了 WAP 方式的手机银行,相比之下,北京市商业银行的手机银行业务目前仅支持移动全球通客户,且功能较少;交通银行的手机银行支持移动、联通的手机客户,实现功能较为完善。

【拓展阅读】

WAP 方式的手机银行较为方便、实用,成为该领域国际发展趋势。俄罗斯 Guta、斯洛文尼亚 SKB、意大利 Toscana、德国 Deutsche 等国际著名银行已竞相开通了 WAP 手机银行业务。

俄罗斯 Guta 银行:俄罗斯最大的银行之一。已于 2000 年实现了通过手机或计算机远程操作现有的银行业务,具体功能包括:外汇买卖、当前账户查询、转账(转到 VISA 卡/欧罗卡/Master 卡)、发票和公共事业费用支付、通过移动商贸系统购买商品等。Guta 运用多级认证系统确保手机交易安全。WAP 技术使得手机银行更方便,无须去银行网点,只需用登录 Guta 银行的网站即可。

意大利 Toscana 银行:推出的 BT 手机银行是一项 WAP 业务,适用于 GSM 手机用户,服务功能包括:当前账户查询及交易、移动电话充值、转账、股票交易、外汇买卖等。Toscana 银行和客户之间采用了安全数据加密,并运用两级密码即登录密码和交易密码来确保交易安全。

德国 Deutsche 银行:Deutsche 和诺基亚公司合作开发了 WAP 手机银行,诺基亚为此提供 WAP 服务器、7110 多媒体手机,而 Deutsche 则属德国第一家提供 WAP 手机银行业务的银行。

二、手机银行的功能

(一)账户查询

通过手机银行,可以查询账户的余额和交易明细,更能查询签约了网银互联查询协议的他行账户余额,省时省力,快捷方便。

(二)跨行资金归集

手机银行具有独特的跨行资金归集功能,通过"他行账户"—"资金归集"功能,可以将签约了网银互联支付协议的他行账户资金归集到客户账户中,既可提高资金使用效率,又能大幅减少资金管理成本。

（三）跨行互联互通

手机银行利用中国人民银行第二代支付清算系统，实现跨行互联互通，提供本行转账和跨行汇款功能，实时到账，即时反馈结果，提供方便快捷的转账汇款服务。

（四）手机号转账

手机号转账只需知道收款人手机号、姓名，即可进行汇款。收款人可通过拨打客户服务电话，选择"0"人工服务进行收款，也可登录手机银行完成收款。收款账户可以是收款人的账户或他行账户。

（五）网点查询、排号

网点排号功能，可以查询附近或指定地区的网点，以地图方式直观显示，方便查找，还能获得网点排号情况，并可在线网点排号，自由掌控时间，避免网点排队的烦劳，节省时间精力。

（六）投资理财

手机银行提供理财、基金、贵金属、银证服务多种投资理财服务，可以全面满足投资理财需求；同时，还有手机银行客户专属理财产品选择，帮助获得相比柜台更高的收益回报。

（七）同行跨行汇款

手机银行支付结算功能强大，提供同名转账、本行转账、跨行汇款等基本转账服务以及跨行资金归集、手机号转账和主动收款等特色服务，转账汇款实时到账，手续费全免，可节省大量交易成本。

（八）移动增值服务

手机银行设计友好，下载客户端后就能使用，即使不登录也可享受银行提供的网点查询、理财超市、基金超市、手机证券、金融助手等各类公共金融服务，通过金融行情、资费标准、资讯等功能及时掌握丰富的金融信息。

三、手机银行的特点

手机银行并非电话银行。电话银行是基于语音的银行服务，而手机银行是基于短信的银行服务。目前通过电话银行进行的业务都可以通过手机银行实现，手机银行还可以完成电话银行无法实现的。由于手机银行采用短信息方式，用户随时开机都可以收到银行发送的信息，从而可在任何时间与地点对划转进行确认。

手机银行是网络银行的派生产品之一，它的优越性集中体现在便利性上，客户利用手机银行不论何时何地均能及时交易，节省了 ATM 机和银行窗口排队等候的时间。

手机银行与 WAP 网上银行相比，优点也比较突出。首先，手机银行有庞大的潜在用户群；其次，手机银行须同时经过 SIM 卡和账户双重密码确认之后，方可操作，安全性较好。

而 WAP 是一个开放的网络，很难保证在信息传递过程中不受攻击；另外，手机银行实时性较好，折返时间几乎可以忽略不计，而 WAP 进行相同的业务需要一直在线，还将取决于网络拥挤程度与信号强度等许多不定因素。

（一）服务面广、申请简便

只要手机能收发短信，即可轻松享受手机银行的各项服务。可以通过银行中国网站自助注册手机银行，亦可到银行营业网点办理注册，手续简便。

（二）功能丰富、方便灵活

通过手机发送短信，即可使用账户查询、转账汇款、捐款、缴费及消费支付等八大类服务。而且，手机银行提供更多更新的服务功能时，无须更换手机或 SIM 卡，即可自动享受到各种新增服务和功能。手机银行交易代码均取交易名称的汉语拼音首位字母组成，方便记忆，还可随时发送短信"？"查询各项功能的使用方法。

（三）安全可靠、多重保障

银行采用多种方式层层保障资金安全。一是手机银行（短信）的信息传输、处理采用国际认可的加密传输方式，实现移动通信公司与银行之间的数据安全传输和处理，防止数据被窃取或破坏；二是客户通过手机银行（短信）进行对外转账的金额有严格限制；三是将客户指定手机号码与银行账户绑定，并设置专用支付密码。

（四）7×24 小时服务、资金实时到账

无论何时，身在何处，只要可以收发短信，立即享受手机银行（短信）7×24 小时全天候的服务，转账、汇款资金瞬间到账，缴费、消费支付实时完成，一切尽在"掌"握。

四、手机银行的风险管理

【拓展阅读】

手机病毒可盗听客户密码

广州某大学学生张先生平时喜欢通过手机银行管理自己的个人资产，不久前，他通过互联网搜索下载了一款某国有银行手机网银支付客户端，但在登录使用几天后发现再也无法登录，一再提示密码错误。

在懂技术的同学的提示下，张先生赶紧到银行进行柜台查询，发现密码已被更改。

安全厂商分析，张先生的智能手机是感染了手机操作平台下知名的"终极密盗"手机病毒，其典型特征为，侵入手机后会自动在后台监听用户的输入信息，捕获到用户的银行密码后通过短信外发给黑客，对方一旦远程修改密码，则可进行转账操作。

资料来源：http://finance.sina.com.cn/roll/20030725/1255382126.shtml。

(一) 树立预防为主、救济为辅的理念

要切实强化银行的社会责任尤其是安全保障义务，维护好广大消费者的安全保障权。商业银行自觉承担社会责任，尊重和维护手机银行客户的正当利益诉求，不仅可以赢得良好的口碑，还有利于提升企业的社会形象，进而为商业银行赢得更加广阔的市场。商业银行在推出手机银行服务时，应当确保系统的安全、稳定，而且应当不断升级手机银行交易系统，避免出现安全漏洞，给犯罪分子以可乘之机。在必要的情形下，商业银行也应当加强与移动运营商的合作，共同防范安全风险。同时，商业银行应当加强员工培训教育，提高员工处理故障、预防风险和控制风险的能力。与此同时，商业银行还应当充分利用银行网点的电子屏幕、电视、自助设备等资源，对手机银行用户进行安全风险教育，以强化消费者的风险意识、合规意识、审慎意识。

(二) 遵循实事求是、多赢共享的理念

在与手机用户发生纠纷时，商业银行应当遵循实事求是、多赢共享的理念，不仅仅要考虑到银行自身的利益，还应考虑金融消费者的利益，应尽最大可能找到双方的利益均衡点，实现多方共赢。保护消费者利益与维护商业银行自身利益具有内在一致性。消费者的合法权益得到了保护，银行的手机银行业务才能获得可持续发展。商业银行对自己的过错给消费者导致的损失，应当积极主动地根据《合同法》和《侵权责任法》的规定承担相应的民事责任。当然，商业银行承担民事责任以后，可以向侵权人依法行使追偿权；请求人行为构成犯罪的，商业银行应当及时向公安机关举报犯罪线索。

(三) 树立安全消费、理性消费的理念

希望广大手机银行的消费者在使用手机银行业务时牢固树立安全消费、理性消费的理念，注意防范交易风险。例如，消费者应当妥善保管自己的手机和密码，提高警惕，谨防欺诈，提防虚假网址和网络钓鱼。在手机银行业务使用完毕后，消费者应及时退出程序，以防他人使用或窃取账户信息。

【温馨提示】妥善保管好手机和密码、设置合理的转账支付限额、开通及时语短信通知服务、提防虚假WAP网址和网络钓鱼、使用完手机银行后应及时清除手机内存中临时存储账户、密码等敏感信息等。

第三节 网上银行业务

自1995年10月美国成立第一家网上银行——安全第一网络银行以来，网上银行业务在世界各国获得迅猛发展。到目前，全球能提供网上银行服务的银行、储蓄机构以达5 000家以上。

一、网上银行业务的含义

网上银行业务是指银行借助个人电脑或其他智能设备，通过互联网技术或其他公用信息

网，为客户提供的多种金融服务。网上银行业务不仅涵盖传统银行业务，而且突破了银行经营的行业界限，深入到证券、保险甚至是商业流通等领域。网上银行代表了未来银行业的方向，网上银行业务的迅速发展必将推动着银行业新的革命。

【想一想】网上银行的产生对人们的经济生活产生哪些影响？

二、网上银行业务的特征

与普通业务相比，网上银行业务主要具有申办手续简单，内控风险低，业务处理快等特点和优势。

与传统银行业务相比，网上银行业务有许多优势：一是大大降低银行经营成本，有效提高银行盈利能力，开办网上银行业务，主要利用公共网络资源，不需设置物理的分支机构或营业网点，减少了人员费用，提高了银行后台系统的效率；二是无时空限制，有利于扩大客户群体。网上银行业务打破了传统银行业务的地域、时间限制，具有3A特点，即能在任何时候（Anytime）、任何地方（Anywhere）、以任何方式（Anyhow）为客户提供金融服务，这既有利于吸引和保留优质客户，又能主动扩大客户群，开辟新的利润来源；三是有利于服务创新，向客户提供多种类、个性化服务。通过银行营业网点销售保险、证券和基金等金融产品，往往受到很大限制，主要是由于一般的营业网点难以为客户提供详细的、低成本的信息咨询服务。利用互联网和银行支付系统，容易满足客户咨询、购买和交易多种金融产品的需求，客户除办理银行业务外，还可以很方便地进行网上买卖股票债券等，网上银行能够为客户提供更加合适的个性化金融服务。

三、网上银行业务的功能

（一）账户服务

网上银行提供信息查询到个人账户转账等全面的账户服务，客户时刻掌握最新的财务状况。账户信息查询：查询个人名下的存款账户、信用卡账户的余额、交易明细等信息；个人账户转账：在个人同名账户之间进行即时资金划转；代缴费：可以缴纳手机话费、固定话费、电费等多项费用；个人账户管理：轻松完成账户关联、账户挂失以及转账限额设置等功能。

（二）投资服务

网上银行提供外汇宝、银证转账、银券通、开放式基金等多种自助投资服务，帮助客户实现财富保值增值的愿望。外汇宝：即个人实盘外汇买卖交易，可进行八种外币（包括：英镑、港币、美元、日元、澳大利亚元、欧元、瑞士法郎、加拿大元）的实盘交易，交易方式可根据客户的需要选择实时交易或者委托交易，汇市行情和交易情况您也可以轻松查询；银证转账：可将资金在储蓄账户与股票保证金账户之间进行即时划转；银券通：轻松完成股票投资，包括股市行情、自有股票及资金、交易情况的实时查询，设置买入卖出股票的委托、撤销委托等功能；开放式基金：可自助进行银行代理基金的认购、申购、赎回、基金资料查询、基金净值查询。

（三）信用卡服务

网上银行为客户提供信用卡相关的"一揽子"服务。查询服务：查询各类信用卡余额、消费积分的信息和客户账户资料明细；信用卡还款：通过信用卡账户与存款账户之间的资金划转，对信用卡透支额进行还款；信用卡挂失：丢失信用卡时，可立即通过网上银行进行临时挂失，保证资金安全；网上支付：轻松实现对特约网上商户的网上支付交易。

（四）资讯服务

清晰掌握银行服务信息、最新市场行情以及金融资讯。利率资讯：查询各种存期的人民币、外币储蓄存款利率、贷款利率和历史利率资料；外汇资讯：查询中国银行外牌价、实时汇率、专家汇市点评、金融知识问答、操作指南和模拟交易；市场行情：股票、记账式国债、开放式基金等投资产品市场行情；网点机构布局：查询开户地银行营业网点的布局和联系电话。

（五）其他服务

理财计算器：可以计算存款利率、贷款月还款金额；更改网银密码：及时更改网上银行密码，使网上银行交易更安全；更新个人资料：及时更新网上银行注册资料。

（六）集团理财

集团总公司或其财务公司可通过理财服务，轻松实现集团内部账户信息查询及汇总、主动归集下属公司资金、统一对外支付款项、定制自动归集时间和金额、定时自动补足下属公司备款、限定资金体内流动、集团内外付款分权限控制，并可通过内部资金往来管理为集团公司建立资金池，同时分别核算每个下属公司资金往来，便于集团公司进行账户信息即时汇总、余额自动调控、收支两条线管理、集团内部资金贡献度统计，真正实现集团账户"统一管理、分别核算"，为集团客户提供全面、快捷、安全、高效的网上现金管理增值服务。

（七）银企对接

通过银行企业网上银行系统与企业财务软件系统或 ERP 系统的无缝对接，无须访问银行企业网上银行，即可通过公司财务系统实时查询即时余额、当日交易、历史余额、历史交易、网银汇入汇款信息；只要在财务系统完成转账和支付的审批流转，即可加密发送到银行完成资金划转、支付结算、定向支付、发放工资、员工报销、主动收款、预约付款，并可轻松实现付款结果查询、到账时间查询、电子化的业务对账和收款人管理。

四、主要的网上银行业务

目前，西方商业银行的网上银行业务一般为三类。

（一）信息服务

信息服务主要是宣传银行能够给客户提供的产品和服务，包括存贷款利率、外汇牌价查询、投资理财咨询等。这是银行通过互联网提供的最基本的服务，一般由银行一个独立的服务器提供。这类业务的服务器与银行内部网络无链接路径，风险较低。

（二）客户交流服务

客户交流服务包括电子邮件、账户查询、贷款申请、档案资料（如住址、姓名等）定期更新。该类服务使银行内部网络系统与客户之间保持一定的链接，银行必须采取合适的控制手段，监测和防止黑客入侵银行内部网络系统。

（三）交易服务

交易服务包括个人业务和公司业务两类。这是网上银行业务的主体。个人业务包括转账、汇款、代缴费用、按揭贷款、证券买卖和外汇买卖等。公司业务包括结算业务、信贷业务、国际业务和投资银行业务等。银行交易服务系统服务器与银行内部网络直接相连，无论从业务本身或是网络系统安全角度，均存在较大风险。

五、网上银行的风险

由于其特定的运作方式和网络环境，网上银行在给人们带来极大便利的同时，也具有一定的风险。网上银行业务主要存在两类风险：

一类是系统安全风险，主要是数据传输风险、应用系统设计的缺陷、计算机病毒攻击等，如果防范不严，可能造成银行资料泄密、威胁用户资金安全的严重后果。

另一类是传统银行业务所固有的风险，如信用风险、利率和汇率风险、操作风险等，但这些风险又具有新的内涵。由于银行与客户不直接见面、客户分散、业务区域跨度大、市场变化快等原因，银行难以准确判断客户的信誉状况、抵押品价值变化。同时，网上银行业务在许多方面突破了传统的法律框架，这也给网上银行业务运营和监管带来一些体制性障碍。为有效防范风险，确保网上银行业务运作的安全性，必须加强对网上银行的监督与管理。

【拓展阅读】

如何安全使用网上银行？

1. 使用安全的电脑操作

尽量避免在网吧、图书馆等公共场所使用公用电脑操作网上银行，用于登录网上银行的电脑应安装并及时更新杀毒软件及个人防火墙。

2. 选择正确的网址登录

通过正确的网址访问银行网站，尽量不要通过其他网站链接进行访问，以防登录"钓鱼网站"。

> 3. 保管好密码等个人身份信息
>
> 　　不要将用户名、密码等个人身份识别信息透露给其他人，建议不定期地修改网上银行相关密码。
>
> 4. 养成良好的操作习惯
>
> 　　操作完毕后或暂离机器时，及时退出网上银行，并立即从计算机上拔下移动证书。妥善保管移动证书或动态令牌等认证工具。
>
> 5. 树立正确的安全意识
>
> 　　及时关注账户变动情况，对异常状态提高警惕。若在使用网上银行过程中遇到问题，及时致电银行客户服务中心咨询。

六、网上银行业务的监管

随着网上银行业务的快速发展，许多国家对网上银行的监管日益重视。它们十分重视制定比较完整的法律框架和监管规则，包括修改原有规则和出台新的规则等。其主要内容包括以下几项。

（一）网上银行的市场准入

一般对现有银行机构开展网上银行业务不需进行审批，但对设立独立的网上银行法人机构，则要严格审批，批准后单独发给其营业执照。批设网上银行时，尤其重视对安全机制和风险控制的审查。申请者必须提交由独立专家提供的安全评估报告，提交详细的风险识别、判定、监控和处理计划和措施。

（二）网上银行的业务范围

主要是审批网上银行业务范围及竞争方式，即审批是否允许纯网上银行建立分支或代理机构，是否允许网上银行从事网络接入与数据处理服务和一般商业贸易服务等非金融业务等。

（三）对网上银行的日常检查

对网上银行，除实施传统银行业务所必需的检查外，还需进行交易系统安全性、客户资料保密与隐私权保护、电子记录准确性和完整性等方面的专门检查。

（四）银行客户权益保护、法律界定和国际协调

主要涉及网络银行通过电子手段向客户披露、传递业务信息的标准与合法性；电子信息保存标准与安全性；隐私权保护；纠纷处理程序；对洗钱、欺诈等非法活动实施电子跟踪、报告的合法性；对已加密金融信息的解密权限与范围；对跨国界的网上银行业务和客户延伸所引发的监管规则冲突的协商与调整；等等。

目前，一些国家已就网上银行新颁布了一系列关于信息保密、计算机和系统安全、网上

银行客户权益保护、监管标准等方面的法规和规则,如美国已发布了"网上银行安全性和合理性审查程序"、"网上银行业务中的技术风险管理"和"网上银行审计员手册";我国香港发布了"对虚拟银行授权的指导原则"、"电子银行服务安全风险管理指引"等。但总的来看,各国对网上银行的监管还处于探索阶段。

我国的网上银行业务发展很快,但目前银行的内控机制较薄弱,技术基础较差,社会信用制度不够健全,同时,随着金融业进一步对外开放,网上银行等现代科技与管理手段的广泛运用,我国金融业的竞争也将更趋激烈。在这种情况下,发展网上银行业务,对银行和金融监管部门都提出了严峻挑战。尽快制定符合我国实际的网上银行监管规则,加强对网上银行业务的监管,已迫在眉睫。目前,中国人民银行正在抓紧这方面的工作,制定管理办法,对网上银行业务的定义和范围、市场准入条件和程序、网上银行业务安全、银行客户合法权益保护、网上银行业务监管要求以及法律责任等,作出明确的规定。

【做一做】

查阅中国工商银行、中国银行、中国建设银行、中国农业银行网上银行的相关资料,结合资料列表比较四家网上银行的特点、功能,设计未来改进的方案。

知识要点

电话银行业务是指商业银行利用电话等声讯设备和电信网络开展的银行业务,电话银行通过自助语音和人工座席服务相结合的方式向客户提供账户查询、转账汇款、投资理财以及业务咨询、投诉建议等金融服务。电话银行业务的功能:咨询服务、支付交易、产品销售、业务驱动平台等。电话银行业务和其他银行业务一样,存在着一定的风险,而且因其业务特点显得更为突出。

手机银行也可称为移动银行(Mobile Banking Service),是利用移动通信网络及终端办理相关银行业务的简称。手机银行是由手机、GSM 短信中心和银行系统构成。手机银行的功能:提供服务、金融增值服务等功能。

网上银行业务是指银行借助个人电脑或其他智能设备,通过互联网技术或其他公用信息网,为客户提供的多种金融服务。与普通业务相比,网上银行业务主要具有申办手续简单,内控风险低,业务处理快等特点和优势。网上银行业务的功能:账户服务、投资服务、信用卡服务、资讯服务、其他服务等功能。

问题讨论

1. 资料

王女士春节期间收到内容为"新春送豪礼,抢 iPhone4S"的短信,邀请其参加抽奖。王女士用手机浏览了短信附带的网站,且"幸运"地抽中了头等奖,但该网站提醒陈女士在领奖前要缴纳手续费,并要求在网站中输入自己的手机银行账号、密码。出于安全考虑,陈女士以此网站和此信息为关键字在网上搜索,发现该网站正在被大量网友举报,称任何人都能中奖,同时都会被要求支付手续费。安全专家分析,陈女士收到的是典型的"钓鱼网站"短信,一旦输入将盗用客户银行卡密码。

2. 要求

讨论手机银行对人们产生的影响，并分析手机银行潜在哪些风险，如何防范风险。

3. 场景

教室；学校图书馆；商业银行。

推荐阅读

1. http：//finance.sina.com.cn/roll/20030725/1255382126.shtml（电话银行功能）.
2. 中国工商银行、中国银行、中国建设银行、中国农业银行、招商银行等网站。
3. http：//www.sina.com.cn（商业银行电子银行业务介绍）.
4. http：//www.baidu.com.
5. http：//baike.baidu.com/view/474811.htm.

本章自测

一、单项选择题

1. （　　）是基于短信的银行服务。
   A. 手机银行业务　　　　　　　　　B. 电话银行业务
   C. 网上银行业务　　　　　　　　　D. 传统银行业务
2. （　　）是基于语音的银行服务。
   A. 手机银行业务　　　　　　　　　B. 电话银行业务
   C. 网上银行业务　　　　　　　　　D. 传统银行业务
3. （　　）借助个人电脑或其他智能设备，通过互联网技术或其他公用信息网，为客户提供的多种金融服务。
   A. 手机银行业务　　　　　　　　　B. 电话银行业务
   C. 网上银行业务　　　　　　　　　D. 传统银行业务

二、多项选择题

1. 商业银行的新兴业务主要有（　　）。
   A. 电话银行业务　　　　　　　　　B. 手机银行业务
   C. 网上银行业务　　　　　　　　　D. 贷款承诺业务
2. 电话银行业务的功能有（　　）。
   A. 咨询服务　　B. 支付交易　　C. 产品销售　　D. 业务驱动平台
3. 电话银行业务的特点（　　）。
   A. 便捷实用、功能强大　　　　　　B. 随时随地、安全可靠
   C. 选择人工、简便快捷　　　　　　D. 操作简便、收费低廉

三、判断题

1. 电话银行、手机银行、网上银行都属于电子银行业务。
2. 电话银行业务和手机银行业务是一样的。
3. 由于其特定的运作方式和网络环境，网上银行在给人们带来极大便利的同时，也具有一定的风险。
4. 与普通业务相比，网上银行业务主要具有申办手续简单，内控风险低，业务处理快等特点和优势。
5. 电话银行是基于语音的银行服务，而手机银行是基于短信的银行服务。

四、名词解释

电话银行　　手机银行　　网上银行

五、回答问题

1. 简述电话银行、手机银行、网上银行的功能。
2. 简述电话银行、手机银行、网上银行的特点。
3. 如何进行电话银行、手机银行、网上银行的风险管理？

第十章
商业银行的风险管理

教学目标与学习任务

教学目标：了解商业银行风险的概念及特征；了解商业银行风险成因及风险分类；掌握商业银行风险管理的思路及主要方法以及商业银行四类风险的防范。

学习任务：熟知商业银行风险的识别和衡量方法，能对商业银行四大类风险进行判别和分析，能为商业银行风险管理提出对策及措施。

案例导入

巴克莱银行的风险管理

巴克莱银行是英国的四大银行之一，在英国设有 2 100 多家分行，在全球 60 多个国家经营业务。近年来，巴克莱银行十分注重不断拓展其业务的广度和深度，资产和业务规模不断扩大。在巴克莱银行各项业务快速拓展的过程中，成功的风险管理为其提供了有力保证。（1）构造风险管理系统——结构清晰，权责明确。与大多数西方国家银行一样，巴克莱银行具有较为完善的风险管理系统。不仅如此，在这一系统内，对风险的管理分工非常明确，而且职责清晰。具体来说，董事会负责内部控制系统的有效性；业务条线负责人负责识别和管理业务线条的风险；风险总监负责进行风险管理和控制；分类风险主管及其团队负责风险控制框架的建立与监控；业务风险团队负责协助业务条线负责人识别并管理其总体业务风险；内部审计独立地检查风险管理和内部控制环境。完善清晰的结构与权责明确的分工为防范风险布下了天罗地网，为巴克莱银行成功进行风险管理奠定了坚实的基础。（2）运用风险偏好体系——保证业绩，控制风险。自 20 世纪 90 年代中期以来，巴克莱银行一直在内部使用风险偏好体系。风险偏好体系的具体方法是，通过未来 3 年的业务规划，估计收益波动的可能性及实现这些业务规划的资本需求，将这些与目标资本比率、红利等因素相对比，并将这些结果转化为每个主要业务板块规划的风险容量。风险偏好的数值要通过估计集团对宏观经济事件的敏感性来进行验证（这种估计是利用压力测试和情景模拟来完成的）。巴克莱银行集团信用风险总监安德鲁·布鲁斯认为，巴克莱银行风险管理成功的最主要原因就是最近十几年来通过建立风险偏好体系，加强限额管理，强化了经济资本在集团内部的运用。而风险偏好体系的运用也是国际活跃的银行风险管理成功的普遍经验。（3）加强信用风险管理——手段先进，数据充分与其他银行一样，信用风险是巴克莱银行最大的风险。据统计，巴克莱银行大约有 2/3 的经济资本被配置到各业务条线的信用风险上。对于信用风险的管理，巴克莱银行主要利用五步风险管理程序（即指导、评估、控制、报告、管理和分析）以及基于 COSO 的内部控制体系来进行。

第一节 商业银行风险概述

银行的盈利受到风险的影响，而风险来源于多方面，风险的多源性给定义风险的工作带来了很大困难。因此，定义风险是测量和管理风险的基础。现在，银行在风险管理方面已逐步迈向定量管理的阶段，简单、笼统的风险定义已无法满足实际需要。我们对商业银行风险管理的介绍就从风险的定义与分类开始。

一、风险的概念和特征

（一）商业银行风险的概念

商业银行的风险是指商业银行在经营管理中，由于各种不确定因素的存在而造成经济损失的可能性。这个定义要从两方面进行理解。一方面，从时间上，风险是指未来结果的不确定性，也就是说，风险所产生的结果，是在未来发生的；另一方面，尽管风险与损失有密切联系，但风险绝不等同于损失。实质上，损失是一个事后概念，反映的是风险事件发生后所造成的实际结果；而风险却是一个明确的事前概念，反映的是损失发生前的事物发展状态，可以采用概论和统计方法计算出可能的损失规模和发生的可能性。将风险误解为损失，会削弱风险管理的积极主动性和有效性。

（二）商业银行风险的特征

商业银行作为经营货币信用业务的企业，与一般工商企业及其他经济单位相比，最显著的特点是负债经营，即利用客户的各种存款及其他借入款作为主要的营运资金，通过发放贷款和投资获取收益，其自有资本占资产总额的比率远远低于其他行业。这一经营特点决定了商业银行本身就是一种具有内在风险的特殊企业。因此，银行风险所带来的损失超过一般企业的风险损失，它具有涉及金额大、涉及面广等特点。

商业银行风险既是银行发展的内在动力又是制约力量之一。一方面，银行风险客观存在于银行经营活动过程中，既带来挑战又带来机遇，推动银行通过有效风险控制，规避风险负面效应，获取较好收益。从这个意义上讲，银行风险推动银行业的发展。另一方面，银行风险可能造成的严重后果具有警戒作用，能够对银行行为产生一定的约束，成为银行业务过度扩张的有效制约力量。

银行是社会各经济主体风险的集散地。银行是吞吐社会资金的重要机构，它经营的货币资金是连接各经济主体的纽带。生产的社会化程度越高，银行的地位越重要。如果借款企业破产倒闭，银行不仅不能实现盈利，连本金的安全也难以保证，导致其资金来源和资金运用出现问题，使其经营目标难以实现。而且，由于银行是最大的债权人和最大的债务人，宏观经济环境引起的货币价值升降及利率变动，都会制约银行的经营成果。也就是说，社会经济主体的行为以及宏观经济环境的变化对企业经营状况的影响，最终都会传递给银行。可见，正是由于银行经营方面的特殊性使社会经济生活中的各种风险都最终指向银行，使银行成为风险的集散地。

通过信用中介和信用创造职能，使银行流动性风险加大，信用风险被成倍扩大。银行业的经营方式是信用，即主要通过借贷方式来获利。一方面，银行以债务人身份向社会筹集资金，以自身的信用向存款人保证存款的安全无损；另一方面，银行以债权人身份用其大部分负债向需要资金的人发放贷款，以借款人的信用来保证贷款的安全无损。如果借款人遭受损失，不能按期归还本息，就使信用风险成为现实。而银行在承担坏账损失的同时，还必须按时履约保证存款人的提现要求,这样就会加大商业银行的经营风险。

商业银行除信用中介职能外,信用创造是其重要职能之一,在部分准备制度下,商业银行通过原始存款创造了数倍的派生存款。存款货币创造的结果不仅扩大了银行的资金规模,同时也扩大了银行的负债规模,支付义务的发生概率相对增大。在一定时期内,对银行的流动性要求提高了,需要银行有足够的流动资金来满足债权人的变现要求。这样,商业银行信用创造的规模越大,则流动性风险也越大。

【想一想】商业银行面临的风险大还是普通工商企业面临的风险大,二者有什么区别?

二、风险的成因

从系统论而言,商业银行在一定的经济环境下,按其经营策略开展业务活动,业务活动的结果则反映了这一经济环境及其经营策略的效应,以及银行从业人员在执行过程中的偏差而造成的与预期的差异。

(一)客观经济环境

1. 经济运行状况

宏观经济中通货膨胀的高低以及经济周期的不同阶段将对银行的信用管理、利率水平以及银行各项业务产生巨大影响,因此,通货膨胀、经济周期等是商业银行的主要风险源之一。

在经济周期的不同阶段,银行面临风险的程度也不同。当经济处于复苏和繁荣阶段时,企业资金需求大、生产效益好,银行经营会出现存贷两旺的局面,资金周转快、效益高、风险低;当经济处于萧条和危机阶段时,企业效益差,银行就会由于贷款客户的效益不佳而背上沉重的包袱,资金周转慢、效益低、风险增加。银行经营中的风险在繁荣时期被掩盖,呈潜伏状态,在经济衰退时期就集中爆发出来。

2. 经济政策

在市场经济条件下,政府通过适当的宏观经济政策对经济发展进行规划和引导,克服市场经济自身存在的盲目性、滞后性,是市场经济发展的内在要求之一。而国家经济政策的制定和实施将不可避免地引起经济活动中投资总量、投资结构、行业分布、资本流动等的变化,这些变化直接影响到相关产业的经营状况和发展前景,而这些行业的影响又间接传递给银行,对银行的业务经营规模以及资产质量产生重大影响。

3. 金融监管

在现代经济社会中,以银行业为主体的金融体系日益成为国民经济的神经中枢和社会经济的调节机构。金融业一旦发生损失,其涉及面之广、危害之大是其他行业所无法比拟的,这就要求金融监管当局对金融体系实施有效监管以控制和减少银行风险的发生,维持经济的持续稳定发展。金融监管当局的目标是实现安全性、稳定性和结构性,为此,它强调对商业银行实行监管。各国监管当局监管的方式、力度和效果可能使商业银行处于相对不利的状态。

（二）经营策略及管理水平

银行经营策略是基于商业银行的管理目标而设计的。商业银行经营管理的基本目标是通过购买与出售金融产品的银行活动来增加银行的内在价值，同时兼顾银行的安全性和流动性。商业银行以实现包括自身价值增值在内的多重目标为目的所设计的经营策略理论上往往是合理的，但该经营策略会因为各目标间的内在冲突而最终不能顺利达成，因此商业银行的经营策略不当会引发商业银行的风险。

银行在自身的经营管理过程中，如果过分强调盈利性，资产业务中高风险业务比重过大，就会增大银行的经营风险。另外，银行在经营过程中要注意资产业务、负债业务和中间业务三者之间的比例协调问题，还要关注资产负债各种业务之间的期限结构与利率结构是否协调。如果商业银行业务结构比例失调、资产负债业务期限不匹配、融资缺口过大，都会增加商业银行的经营风险。

三、风险的分类

商业银行风险的分类标准有许多：按风险的主体构成分为资产风险、负债风险、中间业务风险和外汇风险；按风险产生的原因可分为客观风险和主观风险；按风险的程度可分为低度风险、中度风险和高度风险；按业务面临的风险可分为信用风险、市场风险、操作风险、流动性风险、汇率风险、利率风险、资本风险、国家风险等。最后一种风险分类方法最为常见，下面进行详细介绍。

（一）信用风险

信用风险，指客户发生违约或信用等级下降的风险。违约会导致对方所借出金额遭受全部或部分损失。

信用等级的下降并不意味着违约的必然发生，而是指发生违约的可能性增加。在资本市场上，一家企业信用等级的下降往往通过该公司的债券收益率的上扬、股价的下跌或评级机构所做的信用评级的下降等市场信息反映，这就是资本市场对其信用等级的评价。就潜在损失的程度而言，信用风险是首要的银行风险，少数重要客户的违约可能会给银行带来巨大损失，甚至导致支付危机。

信用风险属于非系统风险，包括违约风险、交易对手风险、信用迁移风险、信用时间风险、可归因于信用风险结算风险。

（二）市场风险

在巴塞尔委员会1996年颁布的《关于资本协议的市场风险补充规定》中，市场风险被定义为由于市场价格（包括金融资产价格和商品价格）波动而导致商业银行表内、表外头寸遭受损失的风险。它可以分为利率风险、股票风险、汇率风险和商品风险四种，其中利率风险尤为重要。由于商业银行的资产主要是金融资产，利率的波动会直接导致其资产价值的变化，影响银行的稳健经营，所以随着我国利率市场化逐步深入，利率风险管理已经成为我国商业银行市场风险管理的重要内容。

相对于信用风险而言，市场风险具有数据优势和易于计量的特点，而且可供选择的金融产品种类丰富，因此可以采用多种技术手段加以控制。由于市场风险主要来自所属经济体系，因此具有明显的系统性风险特征，难以通过分散化投资完全消除。国际性商业银行通常分散投资于多国金融、资本市场，以降低所承担的系统风险。

（三）操作风险

操作风险是指由于人为错误、技术缺陷或不利的外部事件所造成损失的风险。操作风险具有普遍性，与市场风险主要存在于交易类业务和信用风险主要存在于授信业务不同，操作风险普遍存在于商业银行业务和管理的各个方面。操作风险具有非盈利性，它并不能为商业银行带来盈利，商业银行之所以承担它是因为其不可避免，对它的管理策略是在管理成本一定的情况下尽可能降低。此外操作风险还可能引发市场风险和信用风险。例如，交易过程中，结算系统发生故障导致结算失败，不但造成交易成本上升，而且可能引发信用风险。因此，在管理操作风险的同时，不能忽视各类风险之间的内在联系。

（四）流动性风险

流动性风险是指商业银行虽然有清偿能力，但无法及时获得充足资金或无法以合理成本及时获得充足资金以应对资产增长或支付到期债务的风险。流动性风险如不能有效控制，将有可能损害商业银行的清偿能力，对商业银行而言，流动性风险又被称为"立即死亡"的风险。

流动性风险可以分为融资流动性风险和市场流动性风险。融资流动性风险是指商业银行在不影响日常经营或财务状况的情况下，无法及时有效满足资金需求的风险。市场流动性风险是指由于市场深度不足或市场动荡，商业银行无法以合理的市场价格出售资产以获得资金的风险。面临流动性风险时，银行被迫以超额成本借入紧急资金来满足其即时的现金需求，降低了其收益。

流动性风险的产生，一方面可能是由于流动性不足造成的；另一方面，也可能是一种派生性风险，是其他各类风险长期隐藏、积聚，最后以流动性风险的形式爆发出来，即流动性不足可能是由利率风险、信用风险、决策风险、汇率风险等所造成的。

（五）汇率风险

汇率风险，是指一个经济实体在持有或运用外汇的经济活动中因汇率变动，引起外币计价的资产和负债价值发生不确定性的变动，使实际收益与预期收益或实际成本与预期成本发生背离，从而使该经济实体蒙受经济损失或获得额外收益的可能性。因此，汇率风险是一种不确定性，不单单指损失，也可能指意外收益。当汇率变动导致经济主体外币债权价值下降或外币债务价值上升时经济主体蒙受了损失，一旦发生相反的变化，则汇率的变化的另一种结果——获得额外收益就会出现。

由于银行收入和成本与汇率挂钩，而且以外汇表示的资产和负债的本币价值也会受到汇率的影响，因此银行收益受汇率变化的影响。

（六）利率风险

利率风险的根源在于市场利率的非预期变化对银行盈利水平和银行资本市场价值所产生

的影响。由于银行间存在资产与负债的结构性差异，市场利率变化对不同银行的影响有着很大的差别。市场利率的非预期性变化可能增加一些银行的利息收入与银行市场价值，而另一些银行的利息收入及市场价值可能减少。

利率风险的另一个来源是隐藏在银行产品中的隐性选择权。固定利率贷款的提前偿还是一个典型的例子。如果借贷双方没有签署禁止提前偿还的协议，那么，当利率大幅度下降时，借款人可以提前偿还贷款，并以更低的利率重新借入，也即他们拥有提前还款的选择权。存款也有类似的选择权，存款人可以在利率上升时把期限短的存款转存为期限长的固定利率存款从而获利。这两种场合，损失的都是银行。这种选择权风险有时被称为间接利率风险，它并不直接产生于利率的变化，而是来源于客户的行为。

（七）资本风险

商业银行资本风险是指商业银行最终支持清偿债务能力方面的风险。该类风险的大小说明银行资本的耐力程度。银行的资本愈充足，它能承受违约资产的能力就愈大。但是银行的资本风险下降，盈利性也随之下降。商业银行的资本构成了其他各种风险的最终防线，资本可作为缓冲器而维持其清偿力，保证银行继续经营。随着金融自由化的进展，世界各国的银行间竞争加剧，来自非银行金融机构的竞争压力加大，银行的经营风险普遍加大，在这种情况下，加强资本风险管理尤为重要。国际金融监管组织、各国金融管理当局和各国商业银行均意识到资本风险的严峻性。为此，一方面，监管当局加大了对资本的监管力度；另一方面，各国银行加强了资本风险的管理。

（八）国家风险

国家风险是指经济主体在与非本国居民进行国际经贸与金融往来时，由于别国经济、政治和社会等方面的变化而遭受损失的风险。国家风险也称为国家信用风险。国家风险的大小取决于借款国偿还外债的能力以及其政局变动的可能性。

国家风险是商业银行经营国际业务所面临的一种特别风险，它不是由于交易的对方自己而是由于交易对方的国家所造成的。例如，有些国家实行外汇管制，交易方如没有获得批准进行外汇交易，则合同到期就不能按时支付；有些国家因政权或政府首脑的变更，新政府拒绝履行前政府所签的债务契约，使商业银行发放的贷款收不回来；有些国家以政治为由对另一国家予以经济制裁或经济封锁，或者作出不偿付任何债务的决定，都会使商业银行遭受损失。

除上述风险外，商业银行还面临一系列其他风险的影响，如通货膨胀风险、政治风险等。

【想一想】上述各种商业银行风险，哪些属于系统性风险，哪些是非系统性风险？

第二节 商业银行风险管理策略

现代商业银行经营所面临的不确定性越来越大，因此，如何规避风险、如何在收益和风险之间进行权衡等是银行业必须面对的问题。风险管理成为现代商业银行财务管理的重中之重。

一、商业银行风险管理

商业银行的风险管理是指商业银行通过风险识别、风险估计、风险处理等方法，预防、回避、分散或转移经营中的风险，从而减少或避免经济损失，保证经营资金安全的行为。

商业银行的风险管理贯穿于经营的全过程，由于商业银行处于不断变化的市场环境中，所以商业银行的风险管理也是动态的。商业银行对其风险管理工作必须进行连续的再评价，对工作效果进行不断的监督和检查。

二、商业银行风险管理的程序

（一）商业银行风险的识别

风险识别是指在各种风险发生之前，商业银行对业务经营活动中可能发生的风险种类、生成原因进行分析与判断，是商业银行风险管理的基础，这是风险管理的第一步，也是最重要的一步。常用的风险识别方法有以下几种。

1. 财务报表分析法

通过财务报表分析即比率分析、比较分析、共同比分析、趋势分析、特定分析等采取综合、系统的财务报表的分析，获得各种风险指标，评估银行过去的绩效，衡量目前的财务和经营状况，并预测未来发展趋势，找出可能影响银行未来经营的风险因素。

2. 德尔菲方法

在对商业银行面临的风险进行识别时，特别是涉及原因比较复杂、影响比较重大而又无法用分析的方法加以辨识的风险时，德尔菲法是一种十分有效的方法。

运用德尔菲法辨识风险一般采用以下程序：①由商业银行风险管理人员制订一种调查方案，确定调查内容；②聘请若干名专家，由风险管理人员用调查表的方法向他们提问，同时并提供商业银行经营状况的有关资料；③专家们调查所列问题并参考有关资料背靠背地提出自己的意见；④风险管理人员汇集整理专家们的意见，把这些不同意见及其理由反馈给每位专家，让他们第二次提出意见；⑤多次反复使意见逐步收敛，由风险管理人员决定在某一点停止反复，最后得到基本趋于一致的结果。

德尔菲法具有两个特点：①在调查过程中发表意见的专家相互匿名，避免公开发表意见时各种心理因素对专家们的影响；②对各种反应进行统计处理，使各种意见相互启迪，集思广益，从而比较容易得出正确的评价，即对经济风险的估计。

【温馨提示】德尔菲法（Delphi technique）是一种更复杂，更耗时的方法，除了并不需要群体成员列席外，它类似于名义群体法。德尔菲法是在20世纪40年代由赫尔姆和达尔克首创，经过戈尔登和兰德公司进一步发展而成的。

3. 故障树

故障树是利用图解的形式将大的故障分解成各种小故障，或是对产生故障的原因进行分解。在对经济风险进行识别时，故障树是十分有效的，这个时候的故障树实际上可看成是经济风险树，它能将经济主体所面临的主要经济风险分解为许多细小的风险，当然也可以将产生经济风险的原因一层一层地进行分解，从而排除无关的因素，准确找出对商业银行真正产生影响的风险及原因。

4. 筛选—监测—诊断方法

筛选—监测—诊断方法的一般过程分为筛选、监测、诊断三个紧密相连的环节。①筛选。这是指风险分析人员对商业银行内部和外部的各种潜在的危险因素进行分类，确定哪些因素明显地会引起风险，哪些因素需要进一步地研究，哪些因素明显地并不重要。②监测过程。监测过程指的是依据某种重大经济风险及其后果对到这种经济风险的过程、产品、现象或个人进行观测、记录和分析的变化过程。③诊断。这是指根据企业的风险症状或其后果与可能的起因关系进行评价和判断，找出可疑的起因并进行仔细检查。

（二）商业银行风险衡量

商业银行风险衡量包括两方面的内容，第一是估计风险发生的可能性；第二是估计风险发生后所导致的损失程度。风险估计是风险管理和经营决策的基础。

1. 客观概率法

在大量的试验和统计观察中，一定条件下某一随机事件出现的频率就是客观概率。客观概率法是指商业银行在估计某种经济损失发生的概率时，如果能够获得足够的历史资料，用以反映当时的经济条件和经济损失发生的情况，则可以利用统计的方法计算出该种经济损失发生的客观概率。客观概率法在实际运用中可能会遇到一些困难，如历史资料收集较为困难、其准确性和全面性难以肯定、经济环境不断变化、客观概率法的假定前提往往不能成立。

2. 主观概率法

主观概率法是指人们对某一随机事件出现的可能性作出主观估计（即主观概率），对银行风险产生的可能性及其影响进行测算的一种方法。应该说，随机事件出现的概率是客观存在的，并可以在大量的试验和统计观察基础上获得。通常，由商业银行选定一些专家，将事先拟出的几种未来可能出现的经济条件提交给各位专家，由各位专家利用有限的历史资料，根据个人经验对每种经济条件发生的概率和在每种经济条件下商业银行某种业务发生经济损失的概率做出主观估计，再由商业银行汇总各位专家的估计数值进行加权平均，根据平均值计算出该种经济损失的概率。

3. 统计估值法

利用统计得到的历史资料确定在不同经济条件下某种风险发生的概率，或者在不同风险损失程度下某种风险发生的概率。这种相关关系，也可以用直方图或折线图来表达。利用统计方法和样本资料，可以估计风险平均程度（样本期望值）和风险分散程度（样本方差）。估计方法可以采用点估计或区间估计。点估计是利用样本来构造统计量，再以样本值代入统计量求出估计值。但是由于样本的随机性，这样的估计值不一定是待估参数的真实值。它的近似程度、误差范围、可信程度就要采用区间估计来确定。区间估计用来表达在某种程度上某种风险发生的条件区间。

4. 假设检验法

对未知参数的数值提出假设，然后利用样本提供的信息来校验所提出的假设是否合理，这种方法称为假设检验法。它适用于统计规律稳定、历史资料齐全的风险概率估计。对风险参数进行假设检验，首先提出一种假设，然后构造某个事件，使它在假设成立的条件下概率很小，再做一次试验，如果该事件在一次试验中发生，则拒绝接受。因为根据"小概率原理"，概率很小的事件在一次试验中几乎不可能发生，如果发生了就是一个不合理现象，而这一现象的出现源于所提出的假设，因此这个假设也是不合理的，应该拒绝接受；反之则相反。

（三）商业银行风险的处理

商业银行风险处理是指针对不同类型，不同概率和规模的风险，采取相应的措施或方法，使风险损失对银行经营的影响减少到最小程度。风险处理的方法主要有以下几种。

1. 风险制约

风险制约是指商业银行采取一些制约性的措施来防范资产负债的风险，使风险损失降低到最低限度，从而相对提高收益水平。例如，在发放贷款时，商业银行要求借款人提供抵押品或担保人，一旦发生呆账，商业银行可按一定的法律程序处理贷款抵押品，或依法要求贷款担保人偿还贷款本息。这种方法简单而安全，但它仍属于一种消极的预防措施。

2. 预防风险

预防风险又称准备策略，是指对风险设置多层预防线的方法。银行抵御风险的最终防线是保持充足的自有资本金。但银行自有资本毕竟很小，单靠自有资本防范风险往往力不从心。因此，银行抵御风险的主要措施是在资产份额中保持一定的准备金。作为预防策略的另一个组成部分，还有常见的专项准备：贷款坏账准备金和资本损失准备金。

3. 分散风险

风险分散是指通过多样化的投资来分散和降低风险的方法。"不要将所有的鸡蛋放在一个篮子里"的古老投资格言形象地说明了这一方法。分散风险是指银行通过实现资产结构的多样化尽可能选择多样的、彼此相关系数小的资产进行搭配，使高风险资产的风险向低风险资产扩散，以降低整个资产组合的风险程度。

4. 风险对冲

风险对冲是指通过投资或购买与标的资产（Underlying Asset）收益波动负相关的某种资产或衍生产品，来冲销标的资产潜在的风险损失的一种风险管理策略。风险对冲是管理利率风险、汇率风险、股票风险和商品风险非常有效的办法。由于近年来信用衍生产品的不断创新和发展，风险对冲也被广泛用来管理信用风险。与风险分散策略不同，风险对冲可以管理系统性风险和非系统性风险，还可以根据投资者的风险承受能力和偏好，通过对冲比率的调节将风险降低到预期水平。

5. 转移风险

转移风险最常见的一是实行信贷风险保险制度，以保障贷款银行因借款企业不能履行偿还义务而面临风险转移给保险公司，由保险公司负责赔偿的一种方式；二是实行企业风险保险制度即贷款银行要求借款企业根据本身的实际情况参加保险，将属于保险责任范围的意外转移给保险公司赔付；三是通过一些外汇交易方式，如对冲交易、期货交易和期权交易将风险转移给第三者的办法。

6. 风险规避

风险规避是指商业银行对资产负债等业务风险采取各种规避风险的措施。例如，在资产业务中，商业银行通过降低资产的平均期限或提高短期资产的比重及调整资产结构的策略来规避信用风险和流动性风险；在外汇业务中，商业银行采取付汇时用汇率不稳定且有下浮趋势的软货币，收汇时用汇率比较稳定且有上浮趋势的硬货币的方法来规避汇率风险；在投资项目选择中，商业银行将多种投资项目进行比较分析，权衡得失，选择风险较小的投资项目，避免风险过大的投资项目等措施。

第三节 商业银行风险的管理与防范

商业银行风险的防范与控制关系到整个金融市场的稳定，同时也是金融市场健康发展的保障。商业银行经营风险具有隐蔽性和扩散性特点，一旦经营风险转化为现实损失，不仅会导致银行破产，还会对整个国家经济造成强烈的破坏。

一、流动性风险管理与防范

（一）流动性风险管理概述

流动性风险管理是识别、计量、监测和控制流动性风险的全过程。商业银行应当坚持审慎性原则，充分识别、有效计量、持续监测和适当控制银行整体及在各产品、各业务条线、各业务环节、各层机构中的流动性风险，确保商业银行无论在正常经营环境中还是在压力状态下，都有充足的资金应对资产的增长和到期债务的支付。

银行流动性管理的第一步是估计流动性需求。为此，银行必须预测未来某一时期对存款的提取和贷款的需求。尽管在一个地区内，贷款需求一般不会超过存款的增长，但二者的差额时常也会发生。对每个月或每季节流动性需求的估计通常是银行根据经验进行的，如果遇到特殊的意外事件，再作调整。对未来的流动性需求的预测难免带有主观性，所以，为防止现金短缺，银行在作预测时都略有放宽。

（二）商业银行流动性风险成因分析

流动性风险是商业银行与生俱来的一种风险，是银行所有风险的最终表现形式，任何银行在任何时刻都面临流动性风险。银行的流动性风险表现各异，生成机制也多种多样：有的内生于银行制度本身，有的来自于银行其他风险的转化，也有的来自于其他银行的风险传染。

1. 流动性风险的内生机制

银行为存款人提供活期存款合约，同时向借款人提供非流动性的贷款，这实质上是一种流动性转换与创造，即把缺乏流动性的资产转换为高流动性的负债，从而为整个社会创造流动性。同时，也为面对流动性冲击的存款人提供了一种流动性保险。但与此同时，银行在提供这种服务的过程中集中了整个社会的流动性冲击，不可避免地产生了自身的流动性问题。当商业银行的信用等级由于市场风险、利率风险、信用风险、操作风险的积累和加剧而不断降低，公众就会对银行产生破产倒闭的担忧，进而诱发存款人采取提取存款的自发性行为。一旦单个存款人的自发性行为变为群体性行动时，就会爆发对银行的挤兑风潮。如果银行不能够采取立即而有效的措施以平息挤兑风潮，银行将会产生支付危机，从而导致其破产倒闭。也就是说，银行流动性风险是由资产与负债流动性的不匹配所决定的，资产负债期限结构的不匹配导致了银行资产负债结构出现不稳定，进而引发流动性风险。因此，流动性风险的根源在于银行制度本身，即使是银行自身的经营正常，但如果存款人预期其他存款人将提前取款，并产生自己取款时银行无法支付的担忧，那么其最优决策就是也提前取款，如果所有的存款人都做此预期，银行就会面临无法控制的流动性危机，造成银行挤兑而倒闭。这就是银行流动性风险的内生性根源。

2. 银行其他风险向流动性风险的转化

众所周知，银行的各种风险是高度相关和互相影响的，有时甚至很难将其完全区分开来。流动性风险的特殊之处在于，它是一种间接的综合性风险，是银行所有风险的最终表现形式，其他任何系统性风险和非系统性风险都有可能转化为流动性风险。也就是说，虽然流动性风险是银行倒闭的直接原因，但可能并不完全是由流动性管理本身引起的，如果其他各类风险长期潜伏、积聚而得不到有效控制，最终都会以流动性风险的形式表现和爆发出来。

3. 流动性风险的外生性：风险传染

对于单个银行而言，流动性风险除了来自自身经营以外，还可能来自其他银行的风险传染，这是一种典型的外生性风险。也就是说，即使银行自身的资产组合与风险管理做得很好，但如果受到其他问题银行的外部传染，也可能被动地陷入流动性危机。这是由金融行业的特点所决定的，也是金融脆弱性的表现之一。

概括而言，风险传染主要有三种渠道：一是直接的资产负债表渠道，是指因为一家银行倒闭，无力偿还对其他银行的债务，从而引起其他银行资产负债表的恶化和危机。二是挤兑渠道，是指当公众对整个银行体系失去信心时陷入恐慌时，会不加区别地对所有银行进行挤兑，危机就从问题银行传染到其他没有问题的银行。三是资产价格渠道，是指某家银行资金短缺而大量变现资产，引起整个市场资产价格的下跌，从而使得其他银行遭受损失。

【拓展阅读】

塞浦路斯爆发"银行挤兑"

你最好祈祷没有将钱存在塞浦路斯的任何一家银行里。16 日，塞浦路斯接受了欧元区总额为 100 亿欧元的援助，但前提条件是向每一位银行储户（无论国籍）一次性征收"金融稳定税"。税率高达 9.9%

16 日清晨，许多拉纳卡市（塞浦路斯东南部港市）储户连早饭都顾不上吃，就冲到了当地玛芬大众银行（Laiki Bank）门口的 ATM 机前面，他们希望在金融稳定税实施前，将存款取空。残酷的现实却是，由于排队取钱的人太多，ATM 机连一张 5 欧元面值的钞票都吐不出来了。根据当地银行通知，缴税额是根据方案达成一天前的存款额，故取钱不能减少纳税额。这种曾发生在大萧条时期的"银行挤兑"又重演了，起因是欧元区 17 国财长、国际货币基金组织（IMF）与塞浦路斯政府达成一致，同意援助该国 100 亿欧元，但前提是塞浦路斯的银行储户需一次性征税，存款额逾 10 万欧元税率为 9.9%，在 10 万欧元以下为 6.75%，同时征收存款利息所得税，征收总额可达 58 亿欧元。塞浦路斯总统阿纳斯塔夏季斯（Anastasiades）解释称："国家别无选择，不接受这个救助方案，银行系统将瘫痪，进一步导致储户损失超过 60%，成千上万的中小企业也会因为失去信贷而破产。"

> 传染风险，真正的麻烦，却是向银行储户征税背后的传染风险。此前，无论是欧元区救助意大利、希腊或者爱尔兰，均是让国债持有人承担损失，而非银行储户，这样一来，可能令南欧问题国家的银行储户担忧，是否新一轮银行援助潮开始了，未来是否会向储户"开刀"等。如果类似的预期升温，可能导致欧洲大部分银行挤兑，从而演变成另一场流动性危机。在资本市场上，投资者会抛售银行股票和债券，促使危机升级。彭博汇编资料显示，欧元区12个国家的10年期国债收益率仅3个下跌（西班牙、希腊和葡萄牙），涨幅靠前的三位依次是斯洛伐克（80个基点）、荷兰（23个基点）和比利时（20个基点）。
>
> 资料来源：http://www.nbd.com.cn，每经网。

（三）流动性风险的衡量

1. 衡量流动性风险的静态指标

（1）存贷款比率。存贷款比率=贷款/存款，传统上是衡量银行流动性风险的一个基本指标。该指标综合反映了银行的资产和负债的流动性特征。一般该比率越高，银行的流动性越差。因为贷款难以变现，存贷款比率越高，意味着银行将大部分资金用于发放流动性低的贷款，并且银行要发放新的贷款必须运用存款以外的负债购买。而较低的存贷款比率意味着银行可以用稳定的存款来为新贷款融资，流动性风险较小。

（2）核心存款比率。核心存款比率=核心存款/存款总额。该指标集中反映了银行负债方的流动性。商业银行的存款按其稳定性可分为核心存款和易变存款。核心存款是指那些相对来说较稳定的，对利率的变化不敏感的存款，季节和经济环境的变化对其影响也较小。因此核心存款是商业银行稳定的资金来源。但是，一旦商业银行失去了信誉，核心存款也会流失。

核心存款比率在一定程度上反映了商业银行流动性能力。一般而言，地区性的中小银行该比率较高，而大银行特别是国际性的大银行这一比率较低，但这并不意味着大银行的流动性风险比小银行的要高，因此该指标也存在局限性。不过对同类银行而言，该比率高的银行其流动性能力也相应较高。

（3）贷款总额与总资产的比率。贷款是商业银行最主要的资产。如果贷款不能在二级市场上转让，那么这类贷款就是银行所有资产中最不具备流动性的资产。通常，该比率较高，表明银行流动性较差；该比率较低则反映了银行具有很大的贷款潜力，满足新贷款需求的能力也较强。

（4）流动性比率。流动性比率=流动性资产/流动性负债。流动资产是指那些投资期限不超过1个月、信誉好、变现能力强的资产，这类资产是"临时"存储在资产负债表上，具有较好的变现能力。流动性负债指的是1个月内到期的各项负债。流动性比率反映的是银行面对支付压力时的偿付能力，该比率越高，表明银行存储的流动性越高，应付潜在流动性需求的能力也就越强。总的来说，银行的规模越大，该比率越小，因为大银行一般并不需要存储太多的流动性。

以上四个指标的共同缺点在于：它们都是存量指标而不是流量指标，都没有考虑到银行在金融市场上获得流动性的能力。

2. 衡量流动性风险的动态指标

（1）资金来源与运用法。该方法借助资金来源和运用表，因而必须分别考察资产和负债。例如，贷款组合可以分为工商业贷款、不动产贷款、消费贷款等。可以根据经济发展趋势来估测工商企业和个人等不同的对象对资金的需求。当经济发展势头良好时，工商企业的贷款需求将会增加。尽管这种资金需求不太容易准确预测，但是凭借经验也能作出大致正确的估计。同样地，存款水平也受到经济发展和市场竞争的影响。当利率上升时，公司的财务管理人员会将资金从活期存款转入生息的资产，这样，银行就必须和非银行的金融服务机构（如货币市场共同基金）为争夺存款而展开竞争。其他一些因素也会周期性地影响存款水平的波动，如货币政策和国际金融市场状况等。

（2）存款结构法。预测流动性需求的另一种方法是存款结构法，就是在对银行的存贷款资金结构及其变化趋势进行分析的基础上来预测未来的流动性需求，并相应安排银行流动性准备的方法。

首先，将银行存款和其他资金来源根据估计的提取概率分成三类："热钱"负债，即对利率极为敏感或近期提取可能性高的存款或其他负债；不稳定资金，或称敏感资金，即在近期内有很大的比例（如25%~30%）会被取走的客户存款；稳定性资金，也称核心存款或核心负债，即被提走的可能性极小的存款，忠诚度高。其次，根据各种资金被提走的可能性，确定三类不同负债的流动性储备比例，例如，热钱负债确定为95%，敏感资金确定为30%，稳定资金确定为15%。进而就可以得到针对资金来源的流动性准备水平。

商业银行对合理的贷款需求都应予以满足，尤其是对基本客户的贷款需求。但由于银行业务安排上的需求，以及对贷款质量的考虑，有时并不能满足所有客户提出的贷款要求。所以现实地存在着贷款组合中各类贷款满足度的差异，这就使得银行可以事先确定不同类贷款需求的满足度（如对基本客户的满足度定为100%，对新的次要的客户的满足度定为50%等等），结合对贷款需求的预期，对贷款需求流动性准备进行综合测算。这样，综合资金来源流动性准备与贷款需求准备，就可以最终得到银行总的流动性需要量。

二、利率风险管理与防范

（一）利率风险主要影响

1. 利率波动对商业银行盈利的影响

商业银行作为调剂资金余缺的中介机构，其主要利润来源于存贷利差，利率作为资金的价格，其不确定性和频繁变动给商业银行的经营管理带来更大的困难，从而容易引起银行资产收益减少或负债成本增加，造成商业银行利差减小或收益损失。

2. 利率波动对商业银行净现金流的影响

利率水平的波动以及利率期限结构的变化都会影响商业银行的净现金流和市场价值，使商业银行承担利率风险。从盈利角度衡量利率风险，主要是识别利率变化对银行核心业务收入的影响，如传统的缺口管理方法，其特点是操作简单，成本较低，但这种方法是静态和短期的分析，不能及时判断未来长期利率水平的变化对商业银行资本净值的影响。市价法是从资本净值角度衡量银行的利率风险，它根据假设的利率变化情景，估计现有资产和负债预期现金流的净现值，并比较每种利率情景下的净现值，以解释利率波动对银行资本净值（资产价值减去负债和表外或有负债市值）的影响。应用动态方法从银行资产负债表（包括表外业务）的市价来识别利率风险，能更准确和及时地体现利率变化对银行的价值以及银行未来长期盈利能力的影响，因此更符合股东利益最大化的目标。

（二）利率风险的表现

利率风险可能同时存在于银行业务及交易业务，其主要形式有以下几种。

1. 重新定价风险

该风险产生于银行资产、负债和表外头寸到期日（对固定利率而言）的不同及重新定价的时间不同（对浮动利率而言）。

重新定价风险来源于商业银行资产、负债和表外业务中期限与重新定价的时间差，是利率风险最基本最常见的表现形式。由于利率敏感性资产与利率敏感性负债不匹配，利率变动导致银行的净利差收入减少。当利率敏感性资产大于利率敏感性负债（即存在正缺口）时，利率下降将导致银行收益减少。反之，存在负缺口时，利率上升将导致银行收益减少。在我国当前尚未完全实现利率市场化的状况下，重定价风险突出表现在计息方式上。根据中央银行规定，人民币活期存款以结息日的活期存款利率计息；对于定期存款，按存单开户日的利率计息；对于短期贷款，按照合同利率计息。对于中长期贷款，采取一年一定的办法计息。所以我国商业银行资产负债的期限不匹配，一旦利率变动，重新定价的不对称性将影响银行的收益。尤其是在中长期存款与贷款业务中，利率下调时，"一年一定"的利率政策将导致贷款先于中长期存款重新定价。存款现金流支出固定不变，而贷款利息收入减少，因而银行将面临未来收益减少的风险。

2. 收入曲线风险

该风险产生于收入曲线的斜率和形状的变化。利率变化也会影响银行收益曲线的斜率与形态，收益曲线的意外位移对银行的收益不利影响时，就会形成收益曲线风险。以债市为例，银行是主要参与者，在总资产中，配置了相当比例的国债和金融债券。当利率变化导致债券收益曲线变陡时，银行收益就减少。

3. 基本点风险

同其他重新定价特点不同的工具相比，该风险是由于银行在调整不同工具所收取和支付的利率时匹配不当而出现的。

4. 选择权风险（即期权风险）

该风险的产生是由于银行的资产、负债和表外项目中，明显存在或暗含的各种选择权而造成。尽管这些风险是银行业的一个正常组成部分，但严重的利率风险会给银行的盈利水平和资本带来巨大的威胁。

5. 逆向选择风险

由于银行与客户之间的信息不对称，银行通常不能直接评估借款项目的风险程度和贷款人的道德品质，借款人获得贷款后有可能从事高风险项目。如果银行提高利率，企业在投资决策时会筛选掉低风险项目，结果将提高信贷市场的平均风险。高利率的结果是高风险项目挤出低风险项目，产生"逆向选择"现象，使信贷市场贷款项目整体质量下降，从而提高了项目的违约概率。

（三）利率风险防范

在当前利率市场化过程中，我国商业银行应参照巴塞尔利率管理的核心原则，积极推进利率风险管理体系的建设。

1. 完善利率风险管理机制，建设利率风险管理信息系统

一是要组建专门负责利率风险管理的委员会，如利率政策管理委员会，委员会由商业银行的高管人员和专门研究人员组成，定期就影响利率变化的重大问题进行研讨，制定应对利率风险的政策措施，同时对利率政策的执行情况进行检查和分析。二是组建专职人员队伍，负责相关信息的搜集和分析，预测利率变动趋势，并提出相应的应对策略。三是规范利率风险管理的操作程序，建立分析、识别、计量、评估、预警和控制的利率管理机制。建立利率风险指标体系，引入相关的风险计量工具和模型，把利率风险尽可能数量化。根据利率风险的特点，选择合适的管理系统软件和技术工具，提高风险测算和评估的效率。同时，要加强利率风险管理数据库的建设，提高信息加工、分析和处理能力。

2. 建立科学的利率风险监管模式

可以采用集中管理与分级管理相结合的动态监控模式。风险头寸的规模和性质由商业银行总行利率风险管理部门统一决策，并逐级分解到各基层机构，作为风险控制线对各级机构进行约束。若下级银行风险头寸超出控制限额，则把不能抵销的风险头寸自动提交上级行处理。

3. 完善产品定价体系

利率市场化后，价格对市场的敏感性将体现出来。要充分发挥利率的杠杆作用，实现利润最大化。通过差别定价，扩大优质客户的市场份额。根据资产负债管理的战略需要，以中央银行的基准利率为基础，在充分考虑资金成本、存贷款费用、贷款的目标收益率、同业竞争等因素的基础上，确定利率水平。总行对各分行的定价授权，可依据各分行的经营管理水平、所在地经济发展状况、当地同业竞争关系等因素确定。产品定价机制运行后，商业银行必须加强稽核监督，避免自主定价造成下级管理者和经办者利用职权酿成道德风险。

4. 扩大中间业务和表外收入，拓宽商业银行收益来源

由于利率市场化会造成传统存、贷款利差减少，迫切要求银行增加其他收入。大力发展中间业务和创新业务成为银行新的利润增长点。

5. 采用金融市场的各种工具防范利率风险

银行防范利率风险可采取调整资产负债组合的期限和利率结构（如改固定利率贷款为浮动利率贷款）的方法解决，同时还有以下几种金融市场工具防范利率风险：①远期利率合约。这是存款方与借款方签订的协议，规定在将来某一时间存款方向借款方存入一定的存款，同时规定存款利率与存款期限。这是一种利率保值工具，在实际操作中，合同规定的存款并没有真正交付，而是在约定存款的日期，由一方向另一方支付市场利率与合同利率的差额。如果当时的市场利率高于合同利率，则由存款方向借款方支付利差；反之，则由借款方向存款方支付利差。对于银行来说，在"短借长贷"的情况下，如将短期负债更新，就面临利率风险。此时，银行可以作为借款方签订远期利率合约。在长借短贷的情况下，银行可作为存款方签订远期利率合约。②金融期货。这是国际金融市场上日益普及的一种金融工具。如果利率上升对银行不利时（短借长贷），银行可以卖出期货合同，利率上升时，期货合同上的盈利可以弥补资产负债业务的损失。如果利率下跌对银行不利时（长借短贷），银行可以买进期货合同。利率下跌时，期货合同上的盈利会弥补资产负债业务的损失。③期权合约。是通过购买期权合同获得在未来一定时期内按合同规定的价格买进或卖出的权力。在规定的期限内，期权持有人可以选择是否行使期权。对于银行来说，在资产"负缺口"的情况下，银行可以购买"买进期权"，消除或减少利率风险。

三、贷款业务中信用风险管理与防范

加强贷款信用分析是防范贷款风险的重要措施。商业银行在贷款业务经营中对借款人的信用分析，就是通过对借款人在一定时期内生产经营活动各个方面进行分析，从整体上把握借款人的信用状况，为银行贷款风险管理奠定基础。商业银行具体通过对借款人进行信用评价、财务报表分析和财务比率分析，为贷款决策提供依据。

（一）贷款业务中信用风险管理

1. 授信对象信用分析

信用分析是对债务人的道德品格、资本实力、还款能力、担保及环境条件等进行系统分析，以确定是否给予贷款及相应的贷款条件。对客户进行信用分析是银行管理贷款信用风险的主要方法。通过对客户进行信用分析，银行可以了解该客户履约还款的可靠性程度，从而为有针对性地加强贷款管理，防范信用风险提供依据。借款人所具有的道德水准、资本实力、经营水平、担保和环境条件等都各不相同，这使得不同的借款人的还款能力和贷款风险也不尽相同。

商业银行对客户的信用分析主要集中在五个方面，即所谓的"5C"：品格（Character）、能力（Capacity）、资本（Capital）、担保（Collateral）及环境条件（Condition）。也有些商业银行将信用分析的内容归纳为"5W"因素，即借款人（Who）、借款用途（Why）、还款期限（When）、担保物（What）及如何还款（How）。还有的银行将这些内容归纳为"5P"因素，即个人因素（Personal）、目的因素（Purpose）、偿还因素（Payment）、保障因素（Protection）和前景因素（Perspective）。

2. 授信对象信用分析方法

信用分析主要涵盖财务报表分析、财务比率分析、现金流量分析三个方面。

财务报表分析主要是对资产负债表、损益表和财务状况变动表进行分析。资产负债表是反映企业财务状况的综合性报表；损益表是表示企业在一定时期内业务经营的成本、费用及盈亏状况的报表；而财务状况变动表则是在一定时期内企业的资产、负债、资本等的变动情况。

财务比率分析是对企业财务状况的进一步量化分析。通过财务比率分析，可以了解企业的经营状况、债务负担、盈利能力，从而据此评判企业的偿债能力。银行用来进行信用分析的财务比率通常有以下四类：流动性比率、盈利能力比率、结构性比率、经营能力比率。

现金流量分析在企业信用分析中具有十分重要的地位。在银行贷款业务实践中，人们经常会遇到这样的情况：一家盈利的企业可能因不能偿还到期贷款而面临清算，而一家亏损企业却能偿还贷款并继续维持经营。可见，判断一个企业是否能够偿还贷款，仅看其盈利能力

是不全面的。通常，利润是偿还贷款的来源，但不能直接偿还贷款。偿还贷款最可靠的是现金，因此借款人最关心的也应当是企业的现金流量。

3. 贷款信用风险的监测

信用风险表现形式（也是识别标志）包括：①信用评估不符合标准，工商业不景气，抵押品品质发生变化等。②对单个借款人或一组相关借款人的大额风险暴露是信用风险的集中表现，并且是造成银行问题的常见原因。如大规模的贷款集中在可能发生风险的特定行业、经济部门和地区。③关联贷款，即向在所有权、直接或间接的控制权方面与银行有关联的个人或公司发放的贷款，可能造成严重问题，因为对有关借款人信用水平的审查缺乏客观性。关联方包括银行的母公司、大股东、分支机构、附属企业、董事和部门经理等。在这些或与此相似的情况下，特殊关系可能会导致提供贷款的条件放松，由此招致更大的贷款损失风险。

4. 贷款信用风险的衡量

对信用风险的量化包括以下内容：①建立银行本身的企业数据库，该数据库内包含有关企业的详细财务数据及业务情况等。②以企业财务数据和公司破产历史数据为基础，预测企业客户的违约率。③根据公司客户的信用等级和违约率确定贷款利率标准。④计算银行潜在风险的最大值，即风险值。一般来说，预期损失额等于违约损失额与违约概率之积。⑤与市场风险相结合考察与资本金的比例。

（二）贷款业务中信用风险防范

1. 完善信用风险评价体系

银行一般对每个授信客户和每笔授信业务均进行评级。对借款人的信用评级通常是以外部评级资料为基础，根据本行评级政策和方法，对借款人的信用等级进行更细致的划分。对每笔授信的评级不仅在贷后定期进行，即使在提供贷款前，银行一般根据借款人资信状况、授信的种类和数额、担保条件等因素对可能发放的授信事先评级，以便决定是否发放授信以及利率、费用和担保方式等。跨国银行对客户的评级一般为每年评定一次，对出现问题贷款的客户则每季度评定一次。对每笔授信的评级则要求动态调整、准确反映授信质量，最少为每年或每季度进行一次。

2. 产品设计与客户分类相结合

利用信用风险模型对客户进行细分，在此基础上针对细分的客户群，开发出适合该客户群收益、风险与流动性特征的创新产品，在通用评分模型的基础上进一步细分，开发针对特定行业、贷款项目的更实用的、精准度更高的各类专用评分模型。既能够提高银行的产品营销能力和竞争力，又能够运用利率杠杆来管理风险。

3. 注重提高银行信用风险分析技术

一是要注重财务指标的分析，尤其是现金流分析。地方性银行尤其要改变以往只看有无抵押、担保的传统做法，应充分利用企业财务指标建立信用风险分析模型。二是要注重对非财务指标的考察如政策指向、人文环境等加以综合考量。建立包含这些关键指标的信用评分模型，使得对企业信用风险的评价更全面、客观。例如，银行通过建立风险管理信息系统，随时获取信贷敞口的分布和集中信息，实时收集、汇总在某地区、行业、产品以及某个风险级别等方面的授信情况。管理信息系统提供的这些信息，一方面在审批具体交易或者贷款时可资参考；另一方面的用途是为贷款组合管理提供数据支持、为风险评价模型的准确设立提供充分的历史统计数据基础。

4. 谨慎的信贷决策

银行的信贷审批决策机制可以大致分为委员会制和个人负责制两类。委员会制的特点是可以集思广益，从而做出相对正确的决策，缺点是耗时费力、效率较低、不易分清个人责任；个人负责制正好相反。美国大型跨国银行一般采用个人负责制，而小银行多采用委员会制。一般认为，大银行管理的幅度宽、层次多，面对的市场环境复杂多变，客观上要求较高的审批效率。人数众多的委员会，要经常在短时间内召集会议，几乎不可能。因此，大银行通常的做法，就是把贷款权限授予不同层次的个人，权限的大小往往取决于贷款金额、风险评级以及受权者的职务和地位。

5. 完善管理制度，强化内控机制

管理制度是信贷风险管理活动中对组织结构和行为准则的约束机制。制定符合银行稳健性经营原则的信贷政策，在授信过程中严格贯彻信贷制度和业务流程，使风险控制覆盖信贷业务的每一个程序，在业务操作中得以落实。银行的内部稽核部门定期对信贷进行检查。例如美国的各家监管当局都有自己的检查计划，虽然各有侧重，但内容多有交叉。在监管当局检查之前，银行往往先聘请一家资深会计师事务所进行外部审计，以便在监管当局到来之前先行发现和堵塞管理中的漏洞。

四、汇率风险的管理与防范

（一）汇率风险成因

持有外币资产负债和进行外汇交易是银行外汇风险产生的两个来源。向进出口业务提供融资服务使得银行持有外币资产和负债，这是汇率风险产生的基础。随着各经济体之间的国际间经济交往和贸易往来的迅速发展，主要从事外币融资业务的银行及其他金融机构持有越来越多的外币资产负债。其次，随着金融市场的发展，外汇交易日益成为一个主要的交易品种。银行出于获利的目的，也积极参与外汇交易业务，成为外汇市场的主要参与者。无论是出于外币媒介还是外汇交易的目的，银行的资产负债表中均产生了一个外汇头寸，当汇率变化时，该外汇头寸的价值发生相应的变化，造成银行收益的不确定性，包括潜在的损失和潜在的收益两个方面，均表现为汇率风险。

影响汇率变动的因素主要包括国际收支、通货膨胀率、利率变动、汇率政策、市场预期以及冲击等。综合比较来看，汇率风险产生的原因是汇率的波动导致银行持有外汇头寸的价值发生变化，当汇率变动与预期趋势相反时，很可能导致银行持有外汇头寸的价值减少。

（二）汇率风险的衡量方法

1. 外汇敞口分析法

外汇敞口分析法是衡量汇率变动对商业银行当期收益影响的一种方法。汇率敏感性资产和负债所产生的增值或减值可能会自行抵销。为了减少和控制风险，银行也会人为地安排这种抵销，这称为"冲销"风险。冲销后仍未能抵减的汇率敏感性资产或负债，即暴露在汇率风险中，则称为"汇率风险敞口"或"汇率风险暴露"。汇率风险敞口的计算。

根据汇率敏感性资产和负债持有目的的不同，商业银行汇率风险敞口一般分为交易账户的汇率风险敞口和非交易账户的汇率风险敞口。商业银行的交易账户，即因交易目的而持有的以外币计价、结算的金融工具的（人民币）市值，会随着人民币对主要外币汇率的波动而变动。银行非交易账户汇率风险敞口主要指银行在自营外汇买卖业务中的敞口头寸，可以用外汇交易记录表的方法进行分析。外汇交易记录表就其本身来说，只是交易的记录，但它是分析银行汇率风险敞口的有力工具。使用外汇交易记录表及不断地进行市值重估，就能及时分析银行承担的汇率风险，以便采取措施加以控制和避免。

对因存在外汇敞口而产生的汇率风险，银行通常采用套期保值和限额管理等方式进行控制。外汇敞口限额包括对单一币种的外汇敞口限额和外汇总敞口限额。外汇敞口分析是银行业较早采用的汇率风险计量方法，具有计算简便、清晰易懂的优点。但是，外汇敞口分析也存在一定的局限性，主要是忽略了各币种汇率变动的相关性，难以揭示由各币种汇率变动的相关性所带来的汇率风险。由于我国外汇管理长期奉行单一、稳定的汇率政策，外汇管理严格，汇率缺乏弹性，我国商业银行对外汇敞口的计量也比较简单。但是随着我国的汇率制度改革，人民币汇率弹性加剧了外汇敞口的波动，由此给银行带来的不确定损益日益明显。当汇率向着不利的方向变动时，外汇敞口就会给银行带来潜在的损失。

2. VaR 风险管理法

VaR 即 Value at Risk，中文译为"风险价值"，是指在正常的市场条件和给定的置信度内，用于评估和计量任何一种金融资产或证券投资组合，在既定时期内所面临的市场风险大小和可能遭受的潜在最大价值损失。VaR 风险管理技术是对市场风险的总括性评估，它考虑了金融资产对汇率的敞口和市场逆向变化的可能性。借助 VaR 模型，对历史风险数据模拟运算，可求出在不同的置信度（比如99%）下的 VaR 值。对历史数据的模拟运算，需要建立一个假设交易组合值每日变化的分布，该假设是以每日观察到的市场重要指标或其他对组合有影响的市场因素（"市场风险因素"）的变化率为基础的。VaR 值计算的关键在于估算出收益率在未来一定时期内的均值和方差，它是通过收益率的历史数据进行模拟得出的。为了确保风险评估计量模型的质量和准确性，需经常对模型进行检验。"返回检验"（back testing）就是一个评价公司的风险计量模型，特别是 VaR 模型的一种常用的计量检验方法。它的核心是将实际交易的结果与根据模型生成的风险值进行比较，以确认和检验 VaR 风险计量方法的可信度。

（三）汇率风险防范

1. 转变经营管理理念，充分认识风险管理的重要性

转变经营理念必须首先从商业银行最高层领导开始，商业银行的最高层确定的外汇风险管理基调也将直接决定全体员工看待和处理外汇风险的态度与行为。商业银行最高领导者应转变长期以来形成的重视信用风险忽视外汇风险观念。我国商业银行应按现代商业银行的组织结构，由银行董事会承担外汇风险的最终管理责任。为了有效地进行汇率风险管理，董事会和高级管理层必须在思想上及时适应新的外汇业务机制，切实认识到外汇风险管理的必要性和紧迫性。同时要实现管理观念的转变，董事会和高级管理层首先要熟悉外汇风险管理的专业知识和技能，充分了解本行的外汇风险种类，及时发现外汇业务风险发生的可能性，在此基础上，董事和高级管理层才能很好地确定风险管理的战略、政策和程序，设定本行的外汇风险容忍度。只有整体提高商业银行全体员工外汇风险防范思想，各部门协调一致，才能真正实现经营理念的转变,提高商业银行抗外汇风险的能力。

2. 完善外汇风险监管信息系统,加强外部监管职能

随着信息技术的发展,风险监控已经发展成为依托信息技术平台进行监控的现代监控体系,但商业银行外汇业务风险管理体系的信息化建设却相对滞后。商业银行的外汇业务可以说与信息化紧密相连,但是许多商业银行信息化重点仍是维持外汇业务的经营,对外汇风险监控体系的信息化投入处在较低水平,稽核、审计等风险控制部门中关于外汇业务风险控制的信息化建设几乎为零。由于风险管理所需大量的业务信息缺失,或者数据不一致性,商业银行无法对风险进行准确的度量,这将直接影响到风险管理的实施。商业银行要充分利用信息技术和风险管理技术实现外汇资金交易的动态实时风险监控。为了进行有效的风险管理,银行首先要对外汇业务进行分类,然后对每项业务进行风险敞口、敏感性、情景等方面的识别和计量分析,做到提前了解和预测银行所面临的相关不确定性的来源以及可能的后果,达到防范汇率风险的目的。其次,商业银行应大力加强外汇监控信息系统建设,确保被监控的外汇数据准确、可靠和安全,并能够及时改进和更新。最后,商业银行在加强监管系统建设的同时,不能忽视外部监管的作用。外部监管同样是控制外汇风险的重要手段。

3. 借鉴国外成熟的管理技术对汇率风险进行控制和管理

其一,对因存在外汇敞口而产生的汇率风险银行通行的做法是采取限额管理和套期保值等方式进行控制。因此商业银行应加强对外汇交易的限额管理,据自身风险管理水平和业务战略确定风险容忍度和风险限额,并对超限额问题制定监控和处理程序,将汇率风险控制在自身能够承受的范围内。其二,商业银行应抓住人民币汇率改革的机遇积极进行金融创新,充分利用金融衍生工具为自己和其他经济主体提供规避风险的产品和服务。人民币对外币远期和掉期交易是银行为客户提供套期保值的主要汇率风险管理工具,也是国际外汇市场上通用的避险工具。2005年以来这些汇率衍生产品的推出和发展有助于国内银行尽快适应汇率变化后的新环境,增强经营的风险意识和管理风险的能力,为走向国际市场做好准备。当然我国商业银行也应认识到金融衍生业务是一把"双刃剑",即使在成熟的国际金融市场上它们也是高风险业务领域,因而在发展金融衍生业务的同时必须要提高防范和控制金融衍生产品风险的水平和能力。

五、操作风险的管理与防范

(一)操作风险的含义

国际清算银行的定义:操作风险是信息系统不足或内部失控而造成意外损失的风险。这种风险与人类的错误、系统上的失败及程序或控制不当有关。巴塞尔委员会对操作风险的定义是:由于不当或失败的内部程序、人员和系统或因外部事件导致损失的风险。

(二)操作风险的种类

1. 内部欺诈风险

主要指内部员工有主观愿望,存心欺诈银行。包括由于进行未被授权的交易、从事未报告的交易、超过限额的交易、内部交易;偷盗、贪污、接受贿赂、做假账等原因而引发的银行损失。

2. 外部欺诈风险

主要指由于第三方的故意欺诈、非法侵占财产以及规避法律而引发的损失。包括利用伪造的票据、偷盗、抢劫、敲诈、贿赂等手段造成银行损失；税制、政治等方面的变动，监管和法律环境的调整等导致银行收益减少。

3. 客户、产品与商业行为风险

由于产品特性或设计不合理、员工服务粗心大意、对特定客户不能提供专业服务等原因而造成的银行损失。包括产品功能不完善引发的损失；由于强行销售产品、未对敏感问题进行披露、对客户建议不当、职业疏忽大意、不恰当的广告、不适当的交易、销售歧视等导致与客户信托关系破裂、合同关系破裂、客户关系破裂而引发的损失。这类风险，在整个操作风险中占有相当大的比重。

4. 执行交割和流程管理风险

主要指交易处理、流程管理失误以及与交易对手关系破裂而引发的损失。包括业务记账错误、错误的信息交流、叙述错误、未被批准的账户录入、未经客户允许的交易、交割失误、抵押品管理失误等原因造成的损失。

5. 经营中断和系统错误风险

主要指由于计算机硬件、软件、通信或电力中断而引发的损失。包括硬件瘫痪、软件漏洞、设备故障、程序错误、计算机病毒、互联网失灵等原因造成的损失。

6. 雇员行为与工作场所管理风险

主要指在员工雇用、管理中，由于违反相关法律、制度，而引发的索赔、补偿损失；由于缺乏对员工的恰当评估和考核等导致的风险。

7. 物理资产破坏风险

主要指自然灾害或其他外部事件（恐怖主义）而引起的损失。包括由于暴风、洪水、地震、电压过大、恐怖活动等原因造成的物质资产损失。

（三）操作风险的特征

商业银行操作风险与传统的市场风险、信用风险相比，具有自身明显的特性。操作风险成因具有明显的内生性；操作风险与预期收益具有弱相关性；操作风险的外延具有很宽的扩展性；操作风险与其他风险具有强烈的关联性；操作风险表现形式有其具体的特殊性；操作风险具有较强的人为性；操作风险具有圈套的危害性；操作风险具有难以管理的复杂性。

（四）商业银行操作风险的管理

1. 培育重在细节和执行的企业执行文化和风险文化

巴塞尔新资本协议提出了对包括操作风险在内的资本最低配置要求，但是配置资本并不是有效控制操作风险的最好办法，对付操作风险的第一道防线还应该是良好的企业执行文化、严格的内控机制和风险管理。

2. 确立全面风险管理理念，建立适当的操作风险管理环境

董事会应充分了解银行的主要操作风险所在，核准并定期审查银行的操作风险管理系统，确保操作风险管理系统受到内审部门全面、有效的监督；高级管理层应负责执行和实施经董事会批准的操作风险管理系统，制定相关政策、程序和步骤，以管理存在于银行重要产品、活动和系统中的操作风险，使各级员工充分了解其与操作风险管理相关的职责，确保操作风险管理战略和政策在全行范围内得以持续的贯彻执行。

3. 对当前金融案件深层梳理，做好合规、合法与欺诈控制

当前商业银行操作风险管理应以商业银行业务和零售银行业务部门为重心，以内部欺诈、外部欺诈事件类型等为重点，制订出确保有关法律法规得到有效遵守的内部政策和具体程序；通过教育、示范、监督与技术控制，切断银行与违法犯罪活动的联系，避免内部欺诈与犯罪以及卷入外部欺诈陷阱。防范要基本覆盖交叉于当前商业银行各业务部门的内外勾结、欺诈作案的主要操作风险点。

4. 借鉴国际经验，建立完整的操作风险管理体系

要使操作风险得到有效控制，还必须建立一个行之有效的操作风险管理体系。这个体系应基本覆盖操作风险的识别、评估、监测、缓释、控制和报告等程序和环节，并在此基础上建立覆盖整个银行的操作风险管理战略和政策。

5. 注重技术创新，积极推进操作风险管理工具的开发和运用

从巴塞尔委员会的建议和国际银行业风险管理方面的实践看，银行用于识别、评估操作风险的工具和方法主要包括监测指标、外部参考指标、统计分析、计分卡方法、体现风险及其影响的因果关系的模型、风险对应关系、历史损失数据库等。

6. 加强人才队伍和激励机制建设，为有效引入操作风险管理提供支持和保障

一是制定风险经理职、权、责标准和素质要求，通过考试进行资格认证、竞聘上岗。二是完善风险经理的选拔、培养、使用、业绩评价和考核管理制度，建立人员准入和清退机制。三是强化激励约束机制，加大绩效挂钩力度。四是实施岗位资格培训和全员培训工程。

7. 加强外部监管，充分发挥信息披露作用

银行监管部门应要求不同规模的银行建立符合自身情况的操作风险管理框架，采取有效的策略来识别、评估、监测、控制和降低实质性的操作风险，直接或间接地指导银行定期审查和评估其操作风险管理系统，同时应要求商业银行适时并有规律地向公众披露相关信息，以加强市场约束，进而使操作风险的管理更加有效。

知识要点

商业银行风险通常可分为信用风险、市场风险、操作风险、流动性风险、汇率风险、利率风险、资本风险和国家风险。

风险管理/控制措施可以采取从基层业务单位到业务领域风险管理委员会，最终到达高级管理层的三级管理方式。

常用的风险识别的方法有财务报表分析法、德尔菲方法、故障树、筛选—监测—诊断法。

商业银行风险衡量包括两方面的内容，第一是估计风险发生的可能性；第二是估计风险发生后所导致的损失程度。

风险处理的方法主要有以下几种、风险制约、预防风险、分散风险、风险对冲、转移风险、风险规避。

商业银行风险管理是识别、计量、监测和控制流动性风险的全过程。

商业银行风险衡量方法包括客观概率法、主观概率法、统计估值法和假设检验法。

商业银行风险管理的方法有利率敏感性缺口分析法、久期分析法、外汇敞口分析法、敏感性分析法和风险价值法。

商业银行流动性风险成因包括内生性流动性风险、银行其他风险向流动性风险的转化、外生性流动性风险。

流动性风险的衡量的静态指标和动态指标。

利率风险的表现分为重新定价风险、收入曲线风险、基本点风险、选择权风险和逆向选择风险。

汇率风险的衡量方法有外汇敞口分析法和 VaR 风险管理法。

问题讨论

1. 资料

1995年2月英国中央银行英格兰银行宣布了一条消息：巴林银行不得继续从事交易活动并将申请资产清理。10天后，巴林银行以1英镑的象征性价格被荷兰国际集团收购。巴林银行总损失为13亿美元；资本损失100%；从违规到灾难发生的时间为三年；违规内容是未经授权及隐匿的期权和期货交易、隐匿亏损；违规者为新加坡附属机构交易员；操作风险发生的原因在组织因素上，治理、管理、文化多元、沟通失败；在政策因素上，违反政策、不合规、职责不清；在人员因素上，雇员不当、雇主判断失误。具体分析巴林银行倒闭的原因，首先，巴林银行没有将交易与清算业务分开，允许里森既作为首席交易员，又负责其交易的清算工作。

在大多数银行，这两项业务是分立的。因为让一个交易员清算自己的交易会使其很容易隐瞒交易风险或亏掉的金钱。这是一种制度上的缺陷。其次，巴林银行的内部审计极其松散，在损失达到5 000万英镑时，巴林银行总部曾派人调查里森的账目，资产负债表也明显记录了这些亏损，但巴林银行高层对资产负债表反映出的问题视而不见，轻信了里森的谎言。里森假造花旗银行有5 000万英镑存款，也没有人去核实一下花旗银行的账目。监管不力不仅导致了巴林银行的倒闭，也使其3名高级管理人员受到法律惩处。

2. 活动安排

将学生分为若干大组进行讨论，最后各组选出代表上台发言。

3. 要求

分析造成巴林银行倒闭的主要原因是什么？如何对这一风险进行防范？据你所知，我国商业银行有无类似事件发生？

4. 场景

教室。

推荐阅读

1. 戴国强：《商业银行经营学》，第十三章，高等教育出版社2007年第三版。
2. [法] 乔埃尔·贝西斯（Joel Bessis）著，许世清等译：《商业银行风险管理：现代理论与方法》，海天出版社2001年版。

3. 黄万才：《商业银行业务经营风险管理研究》，第一、第二、第三章，重庆出版社。
4. 《巴塞尔协议Ⅲ》：http://baike.baidu.com/view/131677.htm。
5. 《从民生银行看商业银行风险管理与控制》，http://wenku.baidu.com/view/42b767593b3567ec112d8a06.html。
6. 《资本协议市场风险补充规定》，http://wenku.baidu.com/view/46030e0879563c1ec5da71be.html。

本章自测

一、单项选择题

1. 下列选项中，按商业银行风险表现形式划分风险，不包括（　　）。
   A. 信用风险　　　　B. 流动性风险　　　C. 操作风险　　　　D. 会计风险
2. 在商业银行面临的各种风险中，被称为"立即死亡"的风险是指（　　）。
   A. 操作风险　　　　B. 信用风险　　　　C. 流动风险　　　　D. 市场风险
3. 下列不是商业银行的"三性"是（　　）。
   A. 安全性　　　　　B. 稳定性　　　　　C. 流动性　　　　　D. 风险性
4. 商业银行的最高风险管形决策机构是（　　）。
   A. 股东大会　　　　　　　　　　　　　　B. 董事会
   C. 高层管理者　　　　　　　　　　　　　D. 监事会
5. （　　）负责建立识别、计量、监测并控制风险的程序和措施。
   A. 董事会　　　　　　　　　　　　　　　B. 监事会
   C. 股东大会　　　　　　　　　　　　　　D. 高级管理层
6. 银行风险管理的流程是（　　）。
   A. 风险控制→风险识别→风险监测→风险计量
   B. 风险识别→风险控制→风险监测→风险计量
   C. 风险识别→风险计量→风险监测→风险控制
   D. 风险控制→风险识别→风险计量→风险监测
7. 下列关于金融风险造成的损失的说法，错误的是（　　）。
   A. 金融风险造成的损失可以分为三种：预期损失、非预期损失和灾难性损失
   B. 商业银行通常采取提取损失准备金和冲减利润的方式来应对预期损失
   C. 商业银行通常用存款来应对非预期损失
   D. 商业银行对于规模巨大的灾难性损失，一般需要通过保险手段来转移
8. 下列关于流动性风险的说法，错误的是（　　）。
   A. 流动性风险与信用风险、市场风险和操作风险相比，形成的原因单一，通常被视为独立的风险
   B. 流动性风险包括资产流动性风险和负债流动性风险
   C. 流动性风险对商业银行来说，指商业银行无力为负债的减少和/或资产的增加提供融资而造成损失或破产的风险
   D. 大量存款人的挤兑行为可能会使商业银行面临较大的流动性风险
9. 下列关于国家风险的说法，正确的是（　　）。
   A. 国家风险可以分为政治风险、社会风险和经济风险
   B. 在同一个国家范围内的经济金融活动也存在国家风险
   C. 在国际金融活动中，个人不会遭受到国家风险所带来的损失
   D. 国家风险通常是由债权人所在国家的行为引起的，它超出了债务人的控制范围

二、多项选择题

1. 商业银行风险按产生的原因可分为哪两个（　　）。
   A. 客观风险　　B. 主观风险　　C. 汇率风险　　D. 利率风险
2. 风险管理是一项系统工程，一个完整的风险管理，包括哪些环节（　　）。
   A. 风险识别　　B. 风险控制　　C. 风险管理　　D. 风险评估
3. 下列关于风险管理与商业银行经营的关系到说法，正确的有（　　）。
   A. 承担和管理风险是商业银行的基本职能
   B. 风险管理水平直接体现了商业银行的核心竞争力
   C. 风险管理不能够为商业银行定价提供依据
   D. 健全的风险管理体系能够为商业银行创造附加价值
4. 以下属于风险转移策略的是（　　）。
   A. 出口信贷保险　　　　　　　　B. 担保
   C. 备用信用证　　　　　　　　　D. 对冲
5. 商业银行内部控制的主要原则包括（　　）。
   A. 全面　　B. 审慎　　C. 有效　　D. 独立
6. 商业银行为了完善操作风险的评估与控制，需要具备哪些基本条件（　　）。
   A. 完善的公司治理结构　　　　　B. 普及合规的管理文化
   C. 集中式的、可灵活扩充的业务信息系统　　D. 健全的内部控制体系
7. 下列属于市场风险的有（　　）。
   A. 利率风险　　B. 股票风险　　C. 汇率风险　　D. 操作风险
8. 授信信用分析是对借款人的哪些条件等进行分析，以确定是否给予贷款（　　）。
   A. 道德品格　　B. 资本实力　　C. 还款能力　　D. 担保及环境

三、判断题

1. 德尔菲法是各位专家经共同商议，提出统一意见的一种风险识别方法。
2. 客观概率法在估计某种经济损失发生的概率时，如果无法获得足够的历史资料，也可用以准确无误地反映当时的经济条件和经济损失发生的情况。
3. 主观概率法是一种由银行各位专家利用有限的历史资料，根据个人经验对每种经济条件发生的概率及相应发生经济损失的概率做出主观估计的方法。
4. 风险管理是商业银行的核心竞争力，是创造资本增值和股东回报的重要手段，因此商业银行风险管理的目标是控制以至最终消除风险。
5. 银行董事会通常设置最高风险管理委员会，负责拟定全行的风险管理政策和指导原则。
6. 风险管理信息系统作为商业银行的核心"无形资产"，必须设置严格的质量和安全保障标准，确保系统能够长期、不间断地运行。
7. 商业银行流动性风险不受其他银行流动性风险水平的影响。
8. 商业银行的"风险管理部门"和"风险管理委员会"在职能上没有明显区别。

四、名词解释

信用风险　流动性风险　国家风险　风险对冲　信用分析

五、回答问题

1. 为什么说商业银行管理的核心是风险管理？
2. 为什么要加强贷款风险管理？

第十一章
商业银行市场营销管理

教学目标与学习任务

教学目标：了解商业银行营销的内涵及商业银行营销与其他性质企业营销之间的区别；深入理解现代商业银行营销理念和策略；了解商业银行营销战略的选择和营销趋势的新发展；掌握商业银行的市场细分及定位。

学习任务：能对商业银行采取的营销策略加以分析并提出改进建议；能够为商业银行制定有效的营销组合策略。

案例导入

汇丰银行（HSBC）的本土化营销

汇丰银行的前身是成立于1865年的香港上海汇丰银行有限公司（Hong Kong & Shanghai Banking Corporation），为不断增长的中英贸易提供金融服务。现在，汇丰银行已经是一个在世界82个国家建立有10 000个分支，为1亿顾客提供服务的世界第二大银行。公司架构是按照产品线（包括个人理财，消费信贷，商业银行，法人投资银行，私募银行）和地区细分（亚太区，欧洲区，北美区，南美区，中东区）建立的。即使业务遍布82个不同的国家，它仍然努力在每一个地区保持一种本土化的意识和知识。

汇丰银行基本的经营战略就是贴近顾客。就像汇丰银行总裁约翰·邦德（John Bond）先生在2003年11月说的："我们作为'全世界的本土化银行'，使我们能够在每一个国家把本土化的知识与世界范围的操作平台独创性地结合起来。"我们可以看一下汇丰银行在纽约市的本土化营销效果。为了给见惯了各种促销的纽约人证明这个以伦敦为基础的金融巨头是"全世界的本土化银行"，汇丰银行举办了一次"纽约市最博学的出租车司机"的竞赛，获胜者可以在当年为汇丰银行做全职司机。同时，汇丰银行的顾客也是赢家。每位持有汇丰银行卡、支票簿或银行对账单的顾客都能得到免费搭乘一次印有汇丰银行品牌的出租车。这次活动显示了汇丰银行的本土化知识。"为了使纽约人相信你是本土化的，你必须本土化地运作。"Renegade 营销集团首席执行官德鲁·尼萨（Drew Neisser）说道。在香港，汇丰银行发起了另一个不同的运动。在这个地区遭受SARS沉重打击的时候，汇丰银行发出了一项旨在重振当地经济活力的计划。对于在那些受SARS影响最严重的行业（影院、酒店、旅馆和旅行社）从业的顾客，汇丰银行提出了"利息再投资方案"。这个方案减轻了它的顾客的财政负担。银行也通过对在购物和就餐时使用汇丰银行信用卡的顾客提供折扣和返利来刺激香港的商业，以帮助受衰退影响的经济。超过1 500家当地商家参加了这一促销活动。

作为"世界的本土银行"，汇丰在当地的雇员都实施了本土化战略。汇丰中国内地雇员的92%都是中国内地员工。汇丰银行在全中国各地的分行，90%以上的雇员都是本地人。2000年5月，为了避免沟通障碍，汇丰将其中国业务总部移至上海，成立"汇丰驻中国总代表处"。为过渡顺利，汇丰派遣很多香港、外籍同事到上海，让他们在上海工作的1~2年时间内培养出当地的人才。在中国内地，汇丰注重在复旦大学等名牌大学招收优秀毕业生，海外培训后再回到本地担任管理职位。

（资料来源：http://wenku.baidu.com/view/1374dc3b580216fc700afdf2.html）

第一节　市场营销的基本原理

商业银行引入市场营销观念、开展营销活动，是经营思想的一次根本性变革，也是商业银行生存的必要条件和发展的必然趋势。

一、商业银行营销的内涵及特点

（一）内涵

现代市场营销学认为，市场营销是指企业致力于通过商品交换过程满足消费者需要的经营活动。市场营销管理在20世纪初产生于美国，其含义指进行商品交换的过程，即市场主体通过创造或提供有价值的标的，并通过市场同其他市场主体进行交换，交换过程包括市场调查、产品开发、信息沟通、分销定价和售后服务等环节。

市场营销在银行的运用可追溯到1958年全美银行业联合会会议，其间首次提出了银行应该运用市场营销的观念，并明确指出，银行市场营销是以客户为对象、以盈利为目的，通过各种营销策略的运用，把金融新产品转移至客户手中的管理活动。商业银行市场营销的引入将银行以自我为中心或以产品为中心的推销转变为以客户为中心的营销，注重从客户的需要出发，系统地组织、安排和管理营销活动，并开展营销研究工作。

综合有关商业银行营销管理的定义，本书将商业银行营销管理概括为：商业银行以市场需要为导向，以经过选择的客户需要为核心，以产品和服务满足客户需求，通过运用整体营销手段，为实现商业银行的利益目标所开展的经营管理活动。其中"经过选择的客户"应该是在有效防范风险的前提下带来盈利的客户，与之相对应，一切市场营销活动的指导思想和目标也必须是"在有效防范风险的前提下追求盈利"，二者相辅相成，不可偏废。

（二）特点

金融企业营销是以金融市场为导向，通过运用整体营销手段，以金融产品和服务来满足客户的需要，从而实现金融企业的经营目标。然而，由于金融企业对国民经济的宏观影响和作用较大，其经营活动必须服从国家宏观调控的方针和政策，这就决定了商业银行在营销过程中有其自身的特点。

1. 商业银行提供的是以金融商品为依托的服务

从市场学的角度看，企业要生存发展，就必须为消费者提供物美价廉的商品，作为金融企业的商业银行为消费者提供的是特殊商品，即服务，因此服务质量就应成为商业银行在经营过程中要解决的关键问题，由于银行业的特殊性，使得商业银行的服务质量主要体现在服务的信誉、速度、方便与否和服务的好坏上，而服务过程中的诚实守信、快速便捷、服务态度好也就成为消费者对商业银行的基本要求，这是商业银行和一般经营有形商品的企业在营销过程中的一大区别。

2. 商业银行必须在符合金融法规的前提下制订价格

商业银行为消费者所提供的金融产品，亦即以货币为媒介的信用卡、大额存单等，其价格不是或基本不是由商业银行自身确定的，因为金融商品的定价基础是国家规定的存贷款和再贴现利率。中央银行确定了利率，事实上也就基本确定了商业银行的主要业务，即存贷业务的价格。因此，商业银行产品定价应考虑的基本要素是需求和风险程度。同时还要考虑特殊因素即中央银行的金融法规和风险程度。商业银行必须在符合金融法规的前提下制订价格，有时还必须服从国家经济政策和宏观调控要求，商业银行仅仅在一定程度上、一定范围内对其所提供的服务拥有定价权，这是商业银行在营销中的特点之一，这一特点是由金融业的特殊性决定的。

3. 注重面对面的全员营销

商业银行的产品与服务一般是提供与使用同时进行的，购买产品和享受服务是不可分的。如果一线的银行工作人员能利用与客户接触、为客户提供银行服务的机会，根据顾客的特点，巧妙地向顾客介绍新的银行服务和金融产品，则更容易让顾客接受和认同。因为新服务和新营销的进行是在顾客接受和认同原有服务的过程中进行的。因此，这种面对面的营销能够根据客户特点进行针对性的营销，营销的效果更好。商业银行应以各种方式使市场营销观念成为全行上下的共识，并转化为每位员工的自觉行动，形成人人参与营销、人人积极营销的新型营销文化氛围。

二、现代商业银行营销理念和策略

银行营销是一门涉及多个学科的科学体系，其具体实施策略包括以下几个方面。

（一）建立以客户为中心的 CRM 营销策略

国际上，银行早在 20 世纪 90 年代初就已进入了以客户为中心的营销时代。由于中国市场经济发展迟缓，与世界经济体系和金融体系没有完全融合，直到今天，中国的商业银行仍然停留在以银行为中心或者以产品为中心的营销阶段。

银行实施 CRM（客户关系管理，Customer Relation Management），有助于留住老顾客。国外学者研究表明，吸引新顾客的成本可能是保持现有顾客满意的成本的 5 倍，公司只要降低 5% 的顾客损失率，就能增加 25%~85% 的利润，现在越来越多的具有创新精神的企业正在努力探索通过 CRM 与顾客形成牢固的契约关系。此外，实施 CRM 还有助于银行将盈利客户培养成忠诚客户，根据营销中的"20/80 原则"，企业 80% 利润是由 20% 的品牌使用者创造的，而 80% 的其他消费者只创造了 20% 的企业利润，而银行实施 CRM 就能将这 20% 客户转变成忠诚客户，进而发展成终身客户。银行实施 CRM，不仅仅是建立一个呼叫中心，而是在强大的数据库支持下，通过电子商务的手段，把金融产品信息和服务信息发布出去，提供给客户，并受理客户的查询、投诉和抱怨等。同时，银行的网点，客户经理也应随时分析客户的种类和范围，掌握客户的各种需求及时为客户服务。

（二）国际化经营策略

所谓国际化经营策略是指商业银行在商务经营，机构设置，客户发展等方面向全球化的方向发展，进一步成为跨国银行的发展策略。科技的发展，全球经济一体化进程的加快，使得商业银行必须跨出国界，面对全球的客户和全球各地同业与他业的竞争。增强自身的实力，走国际化经营之路，是商业银行发展的必然选择。国际化经营策略将使商业银行的全球服务能力不断提高，使之具有一定的国际竞争力。

（三）全方位实施 3R 营销策略

3R 营销策略是银行营销的重点与关键，其包括客户维持（Retention）、多重销售（Related Selling）和客户介绍（Referral Retention）三个方面。①客户维持。优秀的客户维持可以维持到稳定的客户群体，节省银行成本，提高利润率。这主要表现在两个方面。稳定客户群的建立，一方面可以省却银行重新争夺新客户的费用；另一方面也省却了重新调查审核客户信用的成本。银行要通过各种策略，努力把客户尤其是优质客户留下来，并培养成忠诚客户群。②多重销售。即向同一客户销售多种商品。据日本 BOOZ. ALLEN&HAMILTONH 咨询公司调研，同一客户使用的产品数量与客户维持存在密切关系。多重销售可以为客户提供更多的选择机会，促进客户多重购买，并增强顾客的忠诚度，减少顾客流失。③客户介绍。即通过现有客户的推介扩大客户数量。银行是建立在信用基础上特殊的服务行业，顾客的口碑很重要。因此提高原有顾客对银行的满意度并鼓励客户对银行的口碑宣传，可以帮助银行扩大新顾客群体、争夺优质客户。

（四）有竞争力的金融产品的创新

金融产品创新能使顾客了解相互竞争的各个商业银行之间差异，便于挑选对他们最为适合的银行，也使各个商业银行分别成为某一专业的龙头，形成了各自的"区隔市场"，创造出利润。消费者评价一个品牌，重要的是评价其功能和所代表形象能满足他们需要的程度，也就是评价品牌的理性功能和感性符号。当消费者挑选金融服务时，他们在理性上考虑金融服务的实用问题，与此同时，他们评估不同品牌的个性。消费者不仅仅以功能为中心，他们的行为受品牌象征符号的影响。当发觉两个竞争能力的品牌物理功能相当接近时，那么，最能提高消费者自我价值观念的那一品牌就会被选中。一个美国小组在 200 多个产品领域观察消费者挑选品牌的方式，证实消费者根据功能及情感两方面来解释品牌。例如，花旗银行就有 500 余种金融产品供客户选择。这些产品不仅有着在传统存贷款和结算业务基础上发展的 ATM、POS、WCC（World Cash Card）业务，还有着涉及期货、期权、房地产贷款证券化、证券基金投资等方面的衍生服务项目，无论是企业还是个人，都可以根据具体需要选择适宜的业务，样就给客户予以极大的选择和吸引空间。同时花旗银行将其零售产品设计成一种身份的象征，并依靠精心设计的广告突出成功形象，使得许多年轻人将拥有花旗银行的产品作为一种愿望。

（五）建立内部营销意识，减少内耗

内部营销是指银行把员工看作内部顾客，设法对员工的需求予以满足，并通过这种方法使内部人员了解、支持外部营销活动，最终使客户感到满意。开展内部营销就是要做好两方面的管理。一是培养员工顾客意识和服务自觉性，可以开展诸如服务观念、服务导向价值观、知识导向等培训，另外还应开展一些工作技能、沟通技能的培训，帮助员工对组织结构

和各项职能形成整体认识。二是加强沟通，为中层负责人、前中后台员工提供岗位规章制度、产品和服务的性质、已向顾客做出的承诺，以及岗位和部门间需求、业绩等信息，使员工有充分的信息来完成自己的工作，并有机会对不适宜的地方进行调整。改变信息单向流通，员工缺乏追求良好服务和顾客意识方面所需要的激励，企业外部营销活动因此很难奏效的状况。为取得内部营销的成功，高层管理者必须对内部营销的重要性有高度的认识，并将其列入发展战略，并且始终如一的给予支持。建立合理的关系营销模式，是推动各项业务发展的有效保证，最大限度的优质客户保持又是发展的基础，因此如何建立合理的运作模式，发挥营销的积极作用仍是需要我们今后不断研究的课题。

三、商业银行营销战略的选择

（一）主导式银行营销战略

主导式商业银行是在市场中占据主导地位的银行具有引领市场的作用占有较大的市场份额影响和控制其他商业银行。它们在市场上从多方面表现出"主体"的形象和地位。如资产规模最大、经营品种最多、金融产品创新迅速以及机构网点分布最广等。这些商业银行不断进行金融创新拓宽经营业务范围实现兼营型银行职能。此类银行适宜采取以下营销战略。

1. 成本优势战略

主导式银行拥有较多的市场份额，容易从技术、人员、信息及营销等方面实现规模经济，使成本低于竞争对手，从而享有低成本优势，获得高于行业平均水平的收益。银行在实施成本优势战略时，应以系统的观点全面审议和评价与银行经营活动有直接或间接关系的各个方面，积极寻求降低成本的可能性，制定优惠价格来吸引更多的客户，巩固自身的主导地位。

2. 新产品开发战略

大多数主导式银行除了从事传统银行业务外，大多兼营投资银行业务、抵押银行业务和保险业务，甚至从事非金融性质的业务，比如租赁业务和投资咨询业务等。从国外的情况来看，处于主导地位的大银行在国内市场达到一定规模后，继续扩大国内市场占有率往往得不偿失，而且过大的市场份额也可能招致其他银行对其垄断地位的不满。

3. 地理扩张战略

主导式银行雄厚的资产及其他有利的内部条件为其地理扩张和投资支出奠定了坚实的基础。地理扩张是通过扩大银行的经营网点实现扩大销售额的目的，该战略的实施关键在于如何选择新的地点设立分行或电子资金转账机构。

（二）挑战式银行管销战略

选择处于挑战地位的银行在银行业中的地位仅次于主导式银行，其资产规模雄厚，经营效益好，并具有较强的竞争实力。此类银行适宜采取以下营销战略。

1. 降低成本，实施多样化经营

挑战式银行要赶上处于主导地位的银行，除了向客户提供全方位的金融服务外，还应从价格上给予客户优惠，并不断提高服务质量，使客户获得最大限度的满意。具体来说，此类银行应把与客户建立良好的关系放在首位,尤其要加大对重点客户、优良客户的攻关力度,了解并满足这部分客户的金融服务需求。

2. 发挥自身优势,提供富有特色的金融产品和服务

以更鲜明的个性通过广告、宣传改善银行形象刺激客户增加银行产品的购买及使用次数提高银行的服务效率,挑战式银行应重点在金融服务产品、技术、服务质量、价格和营销能力等方面表现出明显的特色和优势。

3. 寻求银行间的合并,保持最佳的发展规模

合并战略将带给挑战式银行诸多好处:①增强资本实力,确保银行在激烈的竞争中继续壮大并改善竞争地位;②降低成本。合并可以有效地减少机构的重复设置、研发费用、管理层次、日常开支等,从而大幅削减成本;③有助于调整资产和改善资本结构,提高经营效益。

(三) 追随式银行营销战略

处于追随地位的银行一般拥有中等资产规模,分支机构数量不多,没有能力与主导式、挑战式银行直接开展竞争。我国中信实业银行、广东发展银行、深圳发展银行等区域性银行可归入此类。此类银行的营销战略适宜以追随和模仿战略为主。这是由于金融产品与一般商品相比,前者比较容易模仿。大银行经常使用的营销策略,比如降价、采购先进设备与增加营销费用等,容易为追随式银行所效仿。

(四) 市场缝隙式营销战略

处于补缺地位的银行一般资产规模较小,金融产品和服务品种不多,集中于一个或数个细分市场进行经营。这些细分市场容易被大银行忽略,而可以"喂饱"小银行,而在缝隙中生存发展的关键则是提高市场的专业化水平。此类银行的营销战略以集中经营战略为主,即以目标市场为核心开展各项经营活动。这就要求此类银行善于挖掘和抓住市场机会。并通过创新机制的引入和内部资源的优化,不断推出有特色的服务产品。

四、商业银行营销新趋势

(一) 商业银行营销理念的创新——知识营销、学习营销理念

知识营销是通过知识资本的积累、信息的运用、技术及产品的不断创新,创造并满足市场,依靠智力快速创造企业价值,实现企业营销战略的一种营销管理活动过程。本质上知识营销是一种以创新产品为对象,以知识和技术为媒介的营销理念和方式。

知识营销注重挖掘产品的文化内涵,增加营销活动的知识含量,并与客户形成共鸣。企业通过知识营销方式,将自己的文化理念、价值观传输给消费者,以达到一种文化认同的效果,从而实现产品知识信息的共享。而企业产品则成为企业文化的载体,知识营销强调企业与客户经常性的知识交流,通过的知识交流,彼此之间容易在技术结构、知识结构、习惯结构等方面建立稳定关系,进而与客户建立战略性的营销关系,这是一种最高层次的营销关系,让更多的客户了解产品的使用知识,理解产品的使用效益,由此带动销售量的提高。

学习营销是商业银行知识营销的体现。客户对商业银行服务产品的要求趋于多样化，更关注产品所蕴含的人文精神、企业文化和知识含量。学习营销即商业银行通过重点加强对内部营销人员的教育和培训，采取多种方式向社会、客户传播与服务产品消费有关的知识和技能，使得客户不仅从直接的服务产品消费中享受到使用价值，而且也能了解到商业银行的知识文化，最终使客户需求得到了最大限度的满足，从而达到了营销目的。

（二）商业银行营销方法的创新——网络营销渠道

在信息化、网络化浪潮中，作为金融性服务业的商业银行，从传统市场转向网络市场已成为不可逆转的趋势。商业银行应首先更新、发展和延伸传统营销理念，树立网络思维，将网络营销视为银行营销创新方向的最佳选择。网络营销是借助国际互联网、计算机通信和数字交互式媒体的功能来实现营销目标的一种方式，网络营销贯穿于银行营销活动的全过程，涉及网络调研、网络银行产品开发、网络银行产品分销和促销、网络银行产品服务、网络沟通、网络营销管理和控制等电子商务活动的各个环节。

商业银行开展网络营销的最大益处是大大降低了经营成本，包括营销信息传播成本、交易成本、服务成本，同时也使产品价值更具透明度。就营销信息传播而言，网络媒介具有传播范围广、速度快、无时间地域限制、无版面约束、内容详尽、多媒体传送、形象生动、双向交流、反馈迅速等特点。

（三）商业银行营销机制的创新——客户经理制

客户经理制是指在商业银行内部培训和聘用专业的金融产品营销人员，通过他们向客户销售银行金融产品和服务。负责客户的所有事务，从而形成介于商业银行内部作业、管理目标和客户之间的桥梁和纽带，最大限度地鼓励客户经理人员努力拓展市场。其指导思想是对客户进行分级管理，以高素质的员工管理重要客户。客户的重要性越强，其得到的服务越精良。同时，将分散型经营方式转化为集约化经营方式，从而形成合力，实现效益最大化目标。该体制要求商业银行在制度、人力资源安排、服务内容等方面确保客户经理与特定客户有一个明确、稳定和长期的服务对应关系。客户经理的工作目标就是全面把握客户的经营情况和业务要求，在控制和防范风险的前提下，组织银行内部有关部门共同设计并实施全方位的金融服务。

第二节 商业银行的市场细分及定位

市场细分是现代营销理念的产物，是第二次世界大战后西方发达国家市场营销理论和战略的新发展。这个概念是由美国著名的市场学家温德尔·史密斯（Wendel R. Smith）在1958年发表的《市场营销策略中的产品差异化与市场细分》一文中首先提出来的。经过40多年的发展，其理论和方法不断完善，而且被广泛地应用于营销实践。

一、商业银行的市场细分

（一）内涵

市场细分是按照购买者所需的产品或者产品组合，区分不同的消费者群体及其需要从而指导营销策略的手段。换言之，市场细分就是把市场分割成界定清晰的消费者子集。这些消费者子集在产品需求上具有同质性，而子集之间的需求属性差异显著。市场细分通过创造性的营销研究，用非同质的需求群体替代不加区分的大众市场，把它分成许多小市场。市场细分，有助于银行选择最有盈利性的客户，集中资源为其提供适当的产品或服务。通过集约化的经营，降低服务成本，提供客户的满意程度，从而提高银行的盈利水平。

（二）市场细分作用

市场细分有以下作用：其一是有助于产品策略的选择，根据不同市场需求提供不同产品。其二是有助于价格决策，根据不同客户对银行服务价格敏感度的不同，制定不同价格，增加银行盈利水平。其三是有助于分行策略的决定，使分行网络及相应的渠道更加契合顾客需要。其四是有助于选择适当的促销策略，更有效地传播银行形象和产品信息，并节约成本。

二、市场细分的方法

商业银行在分析和掌握客户的需求、客户特性、客户对金融产品的使用方式、态度和偏好等基础上，按客户的发展前景、需求特点等变量细分客户。如：可按地理市场细分，人口统计细分、消费心理细分、市场容量细分及利益细分。然后，选择一部分细分市场作为自己的目标市场，并实施具有针对性的营销策略。具体的细分方法有以下几种。

（一）地理市场细分

地理市场细分是指根据地理单位来细分市场。银行可能会根据不同的地区开发出有地方特色的银行产品。例如，在大中城市，消费者可能需要一整套复杂的银行服务（包括信用卡、国债投资、外汇买卖），而在大多数农村地区银行可能仅需要提供简单的储蓄存款和信贷结算等业务。

（二）人口统计细分

人口统计细分是指以人口的特征划分市场。包括：年龄、性别、职业以及生命周期所处阶段。例如定位于高级雇员群体（如律师、会计师和医生）的银行，可以用职业目标来细分市场。近年来在人口统计细分的基础上，又发展出一种称为生活形态细分的细分方法。生活形态细分避免了无法完全描绘出消费者的特性，更无法了解消费者内心的弊端，生活形态可以被视为一种更精准贴切的市场细分方法。

【温馨提示】生活形态（Lifestyles）是人们典型的生活态度和行为模式的总和，它主要通过考察人们的活动（Activity）、兴趣（Interest）、意见（Opinion）和价值观（Values）将总体居民划分为几个具有典型特征的族群，在国外是一种非常普遍的市场细分的方法，如美国的VALS2、日本的Japan-Vals等。

（三）消费心理细分

消费心理细分是指按照人们的生活方式、社会阶层或性格特征等来划分市场。例如银行的定期存单将其目标市场定位于保守的消费者，而将消费信贷定位于那些生活节奏快而又年轻的公司员工。

（四）市场容量细分

市场容量细分是指营销者将其产品用户划分为大中小三类客户。例如，在公司银行业务市场上，银行可以把客户按销售额在1 000万元以下、1 000万元至1亿元、1亿元以上区别开来。对待不同规模的客户，银行组织不同的销售队伍进行不同的销售促进，例如对于每一个大客户，银行可以组成由销售代表、会计师、律师、信贷员等组成营销小组进行大客户管理。

（五）利益细分

利益细分是指按不同群体寻求与产品有关利益的不同来划分市场，可把客户分为追求安全型、追求利润型和追求服务型三类，追求安全型客户注重银行对资产的保值能力，而不注重其资产回报；相反，追求利润型客户则强调资产回报率，服务型客户更加关注与银行服务相关的问题。例如，在提供分期付款贷款时，银行针对利息敏感的贷款客户，突出现有的优惠利率；而针对那些希望方便服务的客户，银行促销时仅宣传其能在当天批准贷款，而不提及可能高于一般利率50个基点。银行在进行市场细分时，除了一般的市场调研以外，常常依靠自己的营销信息档案系统。营销客户信息档案是一种大型客户信息数据库，可以将家庭和个人的信息组织起来并进行分类，比较消费者群体间在不同变量上的异同。

三、选择目标市场

目标市场是指银行的目标顾客，也就是银行营销活动所要满足的市场需求，是银行决定要进入的市场。商业银行的一切营销活动都是围绕目标市场进行的，选择和确定目标市场，明确具体服务对象是商业银行制定营销策略的基本出发点。商业银行确定目标市场是在市场细分的基础上，选择一个或几个细分市场作为自己的目标市场，也可以不进行市场细分，以服务的整体市场作为目标市场。

在商业银行商业化过程中，必须根据经营能力确定利润目标、业务市场占有率、服务种类、风险分散程度等目标，使这些目标既具有高标性，又具有可行性。

（一）无差异营销策略

无差异营销策略即银行不考虑细分市场的区别，面向大众市场仅推出标准化产品。营销活动只考虑顾客在需求方面的共同点，而不管他们之间是否存在差异，银行通过大量的广告宣传和众多的分销渠道，旨在消费者心目中树立一个"超级形象"以保持竞争优势，实施这一策略的特点在于规模经济性。

（二）差异性营销策略

差异性营销策略即商业银行把服务的整体市场划分为若干细分市场，从中选择两个以上乃至全部细分市场作为目标市场，并为每个选定的细分市场制订不同的市场营销组合方案，多角度、全方位地开展有针对性的营销活动。商业银行采用这一营销策略的原则应是其所带来的利益必须大于营销成本的增加。常用两种方法达到上述目的，银行可以为每个子市场提供不同的产品或提供统一产品而在促销策略上有所区别。

【想一想】商业银行无差异化营销和差异化营销各有什么利弊？

（三）集中性营销策略

集中性营销策略又称密集单一营销策略，即商业银行不是面向整个金融市场，也不是把力量分散使用于若干个细分市场，而是集中力量进入一个细分市场，实行高度专业化服务。

营销者希望凭借资源的集中优势，通过专门市场上产品分销、促销上的优势，确立自己的市场地位。但是这种策略的风险很大，单一市场的风险集中度太高，银行风险得不到分散。即便是银行获得了相当的利润，但可能导致竞争者涌入，加剧的竞争局面也会恶化银行的经营状况。这是密集单一营销策略在银行业中运用不多的主要原因。

【拓展阅读】

苏格兰皇家银行市场细分案例

苏格兰皇家银行（Royal Bank of Scotland）是英国银行业的"四大家"之一。该机构在如何获取客户的数据并最有效地利用这些数据方面可谓功力深厚。早在几年前，他们就做了大规模的客户调查，在此基础上开展了以价值为中心的客户关系活动。在这个活动中，客户关系主要通过银行的服务和销售人员简单的手机通话或当面沟通方式建立。对于一个有330万顾客的银行来说，要维系这样一个大规模的活动显然是劳民伤财。

经过进一步的研究与分析，皇家银行发现很难把他们的顾客按照一般人口统计标准清晰地划分。因此，银行决定放弃一对一的接触方式，而是根据顾客的个人爱好对其进行分组。当然，以爱好为依据只是分组的方式之一，其他的分组依据还包括地域、价值等级等。银行的市场运营部主管威尔森说："我们认为客户可以按某个指标来分组，但是任何时候一位客户可能同属于几个组。"

苏格兰皇家银行为提高顾客忠诚度不惜动用大量人力，加上其在客户细分方面的深入探索，都为其进一步的创新打下了扎实的基础。他们随后采用了一套软件解决方案，帮助市场人员能够提供个性化、多渠道的产品给个人客户。有了这个系统，一些事件驱动（Event—Driven）行动就可以自动执行。首先，系统会在典型顾客群体身上测试创新产品和方案的效果，如果达到了指定效果，银行会在48小时之内将材料打印并寄送给相关客户。三四年前，他们每次举办活动都要给30万个客户寄送材料。现在，平均打印量为2万份。事件触发式促销活动中，一份群发的邮件名单上只有四五个顾客，而且内容还能反映出顾客的个人特点。

Wilson发现，这些高效和及时的活动取得了75%的客户回复率，而这是以前从未达到过的。他说："我们正努力使自己业务由传统的产品主导转变为客户主导。"

资料来源：http://wenku.baidu.com/view/b0729e7da26925cc5bfcb.html。

四、市场定位

定位是指企业设计出自己的产品和形象，从而在目标顾客心中确立与众不同的有价值的地位。市场定位也是一种竞争策略，它反映的是一种金融服务或一家银行同类似的金融服务或银行之间的竞争关系。国内外商业银行市场营销的经验证明，成功的定位是银行取得竞争优势的重要途径。

在市场定位过程中，银行应对客户、竞争对手、自身等各方面情况进行对比分析，做到扬长避短，发挥优势。定位方式不同，竞争态势也会有明显区别。对商业银行来说，一般可选择以下几种定位方式：

（一）避强定位

避强定位即避开强有力的竞争对手的一种定位方式。采取这种方式能在客户心目中迅速树立起一种形象，迅速在市场上站稳脚跟，市场风险较小，成功率较高。

（二）迎头定位

迎头定位即与市场上占据支配地位的竞争对手对着干的一种定位方式。采取这种方式虽具有一定危险，但一旦成功便会取得巨大的市场优势。

（三）重新定位

重新定位即对服务不对路、市场反应差的金融服务进行二次定位。当银行制定一个明确的定位战略后，还需结合营销组合向外传播这一定位。

第三节 商业银行的营销组合策略

"营销组合"这一概念最早由美国哈佛大学营销学教授伯登（N. H. Borden）于1964年提出。商业银行市场营销组合策略就是银行在选择的目标市场上，综合运用各种可能的金融产品营销策略和手段，以达到合理分配营销资源，实现利润最大化的目的。它主要包括金融产品策略、价格策略、分销策略和促销决策。

一、产品策略

商业银行对金融产品的开发目标不外乎三种：一是要吸引市场以外的客户；二是要增加现有市场的销量；三是以降低成本为目标的产品开发。

（一）准确进行市场定位，开发特色金融产品

近年来，我国商业银行产品创新不少，但大多局限在对公服务领域和个人储蓄存款上。许多产品相互模仿，真正具有自身特色的产品开发较少。因此，商业银行应根据目

标市场上竞争者的定位情况、客户对产品的评价和潜在竞争优势,在业务领域、网点建设、经营种类和服务功能上进行市场定位,开发特色化和多样化的产品。目前,商业银行要顺应改革潮流,改变目前按行政区划、行业设置分支机构的做法,按经济区划和业务需求来设置网点。在传统的存、贷、汇业务能力相对过剩情况下,要下大力气开发消费信贷新品种,积极发展中间业务和投资银行业务。商业银行可以充分利用自身信息渠道、管理技术和广泛联网的优势,全面推广代理个人债券、股票和基金投资,充当个人理财顾问。为便于与外资银行竞争,要积极开拓国际金融服务领域,拓展银行表外担保、承诺业务。

(二) 改善和扩大现存服务,开发"新"产品

商业银行在对现存产品和服务不做重大改动的情况下,采用"挑选"和"再包装"生产出特征鲜明、易于了解、针对目标市场上的特殊群体具有强烈吸引力的产品,以便在客户心目中树立起良好形象。如商业银行可在与各家保险公司签订相关协议的基础上,把储蓄品种与保险条例相结合,推出新品种;适当提高信用卡透支额度和降低透支利率,可以使信用卡的利用率大大提高,尤其是在当前有效需求不足的情况下,可使此项业务获得迅速发展;适当简化银行承兑汇票的审批手续,扩大票据贴现、再贴现范围,有利于票据市场的繁荣和发展等,这些都是对银行产品和服务不必进行根本改动的产品开发方法。然而,由于银行产品具有无形性的特点,这种方法不可能对银行的产品销量产生重大影响。因此,服务改善的开发很难成为一项独立的产品开发策略。

(三) 法律法规对产品策略的影响与制约

以中国为例,《中华人民共和国商业银行法》对我国商业银行的经营范围做出了明确规定,其产品线宽度只能局限于法律所规定的业务范围之内。因此,我国商业银行产品线的关联度不会很低。在法律法规允许的范围内,我国商业银行产品线的宽度、深度依旧有一定的扩展余地。尤其是随着市场竞争的加剧,又由于综合经营能力存在差别,商业银行可根据实际情况选择不同的产品经营策略。

1. 产品扩张策略

如果商业银行自身实力雄厚,综合经营能力较强,则可以考虑在现有产品线的基础上增加新的产品品目或在现有产品组合的基础上增加新的产品线。显然,所增加的新产品品目将"加深"商业银行的产品线,所增加的新产品线则"拓宽"了商业银行的产品组合。比如某商业银行的产品创新能力较强,在支票存款产品线中增加了自动转账账户,则加深了该产品线;若商业银行有能力进入贴现经纪行业,则拓宽了产品组合。

2. 产品收缩策略

如果商业银行经营能力有限,自身实力一般,则可以考虑在现有产品线的基础上淘汰那些利润较低的产品品目来缩减产品,甚至是淘汰整条产品线。将资源集中在较窄的产品组合上,重点发展特色产品同样可以给商业银行带来较大效益。此外,产品更换策略、产品再定位策略等也是商业银行可考虑选用的产品组合策略。

> **【拓展阅读】**
>
> ### 房屋银行
>
> 贵州工商银行与该省房屋置换中心联手，于2000年年中在全国推出的一种新型房屋中介公司——"房屋银行"开门营业。
>
> "房屋银行"是一种新型的住房投资与消费模式，其运作方式是：房主将待出租的房屋"存入"房屋置换中心，房屋置换中心根据房屋的地段、环境、设施等因素，测算出出租价格，经房主认可后，房屋在网络系统中对外招租。该行运行4个多月后，就有5 900多套待出租的房屋存入"银行"，其中5 700多套已租出，成交率达97%。这一新业务，使出租和承租双方既可免除寻租的烦恼，又避免了租房期间的一切事务和纠纷，因而深受市民欢迎。同时工商银行又可通过"房屋银行"揽到一批新的存款，可谓一举实现了双赢。
>
> 资料来源：http://wenku.baidu.com/view/316fe88b680203d8ce2f248f.html。

二、价格策略

对商业银行来说，金融产品的价格有利率和费率，而利率是影响整个市场需求和客户买入产品的决定性因素之一。就贷款的价格来说，银行就要考虑到自身的要求，又要考虑到客户的承受能力和愿意支付的成本水平，合理确定金融产品的价格。

按照"高风险、高收益；低风险、低收益"的原则，对安全性好、流动性强的金融产品，价格应适当低一些，以提高竞争能力；反之，对流动性差、风险大的金融产品，定价时就应适当高一些，以弥补高风险可能带来的损失。

（一）撇脂定价策略

撇脂定价策略是一种高价策略，是指产品一投入市场就以高价销售，以迅速赚取利润，收回投资，再逐步降价。这种策略适用于刚刚投入市场的新产品，在新产品刚刚进入市场，竞争者尚未做出反应时快速获取高额收益。撇脂定价的另一个目标市场是那些对价格不太敏感的高端客户，他们追求很高的产品质量和性能表现，对创新产品有强烈的兴趣。

撇脂定价的策略有助于树立新产品的质量和产品形象。但是采用高价策略必须具备一个条件：产品投放市场的一段时间内，新产品不会面临激烈的竞争局面。随着竞争对手的同类新产品进入市场，公司宜逐步降低价格以吸引价格敏感的客户而抢占市场份额。

（二）低价策略

低价策略是一种以较低价格获取最大的销售量和较高市场占有率的做法。这种定价策略适用于下列几种情况：需求价格弹性较高的市场；产品的制造有较大的规模经济效应；产品在投放市场时很短的时间内就会遭遇强大的竞争威胁。例如，西方国家在信用卡所能提供的功能不能出现明显区别于竞争对手的特点时，便采用降低年费和透支利率的低价方式展开竞争。

（三）行为调整定价策略

行为调整定价策略是通过定价影响客户选择成本较低的银行产品，从而达到降低成本的目的。例如，我国现在的大型城市普遍面临柜台资源紧张的局面，为了节省柜台资源，有的银行推出网上汇款费率优惠，以促使一部分客户选择成本较低的网上银行汇款。

（四）市场定价策略

市场定价策略是指银行为了维护自己的市场占有率而采取的跟随市场竞争者的定价方法。这种定价策略往往使银行不考虑自身的成本状况，而只是为了保护自己的市场地位。例如，在1996年中国香港地区的按揭贷款减息战中，一些银行不顾成本和收益，被迫减息参战。

（五）关系定价策略

关系定价策略是指银行将一系列产品或服务综合起来考虑，进行打包定价。在这种策略下，银行往往根据金融产品的总成本制定一个总的目标价格，对许多服务项目给予价格优惠以吸引客户，同时从收益高的业务中获取补偿。

例如，向在银行开立支票账户或者有存款账户同时还持有信用卡的客户，收取较低的年手续费及优惠的利率；又如，允许合并多种账户的余额以抵消对免费支票提出的余额要求。关系定价的优势在于，以单项服务上的优惠为代价，来增加对单一客户销售银行产品的密度和广度。这是因为客户享有的服务越多，银行越容易留住客户。另外，关系定价策略有助于降低销售促进的费用，毕竟开发新客户的费用比维持老客户的成本高得多。要有效地使用关系定价策略，银行必须有高度整合的数据库系统，它能够综合处理有关支票、存款、贷款、信用卡等业务系统，形成对客户的关系营销信息。

【想一想】试举例说明，各类商业银行：四大国有银行、各股份制商业银行、地方性商业银行的哪种产品分别适用于哪种价格策略？

三、分销策略

（一）银行分销策略实施的意义

分销策略是沟通银行与客户之间关系的桥梁，合理选择分销策略对保证银行正常经营、建立现代金融制度都具有十分重要的意义。正确的分销策略可以更有效地满足客户的需求。银行根据不同的客户需求选择合理的分销渠道，就可以把各种金融产品提供给客户，并根据消费者需求的变化，随时调整金融产品的种类与功能，更好地解决金融市场中的供求矛盾和结构矛盾，以满足不同地区、不同层次客户的不同需求。选择合适的分销策略可以简化流通渠道，方便客户购买。一家银行自身的活动范围总是有限的，无法将其产品提供给所有的客户，但如果选择合理的分销渠道，借助中间商便可在大的空间范围内方便顾客购买，加速商品流通，缩短流通周期，实现商品销售的及时性与扩大化，有效地平衡供求关系。合理的分销策略有利于降低银行销售费用，提高经济效益。分销策略的不同组合各有优势，如果银行能合理地选择分销策略，那么银行一方面可以减少自己分支机构的设置，节约相应的销售费用；另一方面又可以扩大客户面，增加销售量，加速资金周转。由此可见，银行经营效益的高低，不仅取决于银行产品的种类，而且还取决于分销策略。

（二）银行分销策略分类

对商业银行分销策略的分类直接影响银行的产品和服务能否适时、适地、方便、快速、准确地销售给客户。可以说，商业银行制定和实施分销策略，其目的就是要通过建立最佳的分销渠道，使客户感到银行所提供的产品和服务既具有可接受性，也具有增益性、便利性。银行分销策略的类型可谓多种多样，下面介绍几种主要的银行分销策略。

1. 直接分销策略和间接分销策略

直接分销策略和间接分销策略是根据银行销售产品是否利用中间商来划分的。所谓直接分销策略，也称零阶渠道策略，是指银行直接把产品供给客户，不需要借助中间商完成商品销售的策略；而间接分销策略，是指银行通过中间商把金融产品销售给客户的策略。

2. 垂直型的银行分销渠道组合

垂直型的银行分销渠道组合是指由银行、批发商和零售商组成，实行专业化管理和集中计划的营销网，按不同成员的实力与能量对比产生一个最终决策者，由它进行集中的管理与决策，以实现分销渠道的纵向联合，取得最佳的市场营销效果。这种模式是针对分销渠道的不足而提出来的。在传统银行营销中，分销渠道的任何一个成员都不能对其他成员拥有足够的控制权，容易造成各自为政，成员之间常常发生矛盾，影响了银行的整体和长远利益。垂直型的银行分销模式则把银行和各个中间商组成一个统一体，集中管理、集中决策和统一执行，可在最大程度上能够减少各方成员为谋自身利益而出现的矛盾。在西方国家这种模式已成为市场的主要分销方式，也被实践证明是营销渠道中效益最好的一种模式。

3. 水平型银行分销渠道组合

水平型银行分销渠道组合是由同一层次的两个或多个相互无关联的营销组织，组成长期或短期的联合体开展营销活动。这种联合可以是暂时性的，也可以契约形式固定下来而形成永久性的联合。这种联合主要是从分销渠道的宽度上来考虑的，通过联合可降低各成员的经营风险，避免激烈竞争而导致的两败俱伤，并可充分利用各自资金、技术等方面的优势共同开发市场。

4. 多渠道的银行分销渠道组合

多渠道的银行分销渠道组合又称为综合分销渠道组合，是指银行通过双重或多重营销渠道，将相同的银行产品打入各种市场。在这种组合中，银行拥有多种不同的分销渠道，而对每种渠道拥有较大的控制权。

（三）银行营销渠道的类型

银行分销渠道是指各种提供银行服务和方便客户使用银行服务的手段。银行分销渠道一般而言有以下几种：分支机构、ATM与银行卡、电话银行、网上银行。新增的几种营销渠道，均为信息技术发展的产物，随着技术进步，未来仍然会有新的分销渠道出现。

1. 分支机构

分支机构是银行人员面对面向客户销售产品的场所，也是银行形象的载体。迄今为止，仍然是银行最重要的分销渠道。分支机构随着对客户定位的不同而各有差异，主要有：①全方位性分支机构。为公司和个人提供各种产品和全面的服务；②专业性分支机构。专业性分支机构有自己的细分市场定位，如有的分支机构侧重于房地产的抵押贷款业务；③"高净值"分支机构。这些分支机构位于适当的经济文化区域中，它们为高层客户提供一定范围内的定制金融服务；④法人分支机构。其不经营零售业务，针对公司客户提供诸如信用证、资产证券化、现金管理等业务。

随着技术进步和金融创新的发展，银行诸多分销渠道的相对位置也在变化。如何整合为数众多的分销渠道形成协力，是分销渠道设计者值得深思的问题。而其中，分支机构的定位尤为重要。传统的银行业务，如储蓄、存款、转账结算、消费者贷款，通过其他渠道，销售成本更低，便利程度更高。相反，一些个性化业务、创新业务对消费者的信息要求较多，需要银行工作人员的深度介入，则倚重于分支机构。银行分支机构定位时，应侧重于后者。

2. ATM 与银行卡

银行卡以及 ATM 是银行存贷转账服务分销的一种创新。这种营销渠道对银行的影响是显而易见的：①遍布全国的银行卡网络，方便了客户享受银行服务；②它分流了客户，降低了对银行分支机构的压力；③它减少现金的流通，降低了银行服务的成本。据计算结果表明，使用 1 台 ATM 平均节约 1.33 个专职人员。

3. 网上银行

使用 Internet，消费者就可以享受到全方位的银行服务。现在个人和企业客户，通过个人电脑直接进入自己的银行账户进行各种交易。客户可以了解账户余额、进行账单支付、考虑投资机会和账户间资金转移。随着电子商务的发展，作为支付载体，网上银行的作用凸显。网络银行的唯一隐患，在于它的安全性以及如何对客户信息进行保密。

4. 电话银行

只要客户能与银行接通电话，就可以享受到各种银行服务。与网络相比，除了信息互动的广度和深度稍差外，电话银行有自己的相对优势：电话使用的普及性更高，成本更低，并且安全性问题较能得到保证。电话银行是值得关注的一种银行分销渠道。

【拓展阅读】

"第一直线"电话业务

1989 年 10 月，英国的米德兰银行推出了"第一直线"电话业务。第一直线业务包括邮政、现金终端和电话途径下的一整套银行服务，其目标市场是那些忙碌的、20~45 岁的年轻人，他们喜欢使用电话。"第一直线"取得了极大的成功，到 1997 年电话银行的顾客超过了 800 000 人，而且以平均每月新增 10 000 人的速度发展。

四、促销决策

由于商业银行市场营销具有趋同性，因此，必须将重点放在"促销"而不是放在产品本身的"包装"上。产品促销的方式一般有以下几种。

（一）营业促销

营业促销在金融产品引入初期，通过免费展览、表演等方法吸引顾客，达到刺激顾客参与欲望的目的。与此同时，一方面要大力创新品牌，并从整体上进行宣传推广；另一方面要注意自身形象。我国商业银行今后要把企业形象作为大事来抓。商业银行要在日常业务开展过程中，充分利用柜台服务、上门服务等方式促销，使其产品和服务更具有吸引力，更易于让顾客认识和接受。

（二）公共关系促销

商业银行要加强对公关促销方式的开发利用，在建立信息网络、改善公众关系、争取公众谅解、监测营业环境、提高知名度、美誉度等方面采取系列措施，确保促销目标的实现。

（三）广告促销

广告要在树立商业银行形象、制作模式、发布方式、选择适宜媒体等方面加大力度，使之适应商业银行业务发展的需要。银行的广告主要有两种：一是以银行为主的广告；二是产品广告，就是对银行所提供的产品和服务进行广告宣传。

（四）人员促销

目前，商业银行应普遍设立专门促销机构，培养高素质的促销人员，商业银行通过派员与客户面对面、家访式的接触，有利于克服间接营销渠道带来的隔阂，消除误解，加强感情交流。

商业银行在开展营销活动时，将以上四种营销方式有机地结合起来，可以收到事半功倍的效果。

知识要点

商业银行市场营销是商业银行以客户需要为导向，通过运用整体营销手段把可盈利的商业银行服务引导到经过选择的客户中的一种经营管理活动。商业银行市场营销的特点包括注重整体营销、注重产品创新和注重面对面的全员营销。

商业银行市场营销的基本内容包括商业银行的商业银行营销理念和策略、市场营销战略和商业银行的市场营销战术。

商业银行营销理念和策略包括建立以客户为中心的 CRM 营销策略、国际化经营策略、全方位实施 3R 营销策略、有竞争力的金融产品的创新、建立内部营销意识。

商业银行的市场营销战略选择包括主导式银行营销战略、挑战式银行管销战略、追随式银行营销战略及市场缝隙式营销战略。

商业银行的市场细分方法包括地理市场细分、人口统计细分、消费心理细分、市场容量细分和利益细分。选择目标市场策略有无差异营销策略、差异性营销策略、集中性营销策略。

商业银行的市场营销组合主要包括产品策略、产品定价策略、分销策略、促销策略和其他策略。

银行的分销策略分为直接分销策略和间接分销策略、垂直型的银行分销渠道组合、水平型银行分销渠道组合、多渠道的银行分销渠道组合。银行的分销渠道包括银行营业网点、自助银行、销售终端、网上银行、电话银行和手机银行。

银行促销是银行通过宣传，以说服、促进和影响他们购买金融产品的一种活动。银行采用的促销手段包括广告促销、人员促销、公共关系促销和销售促进等。

问题讨论

1. 资料

从1997年12月中国工商银行网站正式开通，到1999年工行在全国率先推出全国统一号码的电话银行服务95588，再到最近工行所推出的新一代个人网上银行"金融@家"，都显示出工行充分利用了现代信息技术的优势，已发展出一套个性化、全天候金融服务的电子银行服务系统。

但再好的产品也要让人知晓，让人使用才能显示出其价值。但在某些人心中，只相信"物质"性的东西，认为来银行办业务的好处就是有单有据，而利用电子银行的话，并没有单据取回作凭证此为缺点一，缺点二在于"黑客"，不少人担心在网上办业务时电脑被"黑客"入侵，导致资料外泄后被人盗用；基于以上的原因，不少客户对电子银行都产生了抗拒，并不愿意开通此项业务来使用。让客户跟上形势，适时转变陈旧观念，那就是我工行员工在推销电子银行的重点。为此，银行员工特针对以上问题制订出以下的营销方案：

2. 活动安排

将学生分为若干大组进行讨论，最后各组选出代表上台发言。

3. 要求

分析商业银行可能采取的营销方案及营销策略，更好的帮助客户跟上形势，转变陈旧观念。

4. 场景

模拟银行柜面。

推荐阅读

1. 亚瑟·梅丹著，王松奇译：《金融服务营销学》，第一、第二、第三、第四章，中国金融出版社2000年版。
2. 潘海英：《我国商业银行营销管理研究》，第二、第三、第七章，武汉大学出版社2010年版。
3. 朱静、王卫华：《商业银行经营管理》，第九章，电子工业出版社2010年版。
4. 岳忠宪、顾志坚：《商业银行经营管理》，第八章，中国财政经济出版社2001年版。
5. 戴国强：《商业银行经营学》，第十四章，高等教育出版社2011年版。
6. 陆剑清：《金融营销管理》，第二章，立信会计出版社2000年版。
7. 《工商银行的客户市场细分和市场定位》，http://wenku.baidu.com/view/3d946dfb0242a8956bece4b9.html。

8. 《商业银行服务营销》，http://wenku.baidu.com/view/2b4dff6825c52cc58bd6be37.html。

本章自测

一、单项选择题

1. 商业银行营销调研方法中（　　）是定量调研法的主要方式。
   A. 座谈会　　　　B. 深度访谈法　　　C. 专家意见法　　　D. 访问法
2. 市场营销范畴中，银行决定要进入的市场是指（　　）。
   A. 目标市场　　　B. 金融市场　　　　C. 资本市场　　　　D. 货币市场
3. 目标市场的选择是以（　　）行为为基础的。
   A. 市场定位　　　　　　　　　　　　B. 市场细分
   C. 树立银行形象　　　　　　　　　　D. 金融产品开发
4. 可采用追随式营销战略的商业银行一般为（　　）。
   A. 四大商业银行　　　　　　　　　　B. 大型股份制银行
   C. 地方性商业银行　　　　　　　　　D. 以上均不正确
5. 同一产品处于市场周期的不同阶段，其促销重点及促销目标各不相同，其中以人员促销为主的时期是（　　）。
   A. 衰退期　　　　B. 成长期　　　　　C. 投入期　　　　　D. 成熟期
6. 关于客户抱怨，以下说法错误的是（　　）。
   A. 客户抱怨暗含客户的价值取向
   B. 客户投诉是银行的财富
   C. 那些投诉之后得到满意处理结果的客户，成为企业忠诚客户的可能性比感到不满意但采取任何措施的客户大得多
   D. 没有抱怨的客户，更容易成为忠诚客户
7. 市场细分原则中不包括（　　）。
   A. 可营利性　　　B. 稳定性　　　　　C. 无差异性　　　　D. 可进入性
8. 商业银行在商务经营，机构设置，客户发展等方面向全球化的方向发展，进一步成为跨国银行的发展策略是指（　　）。
   A. CRM 营销策略　　　　　　　　　　B. 国际化经营策略
   C. 3R 营销策略　　　　　　　　　　　D. 产品的创新
9. 商业银行与客户关系的转变过程为（　　）。
   A. 以政府为中心—以银行为中心—以客户为中心
   B. 以银行为中心—以产品为中心—以客户为中心
   C. 以利润为中心—以营销为中心—以产品为中心
   D. 以产品为中心—以客户为中心—以利润为中心

二、多项选择题

1. 3R 营销策略包括（　　）。
   A. 客户维持　　　B. 多重销售　　　　C. 客户介绍　　　　D. 客户沟通
2. 市场环境分析的 SWOT 方法包括（　　）。
   A. 优势　　　　　B. 劣势　　　　　　C. 机遇　　　　　　D. 威胁
3. 属于竞争者营销活动分析的有（　　）。
   A. 市场占有率　　B. 定价策略　　　　C. 收益率　　　　　D. 产品策略
4. 对商业银行来说，一般可选择以下哪几种定位方式（　　）。
   A. 避强定位　　　B. 迎头定位　　　　C. 固定定位　　　　D. 重新定位

5. 主导式银行营销战略是（   ）。
   A. 成本优势战略   B. 新产品开发战略
   C. 地理扩张战略   D. 经营信誉战略
6. 商业银行可以采用的目标市场策略包括（   ）。
   A. 无差异营销策略   B. 差异性营销策略
   C. 集中性营销策略   D. 地理扩张战略
7. 商业银行营销组合战略包括（   ）。
   A. 金融产品开发   B. 营销渠道   C. 定价策略   D. 促销策略
8. 银行分销策略包括（   ）。
   A. 直接分销策略和间接分销策略   B. 垂直型的银行分销渠道组合
   C. 水平型银行分销渠道组合   D. 多渠道的银行分销渠道组合

三、判断题

1. 银行产品营销与传统的产品推销没什么区别。
2. 银行产品在定价时应尽可能低，因为定价高会让所有客户退却。
3. 一家银行推出的新产品是不容易被别的银行模仿的。
4. 银行产品步入成熟期的特征是这一时期产品的销售量日益增加。
5. 一家银行推出的新产品通常不会受产权保护。
6. 银行产品都大同小异，没有必要创自己的品牌。

四、名词解释

市场细分　市场定位　营销环境　撇脂定价策略　银行市场定位

五、回答问题

1. 市场细分的条件与基本原理是什么？
2. 品牌对银行有什么重要意义？

课后题答案

第一章

一、单项选择题
1. A	2. B	3. A

二、多项选择题
1. ABCD	2. ABCD	3. ABCD	4. ABC

三、判断题
1. 对	2. 对	3. 错	4. 对	5. 对

第二章

一、单项选择题
1. D	2. C	3. D	4. D	5. D	6. D
7. A	8. B	9. D

二、多项选择题
1. BD	2. BD	3. ABCD	4. AB	5. AB	6. AB

三、判断题
1. 对	2. 错	3. 对	4. 对	5. 对
6. 对	7. 对

第三章

一、单项选择题
1. A	2. D	3. B	4. A	5. A

二、多项选择题
1. ABC	2. ABCD	3. ABCD	4. ABCD	5. ABCD	6. ABCD

三、判断题
1. 对	2. 错	3. 错	4. 错	5. 错

第四章

一、单项选择题
1. A	2. B	3. C	4. B	5. D	6. B
7. B	8. B	9. A	10. C	11. C

二、多项选择题
1. ABC	2. AD	3. ABC	4. ACD	5. ABD	6. BCD

7. ABCD　　8. ABCD　　9. ABCD

三、判断题

1. 错　　2. 对　　3. 对　　4. 错　　5. 对　　6. 错

第五章

一、单项选择题

1. B　　2. D　　3. C　　4. A　　5. C　　6. D
7. D　　8. C　　9. A

二、多项选择题

1. AB　　2. ABC　　3. ABCD　　4. AB　　5. BC　　6. ABC
7. BCD　　8. BCD

三、判断题

1. 对　　2. 对　　3. 错　　4. 对　　5. 错　　6. 错
7. 对　　8. 对

第六章

一、单项选择题

1. B　　2. C　　3. B　　4. B　　5. D

二、多项选择题

1. ABCD　　2. ABCD　　3. ABC　　4. ABD　　5. ACD　　6. ABCD

三、判断题

1. 错　　2. 对　　3. 错　　4. 错　　5. 对　　6. 对

第七章

一、单项选择题

1. A　　2. B　　3. C　　4. C　　5. B　　6. D
7. D

二、多项选择题

1. ABD　　2. ABC　　3. ACD　　4. ABC　　5. ABCD

三、判断题

1. 错　　2. 对　　3. 错　　4. 对　　5. 错　　6. 对

第八章

一、单项选择题

1. C　　2. B　　3. C　　4. C　　5. D　　6. B
7. A　　8. A　　9. A　　10. C

二、多项选择题

1. ABC　　2. BCD　　3. BCD　　4. AB　　5. ABCD　　6. BCD
7. ABC　　8. BC　　9. CD

三、判断题
1. 对   2. 错   3. 对   4. 对   5. 错   6. 对
7. 错   8. 错

第九章

一、单项选择题
1. A   2. B   3. C

二、多项选择题
1. ABC   2. ABCD   3. ABCD

三、判断题
1. 对   2. 错   3. 对   4. 对   5. 对

第十章

一、单项选择题
1. D   2. C   3. D   4. B   5. D   6. C
7. C   8. A   9. A

二、多项选择题
1. AB   2. ABCD   3. ABD   4. ABC   5. ABCD   6. ABCD
7. ABC   8. ABCD

三、判断题
1. 错   2. 错   3. 对   4. 错   5. 对   6. 对
7. 错   8. 错

第十一章

一、单项选择题
1. D   2. A   3. B   4. C   5. C   6. D
7. C   8. B   9. B

二、多项选择题
1. ABC   2. ABCD   3. BD   4. ABD   5. ABC   6. ABC
7. ABCD   8. ABCD

三、判断题
1. 错   2. 错   3. 错   4. 对   5. 对   6. 错

参考文献

1. 高建侠：《金融基础》，中国人民大学出版社2013年版。
2. 韩宗英：《商业银行经营管理》，清华大学出版社2010年版。
3. 王红梅、吴军梅：《商业银行业务与经营》，中国金融出版社2007年版。
4. 戴小平：《商业银行学》，复旦大学出版社2007年版。
5. 银监会：《商业银行风险监管核心指标（试行）》，2006年。
6. 杨宜：《商业银行业务管理》，北京大学出版社2009年版。
7. 鲍静海、尹成远：《商业银行业务经营与管理》，人民邮电出版社2003年版。
8. 杨有振：《商业银行经营管理》，中国金融出版社2003年版。
9. 岳忠宪、顾志坚：《商业银行经营管理》，中国财政经济出版社2001年版。
10. 姜旭朝、于殿江：《商业银行经营管理案例评述》，山东大学出版社2000年版。
11. 邢天才、高顺芝：《商业银行经营管理》，东北财经大学出版社2004年版。
12. 黄亚钧、吴富佳：《商业银行经营管理》，高等教育出版社2000年版。
13. http://www.baidu.com.
14. 张丽华：《商业银行经营管理》，经济科学出版社2002年版。
15. 韩文亮：《现代商业银行业务》，中国金融出版社2007年版。
16. 王淑敏、符宏飞：《商业银行经营管理》，清华大学出版社、北京交通大学出版社2007年版。
17. 李春、曾冬白：《商业银行经营管理》，东北财经大学出版社2009年版。
18. 蔡鸣龙：《商业银行业务经营与管理》，厦门大学出版社2008年版。
19. 朱新蓉：《商业银行经营管理》，中国金融出版社2008年版。
20. 刘金波：《银行经营管理》，中国金融出版社2012年版。
21. 叶蜀君：《国际金融》，清华大学出版社2005年版。
22. http://www.baidu.com.
23. 赵志宏：《银行全面风险管理体系》，中国金融出版社2005年版。
24. 刘园：《商业银行表外业务及风险管理》，对外经济贸易大学出版社2000年版。
25. 朱静：《商业银行经营管理》，电子工业出版社2010年版。
26. 黄万才：《商业银行业务经营风险管理研究》，重庆出版社2006年版。
27. 戴国强：《商业银行经营学》，高等教育出版社2011年版。
28. 霍再强：《现代金融风险管理》，科学出版社2004年版。
29. 李志刚、孟元：《西方商业银行的利率风险管理》，载于《现代商业银行》2003年第12期。
30. 刘肖原、范淑芳：《商业银行经营与管理》，中国人民大学出版社2008年版。

31. 朱新蓉、宋清华：《商业银行经营管理》，中国金融出版社 2009 年版。
32. 亚瑟·梅丹著，王松奇译：《金融服务营销学》，中国金融出版社 2000 年版。
33. 潘海英：《我国商业银行营销管理研究》，武汉大学出版社 2010 年版。
34. 陆剑清：《金融营销管理》，立信会计出版社 2000 年版。
35. 叶韶华：《中国国有商业银行服务营销现状及其对策的研究》，西南交通大学博士论文 2006 年版。